国家级一流本科专业建设·金融学教学用书

量化投资

基于 MATLAB 的策略设计与开发

曹志广 著

上海财经大学出版社

图书在版编目(CIP)数据

量化投资:基于MATLAB的策略设计与开发 / 曹志广著. —上海：上海财经大学出版社，2023.7

国家级一流本科专业建设·金融学教学用书

ISBN 978-7-5642-4092-9/F.4092

Ⅰ. ①量… Ⅱ. ①曹… Ⅲ. ①Matlab软件-应用-投资-量化分析 Ⅳ. ①F830.59-39

中国国家版本馆CIP数据核字(2023)第050868号

□ 责任编辑　台啸天
□ 封面设计　张克瑶

量化投资

基于MATLAB的策略设计与开发

曹志广　著

上海财经大学出版社出版发行
(上海市中山北一路369号　邮编200083)
网　址:http://www.sufep.com
电子邮箱:webmaster@sufep.com
全国新华书店经销
上海锦佳印刷有限公司印刷装订
2023年7月第1版　2023年7月第1次印刷

787mm×1092mm　1/16　21.5印张(插页:2)　523千字
定价:78.00元

前 言
FOREWORD

在过去十年中,以习近平同志为核心的党中央高度重视金融工作,我国的金融市场发展始终坚持服务实体经济的目标。本书力争从量化投资角度提高金融市场的定价效率。量化投资方面的教育对于提升金融从业者和投资者的认识,进一步提高我国金融市场的效率有着积极的作用。本书从2016年初就开始动笔,章节中的许多内容是后面追加的。因此,这部分内容的书写时间并非与章节顺序一致。本书适合具有一定数理能力和熟悉金融投资相关的理论知识,并在金融市场上有一定的实践经历,正在或打算从事量化投资策略设计和开发的大学金融学专业高年级本科生或研究生,以及相关的金融从业人员。本书以Matlab为开发工具,融合金融理论和市场实践,以大量案例的形式呈现出量化投资策略设计中的一般原理和各种技术处理细节。全书包含十章,第一章介绍了量化投资的基本金融理论和量化策略设计的一般流程和风险控制;第二章介绍了Matlab的基本使用基础和Wind量化交易接口;第三章讨论回溯测试和策略评价,以及策略设计中的数据挖掘偏差效应;第四章讨论多因素选股模型的基本原理和案例应用;第五章讨论Alpha策略原理和应用案例;第六章讨论套利交易策略;第七章讨论趋势交易策略的设计原理和方法;第八章讨论量化策略的组合设计和优化;第九章讨论机器学习方法在量化策略设计中的应用;第十章讨论量化交易系统的构建和案例的应用。

本书的代码是基于Matlab2012a版本的,但读者并不需要事先有Matlab的编程基础,本书的第二章为那些没有Matlab基础的读者提供了Matlab最基本的入门知识,熟悉Matlab的读者可以部分跳过该章的相关内容。而对于习惯使用Python编写代码的读者而言,本书的内容也是非常有帮助的。由于Matlab和Python的语法非常类似,这部分应该能够非常方便地理解书中的代码,只是需要了解一下Matlab和Python在语法上的一些细微区别。另外,文中大部分代码中都有详细的解释和说明,以方便读者学习、使用和修改。虽然本书的代码中隐含了许多Matlab的编程技巧,喜欢高效编程的读者可能对此也很感兴趣,但Matlab在本书中主要是作为工具使用的。当然,书中的Matlab代码也包含了许多知识点,是值得注重实现环节的读者重点关注的。本书更多地强调策略设计的一般原理和方法,读者完全可以在理解这些原理和方法的基础上使用其他编程语言从事量化策略的研发。当然,读者也可以不关心如何实现的编程部分,阅读过程中完全跳过书中的代码部分,而只关注于策略设计中的原理和方法。虽然本书的代码是以Matlab为工具写的,我也非常钟爱Matlab,但我还是建议读者在熟悉Matlab的基础上,再去学习和掌握Python,这是非常有益的。我本人也经常使用Python来完成一些网络爬虫、模拟网页登录等任务。且Python

在量化实践领域拥有广泛的群众基础，有着丰富的网络学习资源和教学视频，学习和掌握Python的速度也是非常快的。值得指出的是，本书Matlab代码中为了排版的考虑可能使用了一些并不符合Matlab编程语法的续行符号。

作者认为从事量化投资策略的设计和开发至少要跨过两道门槛：一个是技术方面的，需要至少熟练掌握一门计算机语言，比如C++、Python、R和Matlab等；另一个是对金融理论和金融市场的深刻认识。通常第一道门槛是比较容易迈过去的，对于Python、R和Matlab而言，只要专心地花半年到一年左右的时间应该就可以写出比较像样和高效的代码，花三到四年时间就可能进阶为编程高手的行列。本书同时围绕这两方面的内容而展开。

投资逻辑是本书自始至终都一再强调的重点内容，量化投资策略的设计和开发必须围绕投资逻辑这一中心问题，离开投资逻辑的策略是很难持续取得满意的投资业绩的。本书非常注重知识和技术的应用性和实用性，书中提供了大量的案例，读者通过这些案例的学习和体会，能够设计或改进自己的投资策略，也可以构建适合自己的小型量化投资系统。书中的代码可能包含了一些读者不太熟悉的专业知识点，对这些内容有兴趣的读者可以根据代码中的注释内容，查阅相关的文献资料。读者也可以将这部分内容当成黑箱，因为这些内容绝大部分都被我封装在函数里了，只要了解函数实现的功能，知道输入和输出是哪些内容，能够调用这些函数就可以了。当然，读者也可以根据自己的需要对函数的内容进行改写。

需要指出的是，第十章的内容是基于个人使用的角度构建的小型量化交易系统，并不是针对机构的角度构建的量化交易系统。系统的设计是从最大限度节约成本的角度出发，同时又能满足对交易速度并不苛求的一般个人实盘交易的需求。对于从事国内期货的程序化交易而言，本书推荐了免费的基于Python语言的开源量化交易平台开发的框架vnpy，以及信易科技推出的TqSdk。在将交易策略实盘化之前，请慎重思量。期货交易的杠杆是很高的，要仔细检查投资逻辑、风险控制和代码中可能存在的各种漏洞。再次提醒，程序化地自动亏钱，速度也是很快的。对于国内股票的实盘交易，本书也给出了一些可行的方案。

作者在高校从事研究和教学工作多年，出于兴趣将研究成果应用于投资实践，进入了量化投资领域。理论研究与投资实践还存在较大的距离，许多中间环节和细节问题需要明确。市场上关于量化投资方面的书多聚焦在Matlab或Python的编程和数据分析方面，如何开发和设计策略，甚至如何进行程序化的实盘交易，都没有实际可行的技术细节。很多量化领域的初学者要面临和解决的问题难以找到答案，而许多简单的技术细节，如果没有人指点一下，可能就需要自己摸索好长时间，且最后也未必能解决。本书给出了大量的技术细节，包含在Matlab代码中，并在很多地方给出了详细的注释，以方便读者学习和使用。通过本书，我期望读者能够避免我曾经走过的弯路，快速步入量化策略的设计与开发领域，并且能够发挥自己的创造力，在量化领域展现自己的才能。书中肯定还存在各种问题、不足和错误，欢迎读者提出建议和意见（作者邮箱：caozhiguang@shufe.edu.cn）。本书写作的过程中得到了杨俊文、李茜和张泽亮等人的帮助，在此表示感谢。

曹志广

2023年4月20日

插图索引

2-1 sin(x)和cos(x) ·········· 36
2-2 基金查询信息 ·········· 60
2-3 数据文档:000001.txt ·········· 61
2-4 数据表格属性设置 ·········· 73
2-5 自选股行情显示界面 ·········· 75

3-1 数据文档 hs300_index.csv ·········· 95
3-2 单次交易的利润 ·········· 102
3-3 择时交易策略的净值 ·········· 102
3-4 择时交易策略的净值与买入持有净值 ·········· 103
3-5 择时交易策略的收益频率分布 ·········· 103

4-1 噪音和期权价值 ·········· 114
4-2 股票的价格序列 ·········· 129
4-3 基准组合的累计净值 ·········· 130
4-4 每月调整趋势因子多头组合的累计净值 ·········· 131
4-5 每周调整趋势因子多头组合的累计净值 ·········· 132
4-6 每周调整趋势因子多空组合的累计净值 ·········· 133
4-7 每周调整趋势因子多头组合的股票数量 ·········· 133
4-8 横截面股票收益预测模型的 R^2 ·········· 135

5-1 指数净值和多头组合净值 ·········· 151
5-2 多空组合净值 ·········· 152
5-3 趋势多头组合和买入持有组合净值 ·········· 159
5-4 趋势空头组合净值 ·········· 163
5-5 改进后的策略表现 ·········· 164

6-1 沪深 300 指数与沪深 300ETF 的回归残差 ·········· 178
6-2 沪深 300ETF(﹡1 000)与 IF1704 合约的价格差 ·········· 183
6-3 统计模型的残差估计 ·········· 184
6-4 反向套利样本外累计套利收益 ·········· 185
6-5 正向和反向套利样本外累计套利收益 ·········· 185
6-6 获取南方原油 A 的最新公布净值和原油期货最新价格 ·········· 190

6-7	南方原油 A 的净值和净值估计值	190
7-1	大资金和小资金流向	196
7-2	单次交易的利润	208
7-3	趋势交易策略的净值	209
7-4	趋势交易策略的净值与买入持有净值	209
7-5	趋势交易策略的收益频率分布	210
7-6	剔除运气因素后 Sharpe 比率表现优于买入持有策略的均线参数	213
7-7	最优均线参数和买入持有策略下的累计净值	213
7-8	沪深 300 指数日内交易策略的累计净值	225
8-1	BL 模型权重组合和等权重组合净值	238
8-2	指数数据	241
8-3	不同组合的累计净值	242
8-4	择时策略和买入持有策略的前沿组合	244
8-5	指数历史数据	245
8-6	前沿组合	246
8-7	优于买入持有组合的均线参数组合	247
8-8	择时组合和买入持有组合净值	249
8-9	多空组合净值	250
8-10	最优参数下的前沿组合和买入持有前沿组合	251
9-1	OLS 预测效果 R^2	275
9-2	多因子选股的数量	275
9-3	SVM 预测效果 R^2	276
9-4	基于 OLS 预测方法的多因子选股模型净值	281
9-5	基于 SVM 预测方法的多因子选股模型净值	281
9-6	市场趋势过滤后多因子选股模型净值	282
9-7	不同因子 Fama-MacBeth 回归系数的 T 统计量	283
9-8	沪深 300 成份股的多因子选股	284
9-9	沪深 300 指数 VHO 序列	291
10-1	启动 MySQL	299
10-2	本地数据库界面	299
10-3	下载 MySQL 的 JDBC 驱动	300
10-4	新建数据库 index_price	302
10-5	沪深 300 指数成分股的历史分红数据	307
10-6	股息率选股	308
10-7	数据表格 sh000300_1_min	315
10-8	均线信息	336

表格索引

2-1	部分常用的基本函数	43
4-1	特质波动率选股模型的超额收益	116
4-2	每月调整组合的超额收益 α	131
4-3	每周调整组合的超额收益 α	132
4-4	基于每周调整组合的趋势因子超额收益分解	134
4-5	基于每周调整组合的趋势因子多头策略评价	134
5-1	应用期权实现做空现货	148
6-1	期权套利策略1	167
6-2	期权套利策略2	167
6-3	期权套利策略3	168
6-4	沪深300股指期货的正向期现套利	174
6-5	沪深300股指期货的反向期现套利	175
6-6	现货和期货信息	181
8-1	资产之间的相关性	240
8-2	不同组合的配置权重	241
8-3	买入持有资产之间的相关性	245
8-4	择时资产之间的相关性	245
8-5	收益、波动性和超额收益	246
9-1	各种算法下的预测效果	297

目 录
CONTENTS

第一章　量化投资
- 1　　1.1　量化投资
- 8　　1.2　量化投资与金融理论
- 19　　1.3　量化投资策略的开发工具和方法
- 22　　1.4　量化投资策略开发的团队
- 24　　1.5　量化投资策略设计的一般流程和风险控制
- 31　　参考文献

第二章　Matlab 入门与 Wind 量化交易接口
- 33　　2.1　Matlab 入门
- 47　　2.2　获取数据
- 63　　2.3　Wind 量化交易接口
- 75　　参考文献

第三章　回溯测试和策略评价
- 76　　3.1　回溯测试
- 78　　3.2　策略的评价体系
- 79　　3.3　交易策略的开发与数据挖掘的偏差
- 86　　3.4　择时回溯测试的 Matlab 函数
- 104　　参考文献

第四章　多因素选股模型
- 105　　4.1　多因素定价模型和多因素选股模型
- 107　　4.2　多因素选股模型的有效性检验
- 110　　4.3　单因子选股案例:特质波动率选股模型
- 126　　4.4　因子有效性检验案例:趋势因子选股模型的有效性检验
- 142　　参考文献

第五章　Alpha 策略
- 143　　5.1　Alpha 策略的基本原理
- 146　　5.2　对冲系统风险的方法

149	5.3	案例:特质波动率/趋势因子选股模型和股指期货的 Alpha 策略
157	5.4	案例:基于日线趋势选股模型的 Alpha 策略
164	参考文献	

第六章　套利策略

165	6.1	套利的种类
173	6.2	套利交易的风险
174	6.3	案例:沪深 300 股指期货与现货的套利交易
188	6.4	案例:南方原油 A 的场内外套利交易
191	参考文献	

第七章　趋势交易策略

192	7.1	趋势交易的原理
197	7.2	趋势的识别
198	7.3	趋势交易的风险控制
198	7.4	案例:沪深 300ETF 的趋势交易
224	7.5	案例:基于日内最后 30 分钟预测收益的沪深 300ETF 交易
226	参考文献	

第八章　量化策略的配置和组合优化

227	8.1	资产配置模型
243	8.2	案例:我国股票市场 ETF 的战术性资产配置
252	参考文献	

第九章　机器学习方法与量化策略设计

253	9.1	机器学习方法简介
255	9.2	机器学习方法在量化策略设计中的应用
297	参考文献	

第十章　构建量化交易系统

298	10.1	量化交易策略的分析和决策系统
310	10.2	量化交易策略的执行系统
312	10.3	股票和期货的实盘交易接口
314	10.4	案例:构建适合自己的量化交易系统

第一章 量化投资

1.1 量化投资

1.1.1 量化投资概述

(1) 量化投资的定义

量化投资的出现和发展离不开人类社会在数学和计算机以及互联网等技术方面取得的巨大进步与发展。信息技术的高速发展使得人们能够更加方便和快捷地获取各种信息。回到20世纪80年代，那时人们获取信息的方式主要是报纸、电视、电话等，而今天人们通过手机和互联网技术可以十分方便地进行信息的传播，并高效地应用这些信息。比如，人们可以实时获取交通和路况信息，从而及时调整行车路线。更重要的是，普通的个人也可以成为信息的生产者，技术的进步使得信息生产和传播的成本大幅度地降低。相比以前，获取信息这个问题已经显得不那么重要了，如何及时处理和分析这些庞大的信息成为更重要的问题。但人脑却无法快速及时地获取这些庞大的信息，更加无法及时分析和处理这些庞大的信息。计算机和大数据技术毫无疑问已经成为解决这一问题的关键。量化投资目前并没有公认的定义，作者认为将计算机和大数据技术、数学模型和人工智能等应用于金融市场的投资分析和决策，以及执行等过程就是量化投资。可以预见，在不久的将来，人工智能将取代更多人类的分析工作，甚至操作层面的工作，其投资行为的逻辑，可能连人类都难以理解。人工智能在量化投资分析领域的应用将深刻地影响和改变现在的金融市场结构和秩序，个人投资者将逐步退出投资的分析和交易。与此同时，市场也将变得更加高效，也愈发接近芝加哥大学教授法玛(Fama)所倡导的有效市场的理想状态。

与基本面和技术分析方法相比，量化投资分析更加强调计算机技术对大量信息数据的及时快速处理和分析，借助计算机和数学模型而不是人脑迅速做出投资决策，并且高效地执行投资决策。显然，量化投资在分析速度和处理海量信息，以及在交易执行环节中免受各种人性弱点的羁绊等方面,有着人类无法比拟的优势。基本面和技术分析方法的应用历史已经比较长了,也是适应当时社会发展的产物。随着技术的进步、信息化和社会的进一步发展,基本面和技术分析方法也必将逐步融入量化投资分析方法当中。从这个角度来看,量化投资并不排斥基本面和技术分析,而是逐步将其融合。量化可以与基本面分析结合起来,也可以与技术面分析结合起来。在信息比较匮乏和信息传播比较低效的社会发展阶段,人脑能够高效地及时分析和处理有限的信息,人类可以结成效率极高的各种社会组织做出投资分析和决策。在这样的背景下,个人投资者可以很大程度地介入金融市场的分析和投资决策过程,也能够涌现出金融市场的英雄式人物,比如,沃伦·巴菲特(Warren Buffett)、杰西·利弗莫尔(Jesse Livermore)等。基本面分析强调对宏观经济、行业发展、公司财务和经营状况等信息的分析和研究,而技术分析则强调对价格、成交量等数据的分析和研究,这些分析方法与对应的时代发展阶段是相适应的。随着信息时代的到来,计算机和互联网技术的进步,人工智能的逐步介入,人们的投资决策分析方法必将随之发展和改变。量化投资分析方法将逐步融合基本面分析和技术分析方法的各自优势,引入更加丰富的数据信息,充分发挥计算机和大数据处理分析技术,从而成为投资分析的主流方法。无疑,量化投资分析正在朝着这一发展方向前进。

(2) 量化投资的发展历史

量化投资分析依赖数学模型和计算机技术,起源于象牙塔里的学术界。顺应信息时代的到来,量化投资逐步得到兴起和发展。量化投资最早起源于数学方法在赌博中的应用,1932年出生于美国芝加哥的爱德华·索普(Edward Thorp)在量化投资领域做出了杰出的贡献。在20世纪60年代,已经成为麻省理工教师的索普将数学方法应用于21点的赌博,并且获得了巨大成功,很快他就被各大赌场列入不受欢迎的名单。索普被迫离开赌桌,开始将数学方法转战到金融市场,通过数学模型对股票权证的价值进行评估。索普通过建立数学模型发现市场的错误定价,卖空高估的权证,同时买入股票对冲,从而获得收益。此后,索普成立了对冲基金,获得了骄人的长期业绩。1962年索普出版了 *Beat The Dealer*,介绍了如何战胜赌场21点的策略。1967年索普与金融学教授希恩·卡索夫(Sheen Kassouf)出版了 *Beat The Market:a Scientific Stock Market System* 一书,对可转换债券进行了科学的定价。多年之后,基于类似的思路,布莱克(Black)与斯克尔斯(Scholes)1973年在 *Journal of Political Economy* 发表了 *The Pricing of Options and Corporate Liabilities* 一文,提出了著名的B-S期权定价公式,给出了欧式股票看涨期权和看跌期权的理论价格。

学术界对量化投资分析的推动是巨大的,马科维茨(Markowitz)1952年在 *Journal of Finance* 发表了 *Portfolio Selection*,用数学方法刻画了如何进行分散投资的方法,奠定了科学进行资产配置的基础。此后,资本资产定价模型(CAPM)、单因素模型、套利定价理论(APT)、B-S期权定价等模型也相继在学术杂志上发表,这些模型奠定了现代金融的理论基础。20世纪90年代,行为金融理论开始得到迅速发展,与基于投资者理性和有效市场假说的传统金融理论不同,行为金融在建立金融模型时引入了人的心理偏差这一非理性因素。基于这些金融模型,同时借助于计算机的帮助,量化投资也得到了快速发展。α策略、配对交易策略、基于事件驱动的交易策略、统计套利、高频交易和聪明的β等量化策略迅速在金融市场得到实践,也极大地推动了对冲基金行业的发展。

1994年由两位诺贝尔金融学奖得主斯克尔斯(Scholes)和默顿(Merton)加入的长期资

本管理公司(LTCM)成立,长期资本管理公司利用计算机从不同市场和不同证券价格中分析和识别市场错误的定价,进行大量的统计套利,基于"错误的价格终将回归正常"这一理念,长期资本管理公司取得了巨大的成功。但在1998年,受到俄罗斯债券违约事件的影响,采用高度杠杆进行统计套利交易的长期资本管理公司遭受了惨重的损失。长期资本管理公司基于传统的金融理论,构建金融模型,识别市场上相似证券的相对价格的定价错误,设计相应的套利交易策略,充分发挥了量化投资分析的优势,并且在1994~1997年间获得了巨大的成功。但长期资本管理公司采用了过高的杠杆,当"错误的价格很长时间也没有回归正常"的"黑天鹅"事件发生时,这种极度追求收益的策略也充分暴露了其弱点。兰考内斯克(Lakonishock)、施莱弗(Shleifer)和维什尼(Vishny)三位行为金融领域的教授1994年成立了LSV资产管理公司,利用投资者的心理偏差造成的错误定价进行投资分析和决策。截至2017年4月,LSV资产管理公司管理的资产规模超过了1 000亿美元。[1] 西蒙斯(Simons)1982年创立的文艺复兴科技公司(Renaissance Technology)也被认为是量化投资的成功典范,其旗下的大奖章对冲基金(Medallion Fund)自1988年以来的长期业绩远远超越巴菲特20%的长期年化收益率,在扣除管理费和业绩提成后,大奖章仍然为客户创造了高达35%的平均年化收益。[2]

量化投资在国内的起步比较晚,受到卖空限制和衍生金融产品不丰富的影响,量化投资在2010年4月16日沪深300股指期货推出之前一直发展比较缓慢。最初的量化投资主要从事ETF一二级市场的套利交易、量化择时和量化选股,以及商品期货方面的跨期套利和跨品种套利交易等。随着股指期货的推出,α策略开始得到迅速发展和应用。2015年2月9日,上证50ETF期权正式在上海证券交易所上市交易,进一步丰富了股票市场的衍生金融工具。2013年9月6日,5年期国债期货正式在中国金融期货交易所上市交易,国债期货重新登上中国历史舞台。2015年3月7日,10年期国债期货也正式在中国金融期货交易所上市交易。2019年12月23日上海证券交易所和深圳证券交易所推出了沪深300ETF期权合约,中国金融期货交易所同时也推出了沪深300股指期权合约。再加上上海、大连和郑州三大商品期货交易所的金融产品,以及上海国际能源交易中心的金融产品,我国金融市场已经取得了显著的发展成果。此外,程序化交易在期货交易方面已经占据了非常大的比例,相比较而言,股票的程序化交易发展还比较缓慢,但许多券商已经建立了比较完善的程序化交易系统,一些程序化交易平台也提供股票程序化方面的金融服务。总体而言,目前国内量化投资还处在初级阶段,量化策略设计中涉及的信息数据和金融模型并不复杂。我国的证券市场有效程度还不高,大量个人投资者参与的市场必然会推动量化投资的发展,量化投资在国内具有很大的发展空间。相信随着国内金融市场的进一步发展,量化投资的金融人才也将进一步积聚,量化交易在我国的前景也必将越来越光明。

(3) 程序化交易与主观交易

量化交易可以突破人脑对信息分析和处理上容量和及时性以及精确度等方面的限制。此外,量化交易策略的执行通常也通过程序化实现,程序化交易大大提高了投资分析和决策的效率。与主观交易相比,程序化交易表现为:稳定的交易逻辑和及时准确的执行力。主观

---

[1] http://lsvasset.com/about-lsv.

[2] https://en.wikipedia.org/wiki/Renaissance_Technologies.

交易高度依赖交易员的交易经验和直觉等难以量化的因素,技术高超的交易员难以将自身的经验和技术传授给其他交易者。另外,交易员在交易的执行过程中容易受到自身情绪的影响,也容易受到其他投资者情绪的感染。从目前的发展趋势来看,国际上许多大型金融机构已经开始解聘交易员,大规模地使用程序化交易了。

1.1.2 量化投资策略的分类

量化投资的内容十分广泛,从最终的投资收益的来源来看,投资收益主要来源于:通过承担系统风险获取收益(比如长期持有指数基金);通过利用其他投资者的错误获取超额回报(比如,在其他投资者极度乐观时卖出股票,而在其他投资者极度悲观时买入股票);通过持有流动较差的资产获取流动性溢价(比如持有用于长期出租的地产)。一般地,量化投资策略主要可以分成以下几类:选股策略、择时策略、市场中性策略、资产配置和组合策略以及套利策略等。

(1) 选股策略

量化选股策略基于一定的投资逻辑,收集相关的信息数据,并且将投资逻辑用数学模型刻画出来,进一步利用计算机将投资逻辑程序化的一系列的分析和决策过程。这里的选股更多的是指证券或资产选择,而不仅仅是股票选择。常用的量化选股方法有:价值评估方法、多因子模型选股、事件驱动选股、流动性因素选股和其他选股方法。

① 价值评估方法

价值评估法通过建立价值评估模型,对证券的价值进行分析和评估。价值评估法基于评估模型选出当前被市场低估的证券作为买入的对象,当然也可以选出被高估的证券作为卖空的潜在对象。价值评估模型是量化选股策略的核心,对于股票的估值而言,通常难以给出其合理价值的绝对水平,但通过不同市场类似公司的价格水平,或者相同市场类似公司的价格等进行相对估值则比较容易。比如,我们考察在上海证券交易所交易的中国石油A股的价格,同时比较其在中国香港上市的中国石油H股的价格。以2017年5月12日的收盘价为例,中国石油A股的价格为7.6元人民币/股,而中国石油在中国香港市场的H股价格为5.31元港元/股,并且中国石油A股和H股每一股股票每年分红的金额是一样的(A股以人民币分红,而H股以经过汇率调整后相当的港元分红),因此,中国石油每一股的A股和H股价格具有可比性。2017年5月12日经过汇率(当日汇率:1.129 4 港元/人民币)调整后A股的价格仍然高于H股价格约62%。从分红角度来看中国石油的价值,则目前中国石油A股的价格仍然是明显高估的。实际上这一结论也适合于大部分AH股公司的股票。从基本面角度来看,对于大部分AH公司的股票,H股显然更具有长期投资价值。

对于金融衍生品而言,其合理的价格很容易通过其标的物资产的价格来确定。比如,2017年5月12日沪深300股指期货IF1705合约的收盘价为3 367.2元,其到期日为2017年5月19日。相应地,其对应的沪深300指数为3 385.38。如果不考虑套利成本并且市场不存在套利机会,期货价格F与现货价格S应该存在以下关系:

$$F=S(1+r)^T$$

其中,

r 为无风险利率(这里以复利的形式表示无风险利率,并以3%计)

T 为期货的到期期限(这里为 7/365)

以 2017 年 5 月 12 日的收盘价为例,沪深 300 股指期货 IF1705 合约的合理价格为 3 385.38 * (1+3‰)^{7/365}＝3 387.3(元)

显然如果不考虑套利成本(佣金、冲击成本、融券利息支出、融券的证券与沪深 300 指数的跟踪误差等),IF1705 合约的价格被市场低估了,套利者可以融券卖出 300ETF,同时买入 IF1705 合约对冲市场的系统风险。①

② 多因子模型选股

多因子模型选股的基本思想是源于 CAPM 定价模型或 Fama-French 三因素模型或者其他多因素定价模型。但又与这些定价模型不同,多因子选股模型的因子与多因子定价模型并不一样,并且其目的是选择未来具有超额回报的证券。这里超额回报是指证券扣除掉该证券的系统风险所对应的期望收益之外还多出来的那部分收益,即 α 收益。多因素选股模型通常以某个多因素定价模型为评价基准,选择那些未来具有 α 收益的股票。以 Fama-French 三因素定价模型为例,α 收益就是以下时间序列回归模型中的截距项:

$$r_{i,t}=\alpha_i+\beta_{i,1}r_{m,t}+\beta_{i,2}r_{size,t}+\beta_{i,3}r_{value,t}+\varepsilon_{i,t}$$

其中,

$r_{i,t}$ 为证券 i 在 t 时刻的剩余收益率(收益率减去无风险利率),

r_m 为市场指数在 t 时刻的剩余收益率,

r_{size} 为 Fama-French 三因素模型中规模因子在 t 时刻的收益率,

r_{value} 为 Fama-French 三因素模型中价值因子在 t 时刻的收益率。

多因子模型选股模型与多因子定价模型虽然有着密切联系,但又明显区别于多因素定价模型。详细的讨论见本书第四章。多因子模型选股的有效性依赖于是否能够找到未来具有超额回报的证券。过去具有超额回报的证券通常在接下来的期间并没有超额回报。比如,我们以近一年表现最为抢眼的"明星基金"为例,历史数据表明这些"明星基金"在接下来的一年里业绩通常并不出彩。多因子选股模型的另一个问题是即便能够甄选出未来具有超额回报的一批股票,怎么能够证明这些超额回报不是来源于承担了定价模型未知的系统风险呢?的确,选股模型获得的超额回报实际上可能来源于一些未能被模型识别的系统因子所带来的 β 收益,而不是 α 收益。虽然 Fama-French 三因素模型或者其他多因子模型可以辨识市场因子、规模因子、价值因子等系统因子所带来的 β 收益,但也很可能遗漏了某些其他系统因子,而且这些遗漏的系统因子可能对某些股票的收益影响还很大。毫无疑问,这是多因子选股模型必然要面对的一个风险。

③ 事件驱动选股

金融市场上许多突发的事件也可能给投资者带来证券选择的良好机会。比如,2014 年 8 月～2015 年 5 月期间,我国股票市场出现了一轮波澜壮阔的牛市行情,许多带杠杆的分级基金 B 份额出现了明显的溢价交易,A 份额和 B 份额的市场价格明显高于 A 份额和 B 份额所对应的母基金净值。这吸引了众多的套利者进场,套利者申购分级基金的母基金,然后分拆成 A 份额和 B 份额,再在市场上卖出。结果造成 B 份额的价格急剧下跌,甚至跌停。不

---

① 股指期货的期现套利将在后面的套利交易策略中详细介绍。

仅如此,套利者抛售A份额的行为,也造成了A份额的价格急剧下跌,A份额本身就处在折价状态,套利者的抛售行为进一步提升了A份额作为类似债券的隐含收益率。当然这也给有心的投资者带来了低价买入A份额的良好机会。

④ 流动性因素选股

在金融市场上流动性较差的资产通常能够带来较好的额外收益。这种通过牺牲流动性获得收益的方法,对于许多长期资金而言还是非常具有吸引力的。许多另类资产,比如,办公楼、房产、矿产资源等的流动性远远低于股票,但也同样提供了更高的收益,以补偿其流动性的缺失。对于长期资金而言,流动性并不是一个重要的问题。比如,投资位于大学旁边的用于出租的房产,虽然房产的转让成本很高,但同样稳定的租金收入也可以带来稳定的长期回报。大卫·史文森(David F. Swensen)管理的耶鲁捐赠基金在长达20多年的时间里获得了近17%的年平均回报率,其中一个很重要的原因是对另类资产的投资,在耶鲁捐赠基金的实物资产投资中,房地产占据了约50%的份额。[①]

⑤ 其他选股方法

量化选股的方法并不局限于以上几种方式,其他方式不胜枚举,比如,利用投资者的心理偏差造成的错误定价来选股、利用资金流向状况来选股、利用机器学习算法从众多信息变量(比如,换手率、舆情信息、知名财经网站股吧热度等)中甄选股票等。

(2) 择时策略

择时策略相对于选股策略而言难度更高,在一个定价效率较高的市场中通常难以奏效,但在我国股票市场,散户交易占据了很大比重。市场定价效率与西方成熟市场相比还有一些差距,个人投资者的交易容易受情绪驱动,择时策略还是有很大的应用和发展空间。择时策略主要有趋势交易策略和反向交易策略。

① 趋势交易策略

趋势交易在技术分析中占据十分重要的地位,量化分析和技术分析可以有效结合起来。在传统的趋势交易策略中融入更多的投资逻辑将产生更好的效果。技术分析中的均线指标、MACD等趋势指标对趋势的追踪效果都有不错的表现,当趋势来临时,这些趋势指标都能及时地追踪趋势,缺点是投资逻辑不够清晰,成功率较低,行情震荡时,不断发出无效的交易信号。传统的趋势交易策略可以从以下几个方面得到改进:将更多的相关信息按照投资逻辑融入趋势的识别过程中(比如投资者的情绪、大户资金的流入状况、交易量中隐含的私有信息等);引入效率更高的算法(比如,引入机器学习算法,从众多信息数据中识别趋势)。

② 反向交易策略

巴菲特有句名言:"别人贪婪的时候,我恐惧;别人恐惧的时候,我贪婪。"这与行为金融的观点非常一致。投资者心理上的偏差经常导致过度乐观或过度悲观的情绪,从而导致资产价格被过度高估或低估,随着时间的推移,这些被高估或低估的资产价值终究回归。投资者也可能特别钟情于一类股票,从而导致这些股票价格高估。比如,在我国股票市场上有些上市公司的业绩平平,甚至多年亏损,但这些股票价格通常低于10元,很有可能发生资产重组、被借壳上市等,这些股票非常类似于生活中的彩票。因此,这类股票深受许多中小投资

---

① 大卫·F. 史文森. 机构投资的创新之路[M]. 北京:中国人民大学出版社,2015.

者偏爱,在重组预期不断升温的过程中,股价也经常发生"盛极而衰"的反转。这些股票的收益率在统计上通常具有较高的偏度和特质偏度,现有的理论和实证研究也表明这些股票价格通常被高估,其未来的表现通常不佳。

反向交易策略对于交易员而言通常是很难执行的,反向交易策略要求证券在价格极度低迷时买入,而在价格亢奋中卖出,这需要反向交易者与常人持相反的观点,更需要有勇气来执行与常人相反的投资决策。尤其对于做空高估的证券,其价格继续被高估的时间可能比预想的时间长,这不仅要有逆流做出投资决策的勇气,还需要支付不菲的做空成本并且还面临保证金不足而被爆仓的风险。而量化投资,通常借助程序化来执行,可以在一定程度上避免执行难的问题,但反向交易的时机选择仍然是反向交易策略成功的重要因素。传统的技术分析经常用 KDJ、RSI、特殊的 K 线图形和技术指标的背离等来指导反向交易策略,确定反向交易的时机。同均线等趋势指标一样,这些反向指标也缺乏明确的投资逻辑。引入投资逻辑基础,并建立相应的量化模型用于反向交易,在有效程度不高的我国股票市场是存在很大的发展和应用空间的。

（3）市场中性策略

市场中性策略又称 α 策略,通过构造多空组合,力图消除多空组合中的系统风险,从而获得组合的超额收益,即 α 收益。通常,α 策略从众多股票中甄选出未来具有超额收益的股票,同时卖空相应的股票组合或衍生产品。市场中性策略极大程度地回避了系统风险对组合收益的影响,将资产因承担系统风险所对应的 β 收益和选股能力所对应的 α 收益分离,并通过多空组合将系统风险中性化,从而最终获得 α 收益。

（4）资产组合策略

资产组合策略就是研究如何将资产分散配置的策略,可以细分为战略性资产配置策略和战术性资产配置策略。战略性资产配置策略着重于资产类别的长期比例配置,而战术性资产配置策略着重于捕捉市场的投资机会,对资产配置的水平进行动态调整。资产配置是许多专业投资机构最为关注的投资问题,资产配置的优劣很大程度上决定了投资的业绩。罗杰·伊博森(Roger Ibbotson)和保罗·卡普兰(Paul Kaplan)的研究认为基金的长期业绩中大约 90% 来源于资产配置的作用。[1] 金融市场的投资实际上是通过风险去换取收益的过程,马科维茨告诉我们其实非系统风险是不必承担的,因为即使你承担了这部分风险,平均而言,也不会得到收益。非系统风险可以通过分散投资来消除,马科维茨提出了关于资产组合奠基性的理论,给出了均值—方差分析框架下资产的最优组合应该在有效前沿上。后续的许多学者和实践者对资产组合理论进行了持续不断的改进和发展,比如,Black-Litterman 模型[2]、MD 模型[3]、ERC 模型[4]、波动率择时模型[5]等。

---

[1] Roger G. Ibbotson, Paul D. Kaplan. 2000. Does asset allocation policy explain 40, 90, or 100 percent of performance? *Financial Analysts Journal* (56):26-33.

[2] Rischer Black, Robert Littermen. 1992. Global portfolio optimization. *Financial Analysts Journal* (48):28-43.

[3] Choueifaty, Y., Coignard, Y., 2008. Toward maximum diversification. *Journal of Port-folio Management* (35):1, 40-51.

[4] Maillard, S., Roncalli, T., Teiletche, J., 2010. The properties of equally-weighted risk contribution portfolios. *Journal of Portfolio Management* 36(4):60-70.

[5] Kirby, C., Ostdiek, B., 2012. It's all in the timing: simple active portfolio strategies that outperform naive diversification, *Journal of Financial and Quantitative Analysi* (47):437-467.

对于量化投资策略而言,其本身也可以看成是一个特殊的资产。举一个例子,沪深300ETF可以看成是一个证券,基于沪深300ETF的趋势交易策略,比如,20日移动平均线的趋势交易策略,其产生的收益也可以看成是一个特殊的证券所产生的收益。因此,量化策略本身也可以作为资产而纳入到资产组合的分析框架。不同的量化策略也可以根据其收益、方差和协方差矩阵应用于马科维茨的最优组合分析框架和其他组合分析框架。

(5) 套利策略

套利策略也是一种利用其他投资者的错误获利的策略。典型的套利交易通常是买入某个资产A(多头)的同时卖空另一个与其风险特性类似的资产B(空头)的交易行为。套利交易通常需要建立合适的统计模型来估计其合理的价差水平,当价差明显偏离正常水平时建立套利头寸,套利的收益就是价差的变化。套利交易通常是基于保证金的杠杆交易。套利交易的目的是以比较低的风险获取比较稳定的收益,通常在资产A和B出现不合理的价差时,建立套利交易策略。比如,资产A的价格为15元,资产B的价格为10元。因此,A和B之间的价差为5元,如果A和B之间正常的价差应该为4元,则可以卖空A,同时买入B建立套利组合。当A和B之间的价差回到正常水平4元时,可以盈利1元(假定卖空1单位的A,买入1单位的B)。当然,套利也会存在风险,比如,A和B之间的价差也许会扩大到6元,这时候套利的组合头寸将产生1元的亏损。如果资金充裕,能够支撑到A和B之间的价差回到正常水平,套利交易仍然是可以获利的;但如果资金不足,A和B之间的价差持续扩大,则可能导致套利头寸因保证金账户里的资金不足而被强行平仓亏损出局。套利获利的前提是不合理的价差会恢复到正常水平,像股指期货和现货之间的套利,期货在合约到期日必须按照现货价格结算的交割制度可以确保期货和现货的价格差在期货到期日必须回到0附近,而其他很多类型的套利交易,比如,商品期货之间的跨期套利、跨品种套利交易、AH股之间的套利(由于缺乏AH股的转换机制,不能低价买入H股,然后转成A股高价卖出)等,[①]则难以保证价格差在特定的日期一定会收敛到某一个合理的水平。

1.2 量化投资与金融理论

量化投资分析离不开对金融理论的深刻理解,也离不开对金融市场的深刻理解,优秀的策略开发者需要对个人和机构投资者的投资行为有深刻的理解。一个优秀的量化策略开发者必须同时具有这两方面的深厚背景。现代金融理论发展到现在可以分为两个主流的理论:以有效市场假说为基础的传统金融理论和引入心理学偏差的行为金融理论。当然也存在一些小的其他分支,比如分形理论、非线性反馈理论等。

---

① 2019年6月17日华泰证券通过沪伦通在英国伦敦证券交易所挂牌上市以美元计价的GDR(Global Depository Receipt),并且其A股和GDR可以按照10∶1的比例在2019年10月18日后相互转化。因此,套利机会发挥作用,经过汇率调整后的GDR和相对应的A股价格很难长时间出现大的偏离。GDR在2019年6月21日的价格为24.35美元,按照当日的汇率(6.868元人民币/美元)折算成人民币的价格为167.2元,而华泰A股的价格为23元,按照转换比例,其A股的价格230元远远高于GDR的价格,出现了明显的套利机会。

1.2.1 传统金融理论

传统的金融理论主要建立在以下假设基础之上:投资者是理性的;即便有部分投资者不理性,他们所犯的错误通常是不相关的,因此可以相互抵消,总体而言这些不理性的投资者不会影响资产的价格;如果非理性的投资者将资产价格推离了其正常水平,套利交易者就会进入市场,从而更正错误的价格。

基于以上假设,传统金融理论认为:资产的价格是由理性的投资者所决定的,理性的人不会受到谣言等虚假信息的影响。资产的价格也是理性的,资产的价格应该等于其基本面的价值,即资产的未来现金流的贴现值。比如,对于股票而言,其现在(0 时刻)基本面的价值 F_0 就是其未来现金红利 $\{D_t\}_{t=1}^{\infty}$ 的贴现值:

$$F_0 = \sum_{t=1}^{\infty} \frac{E[D_t]}{(1+K)^t}$$

其中,

D_t 为 t 时刻每股现金红利,

K 为股票的贴现率,由股票的系统风险水平决定。

传统的金融理论认为市场是充分竞争的,信息因为竞争从而能够快速正确地反映在股票价格上,市场是有效的,资产的价格围绕其基本面价值波动。资产的期望收益是由其对应的系统风险所决定的,非系统风险不影响资产的期望收益。传统的金融理论提出的经典的资本资产定价模型(CAPM)刻画了这一关系:

$$E[r_i] = r_f + \beta_i (E[r_m] - r_f), \forall i$$

其中,

r_f 为无风险收益率,

$E[r_m] - r_f$ 为市场组合的风险溢价。

CAPM 认为任意资产 i 的期望收益率 $E[r_i]$ 由其承担的系统风险所决定,β_i 衡量了系统风险高低,$E[r_m] - r_f$ 则给出了承受单位 β 对应的系统风险所带来的期望回报。不同的资产因为承担了不同的系统风险,从而表现出不同的期望收益。但所有资产的风险溢价与系统风险的比是相同的,即

$$\frac{E[r_i] - r_f}{\beta_i \sigma_m} = \frac{E[r_j] - r_f}{\beta_j \sigma_m}, \forall i, j$$

其中,

$\beta_i \sigma_m$ 和 $\beta_j \sigma_m$ 分别为股票 i、j 的系统风险,

σ_m 为市场组合的标准差。

在一个有效的金融市场上,证券的价格与其风险水平相对应,不存在低估和高估的情况,股票价格的短期变动完全是由那些未被预期到的信息所决定的,因为所有能够被预期的信息都已经融入今天的股票价格当中。股票价格的短期变动是完全随机的,无法预测。因此,择时和选股都是徒劳的。分散投资并且长期持有是最佳的投资策略。投资者应该根据自身的风险偏好,进行资产大类的长期配置,应该采取被动持有的投资策略,通过承

担系统风险获取投资收益。比如配置 ETF 基金。在一个高度有效的金融市场上,量化分析的重点在于资产配置的选择,以及在资产配置策略的执行过程中选择合适的投资组合再平衡策略。①

1.2.2 行为金融理论

行为金融理论认为,投资者受心理偏差因素的影响,并非完全理性,只是有限的理性而已。证券的市场价格也经常偏离证券的基本面价值,市场存在被错误定价的证券。一个被经常引用的例子就是封闭式基金的折价现象。② 封闭式基金所持有的资产(主要是股票)净值(所持有股票组合的市场价格)与封闭式基金本身的市场交易价格明显不一样,基金的交易价格平均而言低于净值10%。不考虑基金的管理成本,持有封闭式基金和持有封闭式基金所持有的那些股票,两者的基本面是一样的,但价格却不一样。这说明资产的价格并不等于其基本面价值。实际的市场受投资者情绪的感染,证券价格经常会出现过度压低或高估的情况。这通常与投资者的非理性非常相关,不能相互抵消,从而可能持续将证券价格推向高估或低估的状态。即便是市场上存在理性的套利者,但现实交易中绝大部分的套利受到各种条件限制,同时也充满套利风险。套利者并不能或不会轻易进入市场来更正这些错误的定价。比如,2015年6月之后,我国股票市场出现了明显的股指期货价格低于指数现货的贴水套利机会,但套利者发现受到各种限制,很难卖空现货,融券卖出现货,同时买入股指期货的套利交易难以实施。行为金融理论认为实际的金融市场并非有效市场,基本面价值并非价格的唯一决定因素,投资者的心理偏差也会很大程度地影响资产的价格。比如,在我国市场上,上市公司实行高送转的行为能够引发投资者的热捧、上市公司更名也能引发股票价格的上涨、投资者追涨停板的行为等现象表明投资者并非理性,资产的价格与其基本面价值可以产生很大偏离。

卡曼(Kahneman)和特沃斯基(Tversky)为行为金融理论的奠定做出了卓越贡献,③他们提出了前景理论(Prospect Theory),认为人们在投资决策中,投资者在盈利时和亏损时的效用函数并非一致,人们在投资盈利时表现为风险厌恶,容易卖出盈利的股票;而在面临亏损时,则表现出风险偏好,容易继续持有亏损的股票。这一现象被称为处置效应(Disposition Effect)。基于行为金融的视角,许多实证研究发现了金融市场上存在许多异常收益(不能被系统风险所解释的收益,比如不能被 Fama-French 三因素模型中的三个因子解释的超额收益 α),比如,许多实证研究发现,周五的股票收益率通常比其他时间的收益率要高(日历效应)、买入过去一年表现好的股票可以获得超额回报(短期动量效应)、从长期来看,市盈率低的股票相对于市盈率高的股票表现更好(长期反转效应)等。

行为金融认为实际的金融市场并非有效,投资者受心理偏差影响,有能力的投资者可以

---

① 当组合中的某些资产上涨较快时,造成这些资产的权重比例超过预先设定的比例,因此,需要卖出一部分这些资产,同时买入一些上涨较慢或下跌造成权重偏低的一些资产。这一过程就是组合的再平衡过程。简言之,资产组合的再平衡过程就是低买高卖的风险调整过程,这样组合的风险始终被控制在资产配置模型设定的水平范围内。

② 投资者将钱交给封闭式基金后不能像开放式基金那样赎回,但可以在二级市场上像股票一样转让。这样就形成了封闭式基金的市场交易价格。

③ Kahneman D,Tversky A. 1979, Prospect theory: an analysis of decision under risk, *Econometrica* (47):263-291.

利用市场的错误定价进行主动积极的投资。尤其在我国的股票市场,个人投资者在交易量方面占据主导地位,个人投资者更容易受到心理偏差和情绪的影响。不成熟的个人投资者经常在极度恐慌中低位卖出股票,而在极度乐观中高位买入股票。目前来看,主动管理的量化投资策略在我国的股票市场仍然有较大的发展空间,但随着市场的进一步发展,个人投资者将逐步退出市场,市场终究会迎来由机构投资者主导的新时代,基于主动管理的量化投资策略的应用空间将逐步减少,而被动管理的分散化被动长期持有策略也将被更多的投资者所接受。

1.2.3 理解我国的股票市场

(1) 投机色彩浓厚

我国股票市场在 1990 年重新开启,历经 30 多年的发展,仅就规模而言,也已经取得了举世瞩目的成就。在这个市场上,我们可以观察到以下几个明显的特征:A 股市场的波动性远高于西方成熟的股票市场;A 股的换手率远高于西方成熟的股票市场;A 股的股票价格通常高于 B 股,也通常高于 H 股(近年来,少数一些金融股开始出现了 AH 股倒挂现象);垃圾股和题材股的股票价格高企,甚至连某些近乎白纸一张的权证也能在市场上以远高于 0 的价格交易。

这些现象一直在困扰着投资者和证券分析人员。对这些现象背后的本质认识不清就可能造成投资决策的误判。这里我就举一个证券分析人员误判的例子。广发证券 2010 年 2 月 12 日借壳上市,而其影子股吉林敖东每股拥有约 1.14 股的广发证券,其价格长期低于其"正常价格",即广发证券股价的 1.14 倍。类似,广发证券的另一只影子股辽宁成大拥有 0.7 股的广发证券,证券分析人士基于广发证券股价的 0.7 倍和辽宁成大其他两项资产:成大生物和油页岩,得出辽宁成大价格被低估的结论,于是不断发出广发证券与其影子股价格倒挂的研究报告,建议投资者买入辽宁成大。然而,广发证券与其影子股价格倒挂的现象持续了一年多时间,价格倒挂似乎是正常现象,而不是证券分析人士所称的买入机会。

对这一现象的深入分析就要回到资产价格理论方面的议题了。新古典金融理论(我比较倾向称之为传统金融理论)认为资产的价格应该是其未来现金流的贴现值,对股票而言,就应该是该股票未来红利贴现之后的现值。这个未来现金流的贴现值就是资产的基本面价值。基于该理论,我们可以得到以下几个推论:未来现金流一样的股票应该有同样的价格;如果 A 股票每年的红利总是高于 B 股票,则 A 股票的价格高于 B 股票;如果 A 股票每年的红利是 B 股票的 N 倍,则 A 股票的价格也应该是 B 股票价格的 N 倍。因此基于该理论,如果广发证券的价格为 50 元/每股,则吉林敖东的价格为 57 元/每股(没有考虑吉林敖东除广发之外的其他资产价值)。同样辽宁成大的价格应该为 35 元/每股再加上成大生物和油页岩业务所产生的价值。基于上述理论,证券分析人士将辽宁成大的目标价格定在 60 元/每股以上似乎很有道理。然而市场似乎并不遵从以上理论。比如,吉林敖东的价格低于广发价格的 1.14 倍;将广发股价的 0.7 倍来核算辽宁成大持有广发股权的价值则高估了辽宁成大的股价(如果证券分析人士对成大生物和油页岩业务的估值正确);A 股的价格并不等同其 H 股的价格,对于许多 AH 股而言,AH 股的价格相差甚远。

显然,传统的金融理论并没有对以上与理论相悖的市场现象给出合理的解释。因此,我们转向 20 世纪 90 年代兴起的行为金融理论。行为金融理论认为资产的价格可以与其基本面价值(未来现金流的贴现值)不同,这一偏离源于投资者受到各种心理偏差的影响,股价偏离基本面价值的时间可能持续很长。

下面我们基于这一认识来建立分析我国股票市场股价的理论框架。在建立该理论框架之前,我举一个例子。假定现在中国石油的 A 股价格为 12 元,其 H 股的价格折合人民币为 6 元。假定你在 A 股市场上以市场价 12 元的价格买入 1 万股的中国石油,显然在你看来 12 元的价格是合理的买入价位,否则你不会买入。如果我现在告诉你,你购买的 1 万股中国石油将永远都不能卖,你觉得你先前花的 12 元还值吗? 你多半是认为先前花的 12 元亏了,买了中国石油永远都不能卖意味着你只能每年拿中国石油给你的红利。如果那样,你显然应该花 6 元买入中国石油的 H 股,而不是花 12 元买入中国石油的 A 股。因为 H 股给你一样的红利,价格还便宜,何乐不为? 如果我们信奉传统金融理论的正确性,似乎花 12 元购买中国石油 A 股的你成了地道的傻瓜。或者反过来想,你(当然你也代表了千万个花 12 元购买中国石油 A 股的投资者)其实并不傻,只不过传统金融理论并不正确罢了。我更倾向于后一种看法。花 12 元购买中国石油 A 股的你并不傻。让我再问你一个问题,如果你购买的 1 万股中国石油 A 股你永远都不能卖,你觉得这样的中国石油 A 股,你愿意花多少钱? 当然,聪明的你为此出价不会超过 6 元,比如,你出价 5 元,这意味着中国石油的基本面价值在你看来值 5 元。实际上你花 12 元购买的中国石油 A 股你是可以随时卖的,这就意味着给你随时卖出中国石油 A 股的权利,你愿意多花 7 元。所以我们将中国石油 A 股价格的 12 元分解为两部分:基本面价值(5 元)和交易价值(7 元)。其中,基本面价值(5 元)是与公司的红利有关,进而与公司的经营有关的,而交易价值(7 元)与公司的经营并无关系,只与交易有关。显然,市场交易额外创造了 7 元的价值,为什么交易本身会额外地创造价值呢?

这就回到了市场上流传的"博傻"游戏。人民群众的智慧是无穷的,只不过大部分投资者并没有将其升华到理论研究,进而借助理论反过来指导投资实践的高度。"博傻"游戏的本质其实很简单。今天你认为某个资产实际上只值 3 元(基本面价值),但你认为很可能某天,有"傻瓜"愿意出价 5 元来买,因此,今天你愿意的出价会高于 3 元。这就回答了为什么交易本身会额外地创造价值的问题。你出价高于 3 元的那部分就是交易价值。从这个角度,我更倾向将交易价值称为投机价值。

下面我们从理论上大体讨论一下交易价值,详细讨论可以参见相关学术论文。[1] 交易价值可以看成标的物为投资者看法差异的美式期权的价格,这一价值的大小与投资者之间的看法差异有关,也与投资者之间的看法差异的波动性有关,且该波动性越大交易价值越高,相应地,资产的价格也越高。交易价值还与股票的流通盘大小有关,流通盘越大的股票,其交易价值越低,交易价值的波动性要高于基本面价值的波动性。交易本身有价值需要两个很重要并且需要同时得到满足的条件:市场不允许卖空(可以放松到卖空成本很高)和投资者对资产收益的看法存在差异。而这样的条件在我国股票市场是同时成立的。

接下来,我们用这样的一个理论框架来解释我国股票市场存在的许多现象,这一框架简单地可以表述为以下公式。

---

[1] 曹志广,杨军敏.2008.投机价值与中国封闭式基金折价之谜[J].金融学季刊,(4):85-106.
曹志广.2014.我国交易所交易基金的折溢价行为及波动性[J].上海交通大学学报,(48):282-289.
Scheinkman, J., W. Xiong. 2003, Overconfidence and speculative bubbles, *Journal of Political Economy* (111): 1183-1219.

资产的价格＝基本面价值＋交易价值(投机价值)

① 我国股票市场的波动性高于西方的成熟市场是因为我国股票价格中交易价值所占的比重高于西方的成熟市场。交易价值的波动性要高于基本面价值的波动性。因此，在我国市场上可以观测到股票普遍具有的高波动性。

② 我国股票市场的高换手率和高股价现象源于国内市场散户的众多和市场卖空的限制。信息和看法差异很容易在散户之间产生，散户之间信息和看法差异的波动性一般而言也高于机构投资者，当投资者之间看法差异的波动性比较大时，相互交易的可能性也越大。因此，在市场上可观测到成交量也较大。所以投资者经常可以看到成交量较高时，通常股票的价格也较高。相比较而言，美国股票市场的机构投资者占主导地位，机构之间关于某只股票的认识差别及其波动性相对而言会比较小，再加上美国市场允许卖空，股票的交易价值通常低于我国国内股票的交易价值。因此，我国国内股票的市盈率通常高于美国市场。

③ A 股的价格和 H 股的价格并不一样，也是源于 A 股和 H 股交易价值的差异，其基本面价值并无明显差异。通常 A 股市场的交易价值要高于 H 股市场。因此，A 股的价格高于 H 股。

④ 某些 H 股(比如金融股)价格高于 A 股的现象源于在股改后，先前不流通的国有股和法人股开始流通，使得原来 A 股流通盘小于其 H 股流通盘的现象发生了逆转，相比较而言，其 H 股成了"小盘股"，A 股成了"大盘股"。而小盘股的交易价值通常要高于大盘股。因此，近来许多金融股开始出现 AH 股倒挂的现象。

⑤ 某些理论价值为 0 的权证，其市场价格却远不为 0，这源于其交易价值远不为 0，这可以从其高得离谱的换手率大概就可以看出。高的换手率与高的交易价值是正相关的。

⑥ 每股吉林敖东间接拥有 1.14 股的广发证券，并不意味着吉林敖东的股价应该是广发证券的 1.14 倍，虽然吉林敖东的基本面价值是广发证券基本面价值的 1.14 倍，但吉林敖东的交易价值并不是广发证券交易价值的 1.14 倍。从流通盘的大小来看，2010 年 2 月的广发证券属"小盘股"，其流通盘仅为 3.66%(2011/2/14:22.74%解禁;2013/2/12:69.09%解禁)。2010 年 2 月期间广发证券的交易价值应高于吉林敖东的交易价值。因此，吉林敖东的股价低于广发证券的 1.14 倍很正常。随着广发证券的解禁，其流通盘增加，广发证券的交易价值就会逐步下降，吉林敖东与广发证券股价倒挂的现象会逐渐改变。

基于以上理论框架，许多困扰我们的问题可以得到解释。不仅如此，我们还可以基于上述理论构建投资策略。考虑到股改后 A 股流通盘逐渐增加，IPO 股票在解禁期过后大股东所持股份的逐步流通，同时股指期货和某些股票可以实施卖空，机构投资者也越来越多，中国股票市场的交易价值总体而言将会逐步走低，如果不考虑基本面的变化，中国股票市场上许多交易价值占比很高的股票价格也会逐步走低，而且这一过程将可能持续很长时间。从上证综合指数来看:2000 年底的点位在 2 100 左右，到 2018 年底大约在 2 500 点左右，期间的涨幅，相对于中国经济的增长，可以说非常低。[①] 造成这一现象背后的原因也在于股票投机价值的逐步走低。对于国有控股上市公司，即便国有大股东所持股票可以流通上市，但实际上是不会流通并在市场上出售的。因此，并不会对公司股票的投机价值造成非常大的影

---

① 考虑到股票分红对指数的拉低作用，账面收益应该更高些，但如果考虑通货膨胀的实际收益，上证综合指数的收益将更低。

响。相对于国有控股的上市企业，民营控股的上市公司大股东减持股份的意愿要强得多，大量中小上市企业的股价将会较大程度地受到流通盘变大后投机价值下降的影响。如果宏观经济面面临困境，这些民营控股公司的股价将会遭受基本面和投机面的双重打击。

(2) 个人投资者成为各方收割的韭菜

我国股票市场上个人投资者的比例相比其他成熟市场而言要高，他们热衷于短线交易，一直以来股票市场大部分的交易量都是由散户创造的。客观地讲，确实有个人投资者从股票市场上获得了收益，但总体而言，六七成以上散户的比例是亏损的、一二成左右在不赚不赔之间，只有不到10%的人获得了正收益。我们不禁要反思：散户亏损的总体现象是否正常？是否存在制度上的原因？要回答这个问题，我们得从为什么要有股市谈起。

我们先简单地还原这一问题的本质。有投资机会和能力的企业家拿着一份商业计划跟一群投资人讲，我这里有个发财的机会，现在我没钱，愿意跟你们一起干，你们投一些钱，我给你们一定股份，如果我们的事业成功了，我们按股份分钱。因此，本质上来讲，企业家从公众募集资金投入商业经营，用商业经营产生的利润来回报投资者，股票因此孕育而生。公众投资股票的回报来源于企业家商业经营活动产生的利润。企业的利润是股票收益的根本来源，利润以红利的形式返还给投资者。如果企业没有好的投资机会，肩负信托责任的企业家应当将利润以红利的形式返还给投资者，让投资者选择更好的投资机会。如果企业有好的投资机会，利润应当留在企业为股东们创造更多的财富。这就是为什么要有股票市场的初衷。为了实现股票的这一基本的功能，企业家必须肩负起对股东的信托责任。投资者和企业家之间的信息不对称是天然的，虽然上市公司的各种信息披露制度可以缓解这些信息不对称，但不可能消除。因此，企业家自身的私欲天然地驱使企业家违背对股东的信托责任。因此，信托责任的落实必须在法律等制度的约束条件下才能真正得到体现。投资者的权利必须在法律和其他相应制度下能够以低成本的代价在实际中得到维护，企业家也必须在股东和其他辅助股东的机构监督下履行对股东的信托责任。只有这样，才有可能使得企业家努力创造利润，利润最终转化为红利，从而为公众投资者带来股票投资的长期收益。公众投资者投资股票，上市公司的经营者履行信托责任努力创造利润，这些利润又切实地回到投资者手里。如果股票市场的这一基本功能得到切实体现，则股票市场天然地就成为长期投资者的投资场所，根本不需要有外力的推动。企业的利润就是资本天然追逐的对象。保证股票市场的基本功能，确保企业的利润就是投资者的收益，这是股票市场健康发展的必要条件。

股票在股票市场的可交易性，为股票投资者提供了除企业利润之外获取收益的另一种形式：低买高卖。交易本身也可以为股票投资者带来收益。低买高卖的投资者的收益来源于其他投资者的高买低卖，而不是企业的利润。通过交易本身来获取股票收益，天然就是强者对弱者的掠夺。而我国股票市场上的散户天然地就是被掠夺的对象。

所以股票市场为投资者提供了两种获取收益的方式：企业的利润和交易。企业的利润为长期投资者提供了回报，交易则为低买高卖的短期投资者提供了回报，而这一回报来源于其他短期投资者的高买低卖。如果一个股票市场不能从法律等制度上保障企业的利润能够成为投资者的收益，则股票投资者的收益只能来自交易，这样少数强者掠夺多数弱者的悲剧就会上演。因为弱者就算长期持有股票也不能得到企业的利润作为收益，只能被动地参与短期交易，期望从中获利。

我们再回望一下我国的股票市场：大部分股票的分红很少，绝大部分公司的股息率低于5年期的存款利率，而且对于以各种理由不分红（比如，企业有好的投资机会、亏损）和少分红的公司[①]由于相关制度的缺失，投资者根本无法确信这些暂时留存在企业的利润会被经营者呵护并最终会转化为更多的红利。如果投资者能够确信这些暂时不发的红利能够留在企业并可能产生更多的未来红利，则投资者不大会在乎企业今天少发或不发红利。然而实际的情况是，企业的利润与股票投资者的收益关系微弱。举个例子：中石油被认为是亚洲最赚钱的公司之一，然而在我国A股市场投资中石油股票的普通投资者却并没有从企业的利润中得到多少红利。实际上，股票的价格与公司基本面的联系是完全通过企业的现金分红作为桥梁来体现的。一个永不分红的公司，即便公司的盈利能力如何强，实际上投资者依然不能从利润中得到一丝一毫的好处。当企业的很少现金分红成为普遍现象后，公司的股票价格与公司基本面脱节的现象也就不难理解了，这就是我国股票二级市场所有问题的症结。一级市场过高的发行价更使得大部分企业发放的红利显得微不足道。上市公司财务造假、虚假陈述等扰乱二级市场投资者决策的行为被处理力度偏弱、法律等制度的缺失是企业利润与股票投资者收益关系不大的根本原因。[②] 既然投资股票难以直接从企业的利润中获得收益，那么从交易中获取收益就自然成为我国A股市场绝大多数投资者的不二选择，处在弱势地位的个人投资者就天然地成为其他投资者获取收益的韭菜，这就解释了处在弱势下的广大散户为什么会亏损。实际上，量化投资收益的主要来源也是个人投资者和其他投资者的犯错。

我国股票市场领先全球成熟市场换手率的实际情况，反过来也印证了我国A股市场投资者期望通过交易获取收益的状况。对于监管者而言，切实推进企业的利润转化为股票投资者的收益的各项制度建设才是治市的根本。在缺乏这些制度的情形下，一味鼓励各种机构入市，一味通过IPO扩大市场容量，只能引入更多以散户为食的机构和原始股东，只能导致股票市场的横向发展（股票的数量增加，总市值也相应增加，然而剔除通货膨胀因素后股票价格并不上涨甚至持续下跌）。如果只注重融资功能，轻视投资功能，则股票市场难以出现长期牛市的格局，并且散户的状况将继续恶化。

1.2.4 技术分析方法在我国股票市场的适用性

（1）认识技术分析

技术分析有三个重要的前提：价格反映一切信息，价格沿趋势变化，历史会重复。离开这三个前提，技术分析如同无源之水，谈论其有效性也失去了意义。下面我们分别对这三个前提进行分析和讨论。

① 价格反映一切信息

技术分析流派认为各种影响资产价格的因素，比如信息、人们的心理等，都已经在价格

[①] 从历史角度来看，我国股票市场建立之初的一个重要原因就是为了帮国有企业解困，使国企摆脱银行的资金依赖。因此，重融资功能、轻投资功能的导向一直伴随着股票市场的发展。这就使得二级市场上的投资者整体而言处在博弈的不利一方，导致投资者的收益来源更加倾向于投资者之间的博弈，而不是来源于企业的利润。

[②] 比如，康美药业2017年末的财报虚增了近300亿元货币资金，引发证监会调查。中国证监会2020年5月14日对康美药业做出处罚及禁入证券市场的决定。决定对康美药业责令改正，给予警告，并处以60万元人民币罚款，对21名责任人员处以90万元至10万元不等的罚款，对6名主要责任人采取10年至终身证券市场禁入措施。

中得到了反映,价格上涨则说明市场对该资产的需求增加了,反之,则说明市场对该资产的需求减少了。因此,技术分析流派根据市场的价格行为(比如价格、成交量、未平仓合约数、市场涨跌家数等)对价格的未来变化做出预测,而并不根据经济的基本面因素对未来价格做出预测。这与基本面分析流派完全不同。基本面分析流派强调价格变化的基本面原因,比如,基本面分析流派经过各种宏观层面、行业层面和公司层面的分析后,认为某家公司的基本面价值应该在10元左右,而其目前的市场价格只有5元。因此,该公司的股价有向其基本面价格10元靠近的趋势,当前应该买入该股票。然而,技术分析流派却并不关心这些基本面因素,因为这些因素已经被价格吸收了,只有当前的价格趋势向上时,技术分析流派才会买入,否则即便该股票的基本面价值远高于当前的价格,技术分析流派也不会买入。技术分析流派根据价格行为进行投资决策,而并不关心价格行为背后的原因。基本面分析流派则根据基本面因素进行投资决策,而并不关心当前不合理的价格何时回到其正常的基本面价值,相信只要有足够的耐心,股价总会有反映其基本面价值的时机。

学院派中的有效市场学派也坚信价格反映了一切信息,从表面上,看技术分析流派与学院派之间在这点上并无差异,但实际上差别很大。有效市场强调投资者的理性将对价格起决定性的作用,信息会被价格及时且正确地吸收,价格对信息的反映不偏不倚,无效信息(比如谣言等)和投资者非理性的心理因素不会影响资产的价格。这些有效信息所对应的基本面价值被价格及时正确地反映。因此,价格和基本面价值是合二为一的。有效市场学派对技术分析和基本面分析流派都明确提出了质疑,认为技术面分析和基本面分析对价格的预测是无效的,因为当前的价格与当前所有信息所对应的基本面价值是保持一致的,未来价格的变化完全取决于未来那些未被预期到的影响基本面价值的因素是否发生变化(被预期到的因素已经反映在价格中了),而这些未被预期到的信息是无法预测的。因此,价格的变化是随机游走的,也是无法预测的。技术分析流派并不认为市场是有效的,也并不认同"价格及时正确地反映信息"这一观点。他们认为市场的价格行为受到人们非理性的心理因素影响,价格对信息和人们的心理因素均会做出反应,这种掺杂心理因素的反应通常不会是完全理性的,价格的变化并不是完全无法预测的。

② 价格沿趋势变化

技术分析流派认为价格的持续上涨和持续下跌就是趋势,价格波动的波峰一波比一波高,同时波谷也一波比一波高,则说明市场处在上升趋势。反之,价格波动的波峰一波比一波低,同时波谷也一波比一波低,则说明市场处在下降趋势。上升和下降趋势之外的状态就是价格的震荡形态,震荡说明市场的多空双方力量处在平衡状态,市场正处在趋势发生前的等待阶段。

技术分析的鼻祖查尔斯·道形象地将一个上升趋势分为三个阶段:第一阶段为积累阶段,通常这时市场环境还在熊市的尾部,大部分投资者并不对上升趋势的来临抱有幻想,一群聪明的投资者开始逐步买入股票,股价开始止跌并缓慢回升;第二阶段为大众参与阶段,通常这时市场环境趋于向好,顺应趋势交易的投资者开始注意到趋势的来临并开始买入,这时候股价进入快速上涨的形态;第三阶段为派发阶段,这时通常是好消息不断,市场投机交易活跃,而那些聪明的投资者开始卖出股票。查尔斯·道对上升趋势三个阶段的描述也解释了价格为何沿趋势变化的原因:少数聪明人在合适的时机引领了趋势的产生,人类从众心理的天性使得价格持续上涨,上涨带来的盈利效应吸引更多的资金,这很容易形成类似"庞氏骗局"的正反馈,当这一反馈环节最终无法支撑时上涨趋势则被终结。人类的从众行为是一种与生俱来的"天性",千百年来没有发生过根本的改变,这是趋势产生的原因所在。

③ 历史会重复

技术分析流派认为过去发生过的在将来也会类似地继续发生。这是因为在类似的环境下,影响人们决策的"恐惧""贪婪"等心理并不随着时间的推移而发生根本改变,在投资者对价格行为的演进总是把握不清的情形下,从众心理会使过去发生过的事总是"一而再,再而三"地发生。人类历史上一再发生的投机泡沫事件不断验证着"历史会重复"这一技术分析的前提。人类共同的"秉性"导致了在类似情形下,类似行为的发生,这是"历史会重复"的根本原因。

综合来看以上技术分析的三个前提,其本质上都是根源于人类与生俱来的各种心理因素,这些千百年来从未发生改变的"天性"构成了技术分析的渊源。技术分析与人类心理有着天然的联系,这也暗示技术分析与行为金融理论有着共同的基础:人类的心理因素。然而心理因素复杂多变,技术分析也仅能从经验上揭示部分典型的心理因素规律,所以利用技术分析进行预测,并不能做到精确和万无一失。技术分析更多的是一种经验上的判断,成功的技术分析能够帮助投资者获取利润的概率增加,但无法保证投资者每次均能取得回报。正因为如此,技术分析中多数小亏和少数大赚的资金管理理念以及设定止损点是非常重要的。从另一方面来讲,将技术分析和基本面因素结合起来进行分析更具实用价值。

④ 技术分析的手段

技术分析流派通常借助图表的形态,通常是根据价格和成交量的形态来对价格做出预测,比如,利用"头肩形""三重顶""三重底"等形态对价格做出预测,这些图形都是长时间历史经验的总结,具有重要的参考价值。技术分析也经常借助计算机手段,利用统计学对价格的走势做出预测。比如,利用各种均线指标、MACD、KDJ、OBV 等指标对价格做出预测。对图表的形状做出分析,比如波浪理论,不同的投资者可能有不同的看法和认识,这也使得那些"看图说话"的技术分析人士面临指责。而利用各种技术分析指标则不存在认识差异的情况。在技术分析中最常用的分析对象就是价格,将价格和成交量结合起来,则对价格的分析更准确。在上涨的趋势中,上涨应该伴随成交量的增加,而下跌(通常认为是调整)应伴随成交量的减少,而在下跌趋势中,下跌应伴随成交量的增加,而上涨(通常认为是反抽和反弹)则伴随成交量的减少。

⑤ 对技术分析的几点反思

技术分析本质上是通过历史数据的分析,确定市场是否处在趋势。如果处在趋势,则假定该趋势会持续,这时可借助某些趋势性技术指标给出相应的买卖时机;如果市场处在震荡状态,则假定震荡会持续,这时可借助某些摆动性指标给出相应的买卖时机。市场交易行为本质上是市场参与主体之间的博弈行为,宏观经济环境、上市公司本身的业绩增长等基本面因素只不过是提供了各方博弈的基础舞台。

市场行为与战争存在许多方面的共同点,战争讲究"天时、地利、人和",投资行为也如此,各博弈方既存在合作,也存在竞争。当前的利益和对未来收益的预期是各方行动的最直接和最原始的动力。技术分析可以成为博弈各方都可以使用的手段,在有些情形下,某些技术图形或指标可以被某些市场参与主体人为地构造出来,诱使其他参与方买入或抛出,从而实现其特定目的。因此,技术分析要结合当前各方的利益格局来看,单纯的技术分析可能会陷入歧途。当前的中国股票市场,是由证券公司(主要指其自营部门)、公募基金、私募基金、社保基金、保险资金和QFII(合格境外机构投资者)等机构投资者、个体投资者(散户和大户投资者)、大小非持有者(低成本持有大量原始原本非流通但股改后能够流通的股票的机构或个人)、持有上市公司原始股权的高管和私募股权投资者(个人或机构)、上市公司、证券监管部门和政府等构成了市场主要参与方。对各参与方的利益格局分析并不是容易的事情,博弈的结果经常随各参与方的参与策略而变化,推测其他参与方的行为是非常不容易的。

技术分析以投资者的心理因素为依据,但投资者的心理复杂多变,因此,技术分析并不同于数学、物理和化学等学科,不是精确的科学,更多的是经验和艺术。也正是因为如此,才使得技术分析得以生存。试想一下,如果技术分析能够精确预测股价走势,并且其预测机理能够上升成科学方法,能够用数学定量化表示,则用不了多长时间,市场上的投资者就会掌握这一方法,很快你就会发现这一方法就失灵了,这样也将进一步推进技术分析的发展和前进。价格是市场多空双方互相博弈的结果,双方对市场的认知和风险态度决定了各自的策略,从而进一步形成市场价格、成交量等市场变量,这些变量又反过来影响投资主体对市场的认知。因此,根据市场价格、成交量等市场变量建立起来的技术分析是没有穷尽的。唯有不断独立思考,努力认知市场,技术分析才有可能在市场上获得超过被动性的指数化投资收益。从本质上讲,这些超额回报来源于投资者对其他投资者行为认知的投资,这与教育对人们薪水的提升作用是一样的道理。

在我国股票市场上,大量的个人投资者受到各种心理因素的驱动进行股票交易,技术分析的有效性在我国存在肥沃的土壤。对上证综合指数、深圳成份指数、中小板指数和创业板指数的实证研究也表明我国股票市场在剔除数据挖掘偏差后,仍然存在战胜买入持有策略的技术交易策略,但在2010年之后,战胜买入持有策略的技术交易策略的数量显著减少。实证结果还表明:在一定交易成本之下,技术交易策略的超额收益在我国市场上存在持续性。[①] 但对于月线级别的技术分析而言,Yang等人(2019)的研究结果并没有发现战胜买入持有策略的技术交易规则。[②]

(2) 量化分析和技术分析

量化分析并不排斥技术分析,而是融合技术分析。从本质上讲,量化投资利用的信息也都是已经发生的历史信息,这与技术分析没有什么不同。量化分析和技术分析的差异在于量化分析借助了计算机快速处理海量信息的技术,从而可以考虑更多维度的信息;另一个差异在于量化分析更注重投资逻辑的建立,依据投资逻辑做出决策,而技术分析缺乏严谨的逻辑,经常需要结合投资者的经验,综合判断后才能够做出比较好的投资决策。比如,技术分析中的K线形态分析,投资者对W底和M头的图形识别通常也并非一致;波浪理论中不同阶段的浪形判断,不同的投资者也经常有不同的看法。在量化策略设计中,技术分析方法因为缺乏严密的投资逻辑,技术分析发出的买入信号通常是不能成为买入的逻辑的,但将技术分析方法用于风险管理和控制还是有较大的应用前景的。

---

① 曹志广,杨军敏,胡瑾瑾.2021.数据挖掘偏差和技术交易策略有效性的实证分析[J].金融科学.(10):59-77.
② Yang Junmin, Cao Zhiguang, Han Qiheng, Wang Qiyu. 2019, Tactical asset allocation and data snooping, *Pacific-Basin Finance Journal* (57):1-15.

1.3 量化投资策略的开发工具和方法

1.3.1 量化投资策略的开发工具

量化分析不可避免地需要大量应用数学和统计模型,并进行大量的数据运算、模型的参数估计、历史数据的回溯测试等,这就需要量化策略的设计者至少精通一门擅长处理数学和统计模型的分析软件工具,从而能够快速高效地处理和分析数据。由于量化策略设计的目的是投入实战,因此,量化策略的设计者对分析软件还有一些特殊的要求:能够连接金融数据服务商的数据接口,从而方便地获取行情数据,并进行模拟交易和实盘测试;拥有丰富的数学和统计分析包,从而能够大量节约处理数学模型和统计模型的时间和精力;分析软件的普及度比较高,从而能够方便地进行同行之间的相互学习和交流以及资料共享等。满足以上条件的开发工具主要有 Matlab、Python 和 R。下面我们简要谈谈这三个量化开发工具各自的优缺点。

(1) Matlab

Matlab 是一款商用的数学分析软件,需要支付不菲的购买费用。Matlab 是由美国 Mathworks 公司推出的用于数值计算和图形处理的科学计算软件。Matlab 是英文 Matrix Laboratory(矩阵实验室)的缩写。它的第 1 版(DOS 版本 1.0)发行于 1984 年。由于 Matlab 编程简单高效,与利用 C 语言或 Fortran 语言作数值计算的程序设计相比,它能够非常快速和方便地让初学者学会编程,从而大大节省学习编程语言的时间,更好地将时间和精力放在使用者自己的专业知识上。Mathworks 公司拥有专业的工程师以开发各种专业分析包,并提供非常专业的售后服务。Matlab 在矩阵运算和各种专业数学处理包方面有着强大的优势,同时,Matlab 在数学和统计模型的处理方面也具有明显的优势。Matlab 在数值计算和金融工程等领域的应用十分广泛,在大学和科研机构以及金融机构的量化研究部门都拥有广泛的用户。[1]

(2) Python

Python 是完全免费的计算机程序设计语言,用户可以登录 http://www.python.org 官网免费下载 Python 以及第三方库等。[2] Python 是 1989 年荷兰人 Guido van Rossum 发明的,其第一个公开发行版发行于 1991 年。目前 Python 官网上有 Python2 和 Python3 两个系列的版本。Python 运行速度比 Matlab 快,但相比 C++、C♯ 等语言仍然较慢。与 Matlab 相比,Python 的编程语法和规则比较复杂些,但 Python 的应用空间也更加丰富,Python 不仅可以借助丰富的第三方库高效地处理数学和统计模型,还可以用于开发各种应用程序、网站设计等。与 Matlab 相比,Python 在数值计算和处理数学模型等方面的能力要弱一些,但 Python 在运行速度、应用空间和灵活性等方面优势明显。Python 有着丰富的扩展库,可以轻易完成各种高级任务,开发者可以用 Python 实现完整应用程序所需的各种功能。正是因为这些优势让 Python 吸引了大量的拥护者,也包括许多的量化投资策略开发

---

[1] 曹志广. 金融计算与编程——基于 Matlab 的应用[M]. (第二版)上海:上海财经大学出版社,2017.
[2] http://baike.baidu.com/item/Python

者。但Python也是解释性的设计语言,不适合高频交易策略的实盘交易。

(3) R

R是免费、源代码开放的软件,R的官网网址为:http://www.r-project.org,在R官网可以下载R的安装程序和各种外挂程序等。[①] R是诞生于1980年左右的S语言的一个分支,可以认为R是S语言的一种实现。而S语言是由AT&T贝尔实验室开发的一种用来进行数据探索、统计分析和作图的解释性语言。R语言也是解释性语言,其语法通俗易懂,很容易学会和掌握,R在统计计算和统计制图等方面的表现十分优秀。R在矩阵计算方面的能力也非常优秀,甚至可以媲美Matlab。如果将R与Python和Matlab做比较,从功能和应用的角度而言,R更加接近于Matlab,运行速度比Python慢。在数值计算和数学模型处理等方面,Matlab本身提供的各种分析工具箱的质量都是有保障的,售后服务也非常到位,R稍逊于Matlab,但R的优势是免费。

量化策略的开发者该如何选择这些工具呢?如果仅从数值计算和数学统计模型的处理角度而言,Matlab和R是比较好的选择,Matlab和R程序的编写简洁高效,大量节省了金融专业的量化策略开发者用于学习编程语言的时间和精力;如果量化策略的开发者有更多的功能开发需求,则Python是更好的选择。虽然Python的学习难度要高于Matlab和R,但Python是程序设计语言,能够完成和实现更加复杂和高级的功能。总体而言,Matlab、Python和R用于量化策略的研究、设计和测试都是非常高效的工具,对于低频的交易策略的实现,它们都能胜任,但对于高频的实盘交易,则Matlab、Python和R都很难胜任,而C、C++等编译性语言速度快的优势就能发挥了。本书的策略设计都是以Matlab为开发工具的,书中的Matlab代码都是基于Matlab2012a版本。

1.3.2 量化投资策略开发的量化方法

投资逻辑一直贯穿于量化投资策略的开发过程中,数学和统计模型等自然就成为投资逻辑最有效的常用表达方式之一。因此对于量化投资策略的开发者来讲,掌握数学和统计等数理分析方法是必须的。开发者需要通过投资逻辑将金融市场高度地抽象出来,并提取其中的关键分析变量,通过数理模型描述变量之间的相互关系。另外,这些金融模型包含了许多模型参数,对于这些参数的估计需要用到许多金融计量经济学的方法。还有,量化投资策略的设计过程中可能要处理非常高维的信息数据,通常难以建立严密的数理模型,这时候运用机器学习算法进行模式的判别和预测等则可能显得更有效率。量化投资涉及的数量分析方法非常丰富,下面我们简单地仅对金融计量方法和机器学习算法这两个量化分析方法做一些介绍。

(1) 金融计量方法

金融计量方法是计量经济学方法的一个分支,突出了计量经济学方法在金融领域的应用。回归分析是最基本也是比较常用的金融计量分析方法,回归分析主要包含:线性回归分析、非线性回归分析、分位数回归和面板数据回归分析等。我们通过一个简单的例子来说明回归分析方法在量化投资中的应用。比如,如果我们猜想不同均线的信息对未来价格的走

[①] http://baike.baidu.com/link?url=rAaf2OMHc4dmPGfYMzuTECkEXdP72tjCS-bEUW wIkXa5tuQKlZtCKP-a2U2xujA2P-pWRo1PVdegSdpxlZ0dD1QuxIM0_y95120Ls2HcmZRm

势有预测作用,那接下来一个自然的分析就是收集实际数据看实证结论是否支持这一猜想。策略开发者可以设计以下面板数据回归模型：

$$r_{i,t+1}=\alpha_i+X_{i,t}\beta+\varepsilon_{i,t+1}, i=1,2,\cdots,N$$

其中,

$r_{i,t+1}$ 表示第 i 只股票在 $t+1$ 时刻的收益率,
$X_{i,t}=(MV_{i1,t},MV_{i2,t},\cdots,MV_{ik,t})$,
$\beta=(\beta_1,\beta_2,\cdots,\beta_k)'$,
$MV_{ij,t}$ 表示第 i 只股票的第 j 条均线在 t 时刻的值(经过调整①)。

如果不同均线所包含的信息对价格走势有预测作用,则回归模型的 R^2 衡量了预测作用的程度, F 统计量则衡量了均线信息总体而言对未来收益是否存在统计意义上的关系。均线前面的回归系数则衡量了具体每一个均线信息对收益的影响大小,如果在通常的显著水平下的 t 统计量显著,则说明该均线信息对收益有预测作用。

下面我们以沪深 300 指数为例,来说明如何应用以上回归模型验证价格均线信息是否具有预测作用。Han,Zhou 和 Zhu(2016)认为如果股票市场上存在基本面投资和趋势投资两类交易者,则均线信息对未来收益有预测作用。②我们选取沪深 300 指数近 3 年的日收盘价数据(2014/7/19～2017/7/18),分别计算指数 5 日、10 日、20 日、30 日、60 日、120 日和 250 日均线,然后对均线除以对应时刻的指数进行调整后进行以下时间序列的回归：

$$r_{t+1}=\alpha+X_t\beta+\varepsilon_{t+1}$$

其中,

r_{t+1} 表示沪深 300 指数在 $t+1$ 时刻的收益率,
$X_{i,t}=(MV_{5,t},MV_{10,t},\cdots,MV_{250,t})$,
$MV_{j,t},j=5,10,20,30,60,120,250$ 表示第 j 条均线在 t 时刻经过调整之后的值。

回归模型的实证结果为

$R^2_{adj}=0.72\%$, F 统计量为 0.650 7,对应的 P 值为 0.73。

从调整后的 R^2 来看,均线信息对收益的解释能力低于 1%,从 F 统计量来看,均线信息总体而言对收益没有预测作用。因此,从沪深 300 指数的角度而言,均线信息对未来收益并没有预测作用,这一结果为有效市场假说提供了支持的证据。值得指出的是,这一结果仅仅是基于有限的样本。实际情况是均线对收益的解释能力随时间的变化而变化,甚至在某些时间段还是有可能会出现解释能力较高的情况。

(2) 机器学习算法

机器学习(Machine Learning)是一门多领域交叉学科,涉及概率论、统计学等多门学科。

---

① 一个通常的调整做法是将均线对应的价格除以当前时刻的股票价格。这样调整之后的均线值实际上代表了均线价格与当前股票价格的相对距离。

② Yufeng Han, Guofu Zhou, Yingzi Zhu. 2016, A Trend Factor: Any Economic Gains from using Information over Investment Horizons? *Journal of Financial Economics* (122):352-375.

机器学习专门研究计算机怎样模拟或实现人类的学习行为，以获取新的知识或技能，重新组织已有的知识结构使之不断改善自身的性能。[①] 机器学习的应用范围非常广泛，在数据挖掘、生物特征识别、搜索引擎、医学诊断、语音和手写识别、机器人等领域都得到了深入应用。2016年3月，Google推出的AlphaGo应用深度机器学习击败了人类顶尖的围棋高手。这足以证明机器学习在某些领域可以很好地替代人类的分析工作。同样，在量化投资分析领域，机器学习也正在逐步得到应用。

下面我们以支持向量机（Support Vector Machine，SVM）为例来说明SVM在量化投资分析中的应用。支持向量机是Corinna Cortes和Vapnik等于1995年首先提出的，它在解决小样本、非线性及高维模式识别中表现出许多特有的优势，并能够推广应用到函数拟合等其他机器学习的问题中，支持向量机可以分析数据、识别模式，用于分类和回归分析等。[②]

支持向量机在量化投资领域的应用十分广泛，其在趋势交易、日内高低点的预测等方面都有很多的实际应用。比如在趋势交易方面，量化策略的设计人员首先依据一定的经验和逻辑寻找具有预测作用的变量，比如，过去N天的价格均线、成交量均线、最高点、最低点和K线的形态（M头、W底、多重底、多重顶、头肩顶等）等各种变量，以及变量的时间滞后项等；然后收集历史数据样本，通常将样本分成训练集和测试集，训练集的样本用来估计支持向量机算法中的参数，测试集则用来检验样本外预测的效果。量化策略的设计人员可能会不断地搜寻各种合适的预测变量，用来改进预测的效果。但这也带来了一个潜在的威胁，即数据的过度拟合问题。预测的效果在所测试的样本中可能表现很好，然而在日后的实际应用中却表现不佳。更通俗地讲，过度拟合问题就是机器学习算法找到了一个拟合效果非常好，但实际上却并不存在的"规律"，如果利用该"规律"进行样本外预测，其效果如何则只能看运气了。数据的过度拟合是利用机器学习算法进行量化策略开发过程中最需要考虑的问题，面对有限的历史样本，机器学习算法总能找到样本内拟合效果良好的参数。即便开发人员将历史数据分为了训练集和测试集，但通过不断搜寻各种可能的变量，从而得到测试集预测效果最好的参数，这本质上还是一种样本内的检验。避免数据过度拟合的一个有效办法是引入变量时要有一定的逻辑支撑。

1.4 量化投资策略开发的团队

量化投资策略的开发通常需要一个完整的团队，具体包括：策略研发团队、IT团队、交易团队和管理团队。研发团队负责策略的原理研究和回溯测试等；IT团队则负责策略研发以及策略执行等过程中需要数据库、程序化交易等方面的技术支持和服务；交易团队则负责策略的执行和监控；管理团队则负责策略在开发过程中不同团队之间的沟通和紧密协作。

1.4.1 研发团队

研发团队是整个量化投资策略开发的核心团队，其核心功能是建立适应市场实际情

---

① https://baike.baidu.com/item/机器学习算法.
② https://baike.baidu.com/item/支持向量机.

况的投资逻辑,并在此基础结合投资者风险偏好和各种限制条件等设计出合适的交易策略。另外,还需要设计合理的风险监控和管理体系对策略的买卖时点、仓位、止盈和止损等进行动态管理。研究和创新能力是研发团队最重要的能力。大部分的量化投资策略属于主动型的投资管理策略,其超额收益主要来源于市场的错误定价、对某些风险因子变动的择时、牺牲流动性从而获取流动性溢价。如果研发团队墨守成规,没有形成自己独特的研究视角,则很难在竞争激烈的金融市场上发现别人暂时还没有发现的机会。作为量化投资策略的研发人员,一个基本的自我要求是要比别人多想一步,这样才有可能形成有自己独特的看法。对策略开发者研究能力的评价是招聘量化策略研发人员过程中最重要的环节之一。

1.4.2 IT团队

量化策略的研发离不开IT团队的技术支持。IT团队首先需要满足量化分析人员的数据库服务的要求。量化分析离不开数据,基本的历史行情、财务数据等可以通过购买相关金融服务机构的数据终端获得,但作为一个量化策略研发团队,团队本身必然会会根据基层数据生成各种中间数据,比如团队自身开发的多因素模型库等。这些经过再次加工得到的数据库可以为量化策略的开发提供有力的支持。另一方面,量化策略的执行环节通常需要程序化交易,这需要IT部门解决实时行情的获取、与交易所或券商之间的数据和交易指令传输等提供技术解决方案。整个交易过程的监控、交易头寸的风险暴露和事后的风险监控等活动,都需要IT部分提供完善的技术解决方案。简言之,IT团队将大大提高量化投资策略的研发效率,是量化策略开发团队中不可或缺的技术支持力量。

1.4.3 交易团队

量化投资策略的开发与学术研究有很多共同点,但它们之间的最大差别在于量化策略开发的目的是应用于实际的金融市场并获取收益,而不是像学术研究一样以研究成果的发表为目的,进而从市场的反馈中不断改进量化策略。量化策略的执行通常可以程序化,但有些量化策略也可以通过人工执行。但无论是程序化执行还是人工手动执行,出于风险管理和控制的要求,人工监督都是非常必要的。尤其是对于新开发的策略,可能存在各种缺陷,人工监督程序化的执行过程,甚至人工执行是非常必要的。具备一定规模的投资机构通常都配备交易团队,而且策略的研发团队成员通常要与交易团队的成员分开的。研发人员通常具备良好的策略研发能力,但很可能缺乏执行策略的勇气和魄力,很难不折不扣地执行自己研发的策略。另外,交易团队可以作为相对独立的第三方对策略存在的各种问题提出相对客观的评判,从而更加有利于策略研发人员对策略的改进。

1.4.4 管理团队

一个典型的投资机构包括:策略研发部门、资金筹措部门、交易部门、IT部门、行政部门和财务部门等。各部门之间的分工和协调需要有一个管理团队来沟通和维护,各部门以及部门成员的奖惩机制和整个企业的文化氛围等都需要管理团队的深度介入。管理团队也是量化策略开发过程中不可或缺的一部分,策略开发涉及不同的部门之间的分工和协作,是一项不同团队之间合作的工程。缺乏优秀管理团队的量化策略开发是很难建立和形成成员间共同的愿景和利益的,也很难在残酷竞争的金融市场上走得更远。

1.5 量化投资策略设计的一般流程和风险控制

1.5.1 交易策略设计的一般步骤

交易策略的设计通常是从一个想法开始的,将想法转化为逻辑和量化模型,然后进行历史数据的回溯测试,下来再接进行模拟盘的交易和少量资金的实盘交易。策略开发者不断地从以上环节中得到反馈并进一步改进策略,最后才进入大量资金的实盘交易阶段。具体地,我们以择时趋势交易为例,量化策略设计要解决以下几个方面的问题:深入理解市场并做出买卖及等待的方向性判断,如何实时动态监控方向性判断是否正确,在方向性判断正确的情况下该如何行动,在方向性判断错误的情况下该如何行动。

(1) 从想法开始

量化策略是在一个高度竞争的金融市场环境下进行开发的,这需要开发人员有自己独特的视角和更深远的目光,这样才有可能产生新颖的想法。一般而言,开发人员很难产生一个完全与众不同并且有逻辑支撑的想法,但通常可以在别人的基础上添砖加瓦构建相对自己而言有所创新的投资策略。促使开发人员产生想法的途径丰富多样,可能是学术杂志里的研究论文;可能是某些金融报纸上的新闻报道;可能是对某些金融现象长期观察后得到的某种顿悟;可能是同行之间的切磋和交流等。

有想法只是万里长征的第一步。作为量化策略的开发者,接下来要面对一系列问题,比如,想法是否有逻辑?别人是否有类似的想法?我是否可以比别人想得更多一点?同样的想法,我是否可以在具体执行细节方面做得更好?执行成本是否更低?对于该想法衍生出来的策略,市场还存在多大的获利空间?如何控制其他因素的影响?如何设计相应的风险管理体系?在实际过程中,多数的想法都是错误的,并没有逻辑支撑。寻找具有逻辑基础的想法是量化投资策略设计的第一步,这也是最为关键和重要的一步。缺乏这一步,设计出来的量化策略就是"水中花"和"镜中月",日后能否在市场上获取收益则主要靠运气了。

(2) 建立投资逻辑和量化模型

在想法得到逻辑的支撑后就需要考虑建立基于投资逻辑的量化交易模型了。建立量化模型需要以下几个前提:所有模型需要输入的信息是可以量化的,比如股票价格、舆情信息中正面信息的比例等;所有输入信息之间的关系刻画和运算必须建立在逻辑基础之上;模型的输出必须是可以量化的变量,比如买入、卖出等。量化交易模型设计的中心问题是设计一整套以投资逻辑为出发点的完整风险管理体系。任何的投资逻辑都是建立在一定前提之下的,都是建立在策略设计者对市场理解的基础之上的,都是相对的合理。无论设计者的知识如何渊博,对市场的理解如何深刻,设计者都不可能了解市场的全部。市场的价格运动能够被策略设计者"窥探"到的仅仅是价格变化的一部分而已。因此,量化策略不仅需要考虑在投资逻辑成立的情况下应该如何行动,还需要考虑如何控制设计者不知道的对量化策略收益有影响的那些部分。设计者需要辨析什么情况下投资逻辑成立的前提条件发生了根本性的变化。如果逻辑成立的充分条件发生了变化,说明策略依赖的逻辑不再成立,则需要马上退出市场；如果逻辑背后的充分条件依然成立，则无论此时策略如何亏损都应该坚持。[1] 但在很多时候，我们难以得到策略逻辑背后的充分条件，只能根据投资逻辑建立相应的原假设，然后基于该原假设设计出一系列的必要条件，如果基于原假设出发的必要条件一一得到验证，则说明原假设可能是正确的，我们的投资策略可以建立在这样的原假设基础之上。一旦这些必要条件不成立，则说明策略的逻辑可能存在错误，需要退出市场。由于事物的复杂性，即便这些必要条件仍然成立，也依然可能存在我们所建立的原假设是错误的情形，我们并不能100%地信任所建立起来的原假设。为了避免这样的模型设定错误，常用的一个处理投资逻辑依赖的前提条件可能失效的方法是止损，即策略的亏损超过一定临界值时就认为投资逻辑成立的前提条件发生了根本的改变，从而需要退出市场观望。原假设的建立可以来源于数学模型的推演，也可以来源于"灵光一闪"的创意或预测，还可以来源于对历史事件或事物深入观察后总结的经验等。但必须将原假设纳入一整套的风险管理体系中，因为即便是思维缜密的推演，也不能100%保证策略逻辑的正确性。逻辑推演通常依赖各种前提和假设，在复杂的现实世界中，这些前提和假设未必始终成立。因此，必须用一整套的风险管理体系对原假设可能是错误的风险进行约束和控制。如果策略完全依赖于原假设的正确性，对其可能发生错误的可能没有防范措施，一旦原假设错误就可能会产生巨大的风险。量化策略的收益不仅要面临外部市场的风险，还要面对来自策略设计者自身认知和心理缺陷的风险。因此，必须将策略设计者本身可能的错误也纳入到整个风险管理体系当中。[2] 建立合适的原假设无疑是重要的环节，但建立合适的风险管理体系比建立合适的原假设更加重要。

建立原假设，并对原假设对应的必要条件一一进行验证后，接下来就进入围绕该原假设设计一整套的风险管理体系环节了。这一套风险管理系统至少应当包括：如何动态监控策略依赖的原假设是否成立，如果成立，则应该如何行动；如何确认原假设已经不再成立，如果不成立，则应该如何行动。具体地，风险管理体系至少要包含以下几个方面的内容：①明确交易标的资产和进出场的交易时机选择。②明确交易的仓位选择和加减仓策略。③明确交易策略的止盈和止损机制。

(3) 回溯测试

如果想法正确，具有逻辑支撑，并且建立了严密的风险管理体系。接下来一个自然的推论就是：如果逻辑正确，量化策略的设计契合交易逻辑，并且合理地控制了投资逻辑之外的因素对收益的影响程度，那么用过去的历史数据进行回测，应该可以产生预期的结果。当然，历史数据的回测结果符合预期，反过来却并不能证明投资逻辑正确，因此要正确对待历史数据的回测结果。单纯地从历史回溯结果来评价量化策略是片面的，实际上通过数据挖掘，任何有一定量化分析能力的人都有可能找出许多回测结果非常"亮丽"但缺乏投资逻辑的投资策略。这些投资策略的良好业绩仅仅是因为"运气好"而被挑中，未来能否产生好的表现则完全取决于"运气"。但如果回溯测试的结果并不理想，则反过来可以说明投资策略很可能存在严重的问题：可能是投资逻辑所依赖的前提条件有误，也可能是对逻辑之外的风

---

[1] 如果A成立，B一定成立，则A是B的充分条件，B是A的必要条件。
[2] 对许多投资者而言很可能没有深刻意识到这一点。很多时候投资最大的敌人不是来自外部，而是自己。比如，难以控制的恐惧和贪婪等心理因素，认知缺陷加上心理上的偏执导致拒绝改变自己，拒绝接受理性的观点和理念等。

险因素控制不力等。这需要策略开发者重新审视投资逻辑和量化交易模型的合理性。

通常在回溯测试中需要提供详细的交易记录、累计净值、策略的胜率、收益、风险（波动性、VaR 等）、风险调整之后的收益（夏普比率、α 收益、收益回撤比等）和相对于基准策略（比如买入持有策略）的表现等。回测过程中还需要考虑以下因素：交易成本、交易滑点（通常与交易量紧密相关）、股票的涨停导致无法实际买入或跌停无法卖出的情况和股票停牌无法交易的情况等。此外，通过回溯测试还可以对策略收益的来源做详细地分解和分析，比如，将策略收益分别对各种因子进行分解，了解策略在不同因子上暴露的风险大小，从而找出策略收益的主要来源。在一个竞争的市场环境下，收益通常都是用风险换回来的，理解策略的收益来源，也就理解了策略承受了哪些风险。这为从资产配置角度来合理分配不同策略下的资金规模提供了非常好的参考依据。

（4）模拟交易

回溯测试仅仅是测试投资逻辑在历史数据中是否有效，但由于即使投资策略在历史数据的测试中有效也不能证明投资逻辑是成立的。因此，我们需要更多的证据，比如模拟交易。模拟交易能够利用新的市场数据在一个仿真的环境下对策略的有效性进行检验。一般而言，模拟交易测试可以起到以下几个方面的作用：①为策略的是否有效提供更多的样本外检验结果，模拟交易的时间段与回溯测试的时间段并无重叠，可以提供不同环境下的测试样本，从而为策略的有效性检验提供更多的经验证据。②检查量化模型设计过程中存在的各种可能的缺陷，程序设计中的漏洞等。模拟交易测试的时间不宜太短，不同交易策略的模拟测试时间也不尽相同。有的策略进行模拟交易测试的时间可能很短，比如，对于逻辑清晰的股指期货和现货之间的套利交易而言，模拟交易测试的时间就可以很短，主要看程序运行过程中是否存在漏洞，程序执行时的运算速度等问题。但也有许多策略，比如，基于多因素选股模型的 α 市场中性策略可能花费的时间就比较长一些。对于许多对冲基金而言，可能没有太长的策略开发时间，但一般而言至少 3~6 个月的模拟交易测试是需要的。模拟测试中发现的各种问题必须得到修正和细致地改进后才能进入到少量资金的实盘交易环节。

（5）改进量化模型

在完成模拟交易测试后，就可以对交易策略进行一个详细的评估和改进了。量化策略的设计者需要对回溯测试和模拟交易测试的结果进行仔细解读，发觉策略潜在的各种风险因素，并且将其纳入到整个策略设计的风险管理体系中。我们以基于多因素选股模型的 α 市场中性策略为假设场景，比如，在回溯和模拟测试过程中，我们发现了策略的收益主要来源于重组类的股票，而重组事件受到监管政策变化影响的程度非常大，过去的回溯测试时间段和模拟测试时间段正好处在对重组事件监管政策变化不大的时间段。因此，策略暴露在监管政策变化的风险实际上是很大的，但这一风险在回溯测试和模拟测试中却并没有体现出来。这就需要设计者事先考虑这一因素，并将其纳入策略的风险管理体系中。再比如考虑这样的一个指数增强策略：持有股票指数的成份股组合，同时卖出股指的一个深度看跌期权。如果回溯和模拟交易期间不发生指数大幅下跌的"黑天鹅"事件，则策略的运行结果将非常良好，可以跑赢指数。但这样的策略只是将风险隐藏在了一个非常难以通过回溯和模拟交易发觉的地方而已。这样的策略实际上承担了巨大的"黑天鹅"风险。这需要策略开发者仔细审视策略的投资逻辑，并且正确解读回溯和模拟交易的结果。

（6）少量资金实盘交易测试

模拟交易毕竟不同于真实的市场交易，在完成模拟交易测试阶段后就可以进入少量资金的实盘交易测试阶段。实盘交易可以更好地测试交易策略在真实的市场环境下的表现，可以真实评价交易滑点和交易对手等因素对策略的影响，也可以评估策略所能够容纳的资金大小上限。少量资金的实盘交易既是对交易策略的进一步检验，更是将损失控制在一定范围内的情况下，对策略在实际市场上的效果的一种试探。

（7）实盘交易

如果策略顺利通过少量实盘资金的测试，则可以考虑策略的正式实盘运行了。在大量资金的实盘交易过程中，冲击成本，交易策略本身对市场其他投资者投资行为的影响，甚至对市场监管层监管政策的影响等问题就开始显现出来了。而这些因素对策略的影响在前面的几个阶段中都是难以得到测试和验证的。因此，即便进入正式的实盘交易阶段，仍然需要策略的设计者因地制宜，根据情况的变化对策略进行合理地评估和改进，甚至停止实盘交易。从经验来看，很多回溯测试效果很好的策略到了大量资金的实盘阶段，其表现往往要打一个折扣。

1.5.2 交易策略的风险控制

交易策略的设计通常处理的是投资收益不确定的情形。投资收益 r 可以简单地表述为

$$r = f(X, C) + \varepsilon$$

其中，

$f(X,C)$ 表示基于一定投资逻辑建立的量化模型带来的预期收益，

X 表示模型收益依赖的变量，比如，某些系统风险对应的因子，

C 表示模型依赖的前提条件变量，比如，模型的参数、宏观经济发展模式和政策变量等，

ε 表示模型之外的因素对投资收益的影响，比如某些影响公司业绩的随机事件。

交易策略的风险主要来源于两个方面：量化模型失效的风险[$f(X,C)$设定错误]和模型之外因素的不利变化（ε的不利变化）。投资逻辑所依赖的前提条件经常受到各种因素的影响而发生改变。作为一个从全局角度考虑的投资机构，控制风险通常的做法有：①可以投资一些低风险的资产或低风险的套利组合，比如，债券、货币基金、分级基金A份额、期货和现货之间的价差套利等；②通过多空组合对冲降低组合的不确定性；③将资金分散投资到不同资产和策略中，从而降低投资收益的不确定性。但对于单个策略而言，风险控制则主要体现在实时监控模型的有效性和控制模型之外的风险两个方面。

（1）监控量化模型的有效性

由于客观世界的复杂性，量化策略的开发者所设计的量化模型仅仅是从某一个认识角度将金融市场中的某一部分抽象出来，并用量化方式进行近似刻画。为了简化模型的构建，模型中的投资逻辑是建立在许多隐含的前提和假设基础之上的。这些前提和假设是否成立，对量化模型是否有效至关重要。一般情况下，我们很难找到一种投资逻辑，该逻辑所依赖的前提条件在现实市场是非常容易满足的，并且还是非常稳定的。在少数情形下，我们能够比较容易确认模型有效性的充分条件。以股指期货和现货之间的期现套利为例，这样的套利交易依赖几个前提：保证金比例、交易成本和卖空成本可以事前测算、期货合约在合约

到期日时与现货价格收敛、合约到期时以现金结算而非实物交割。我国的股指期货在到期日是按照现货价格现金结算的,这些前提条件在实际市场上是基本成立的。因此,股指期货和现货之间进行期现套利模型的有效性是非常强的。只要期现套利模型所依赖的前提条件没有变化,期现套利模型就没有失效的风险,只有当前期货和现货之间的价差是否存在套利机会的问题。

但在很多时候,量化模型所依赖的条件和前提与实际市场有比较大的出入,甚至这些条件所对应的变量在很多时候还是无法观测的。比如,建立在个人投资者情绪之上的量化交易模型,投资者的情绪实际上是无法观测的,只能通过某些代理变量(比如,股吧热度、期权的隐含波动率、基于一定数据调查得到的看涨指数等)来刻画。我们很难事先确定这些前提条件是否满足,从而确认模型的有效性。如果条件 A 成立,则结论 B 一定成立的充分条件在实际的金融市场上是很难得到的。但我们可以从另一个角度来测试和监控模型的有效性。我们可以建立这样的原假设:如果量化模型成立,则我们应该可以观测到 A、B、C 等事件的必要条件。如果我们没有观测到 A、B、C 等事件,则反过来可以说明模型可能失效了。比如,当市场下跌到一定程度开始在某个价格区域进行盘整时,基于一定的逻辑,某量化策略的开发者认为价格已经在底部了。一般而言,这样的逻辑我们在数学上很难找到充分条件来证明其成立。但如果价格在底部区域这一逻辑真的成立,则我们应该可以推测市场价格应该不会明显击穿前期的底部区域。如果价格一旦明显击穿了前期底部区域,则说明投资逻辑可能存在问题,此时正在运行的策略无论是否处在什么样的盈亏状态都要先退出市场,并重新审视策略的有效性。如果交易的逻辑受到了严重质疑,明智的做法是立即离开市场,即便此时策略还处在盈利状态。对交易策略的历史回溯测试也是基于类似的原假设,从而对策略的有效性进行检验。对这些必要条件进行实时动态监控就能比较好地对模型是否失效做出评估,当模型的有效性得到质疑时需要适时退出市场,进而控制模型失效带来的风险。当然也可以通过其他方法对策略背后的逻辑进行验证。比如,与其他专业人员进行充分的沟通和讨论,听取他人从其他视角的看法,然后重新审视策略的逻辑可能存在的漏洞。

(2) 控制模型之外的风险

量化策略还要受到模型之外的因素影响。归根结底,策略开发者都仅仅是在自身认知的范围内设计量化策略并尽可能降低策略的不确定性。但投资的收益还受到许多认知范围之外的因素影响。有时候这些"意外因素"带来的影响是巨大的,甚至可能颠覆策略逻辑赖以存在的基础。以前面提到的长期资本管理公司为例,其大量的统计套利策略依赖于"均值回复"的统计规律。长期资本管理公司建立了大量的套利头寸:在低信用等级和高信用等级的债券收益率价差异常高时,买入低信用等级债券,同时卖出高信用等级债券,当价差从高处回落到正常水平时获得收益。但当俄罗斯债券违约后,低信用等级的债券价格狂跌,价差迅速拉大,导致套利头寸的保证金迅速枯竭而被迫提前平仓,大量卖出低信用等级的债券,从而进一步拉大价差导致更多的亏损,形成了恶性循环,完全将策略赖以生存的"均值回复"统计规律颠覆了。

降低这些因素对收益带来的不确定性,一种常用的方式是通过将资金分散到不同的策略来提高收益的稳定性。而针对单一策略,止盈和止损也是常用的降低收益波动性的方法。但止盈和止损也有不利的方面,在降低收益波动性的同时,也可能损害策略的收益。频繁的止盈和止损带来的损害可能会远远超过其带来的好处。因此,量化策略的设计者必须慎重考虑,仔细权衡,紧密结合交易策略的逻辑才有可能设计出比较合理的止盈和止损机制。糟糕的止盈和止损机制对具有良好投资逻辑的策略表现的损害是非常大的,量化策略的开发者忽视在这一方面的能力培养,将会产生严重的后果。另外,对策略的仓位控制也是经常使用的控制风险的方法。当策略面对的外部环境的不确定性增加时,可以降低策略的交易仓位;而当外部环境的不确定性下降时,可以增加策略的交易仓位。

在对冲基金行业,基金管理人所管理的资金通常是流动的,其业绩评估的时间通常为1~2年,通常还有清盘线的约束。另外,基金持有人经常会在收益表现不理想的时候赎回基金。当然,投资人也经常在基金业绩表现良好时追加投资,而资金规模的增加通常会伴随着投资收益的下降。这就需要基金管理人不仅不要一味考虑资金规模带来的管理费用增加所带来的好处,还要认真考虑自身合适的资金规模,谨慎衡量规模扩张对策略带来的负面影响。因此,基金管理人需要控制好基金净值的回撤。具体到每一个投资策略,就需要控制单个策略的回撤比率,这时为了控制回撤,止盈和止损的机制可能设计得比较敏感,从而牺牲策略潜在的收益。设计合理的止盈和止损机制对策略开发者的风险管理水平是非常具有挑战性的,需要开发者在风险和收益之间找到适合投资主体风险偏好的平衡点。

1.5.3 交易策略的资金配置

一般而言,金融机构对交易策略的资金配置首先是由资产配置策略决定的。在对某一个具体策略资金投入给定的条件下,每次交易都是全仓交易,可能不一定是最优的决策。凯利公式为交易策略的最佳仓位提供了一种可行的方案,当然凯利公式并不适用于所有的交易策略。

(1) 凯利公式

约翰·拉里·凯利 1956 年在《贝尔系统技术期刊》中发表了凯利公式,用来确定在特定重复赌局中每一次的最佳下注比例,使得在期望收益为正的赌局中,财富增长率最大。[①] 下面我们对凯利公式做一个简单的说明。

定义以下赌局:

$$\text{设每一次赌局的毛收益 } \tilde{R} = \tilde{X}/X_0$$

其中,

X_0 为赌局投入金额,$\tilde{X}$ 为赌局结束时的所得,

净收益 $r = \tilde{X}/X_0 - 1$,

假定 $\tilde{R}$ 的均值为 $1+\bar{r}$,方差为 σ^2,K 表示连续参与赌局的次数,不同次数的赌局相互独立。

$X_1, X_2, \cdots, X_K$ 分别表示第一局、第二局、⋯、第 K 局结束时的金额,则

$$X_K/X_0 = \prod_{i=1}^{K} R_i$$

其中,

---

① https://baike.baidu.com/item/凯利公式.

$$R_i = X_i/X_{i-1}$$

进一步得到

$$(X_K/X_0)^{1/K} = \left[\prod_{i=1}^{K} R_i\right]^{1/K}$$

当 $K \to \infty$ 时,

$$\ln(X_K/X_0)/K = \sum_{i=1}^{K} \ln(R_i)/K \to E[\ln(R)] = p * E[\ln(\widetilde{R}_W)] + (1-p) * E[\ln(\widetilde{R}_L)]$$

记赌局每次盈利的概率为 p,则亏损的概率为 $1-p$。盈利时的毛收益率为 $\widetilde{R}_W > 0$,亏损时的毛收益率为 $\widetilde{R}_L < 0$,$\bar{r}_W$ 表示盈利时的平均净收益率,$\bar{r}_L$ 表示亏损时的平均净收益率。

考虑每次开始将本金的 f 比例投入赌局,连续投 K 次,当 $K \to \infty$ 时,寻找最优的投资比例 f^* 使得下式最大:

$$\max_{f}\{pE[\ln(\widetilde{R}_W)]+(1-p)E[\ln(\widetilde{R}_L)]\}$$

凯利公式给出了最优的投资比例。特别地,如果盈利时的净收益 $\widetilde{r}_W$ 为常数 $\bar{r}_W$,亏损时的净收益 $\widetilde{r}_L$ 为常数 $\bar{r}_L$,则凯利公式为

$$f^* = -\frac{1-p}{\bar{r}_W} - \frac{p}{\bar{r}_L}$$

比如,$\bar{r}_W = 1$,$\bar{r}_L = -1$,$p = 0.6$,则 $f^* = 20\%$

特别地,如果 $1 + f\widetilde{r}_W$ 服从对数正态分布,则

$$E[\ln(\widetilde{R}_W)] = 2\ln(1+f\bar{r}_W) - 0.5\ln[(1+f\bar{r}_W)^2 + f^2\sigma_W^2]$$

其中,

σ_W^2 为盈利时收益率的方差

类似地,如果 $1 + f\widetilde{r}_L$ 服从对数正态分布,则

$$E[\ln(\widetilde{R}_L)] = 2\ln(1+f\bar{r}_L) - 0.5\ln[(1+f\bar{r}_L)^2 + f^2\sigma_L^2]$$

其中,

σ_L^2 为亏损时收益率的方差

因此,每次参加赌局最优的下注比例 f^* 满足:

$$\max_{f}\{p[2\ln(1+f\bar{r}_W) - 0.5\ln[(1+f\bar{r}_W)^2 + f^2\sigma_W^2]] + (1-p)[2\ln(1+f\bar{r}_L) - 0.5\ln[(1+f\bar{r}_L)^2 + f^2\sigma_L^2]]\}$$

我们可以编写以下 Matlab 函数 my_Kelley_Formula,应用数值方法求得最优的投资比例。①

```
function [f,max_ret] = my_Kelley_Formula(p,r_w,r_l,s_w,s_l)
%p:盈利概率
%r_w:盈利时的净收益期望值
%r_l:亏损时的净收益期望值
```

---

① 不熟悉 Matlab 的读者可以先跳过这部分内容,在详细阅读第二章内容后返回该部分内容即可。

% s_w:盈利时收益的方差
% s_l:亏损时收益的方差
% f:最优的下注比例
% max_ret:最优下注比例时的期望收益
% Edited by Zhiguang Cao,2016/9/1
w = 0:0.01:1;
E_W = log((1 + w * r_w).^2) − 0.5 * log((1 + w * r_w).^2 + w.^2 * s_w);
E_L = log((1 + w * r_l).^2) − 0.5 * log((1 + w * r_l).^2 + w.^2 * s_l);
E = p * E_W + (1 − p) * E_L;
[a,b] = max(E);
f = w(b);
max_ret = exp(a) − 1;

如果从历史回溯测试的统计结果来看,某投资策略的胜率为30%,盈利时的平均收益为20%,标准差为40%;亏损时的平均收益为−1%,标准差为2%,则在 Matlab 主窗口下调用上述函数得到每次交易的资金投入最佳比例为54.08%,策略每次交易的期望收益率为0.58%。如果该策略总的资金配置为100万元,则每次交易的仓位应该控制在50%左右,即50万元左右。

[f,max_ret]=my_Kelley_Formula(0.3,0.2,−0.01,0.4 * 0.4,0.02 * 0.02)

f=0.540 8

max_ret=0.005 8

(2) 不同投资环境下的仓位选择

凯利公式给出了投资策略胜率给定情形下的仓位配置。在很多情形下,不同投资环境下策略的胜率差异很大。因此,针对某一个交易策略的交易仓位也是随投资环境动态调整和变化的。比如,我们针对策略原假设的有效性检验,推出了 A、B 和 C 三个必要条件。当 A、B、C 三个必要条件都满足的情况下,策略的胜率可能会高一些。因此,仓位也可以适当高一些。当只有2个必要条件得到满足时,策略的胜率可能会低一些。因此,交易的仓位也可以适当低一些。

参考文献

[1] Choueifaty, Y, Coignard, Y. 2008. Toward maximum diversification, *Journal of Portfolio Management* 35(1):40−51.

[2] Kahneman D, Tversky A. 1979. Prospect theory: an analysis of decision under risk, *Econometrica* (47):263−291.

[3] Kirby, C, Ostdiek, B. 2012. It's all in the timing: simple active portfolio strategies that outperform naive diversification, *Journal of Financial and Quantitative Analysis* (47):437−467.

[4] Maillard, S, Roncalli, T, Teiletche, J. 2010. The properties of equally-weighted risk contribution portfolios, *Journal of Portfolio Management* 36(4):60−70.

[5] Rischer Black, Robert Littermen. 1992. Global portfolio optimization, *Financial Analysts Journal* (48):28−43.

[6] Roger G. Ibbotson, Paul D. Kaplan. 2000. Does asset allocation policy explain 40, 90. or 100

percent of performance? *Financial Analysts Journal* (56):26-33.

[7] Scheinkman,J,W. Xiong. 2003. Overconfidence and speculative bubbles,*Journal of Political Economy* (111):1183-1219.

[8] Yang Junmin, Cao Zhiguang, Han Qiheng, Wang Qiyu. 2019. Tactical asset allocation and data snooping,*Pacific-Basin Finance Journal* (57):1-15.

[9] Yufeng Han, Guofu Zhou. Yingzi Zhu. 2016. A Trend Factor:Any Economic Gains from using Information over Investment Horizons? *Journal of Financial Economics* (122):352-375.

[10] 曹志广.2014.我国交易所交易基金的折溢价行为及波动性[M].上海交通大学学报.(48):282-289.

[11] 曹志广,杨军敏.2008.投机价值与中国封闭式基金折价之谜[J].金融学季刊.(4):85-106.

[12] 曹志广,杨军敏,胡瑾瑾.2021.数据挖掘偏差和技术交易策略有效性的实证分析[J].金融科学.(10):59-77.

[13] 曹志广.2017-10.金融计算与编程—基于Matlab的应用(第二版)[M].上海:上海财经大学出版社.

[14] 大卫·F.史文森.机构投资的创新之路[M].北京:中国人民大学出版社.2015.

第二章 Matlab 入门与 Wind 量化交易接口

2.1 Matlab 入门

2.1.1 Matlab 的优势

在第一章中我们已经简单介绍了 Matlab。简言之,Matlab 能够非常快速和方便地让初学者掌握编程,从而大大节省学习编程语言的时间,更好地将时间和精力集中在使用者自己的专业知识上,而不是将时间大量消耗在如何将知识转化为应用的技术实现的环节上。Matlab 集中了日常数学处理中的各种功能,包括高效的数值计算、矩阵运算、信号处理和图形生成等功能。在 Matlab 环境下,用户可以集成地进行程序设计、数值计算、图形绘制、输入输出和文件管理等各项操作。在工程技术界,Matlab 也被用来解决一些实际课题和数学模型问题。典型的应用包括数值计算、算法预设计与验证,以及一些特殊的矩阵计算应用,如自动控制理论、统计、数字信号处理(时间序列分析)等。

20 世纪 90 年代,Matlab 已经成为国际控制界公认的标准计算软件。90 年代初期,在国际上 30 几个数学类的科技应用软件中,Matlab 在数值计算方面独占鳌头,而 Mathmatica 和 Maple 则分据符号计算软件的前两名。在全球许多高校,也包括国内许多高校里,Matlab 正在成为对数值线性代数以及其他一些高等应用数学课程进行辅助教学的有益工具。在金融和经济学领域,Matlab 也在大学和各种金融机构里得到了广泛应用。同时 Matlab 也在量化交易领域有着极大的发展空间,借助于许多第三方开发的交易接口,Matlab 能够非常方便地对接到各种程序化交易平台,比如,Matlab 可以方便地连接到由上海期货交易所开发的综合交易平台(CTP),进行商品期货和股指期货的程序化交易。同时,Matlab 在数学和统计模型上处理的高效性和方便性,使得基于这些复杂模型的投资策略的研发、回测变得非常有效。由于 Matlab 也能够方便地进行实盘的程序化交易,这就大大方便了交易策略的开发者,不需要在研发策略的时候借助 Matlab 处理复杂模型的便捷性使用 Matlab 语言进行模型开发,而在实盘交易的时候又要使用另外一门计算机语言进行交易。当然,由于Matlab 是解释性语言,运行速度较 C++、C♯等语言要慢很多,并不适合高频交易,但对于1分钟以上级别的实盘交易,Matlab 在通常情况下足以胜任。另外,在量化投资领域,经常用到爬虫技术,从各种网页搜集信息。Matlab 虽然不具有 Python 那样在爬虫领域里的强大影响力,但也能满足编程人员对各种网页信息爬取的基本需要。归结一下,Matlab 具有以下优势。

(1) 编程简单

Matlab 的语言与数学公式的书写非常雷同,是一种解释性的语言,对于编程人员而言,非常容易理解。因此,编程者能够以数学公式的思维方式写程序,另外,Matlab 的程序编写格式简单,不像其他语言有着复杂的格式要求和许多底层技术细节的要求,初学者能够很快地掌握基本的编程技能。Matlab 语言最基本的就是函数的调用,Matlab 本身也提供了丰富的内部函数库,使用者可以直接调用,调用的基本格式是[a, b, c, …]= funname(A, B, C, …),其中,a, b, c, … 是函数的输出,全部包含在方括号中,不同的输出变量以逗号隔开;A, B, C, … 是函数的输入,全部包含在圆括弧中,不同的输入变量以逗号隔开;funname 则是函数的名称。比如使用者想计算 sin(3)的值,可以直接调用 Matlab 的内部函数:y= sin(3),正弦函数在 Matlab 内部函数库中的名字与其数学表示 sin 相同。

(2) 集成度高,扩展性好

Matlab 提供了强大的内部函数库,比如,优化工具箱、时间序列工具箱、信号处理工具箱和计量经济工具箱等。用户也可以编写和开发自己的函数库,Matlab 是一个完全开放的系统,其函数库的扩展完全是没有边界的。另外,Matlab 并不排他,Matlab 可以方便地与Fortran、C 等语言进行连接。Matlab 还能够很方便地对接到各种专业数据库,比如Bloomberg、Wind 等数据提供商。非常方便使用者通过 Matlab 直接从数据库中调取所需要的数据。

(3) 强大的矩阵处理能力

Matlab 在进行矩阵运算方面是首屈一指的。虽然 Matlab 作为解释性的语言,其运算速度相比 C、C++等语言等要逊色。但 Matlab 借助其在矩阵运算方面的强大优势,在金融工程、信号处理、控制系统等领域显得非常高效、简洁和方便。在控制界 Matlab 是国际首选的计算机语言,在金融工程领域也是首选的计算工具。

(4) 丰富的网络资源

Matlab 的爱好者遍布各个邻域,也经常将一些程序放到网上共享,比如,Mathworks 公司的主页 www.mathworks.com 上就有许多 Matlab 的爱好者发布的免费下载的程序。这些共享资源为 Matlab 的使用者大大节省了时间和精力。[①]

需要指出的是,在 Matlab 中输入英文字母、数字和逗号、分号等符号都是在英文半角状态下进行的,特别提醒初次使用 Matlab 的读者。

---

① 国内部分 Matlab 中文站点:Matlab 大观园 http://matlab.myrice.com/;动力学控制论坛工程数学软件板:http://www.dytrol.com/index.asp;研学论坛 Matlab 板:http://bbs.matwav.com/index.jsp;Matlab 语言及应用:http://sh.netsh.com/bbs/5186/;中科大 AIAM 数学工具论坛:http://mcm.ustc.edu.cn/forum/index.php。

国内部分大学 bbs:水木清华 Mathtools 板:http://www.smth.org/;哈工大紫丁香 Matlab 板:http://bbs.hit.edu.cn/;上海交大饮水思源 Mathtools 板:http://bbs.sjtu.edu.cn/。

2.1.2 Matlab 的搜索路径

Matlab 的所有命令操作都是在它的搜索路径中进行的(包括当前路径)。Matlab 默认的搜索路径是 Matlab 的安装目录以及所有自带工具箱的路径。这里的路径其实就是目录的意思。经常有初学者自己编写了一个函数,并且保存在某一个目录之下,但在命令窗口下调用该函数时,Matlab 却提示找不到该函数。这是因为使用者保存该函数的目录并不在 Matlab 搜索的路径当中,我们需要通过路径设置将该目录添加到 Matlab 搜索的路径当中。这样 Matlab 就能调用所有在搜索路径之下的任何函数或文件了。具体地,选择 Matlab 窗口中的【File】下拉菜单中的【Set Path】,进入设置搜索路径的对话框。在对话框中选择【Add Folder】,选择所要加入的目录后将设置保存后,则所加目录下的文件和函数都可以被 Matlab 调用,但该目录下面子目录的文件和函数,还是不在搜索路径之下。如果要将目录下面所有子目录下的文件和函数也置于 Matlab 搜索路径之下,则选择【Add with Subfolder】进行相应的设置并保存即可。

2.1.3 Matlab 变量名的命名规则

在 Matlab 中,变量名称的英文大小写是有区别的(如 apple,Apple,AppLe 表示三个不同的变量名)。在 Matlab7.1 中,变量名的长度上限为 63 位,超过的部分将被忽略。不同的 Matlab 版本对变量名的长度上限规定可能存在差别。在 Matlab 命令窗口下键入 N=namelengthmax 后,并敲回车键即可得到长度上限的值 N。变量名的第一个字必须是一英文字母,随后可以掺杂英文字母、数字或是下划线,但不可以有其他字符。

Matlab 的赋值规则很简单,比如,要将数值 2 赋给变量 a,则只需要在 Matlab 命令窗口中输入 a=2,并敲回车键即可完成赋值,事先也无需申明变量 a 的类型。a=2 表示同时完成了赋值和取变量名的任务。在将 2 赋给变量 a 后,我们如果在 Matlab 命令窗口中输入 b=a+3 并敲回车键,在命令窗口中就显示得到 b=5。如果输入 b=a+3;并敲回车键,则命令窗口中不显示运算的结果,但实际上 Matlab 已经完成了计算,并保存在内存中,用户可以在工作管理窗口看到新的变量 b。接下来用户可以直接调用变量 b。用户可以通过在 Matlab 命令窗口中输入 clear 并敲回车键来清除内存中的所有变量,也可以通过 clear 后面跟空格再接变量名,来删除特定的变量。比如,我们要删除前面已经保存在内存中的变量 a,则输入 clear a 并敲回车键即可,如果要删除前面已经保存在内存中的变量 a 和 b,但保留内存中其他变量,则输入 clear a b 并敲回车键即可,变量名之间也以空格隔开。

Matlab 也自定义了一些变量,比如,eps、pi、Inf(或 inf)、NaN(或 nan)等。eps 在 Matlab 中定义为一个非常小的正数:2.2204e−16。pi 就被 Matlab 自定义为无理数 π 值,inf 则表示无穷大的数。NaN(或 nan)则被 Matlab 定义为"不是一个数"。i 或 j 在 Matlab 中自定义为虚数 $\sqrt{-1}$。realmin 在 Matlab 中自定义为最小的正浮点数,即 2.2251e−308。realmax 在 Matlab 中自定义为最大的浮点数,即 1.7977e+308。用户在定义变量名时,尽量不要使用上述变量名。如果用户一定要以上述变量名来命名一个变量,Matlab 也是允许的,并且以用户定义的为准。比如,如果我们在 Matlab 命令窗口下输入 pi,回车键后得到 ans=3.1416,这是 Matlab 默认的变量名,表示圆周率,如果数值没有赋给任何变量名称,则

Matlab 自动以 ans 来命名。如果我们输入 pi=1，回车键后得到 pi=1，这时，pi 不再表示圆周率，而是等于数值 1。如果要恢复 Matlab 默认的变量名，只要输入 clear pi，然后键入回车键，将用户定义的变量 pi 删除即可恢复到 Matlab 默认的状态，即 pi 仍然表示圆周率。当然 Matlab 重新启动后，Matlab 也自动恢复到默认的变量名。

2.1.4 简单的数学运算

Matlab 处理简单的数学运算与普通的计算器没有什么不同，加、减、乘、除、幂次方在 Matlab 中分别以＋、－、*、/、^表示。比如，我们要计算 5+3，5－3，5 * 3，5/3，5^3，就分别在 Matlab 命令窗口中输入 5+3，5－3，5 * 3，5/3，5^3，即可得到相应的计算结果。如果我们要算 1×10+2×20+3×30 这个式子，并将计算结果赋给变量名 X，则我们在 Matlab 命令窗口中输入 X＝1 * 10+2 * 20+3 * 30，并敲回车键后得到 X＝140。如果输入 X＝1 * 10+2 * 20+3 * 30；则在命令窗口中并不显示计算结果，如果想知道计算结果，只需要键入 X，并敲回车键即可在命令窗口中显示：X＝140。Matlab 的运算顺序完全遵循数学上的规则。比如，我们在 Matlab 命令窗口中输入 X＝(2+2.5) * 2/3^2，并敲回车键后得到 X＝1，而不是 9。

常见的数学函数在 Matlab 中可以直接调用，函数名与其数学上的表示非常接近或完全相同。表 2-1 列出了 Matlab 中定义的部分常见函数名称。详细的函数描述可以在 Matlab 主窗口中点击【Help】进行查询。比如，我们在 Matlab 命令窗口中输入 a＝log(5)后得到 a＝1.609 4；输入 b＝ceil(1.2)，得到 b＝2；输入 c＝gamma(2)，得到 c＝1(见表 2-1)。

表 2-1 部分常用的基本函数

函数名	数学含义	函数名	数学含义
sin	正弦函数	asin	反正弦函数
cos	余弦函数	acos	反余弦函数
exp	指数函数	log	自然对数函数
log2	以 2 为底的对数函数	log10	以 10 为底的对数函数
sqrt	根号函数	abs	绝对值或模函数
floor	朝小方向取整函数	ceil	朝大方向取整函数
round	四舍五入取整函数	sign	符号函数
besselj	第一类贝赛尔函数	bessely	第二类贝赛尔函数
besselh	第三类贝赛尔函数	besseli	修正的第一类贝赛尔函数
besselk	修正的第二类贝赛尔函数	gamma	Gamma 函数

2.1.5 矩阵的运算

当某一变量为向量或是矩阵时，如果要键入元素，须用中括号[ ]将各个元素置于其中，元素与元素之间用逗号或空格隔开，";"则表示换行。例如，在 Matlab 命令窗口中输入 a＝[1,2,3;4,5,6;7,8,0]，得到

a＝
  1 2 3
  4 5 6
  7 8 0
在 Matlab 命令窗口中输入 b＝[3,8,1;9,5,2;6,2,1],得到
b＝
  3 8 1
  9 5 2
  6 2 1
在 Matlab 中,我们还能够以更简单的方式来输入一个向量,比如,输入 s＝1:5,得到
s＝
  1 2 3 4 5
如果输入 s＝1:2:9,得到
s＝
  1 3 5 7 9

输入 s＝1:2:9 中的 2 定义了相邻元素间的间隔,如果间隔为 1,则可以简写为 s＝1:9。另外,我们还可以用 linspace 来快速生成一个向量。比如,我们输入 s＝linspace(1,9,5),得到区间 1 到 9 之间 4 等分后的各区间端点:
s＝
  1 3 5 7 9

而 Matlab 提供的 ones,zeros,eye 等函数也给出了矩阵的简便输入方法。比如,输入 ones(3,3),得到 3×3 的全部是 1 的矩阵:
ans＝
  1 1 1
  1 1 1
  1 1 1
输入 zeros(3,3),得到 3×3 的全部是 0 的矩阵:
ans＝
  0 0 0
  0 0 0
  0 0 0
输入 eye(3),得到 3×3 的单位矩阵:
ans＝
  1 0 0
  0 1 0
  0 0 1
在 Matlab 中也能很方便地创建高维数组,比如,我们输入
A(:,:,1)＝[1,2;3,4];A(:,:,2)＝[5,6;7,8];A(:,:,3)＝[9,8;7,6];A,得到
A

A(:,:,1) =
  1 2
  3 4
A(:,:,2) =
  5 6
  7 8
A(:,:,3) =
  9 8
  7 6

矩阵或向量的运算在 Matlab 中十分方便。比如，我们在 Matlab 中得到上面的两个矩阵 a 和 b 后，我们输入 c＝a＋2，得到

c＝
  3 4 5
  6 7 8
  9 10 2

即将 a 中的每个元素都加上 2，我们输入 d＝a＋b，得到

d＝
  4 10 4
  13 10 8
  13 10 1

即求矩阵 a 和 b 的和，我们输入 e＝a＊b，得到

e＝
  39 24 8
  93 69 20
  93 96 23

即求矩阵 a 和 b 的乘积，当然矩阵 a 和 b 要在数学上满足乘积的条件（a 矩阵的列数要和 b 矩阵的行数相等），否则，Matlab 给出出错的信息。我们继续输入 f＝a^2，得到

f＝
  30 36 15
  66 81 42
  39 54 69

这相当于矩阵 a 与矩阵 a 相乘。

如果我们想让 a 矩阵中的每个元素进行平方，则我们输入 g＝a.^2，得到

g＝
  1 4 9
  16 25 36
  49 64 0

如果我们想让 a 矩阵中的每个元素和 b 矩阵中的位置对应的元素相乘，则我们输入 h＝a.＊b，得到

h=

　　3　16　3

　　36　25　12

　　42　16　0

Matlab中许多函数也允许输入是矩阵或向量的形式,比如,我们输入y=sin(a),得到

y=

　　0.841 5　　0.909 3　　0.141 1

　-0.756 8　-0.958 9　-0.279 4

　　0.657 0　　0.989 4　　0

矩阵y给出了矩阵a中每个元素所对应的正弦函数值。

输入x=inv(b),则得到矩阵b的逆矩阵:

x=

　　0.066 7　-0.400 0　0.733 3

　　0.200 0　-0.200 0　0.200 0

　-0.800 0　 2.800 0　-3.800 0

输入z=x*b,可以验证结果是否为单位矩阵:

z=

　　1.000 0　-0.000 0　0

　　0.000 0　 1.000 0　0.000 0

　　0　　　　 0.000 0　1.000 0

有时候我们可能要求一个接近奇异矩阵的逆矩阵,这时我们可以调用函数pinv,依然用前面的例子,我们输入x=pinv(b),得到矩阵b的逆矩阵:

x=

　　0.066 7　-0.400 0　0.733 3

　　0.200 0　-0.200 0　0.200 0

　-0.800 0　 2.800 0　-3.800 0

要得到矩阵a的转置矩阵,我们只要输入a1=a',得到

a1=

　　1　4　7

　　2　5　8

　　3　6　0

矩阵中元素的提取在Matlab中也非常方便,比如,输入a2=a([1,3],[2,3]),得到矩阵a中行的位置在第一行和第三行,同时列的位置在第二列和第三列的元素:

a2=

　　2　3

　　8　0

a2=a([1,3],[2,3])的圆括弧中,逗号前面输入的[1,3]表示行的位置,如果输入冒号则表示所有的行;逗号后面[1,3]表示列的位置,如果输入冒号则表示所有的列。比如,输入a3=a(:,2)则得到矩阵a的第二列所有元素。

a3=
  2
  5
  8

输入 a4=a([1,2],:)则得到矩阵 a 的第一行和第二行所有元素：

a4=
  1 2 3
  4 5 6

我们也可以将空矩阵[]赋给矩阵中的某些行或某些列，从而将这些行或列删除，比如，我们输入 a(:,2)=[]，得到删除了第二列的矩阵 a：

a=
  1 3
  4 6
  7 0

我们也可以使用函数 find 找出矩阵中满足某些条件的元素，比如，输入[row,col]=find(a>5)则得到矩阵 a 中那些大于 5 的元素所在的行和列的位置：

row=
  3
  3
  2

col=
  1
  2
  3

而 a(a>5)直接给出了 a 中大于 5 的元素：

ans=
  7
  8
  6

a(a>5)=nan 则将 a 矩阵中大于 5 的元素全部变成 NaN。

2.1.6 变量的类型

前面例子中我们给出的运算都是数值变量之间的运算，Matlab 中还能方便地处理其他数据类型的变量，比如字符型、元胞型和结构型等。字符型变量的赋值要用单引号，比如，输入 a='This is Matlab'，得到

a=
  This is Matlab

字符型变量中元素的提取方式与前面所介绍的一般矩阵的提取方式完全相同。元胞型变量的赋值要用大括号，元胞型变量中的各元素可以是不同类型和不同大小的变量，元素的

提取规则与一般矩阵元素的提取类似,唯一不同的是要使用大括号,而不是小括号。比如,我们输入

A=[1,2;,3,4];B={2,A,'matlab'}得到

B=

  [2] [2x2 double] 'matlab'

再输入B{1,2}则提取元胞型变量B的第二个元素:

ans=

  1 2

  3 4

如果输入B(1,2),仅得到

ans=

  [2x2 double]

结构型变量是在普通的变量名后面加属性名来构造的,属性名与变量名之间用'.'隔开,当然属性名后面还可以再添加属性名,当中用'.'隔开即可。比如,我们输入

score. math=70;score. eng=80;score. grade='B';score

得到

score=

  math:70

  eng:80

  grade:'B'

2.1.7 局部变量和全局变量

在 Matlab 中,函数内部定义的变量都是局部变量,函数仅通过函数的输入变量和输出变量与工作空间发生联系,即函数内部定义的变量不会加载到工作空间中。而全局变量则是在函数内部和工作空间都能被调用的变量。全局变量要使用 global 后面加变量名来定义,如果要定义 2 个或 2 个以上的全局变量,变量名之间用空格隔开。全局变量在工作空间和函数内部都要声明。下面我们给出一个简单的例子,来说明全局变量的声明。首先给出下面的函数:

function f=my_fun_ex001(x)

global a b

f=a+b*x;

将上述函数以函数名 my_fun_ex001 保存在 Matlab 搜索的路径下后,在 Matlab 命令窗口输入

global a b

a=2;b=3;

f=my_fun_ex001(4)

得到 f=14

全局变量破坏了函数的相对封闭性,其在函数空间或工作空间的变化将会同时导致其在函数空间和工作空间的值的变化。因此,一般情形下尽量不要使用全局变量,避免出现变

量使用过程中的混乱现象。

2.1.8 persistent 变量

persistent 变量(持续性变量)是在 Matlab 函数中声明的局部变量。函数内部的变量所处的内存空间是与工作空间中变量的内存空间隔离的。当函数调用结束后,函数内部的变量就会被自动回收,从而腾出内存空间。在很多时候,比如,设置定时器任务时,我们需要反复调用同一个函数,可能需要函数中的某些变量在函数调用结束时不要被自动删除,而是在不断地更新和保留。这时候我们只需要在函数中声明这些变量为 persistent 变量就可以了。具体地,比如在函数中加入这条语句:persistent A B,将变量 A 和 B 声明为 persistent 变量。这样在下一次调用函数时,A 和 B 的取值就是上一次调用该函数结束时的值。当 Matlab 首次遇到 persistent 语句时,它会自动将 persistent 变量初始化为空矩阵。值得指出的是,在清除或修改函数的内容时,Matlab 会自动清除 persistent 变量,persistent 变量在上一次函数调用结束时的值也随之被清除,恢复到空矩阵的初始值。

2.1.9 程序的注解

同其他语言一样,Matlab 允许对程序加以注解,以对相关的程序进行解释和说明。注解是由％起头,也就是说在％之后的任何文字都被视为程式的注解,不会被当成执行语句被执行。对编程人员而言,养成良好的程序注释习惯是非常有必要的。注解的功能是简要地说明程式的内容。比如

r=2;％键入半径

area=pi * r^2;％计算面积

有时候,一行代码很长,我们通常使用"…"表示续上一行,将代码续写在下一行,以保持代码阅读的方便。

2.1.10 图形处理

Matlab 处理图形的功能十分强大,这里我们通过以下例子主要介绍二维作图函数 plot 的基本用法。比如,我们在 Matlab 主命令窗口下输入

x=linspace(0,2 * pi,20);％生成向量

y=sin(x);％计算相应的正弦函数值

z=cos(x);％计算相应的余弦函数值

h=figure;％生成一幅空的图形

set(h,'color','w') ％将图形的背景颜色设为白色

plot(x,y,'r-o') ％以 x 为横轴,y 为纵轴作二维图形,图形中的每个点

％以红色的圈来标记并用连线将相邻的点连接起来

hold on ％将刚才画的图继续保留

plot(x,z,'b-*')

％以 x 为横轴,z 为纵轴作二维图形,图形中的每个点以蓝色的星号来标记

％并用连线将相邻的点连接起来

grid on ％画出网格线

xlabel('X') %将横轴加注标记 X
title('sin(x) and cos(x)') %给图形加注名称 sin(x) and cos(x)
legend('sin(x)','cos(x)',1) %给第一条曲线取名 sin(x),
%第二条取名 cos(x),生成图例,并放置在图形的右上角位置
%(1 表示右上角、2 表示左上角、3 表示左下角、4 表示右下角)
最后,我们得到图 2-1。

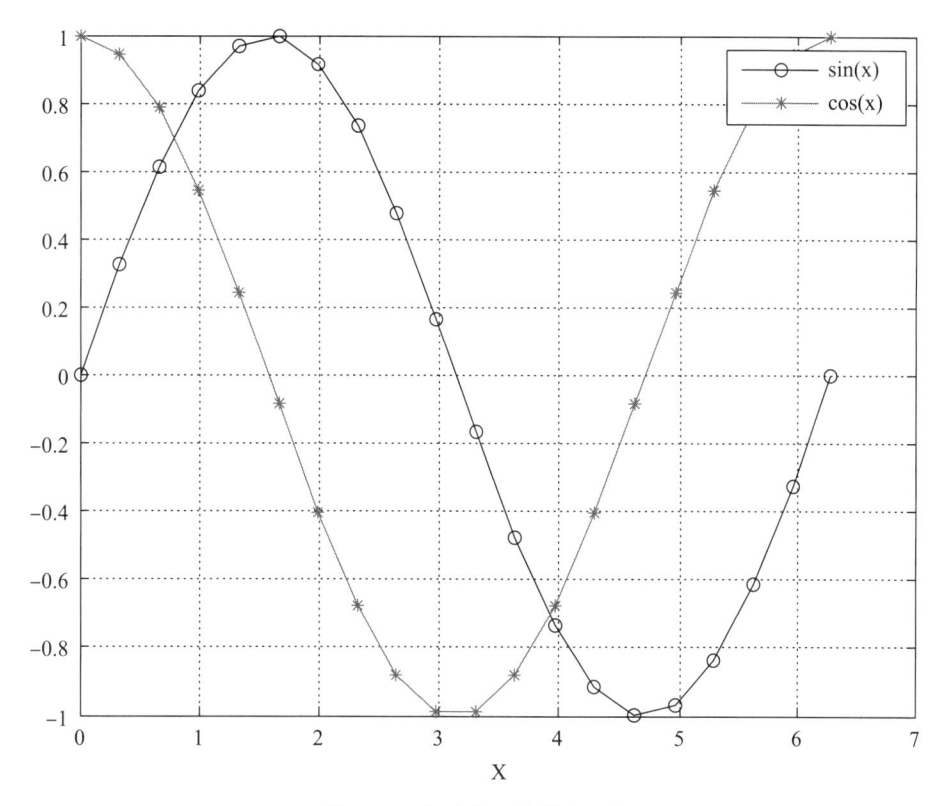

图 2-1 部分常用的基本函数

我们也可以将以上内容编写为一个 M 脚本文件,比如,将文件命名为 Matlab 当前工作目录下的文件 my_graph。具体地,我们在 Matlab 命令窗口下输入

edit my_graph

然后在弹出的菜单中选择'Yes',在弹出的空白文档中输入前面的代码,然后再选择"保存",将文件保存在默认的文件夹下(在该目录下会生成 my_graph.m 的文件)。然后在 Matlab 命令窗口下输入 my_graph,得到图 2-1。通过编写 M 文件可以将多句程序保存在一个文件中,让 Matlab 依次执行文件中所有的程序。上面 my_graph 的例子实际上也给出了创建 M 文件的一种方法。M 文件的创建也可以通过菜单中的新建文档打开空白的文档,输入程序后,再点击"保存",命名后保存在 Matlab 默认的文件夹下(或在 Matlab 的搜索路径之下)后就可以运行 M 文件中的程序了。运行方式可以在命令窗口下输入 M 文件的文件名,也可以在打开的 M 文件的窗口中点击【Debug】下拉菜单中的"运行"栏目。

2.1.11 条件语句和循环语句

Matlab 的条件语句有其特定的格式:以 if 开头,以 end 结束。条件语句的一般格式为:

if 条件表达式

执行程序语句 1

else

执行程序语句 2

end

上述条件语句的含义是:如果满足条件,则执行语句 1,否则就执行语句 2。上面的条件只有 2 种情况,即满足条件的情况和不满足的情况。有时候条件可能有好几种情况,比如有 4 种情况,则条件语句的格式为:

if 条件表达式 1

执行程序语句 1

elseif 条件表达式 2

执行程序语句 2

elseif 条件表达式 3

执行程序语句 3

else

执行程序语句 4

end

下面我们给出一个简单的例子来具体说明条件语句的用法。

clear

x = randn(1); % 生成一个服从标准正态分布的随机数 x

if x>0

y = 1; % 如果 x>0,则让 y = 1

elseif x = = 0 % 条件表达式中要用双等号" = = ",不能用" = "

y = 0; % 如果 x = 0,则让 y = 0

else

y = -1; % 如果 x<0,则让 y = -1

end

条件表达式中可以用 "&"(表示"和"),"|"(表示"或")和"~"(表示"非")将不同的条件连接起来。[①] 注意:当条件语句中的情况不止一种情景时,Matlab 依次检验是否满足条件,一旦发现满足条件则执行相应的程序,然后跳出 if 结构,而不会继续检验接下来的条件是否有满足条件的情况。

Matlab 的循环语句主要有 for 循环语句和 while 循环语句。for 循环语句以 for 开头,以 end 结束,其特定的格式如下。

---

① 使用 && 和 || 效率更高。

for x=向量执行程序语句 end

比如,我们用循环来计算 1+3+5+…+99,编写以下程序:

```
clear
s = 0;
for i = 1:2:99
    s = s + i;
end
s
```

上面的程序中,for 后面的变量 i 被称为循环变量,for 和 end 之间的程序 s=s+i;被称为循环体。循环的次数是由循环变量定义的向量的列数所决定的,在第一次循环中 i 的取值为向量中的第一列元素 1,因此在第一次循环中执行 s=0+1;在第二次循环中 i 的取值为向量中的第二列元素 3,因此在第一次循环中执行 s=1+3;依次类推,最终程序给出的 s 就是 1+3+5+…+99 的和为 2 500。

while 循环语句以 while 开头,以 end 结束,其特定的格式为:

while 条件语句

执行程序语句

end

while 和 end 之间的执行程序语句为循环体。上面 1+3+5+…+99 的例子也可以通过 while 循环语句来执行。

```
clear
s = 0;
i = 1;
while i< = 99  % 当 i≤99 时,执行循环体的语句
s = s + i;
i = i + 2;
end
s
```

2.1.12 函数的编写

(1) 函数的格式

函数不能在 Matlab 的命令窗口编写,函数的编写有其特定的格式,必须以 function 开头,具体的格式如下。

function [a1,a2,…] = funname(b1,b2,…)

函数内部的执行语句

其中,

a1,a2,…为函数的输出变量

b1,b2,…为函数的输入变量

因此，Matlab 中编写函数的格式也是十分简单的。下面我们给出一个简单的例子，来具体说明如何在 Matlab 中创建自己的函数，并调用该函数。在 Matlab 命令窗口下键入 edit my_testfunction，在弹出的窗口中选择'Yes'，然后在空白的文件中输入以下内容：

```
function y = my_testfunction(x)
if x >= 0
    y = x;
else
    y = -x;
end
```

将文件保存在默认的文件夹下后就可以看到在该文件夹生成了一个文件：my_testfunction.m，我们在 Matlab 命令窗口下就可以调用该函数了。显然，该函数用来计算输入 x 的绝对值。然后在 Matlab 命令窗口下键入

y = my_testfunction(5)

得到 y = 5。

键入

y = my_testfunction(-5)

得到 y = 5

(2) 函数的可变输入和输出

Matlab 允许函数的输入和输出变量的个数是可变的，并提供了 nargin、varargin、nargout、varargout 等函数来处理可变的函数输入和输出。nargin 和 nargout 分别表示输入和输出的变量个数。varargin 和 varargout 分别表示可变的输入和输出变量。下面我们给出一个综合利用 nargin、varargin、nargout 和 varargout 的例子。

```
function [f,varargout] = my_fun_ex002(varargin)
input_num = nargin; % 给出输入变量的个数
output_num = nargout; % 给出输出变量的个数
if input_num == 1
    f = abs(varargin{1}); % 将输入变量的第一个变量的绝对值赋给输出变量 f
    varargout{1} = varargin{1};
    % 将输入变量的第一个变量赋给输出变量的第一个变量
    varargout{2} = output_num; % 将输出变量的个数赋给输出变量的第二个变量
elseif input_num == 2
    f = varargin{1} + varargin{2}; % 将输入变量的前 2 个变量的和赋给输出变量 f
    varargout{1} = varargin{1};
    % 将输入变量的第一个变量赋给输出变量的第一个变量
    varargout{2} = varargin{2};
    % 将输入变量的第二个变量赋给输出变量的第二个变量
    varargout{3} = output_num; % 将输出变量的个数赋给输出变量的第三个变量
else
```

```
    error('too many input arguments')  % 给出单引号间内容的错误信息
end
```

在 Matlab 命令窗口下输入

[f,a,b] = my_fun_ex001(-1)

得到

f = 1,a = -1,b = 3

输入

[f,a,b,c] = my_fun_ex001(3,4)

得到

f = 7,a = 3,b = 4,c = 4

(3)函数的加密

Matlab 提供了内部函数 pcode,允许对特定.m 文件,或整个文件夹的所有.m 文件进行加密,并生成同名但后缀为.p 的加密文件。.p 的加密文件是无法被查阅其源代码的,这样别人就看不到相应的 Matlab 代码了,但仍然可以调用这些加密过的函数或文件。对 pcode 的详细了解,可以通过在 Matlab 主窗口下输入 doc pcode 来了解。

特别需要提醒读者的是本书中使用的 Matlab 版本为 2012a,所有程序和代码都是基于 2012a 版本编写的。

2.2 获取数据

2.2.1 获取历史数据

在量化策略的设计过程中,我们经常需要利率、国内生产总值(GDP)、消费者物价指数(CPI)、货币供应量、股票交易、期货交易、外汇交易和贵金属等数据。这些数据可以从某些网站免费获取,比如,我们可以通过雅虎(www.yaho.com)财经栏目中免费下载世界各主要市场的股票交易历史数据,也可以通过新浪(www.sina.com.cn)财经栏目中免费下载我国上市公司财务报表中的主要信息、股利分配、股本和股票历史交易数据等。当然我们还可以利用爬虫技术从大量公开的互联网页面获取各种数据。另外,还有许多数据提供商提供的各种各样的金融数据,当然,这些数据库的使用通常是收费的。比如,Wind、Bloomberg、Reuters 等。下面给出了其他一些免费的数据获取渠道:

www.stats.gov.cn,国家统计局

www.unstats.un.org,联合国统计司

www.imf.org,国际货币基金组织

www.worldbank.org,世界银行

www.imfstatistics.org,国际货币基金组织统计资料库

www.gw.com.cn,大智慧交易平台(中国股票交易数据、期货交易数据等)

www.sina.com.cn,新浪网

www.eastmoney.com,东方财富网

www.metaquotes.net,外汇交易平台(外汇交易数据及其他)

另外，各个证券交易所、大部分国内券商的网上交易平台也提供了行情历史数据的免费下载。比如，基于 Python 语言的 Tushare 财经数据接口包（www.tushare.org）免费提供了国内股票基本面数据、历史和实时行情数据、国内宏观经济数据、新浪股吧热度和新闻等数据。这为国内许多从事股票量化交易模型的开发者提供了极大的便利。当然，这需要使用 Python 编写相关代码才能调取数据。类似的还有证券宝（www.baostock.com）、AKShare（www.akshare.xyz/index.html）等。对于熟练使用 Matlab 并将其作为策略开发工具的策略设计者而言，学习和使用 Python 编写程序也是非常容易上手的。值得指出的是，免费数据的质量和实际使用中的及时性和便捷性等要比收费数据库差很多。

2.2.2　从东方财富网获取实时行情数据

东方财富网 www.eastmoney.com 提供了股票的实时行情数据，网页显示的实时行情是有延迟的，但几秒钟的延迟时间还是比较短的，对于那些不需要太及时的实时数据的分析和交易人员来讲，足以满足需要。下面我们利用 Matlab 的内部函数 urlread 直接给出相应的 Matlab 函数 my_eastmoney_real_time_stock，从东方财富网网页获取股票实时行情数据（数据的网页地址可以通过浏览器的开发者工具获得）：

```
function [price,vol] = my_eastmoney_real_time_stock(stock_code)
% 从东方财富网获取股票的实时行情
% stock_code:股票代码,比如:'600016','002120'
% price = [开、高、低、收]
% 其中:开、高、低为当天股票开盘到当前时刻为止的开盘价、最高价和最低价
% 收为股票的实时价格
% vol = [成交手数,成交金额]
url_1 = 'http://push2.eastmoney.com/api/qt/stock/get? ut = fa5fd1943c7b386f172d';
url_2 = '6893dbfba10b&invt = 2&fltt = 2&fields = f43,f57,f58,f169,f170,f46,f44,f51,f1';
url_3 = '68,f47,f164,f163,f116,f60,f45,f52,f50,f48,f167,f117,f71,f161,f49,f530,f135,f';
url_4 = '136,f137,f138,f139,f141,f142,f144,f145,f147,f148,f140,f143,f146,f149,f55,f';
url_5 = '62,f162,f92,f173,f104,f105,f84,f85,f183,f184,f185,f186,f187,f188,f189,f190,';
url_6 = 'f191,f192,f107,f111,f86,f177,f78,f110,f262,f263,f264,f267,f268,f250,f251,f25';
url_7 = '2,f253,f254,f255,f256,f257,f258,f266,f269,f270,f271,f273,f274,f275,f127,f199,';
url_8 = 'f128,f193,f196,f194,f195,f197,f80,f280,f281,f282,f284,f285,f286,f287,f292&';
url_9_1 = 'secid = 1.%s&cb = jQuery112406938452888082924_1615020015234';
url_9_2 = 'secid = 0.%s&cb = jQuery112406938452888082924_1615020015234';
```

```
url_10 = '&_ = 1615020015249';
url_sh = [url_1,url_2,url_3,url_4,url_5,url_6,url_7,url_8,url_9_1,url_10];
url_sz = [url_1,url_2,url_3,url_4,url_5,url_6,url_7,url_8,url_9_2,url_10];
if stock_code(1) = ='6'
url = sprintf(url_sh,stock_code);
else
url = sprintf(url_sz,stock_code);
end
s = urlread(url);
reg = '"f4\d":(.*?),';
[~, b] = regexp(s, reg, 'match', 'tokens');
price = [ str2double(cell2mat(b{4})), str2double(cell2mat(b{2})),…
str2double(cell2mat(b{3})), str2double(cell2mat(b{1}))];
vol = [ str2double(cell2mat(b{5})),str2double(cell2mat(b{6}))];
```

如果要获取指数的实时行情,可以使用以下函数my_eastmoney_real_time_index:

```
function [price,vol] = my_eastmoney_real_time_index(index_code)
% 从东方财富网获取指数的实时行情
% index_code:指数代码,比如:'sh000300,'sz399006
% 其中sh表示上海市场的指数,sz表示深圳市场的指数
% price =[开、高、低、收]
% 其中:开、高、低为当天股票开盘到当前时刻为止的开盘价、最高价和最低价,
% 收为股票的实时价格
% vol =[成交手数,成交金额]
url_1 ='http://push2.eastmoney.com/api/qt/stock/get? invt=2&fltt=1&cb=jQuery';
url_2 ='35105344498327842084_1658217771326&fields=f58%%2Cf107%%2Cf57';
url_3 ='%%2Cf43%%2Cf59%%2Cf169%%2Cf170%%2Cf152%%2Cf46%%2Cf60%';
url_4 ='%2Cf44%%2Cf45%%2Cf47%%2Cf48%%2Cf19%%2Cf532%%2Cf39%%2C';
url_5 ='f161%%2Cf49%%2Cf171%%2Cf50%%2Cf86%%2Cf600%%2Cf601%%2Cf';
url_6 ='154%%2Cf84%%2Cf85%%2Cf168%%2Cf108%%2Cf116%%2Cf167%%2Cf';
url_7 ='164%%2Cf92%%2Cf71%%2Cf117%%2Cf292%%2Cf113%%2Cf114%%2Cf1';
url_8_1 ='15%%2Cf119%%2Cf120%%2Cf121%%2Cf122%%2Cf296&secid=1.%s&';
url_9 ='ut=fa5fd1943c7b386f172d6893dbfba10b&wbp2u=%%7C0%%7C0%%7C0%';
url_10 ='%7Cweb&_=1658217771327secid=0.%s&ut=fa5fd1943c7b386f172d6893d';
url_11 ='bfba10b&wbp2u=%%7C0%%7C0%%7C0%%7Cweb&_=1658217771327';
url_8_2 ='15%%2Cf119%%2Cf120%%2Cf121%%2Cf122%%2Cf296&secid=0.%s&';
url_sh = [url_1,url_2,url_3,url_4,url_5,url_6,url_7,url_8_1,url_9,url_10,url_11];
url_sz = [url_1,url_2,url_3,url_4,url_5,url_6,url_7,url_8_2,url_9,url_10,url_11];
if index_code(1:2) = ='sh'
```

```
url = sprintf(url_sh,index_code(3:end));
elseif index_code(1:2) = ='sz'
url = sprintf(url_sz,index_code(3:end));
end
s = urlread(url);
reg ='"f4\d":(.*?),';
[~,b] = regexp(s,reg,'match','tokens');
price = [str2double(cell2mat(b{4})),str2double(cell2mat(b{2})),…
str2double(cell2mat(b{3})),str2double(cell2mat(b{1}))];
price = price/100;
vol = [str2double(cell2mat(b{5})),str2double(cell2mat(b{6}))];
```

在保持网络连接的情况下,我们在 Matlab 主窗口下输入

[price,vol] = my_eastmoney_real_time_price('600019')

得到股票宝钢股份(600019)的价格和成交量信息如下。

price = 5.820 0 5.850 0 5.730 0 5.760 0

vol = 761725 440162116

其中,

price 给出了股票 600019(宝钢股份)当天开盘到当前时刻的开盘价、最高价、最低价和收盘价。

vol 给出了当天开盘到当前时刻的成交量(元)和成交手数(手)。

类似地,

[price,vol]=my_eastmoney_real_time_index('sh000300')

得到沪深 300 指数(000300)的价格和成交量信息如下。

price =

1.0e+03 *

4.288 4 4.288 4 4.238 8 4.269 3

vol =

1.0e+11 *

0.001 0 2.311 2

2.2.3 从新浪财经获取股票每股盈余(EPS)数据

新浪 www.sina.com.cn 也提供了国内股票的财务数据。通过查看网页源代码,观察财务数据页面的结构后,我们编写以下相应的 Matlab 函数 my_sina_ep,获取股票摊薄后的 EPS 数据:[①]

```
function f = my_sina_eps(stockcode,year_begin,year_end)
% 从新浪网查询股票的历史摊薄 EPS 情况
```

---

① 用到的 Matlab 自带函数 urlread 经过了修改,具体修改的内容参见本书第十章的相关内容。

```
% 输入
% stockcode:股票代码,比如,'600019'
% year_begin:开始年份
% year_end:结束年份
% 输出
% f:矩阵,第一列为财务报表日期(数值格式),第二列为 EPS
% 例:f = my_sina_eps('600016',2018,2019);
% 曹志广,2020/2/9
id_year = year_begin:year_end;
M = length(id_year);
eps = zeros(M,1) * nan;
eps_date = zeros(M,1) * nan;
for i = 1:M
url = sprintf('http://money.finance.sina.com.cn/corp/go.php/…
vFD_FinancialGuideLine/stockid/%s/ctrl/%d/displaytype/…
4.phtml',stockcode,id_year(i));
% 财务数据网址
html = urlread(url,'get','','GBK');
html1 = regexp(html,'报告日期||每股指标','split');
if length(html1) = = 3
fprintf('正在读取%s股票%d年度的财务数据……\n',stockcode,id_year(i));
html1 = html1{2};
reg1 = '<td>(\d\d\d\d-\d\d-\d\d)</td>';% 获取日期
[~,b] = regexp(html1,reg1,'match','tokens');
if ~isempty(b)
eps_date(i) = datenum(b{1});
end
clear html1
html2 = regexp(html,'摊薄每股收益\(元\)||加权每股收益\(元\)','split');
% 正则表达式中的需要表达的字符"("以及")"都需要转意符"\"
html2 = html2{2};
clear html
reg2 = '<td>(.\d*\.\d*)</td>';
[~, b] = regexp(html2, reg2, 'match', 'tokens');% 获取 EPS
clear html2
if ~isempty(b)
eps(i) = str2double(b{1}) * 12/month(eps_date(i));% 年化 EPS
end
end
```

```
end
f = [eps_date,eps];
%%
fprintf('--------------------------------\n')
fprintf('%s\t\t\t%s\n','财报时间',' 每股 EPS(年化)')
fprintf('--------------------------------\n')
for i = 1:M
    fprintf('%s\t\t\t%.3f\n',datestr(eps_date(i)),eps(i));
end
fprintf('--------------------------------\n')
```

在网络连接下，在 Matlab 主命令窗口输入 f＝my_sina_eps('600016',2015,2018);得到结果如下。

正在读取 600016 股票 2015 年度的财务数据……
正在读取 600016 股票 2016 年度的财务数据……
正在读取 600016 股票 2017 年度的财务数据……
正在读取 600016 股票 2018 年度的财务数据……

财报时间   每股 EPS(年化)

31－Dec－2015   1.289
31－Dec－2016   1.337
31－Dec－2017   1.396
31－Dec－2018   1.150

2.2.4 从网易获取历史行情数据

类似地，通过查看网页源代码，观察历史行情页面的结构后，我们编写以下函数 my_wangyi_hist_data，从网易的行情页面获取股票或指数的日历史数据，方便读者从另外的通道获取历史行情数据。

```
function data = my_wangyi_hist_data(sec_code, year_start, year_end, type)
%% 从网易获取指数/股票历史日行情数据
% 输出
% 对于指数
% data =[日期,开,高,低,收,涨跌额,涨跌幅(%),成交量(股),成交金额(元)]
% 对于股票
% data =[日期,开,高,低,收,涨跌额,涨跌幅(%),成交量(股),…
% 成交金额(元),振幅(%),换手率(%)]
% 输入
% sec_code:证券代码,比如,'600019'
```

```matlab
% year_start:起始年份,比如,2010
% year_end:结束年份,比如,2018
% type:类型,比如,'index'(指数),'stock'(股票)
% 例子:
% Data1 = my_wangyi_hist_data('000300',2019,2019,'index');
% Data2 = my_wangyi_hist_data('000651',2016,2018,'stock');
% % Edited by 曹志广,2019/11/12
year_end = min(year(now),year_end);
data = [];
for Year = year_end: -1:year_start
    if Year == year(now)
        id_season = ceil(month(now)/3): -1:1;
    else
        id_season = 4: -1:1;
    end
for season = id_season
    if strcmp(type,'index') == 1
        fprintf('正在读取%s指数%d年%d季度的历史数据……\n', ...
            sec_code,Year, season);
        html = urlread(sprintf('http://quotes.money.163.com/trade/lsjysj…
            _zhishu_%s.html?year=%d&season=%d',sec_code, Year,season));
        reg = '<tr class ="">(.*?)</tr></tr>    </table>';
        % 正则表达式中的单引号用两个单引号表示
        % ()中的.*? 表示不定个除.的字符,并按照最小匹配方式匹配
        [~,b] = regexp(html, reg,'match','tokens');
        if ~isempty(b)
            reg ='<td>(.*?)</td>';
            [~, b] = regexp(b{1}{1}, reg,'match','tokens');
            for i = 1:length(b)/9
                for j = 1:9
                    a = b{(i-1)*9+j}{1};
                    a(a ==',') =[];
                    a = str2double(a);
                    Data(i,j) = a;
                end
            end
        end
    elseif strcmp(type,'stock') == 1
        fprintf('正在读取%s股票%d年%d季度的历史数据……\n', ...
```

```
            sec_code,Year,season);
        html = urlread(sprintf('http://quotes.money.163.com/trade/lsjysj…
        _%s.html?year=%d&season=%d',sec_code,Year,season));
        reg='<tr class ="">(.*?)</tr></tr>    </table>';
        [~,b] = regexp(html,reg,'match','tokens');
        if ~isempty(b)
            reg='<td>(.*?)</td>||<td class="cGreen">(.*?)</td>…
            ||<td class="cRed">(.*?)</td>';
            [~,b] = regexp(b{1}{1},reg,'match','tokens');
            for i = 1:length(b)/11
                for j = 1:11
                    a = b{(i-1)*11+j}{1};
                    if j==1
                     a(a=='-') = [];
                    else
                     a(a==',') = [];
                    end
                    a = str2double(a);
                    Data(i,j) = a;
                end
            end
        end
    else
        error('请输入 index 或 stock');
    end
    data = [data;Data];
    Data = [];
end
end
data(:,1) = my_date_num(data(:,1));
data = flipud(data);
function f = my_date_num(x)
%x is a date real number like 20060321
%f is a date number in accordance with matlab format
x = reshape(x,length(x),1);
c = num2str(x);
f = datenum(str2num(c(:,1:4)),str2num(c(:,5:6)),str2num(c(:,7:8)));
```

2.2.5 从东方财富网获取基金基本信息

下面我们直接给出相关函数,从东方财富网获取基金当前市场价格(对于上市交易的基金,比如 ETF)、基金经理姓名、管理人、盘中净值估算、净值报告日期、报告日净值、管理费、托管费、溢价率和跟踪标的等信息。溢价率是上市交易的基金当前的盘中价格相对于其当前盘中的估计净值的百分比,如果溢价率很高,则可能会导致套利资金的涌入,套利者按照净值申购该基金,然后在二级市场抛出,从而造成二级市场价格的下跌。因此,基金投资者需要特别注意这一点。Matlab 函数 my_search_for_fund_inf 的具体内容如下。

```
function f = my_search_for_fund_inf(fund_code)
%% 查询多个基金的信息,检查溢价水平是否可能引发套利交易
% fund_code:基金代码,比如,'sh501018,sh510300,sz159915'
% f:元胞型数组,分别为:基金代码、基金当前市场价格、基金经理姓名、管理人、
% 盘中净值估算、净值报告日期、报告日净值、管理费、托管费、溢价率和跟踪标的
% f = my_search_for_fund_inf('sh510580,sh510500,sh510300,sh510310')
%% 曹志广,2020/2/12
fund_code(fund_code = =',') = [];
N = sum(fund_code = ='s');
f = cell(N,11);
for j = 1:N
code = fund_code((j - 1) * 8 + 1:8 * j);
f{j,1} = code;
%% 当前的基金价格
try
p_real = my_eastmoney_real_time_for_funds(code);
f{j,2} = p_real(4);
catch
f{j,2} ='-----';
end
url = sprintf('http://fundf10.eastmoney.com/jbgk_%s.html',code(3:end));
html = urlread(url,'get','','UTF-8');
fprintf('正在读取%s 基金的相关信息……\n', code);
%% 经理
reg =' 基金经理:  (. * ?)</label>';
[~, b] = regexp(html, reg, 'match', 'tokens');
if ~isempty(b)
s = cell2mat(b{1});
s = regexp(s,'[^\x00-\xff]{1,6}','match'); % 匹配双字节字符,包括中文字符
fund_manager = [];
for i = 1:length(s)
if i~ = length(s)
fund_manager = [fund_manager,s{i},''];
else
```

```matlab
        fund_manager = [fund_manager,s{i}];
    end
end
else
    fund_manager ='---';
end
f{j,3} = fund_manager;
%%管理人
reg ='<label>管理人:(.*?)</label>';
[~,b] = regexp(html, reg, 'match', 'tokens');
if ~isempty(b)
    s = cell2mat(b{1});
    s = regexp(s,'[^\x00-\xff]{1,6}','match'); %匹配双字节字符,包括中文字符
    fund_administrator = s{1};
else
    fund_administrator ='---';
end
f{j,4} = fund_administrator;
%%盘中估计净值
reg =' 盘中估算:<span id = "fund_gsz" class = "red lar bold guzhi">(.*?)</span>||盘中估算:<span id = "fund_gsz" class = "grn lar bold guzhi">(.*?)</span>';
[~, b] = regexp(html, reg, 'match', 'tokens');
if ~isempty(b)
    s = b{1}{1};
    s(isspace(s)) = [];
    id = find(s = ='(');
    s(id:end) = [];
    fund_nav_now = s;
    if strcmpi(fund_nav_now,'---') = = 1
        fund_nav_now ='-----';
    end
else
    fund_nav_now ='-----';
end
f{j,5} = fund_nav_now;
%%净值报告日期
reg =' 单位净值(((.*?)):';
[~,b] = regexp(html, reg, 'match', 'tokens');
```

```
if ~isempty(b)
fund_nav_date = [num2str(year(now)),'-',cell2mat(b{1})];
else
fund_nav_date ='---';
end
f{j,6} = fund_nav_date;
%% 净值报告日期的净值
reg ='<b class = "red lar bold">(.*?)</b>||<b class = "grn lar bold">(.*?)</b>';
[~,b] = regexp(html, reg, 'match', 'tokens');
if ~isempty(b)
s = b{1}{1};
s(isspace(s)) = [];
id = find(s = ='(');
s(id:end) = [];
fund_nav = s;
if strcmpi(fund_nav,'---') = = 1
fund_nav ='-----';
end
else
fund_nav ='-----';
end
f{j,7} = fund_nav;
%% 管理费率
reg =' 管理费率 </th><td>(.*?)(每年)</td>';
[~,b] = regexp(html, reg, 'match', 'tokens');
if ~isempty(b)
fund_management_fee = cell2mat(b{1});
else
fund_management_fee ='-----';
end
f{j,8} = fund_management_fee;
%% 托管费率
reg =' 托管费率</th><td>(.*?)(每年)</td>';
[~,b] = regexp(html, reg, 'match', 'tokens');
if ~isempty(b)
fund_custodian_fee = cell2mat(b{1});
else
fund_custodian_fee ='---';
```

```matlab
    end
    f{j,9} = fund_custodian_fee;
    %% 溢价率
    if strcmpi(f{5},'---') = = 0&&strcmpi(f{2},'---') = = 0
        f{j,10} = str2double(f{j,2})/str2double(f{j,5}) - 1;
    else
        f{j,10} = nan;
    end
    %% 跟踪标的
    reg = '跟踪标的</th><td>(.*?)</td>';
    [~, b] = regexp(html, reg, 'match', 'tokens');
    if ~isempty(b)
        fund_track = cell2mat(b{1});
    else
        fund_track = '-----';
    end
    f{j,11} = fund_track;
    clear html
end
%% 打印
fprintf('------------------------------------------------------------------…
---------------------------------------------------------------\n')
fprintf('%s\t\t%s\t\t%s\t\t%s\t\t%s\t\t%s\t\t%s\t\t%s\n',…
    '基金代码','管理费','托管费','净值报告时间','报告净值',…
    '估计净值','当前价格','溢价率','跟踪标的')
fprintf('------------------------------------------------------------------…
---------------------------------------------------------------\n')
for i = 1:N
    fprintf('%s\t\t%s\t\t%s\t\t%s\t\t%s\t\t%s\t\t%s\t%.2f%%\t\t%s\n',…
        f{i,1},f{i,8},f{i,9},f{i,6},f{i,7},f{i,5},f{i,2},f{i,10}*100,f{i,11});
end
fprintf('------------------------------------------------------------------…
---------------------------------------------------------------\n')
```

用到的辅助函数 my_eastmoney_real_time_for_fund 具体内容如下。

```matlab
function [price,vol] = my_eastmoney_real_time_fund(fund_code)
% 从东方财富网获取基金的实时行情
% index_code:基金代码,比如,'sh510580'
% 其中 sh 表示上海市场的基金,sz 表示深圳市场的基金
```

```
% price = [开、高、低、收]
% 其中:开、高、低为当天开盘到当前时刻为止的开盘价、最高价和最低价,
% 收为实时价格
% vol = [成交手数,成交金额]
url_1 = 'http://push2.eastmoney.com/api/qt/stock/get? invt = 2&fltt = 1&cb = jQuery';
url_2 = '35105344498327842084_1658217771326&fields = f58 % %2Cf107 % %2Cf57';
url_3 = '% %2Cf43 % %2Cf59 % %2Cf169 % %2Cf170 % %2Cf152 % %2Cf46 % %2Cf60 %';
url_4 = '%2Cf44 % %2Cf45 % %2Cf47 % %2Cf48 % %2Cf19 % %2Cf532 % %2Cf39 % %2C';
url_5 = 'f161 % %2Cf49 % %2Cf171 % %2Cf50 % %2Cf86 % %2Cf600 % %2Cf601 % %2Cf';
url_6 = '154 % %2Cf84 % %2Cf85 % %2Cf168 % %2Cf108 % %2Cf116 % %2Cf167 % %2Cf';
url_7 = '164 % %2Cf92 % %2Cf71 % %2Cf117 % %2Cf292 % %2Cf113 % %2Cf114 % %2Cf1';
url_8_1 = '15 % %2Cf119 % %2Cf120 % %2Cf121 % %2Cf122 % %2Cf296&secid = 1. %s&';
url_9 = 'ut = fa5fdl943c7b386fl72d6893dbfba10b&wbp2u = % %7C0 % %7C0 % %7C0 %';
url_10 = '%7Cweb&_ = 1658217771327secid = 0. %s&ut = fa5fd1943c7b386f172d6893d';
url_11 = 'bfba10b&wbp2u = % %7C0 % %7C0 % %7C0 % %7Cweb&_ = 1658217771327';
url_8_2 = '15 % %2Cf119 % %2Cf120 % %2Cf121 % %2Cf122 % %2Cf296&secid = 0. %s&';
url_sh = [url_1,url_2,url_3,url_4,url_5,url_6,url_7,url_8_1,url_9,url_10,url_11];
url_sz = [url_1,url_2,url_3,url_4,url_5,url_6,url_7,url_8_2,url_9,url_10,url_11];
if fund_code(1:2) = ='sh'
url = sprintf(url_sh,fund_code(3:end));
elseif fund_code(1:2) = ='sz'
url = sprintf(url_sz,fund_code(3:end));
end
s = urlread(url);
reg = '"f4\d":(.*?),';
[~,b] = regexp(s, reg, 'match', 'tokens');
price = [ str2double(cell2mat(b{4})), str2double(cell2mat(b{2})),…
str2double(cell2mat(b{3})), str2double(cell2mat(b{1}))];
price = price/1000;
vol = [ str2double(cell2mat(b{5})),str2double(cell2mat(b{6}))];
```

接下来我们利用以上函数,查询一下几个 ETF 的相关信息。具体地,在 Matlab 命令窗口输入

f = my_search_for_fund_inf('sh510580,sh510500,sh510300,sh510310');

得到结果如图 2-2 所示。

2.2.6 读取数据文档

EXCEL 和 CSV 数据格式的文档是最常用的,比如,我们可以从 yahoo.com 获取 CSV 格式的股票历史行情数据;也可以从新浪财经网复制股票历史行情数据到 EXCEL。大多数

```
正在读取sh510580基金的相关信息......
正在读取sh510500基金的相关信息......
正在读取sh510300基金的相关信息......
正在读取sh510310基金的相关信息......

基金代码    管理费   托管费   净值报告时间   报告净值   估计净值   当前价格   溢价率    跟踪标的
sh510580   0.15%   0.05%   2020-02-14   5.5732    5.5743    5.563    -0.20%   中证500指数
sh510500   0.50%   0.10%   2020-02-14   5.8689    5.8690    5.868    -0.02%   中证500指数
sh510300   0.50%   0.10%   2020-02-14   3.9798    3.9780    3.977    -0.03%   沪深300指数
sh510310   0.15%   0.05%   2020-02-14   1.7678    1.7671    1.784    -0.18%   沪深300指数

f =

'sh510580'  '5.563'  '余海燕 杨俊'  '易方达基金'  '5.5743'  '2020-02-14'  '5.5732'  '0.15%'  '0.05%'  [   -0.0020]  '中证500指数'
'sh510500'  '5.868'  '罗文杰'       '南方基金'    '5.8690'  '2020-02-14'  '5.8689'  '0.50%'  '0.10%'  [-1.7039e-04]  '中证500指数'
'sh510300'  '3.977'  '柳军'         '华泰柏瑞基金' '3.9780'  '2020-02-14'  '3.9798'  '0.50%'  '0.10%'  [-2.5138e-04]  '沪深300指数'
'sh510310'  '1.764'  '余海燕 杨俊'  '易方达基金'  '1.7671'  '2020-02-14'  '1.7678'  '0.15%'  '0.05%'  [   -0.0018]  '沪深300指数'
```

图 2-2 基金查询信息

数据提供商也基本都会提供 EXCEL 和 CSV 格式的数据。下面仅介绍 Matlab 对这两种数据文档的读取。利用 Matlab 提供的函数 xlsread 可以方便地读取数据文件中的数值型数据,对于 EXCEL 文件中的字符型变量 xlsread 将不读取。其最简单的调用格式为在 Matlab 命令窗口输入

x=xlsread('filename')

Matlab 将读取以 filename 为名字的 EXCEL 文件中"Sheet1"中的数值型数据。其中,

filename 为在 Matlab 自动搜索文件夹下的 EXCEL 文件名。

文件 filename 中的数值型数据矩阵赋值给变量 x。

如果要读取"Sheet2"中的数值,则在 Matlab 命令窗口输入

x=xlsread('filename',2)

对于 2003 版 EXCEL 文件 filename 可以不带后缀.xls,对于 2007 版 EXCEL 文件 filename 需要带后缀.xlsx。对于 CSV 格式的数据文件,我们可以使用 Matlab 提供的函数 csvread 来读取。其基本调用格式为:

data = csvread('filename.csv', row, col)

其中,

文件名 filename 要加后缀.csv;

row 定义了从第几行开始读数据(0 表示第一行,1 表示第二行,依次类推);

col 定义了从第几列开始读数据(0 表示第一列,1 表示第二列,依次类推)。

csvread 将读入 row 和 col 定义的右下角的数值矩阵。

对于 txt 类型的数据文件,如果知道数据文件中每一列数据的类型,即字符型、数值型等,则可以使用 Matlab 提供的 textread 函数方便地进行读取。对于 textread 函数的详细了解可以通过在 Matlab 命令窗口下输入 help textread 或 doc textread 来了解。这里我们通过一个例子来介绍该函数的用法。假定在当前工作目录下存在一个数据文件 000001.txt。其数据内容如图 2-2 所示。该数据文件包含 7 列的数据,分别为时间、开盘价、最高价、最低价、收盘价、成交量和成交额,数据包含了 1990 年 12 月 19 日到 2006 年 9 月 27 日上证综合指数行情。

我们在 Matlab 命令窗口输入

[a,b,c,d,e,f,g]=textread('000001. txf,'%s%f%f%f%f%f%f','headerlines',1);

上述命令中的输出变量 a,b,c,d,e,f,g 分别表示时间、开盘价、最高价、最低价、收盘价、成交量和成交额列向量,a 为表示时间的字符型变量。textread 函数的输入部分中,'000001. txt' 表示文件名(见图 2-3);%s 表示以字符型方式读入变量;%f 表示以浮点数值型方式读入变量;'headerlines',1 表示文件的第一行为标题,不需要读入,'headerlines' 为标题属性。

000001 - 记事本

文件(F) 编辑(E) 格式(O) 查看(V) 帮助(H)

时间	开盘价	最高价	最低价	收盘价	成交量	成交额
20060927	1711.514038	1725.500977	1709.765991	1725.03894	1653708	30740660
20060926	1720.781006	1721.583984	1704.774048	1712.636963	1868489	34805144
20060925	1722.744019	1732.279053	1709.770996	1722.365967	2321870	42705456
20060922	1744.60498	1746.61499	1724.104004	1725.360962	2573961	47043708
20060921	1731.584961	1743.630005	1731.222046	1740.901001	2175707	42194460
20060920	1733.636963	1737.734009	1720.834961	1732.453003	2108606	41555404
20060919	1735.301025	1743.020996	1728.28894	1735.240967	2357767	47203808
20060918	1727.915039	1733.412964	1719.160034	1732.987061	2402581	48244608
20060915	1689.60498	1722.660034	1689.51001	1721.045044	2449322	51253652
20060914	1689.630981	1696.621948	1672.884033	1689.692017	1877401	36004960
20060913	1695.350952	1713.989014	1687.04895	1689.389038	2318871	47970576
20060912	1675.197998	1699.584961	1673.44104	1695.862061	2010270	40109732
20060911	1668.161011	1675.093994	1653.01001	1674.965942	1693481	32037368
20060908	1659.702026	1671.307983	1658.672974	1667.984009	1423593	27982848
20060907	1683.781982	1683.890015	1655.407959	1661.189941	1774064	33729904
20060906	1665.130005	1672.26001	1656.863037	1672.120972	1844446	35538512
20060905	1659.737061	1669.901001	1657.046997	1664.078003	2212541	42358400

图 2-3 数据文档:000001. txt

注意:textread 函数的输入部分中 '%s%f%f%f%f%f%f' 是与输出 a,b,c,d,e,f,g 一一对应的;另外这里文件名的后缀. txt 不能省略,否则 Matlab 会给出不能找到该文件的提醒。这个例子有点特殊,第一列的时间数据也可以以浮点数值型方式读入。在 Matlab 命令窗口下输入以下命令:

[a,b,c,d,e,f,g]=textread('000001. txt',%f%f%f%f%f%f%f','headerlines',1);

但这时读出的日期变成了数值。比如,2006 年 9 月 27 日就变成了数值 20060927。

如果我们只想读入上面 bonds. txt 数据中最后两列的数据,我们输入

[a,b]=textread('000001. txt','%s% * f% * f% * f%f% * f% * f','headerlines',1);

输入项中,

'% * s% * f% * f% * f%f% * f% * f' 的"*"表示不读入该列。

有时候,我们可能还要指明数据中各元素的分隔标记,这时,我们需要在 textread 的输入项中增加'delimiter'属性项。比如,上例中 000001. txt 的读取,我们输入

[a,b] = textread('000001. txt', '% * s% * s% * s% * s%u%f', 'delimiter', '\t', 'headerlines',1);

输入项中的 '\t' 表示以 tab 键分隔元素,如果元素之间以""隔开,则需将 '\t' 改成 ',' 即可。

2.2.7 存贮数据文档

很多时候我们也需要将 Matlab 运算后得到的一些数据保存起来。一个简单的办法是使用 Matlab 的命令 save 将数值型变量,以 Matlab 的数据格式. mat 文件类型保存在硬盘上。比如,我们在 Matlab 主窗口下输入

clear

data1=randn(10,5);%产生 10 行 5 列的服从标准正态分布的随机数

```
data2=randn(5,3);%产生5行3列的服从标准正态分布的随机数
save('my_data_file01','data1','data2');
%将变量data1和data2保存到当前工作目录下的my_data_file01.mat数据文件中
%如果文件名已经存在,则覆盖原文件,否则新创建该文件
```
如果需要调出data1和data2的数据,我们在Matlab主窗口下输入
```
clear
load('my_data_file01')
```
然后在工作空间就会出现两个变量:data1和data2。

许多时候我们可能要将某些变量写入到txt文件,并保存起来。比如,我们在Matlab主窗口下输入
```
file_name='my_test.txt';%取一个文件名
fp=fopen(file_name,'a');%创建文件my_test.txt,并打开该文件
fprintf(fp,'测试数据文档\r\n');%将"测试数据文档"写入文档后换行,\r\n表示换行
%如果my_test.txt文件已经存在,则在保持原文件的基础上,
%在文档最后处开始写入新的内容"测试数据文档"
fprintf(fp,'x\t\texp(x)\r\n');%\t表示制表符,\t\t表示用两个制表符分隔x和exp(x)
N=10;
x=randn(N,1);
y=exp(x);
for i=1:N
fprintf(fp,'%1.4f\t\t%1.4f\r\n',x(i),y(i));
end
fclose(fp);%关闭文件
```

运行以上程序后,上面的数据就会存入在当前工作目录下的文档my_test.txt中。对于喜欢使用EXCEL来存贮数据的读者,可以使用Matlab的内部函数xlswrite,对该函数的详细了解可以通过在Matlab命令窗口下输入help xlswrite或doc xlswrite来了解。我们在Matlab主窗口下输入

```
xlswrite('testdata.xls',randn(3,3));%将3行3列的随机数存入文件名testdata.xls
```
数据将保存在当前目录下的testdata.xls中,如果文件名testdata.xls不存在,则创建新文件,如果已经存在,则新的数据覆盖同样区域的原数据。对于喜欢使用CSV格式来存贮数据的读者,也可以使用Matlab的内部函数csvwrite存贮数据。下面我们给出一段代码,方便读者使用EXCEL和CSV格式来存储文件。

```
%% example to write and read excel files
clear
x=randn(5,3);%产生5行3列的随机数
x=num2cell(x);%将数据转化为元胞型数组
column_name={'C1','C2','C3'};%设置列的名字分别为C1,C2,C3
row_name={'';'R1';'R2';'R3';'R4';'R5'};% 设置行的名字分别为R1,R2,R3,R4,R5
```

```
data = [row_name,[column_name;x]];%将行名和列名合并到原数据
xlswrite('my_save_file_01.xlsx',data,'Sheet1','b2');
%在当前工作目录下写入 excel 文档,文件名为 my_save_file_01.xlsx
y = xlsread('my_save_file_01.xlsx','Sheet1','c3:e5');
%读入 my_save_file_01.xlsx 文件 c3 到 e5 区域的数据
%% example to write and read csv files
clear
x = randn(5,3);%产生 5 行 3 列的随机数
csvwrite('my_save_file_01.csv',x);
%在当前工作目录下写入 CSV 文档,文件名为 my_save_file_01.csv
y = csvread('my_save_file_01.csv',0,0);% 读入 my_save_file_01.csv 文件从第一行第
%一列开始到最后一行和最后一列所有的数据
```

当然更好的方法是将数据保存在数据库,以后数据的更新和调用都会更加方便和高效,这部分的内容我们放在本书的第十章中来介绍。此外,通过文件的存储和访问,我们还可以实现 Matlab 与其他计算机语言,比如,与 Python 的交互,既充分发挥 Matlab 在数学模型处理方面的优势,又结合 Python 的优势。Matlab 处理后得到的结果可以先生成 txt、xls 或 csv 文档,然后使用 Python 读取该文档就可以在 Python 环境下继续处理,反之也一样。

2.3 Wind 量化交易接口

2.3.1 Wind 量化接口

Wind 是国内比较知名的数据提供商,Wind 自行开发了针对国内股票和期货的量化交易平台,也对个人投资者推出了免费版的量化接口,个人可以通过手机注册后得到账户和密码。Wind 还提供了 Matlab 的插件,这大大方便了应用 Matlab 进行量化策略设计、回溯测试、模拟盘交易和实盘交易的使用者。当然,个人免费版接口的使用权限还比较有限,开通更多的权限则需要付费。Wind 也提供了详细的量化接口安装说明、量化平台 Matlab 使用手册等说明。有兴趣的读者可以到该网站下载并进行详细了解。对于 Wind 金融终端的机构版用户而言,只要在终端进行一下 Matlab 插件修复,就能使用 Wind 的量化交易接口提供的各种功能了。同花顺也推出了类似的量化交易平台,并且也提供了 Matlab 插件和详细的使用手册,感兴趣的读者也可以详细了解一下。

2.3.2 登陆模拟和实盘账户

Wind 量化接口可以连接到用户的 Wind 模拟账户,对于机构版的付费用户而言也可以连接到实盘账户。[1] 这里我们仅简单介绍如何登陆模拟账户,登陆实盘账户只需要将模拟的账户和密码修改为真实的账户和密码,并提供券商或期货公司的 Broker ID 即可。使用

---

[1] 监管层在 2015 年股灾后限制了个人投资者的股票程序化交易,但个人投资者可以通过 CTP 平台进行期货的程序化交易。

Mattlab 进行实盘交易,建议使用 Matlab2012 版本的 32 位安装。在 Matlab 主窗口下输入

w = windmatlab;% 连接 Wind 量化接口

[a1,b1,c1] = w.tlogon('00000010','0','M:139＊＊＊01','＊＊＊＊＊＊','SHSZ');
% 登陆股票账户

[a2,b2,c2] = w.tlogon('00000010','0','M:139＊＊＊02','＊＊＊＊＊＊','CFE');
% 登陆中国金融期货交易所账户

[a3,b3,c3] = w.tlogon('00000010','0','M:139＊＊＊02',('＊＊＊＊＊＊','SHF');
% 登陆上海期货交易所账户

以上代码中,

'M:139＊＊＊01' 表示股票模拟帐户,139＊＊＊通常为用户注册时的手机号码,'＊＊＊＊＊＊' 为账户密码;

'M:139＊＊＊02' 表示期货模拟账户;

'SHSZ' 表示上海和深圳股票交易所;

'CFE' 表示中国金融期货交易所;

'SHF' 表示上海期货交易所。

在 Matlab 主窗口下输入以下代码查询股票账户的资金和持仓信息。

[Data,Fields,ErrorCode] = w.tquery('capital', 'LogonId',a1{1});
fprintf(' 可用资金:％1.2f\n',Data{2});
[Data,Fields,ErrorCode] = w.tquery('position', 'LogonId',a1{1});

在 Matlab 主窗口下输入以下代码进行股票(代码:600019)的买卖。

price_req = w.wsq('600019.sh','rt_ask1');% 查询卖一价格
RequestID = w.torder('600019.sh','buy',price_req,100,'OrderType = LMT','Logon ID',a1{1});
% 对股票模拟账户发出买入 100 股股票 600019 的指令
price_req = w.wsq('600019.sh','rt_bid1');% 查询买一价格
RequestID = w.torder('600019.sh','sell',price_req,100,'OrderType = LMT','Logon ID',a1{1});
% 对股票模拟账户发出卖出 100 股股票 600019 的指令

下面的函数 my_buy 则给出了以对手价成交 K 手期货合约的指令,当 K 手期货合约在当前对手价不能成交时,函数 my_buy 中设置了将未成交的部分撤单,并重新发出新的对手价的交易指令,直到全部成交。

function [traded_price,traded_volume,K] = my_buy(sec_code,order_type,volume, log_id,w)
％ 以对手价成交的期货下单指令函数
％ 如不成交或部分成交撤单后重新以对手价报单,直到全部成交
％ 输入
％ sec_code:交易的品种

```
% order_type:指令的类型:'buy','cover','short','sell'
% volume:交易的数量
% log_id:Wind量化交易系统登陆号
% w:windmatlab数据提取对象
% 输出
% traded_price:最后一笔的成交价格
% traded_volume:成交的数量
% 曹志广,2015/3/12
K = volume;% 表示剩余未成交数量
traded_price = 0;% 设置初始成交价格
traded_volume = 0;% 设置初始成交数量
if strcmpi(order_type,'buy') = = 1||strcmpi(order_type,'cover') = = 1
% 买入或买入平仓
Req_type = 'rt_ask1';% 买入方的对手价
elseif strcmpi(order_type,'short') = = 1||strcmpi(order_type,'sell') = = 1
% 卖出或卖出平仓
Req_type = 'rt_bid1';% 卖出方的对手价
end
while now>datenum([date,'11:30:00'])&&now<datenum([date,'13:00:00']);
% 中午休市的指令推迟到13:00:00执行
end
while K>0
price_req = w.wsq(sec_code,Req_type);% 查询最新的对手价
if iscell(price_req)
    disp('The latest price is not available');
else
RequestID = w.torder(sec_code,… order_type,price_req,K,…
'OrderType = LMT;HedgeType = SPEC','LogonID',log_id);
% 发起以对手价报价的请求
request_id = RequestID{1};% 获取请求号码
pause(5);% 暂停5秒钟
[Data1,Fields1] = w.tquery('Order','LogonID',log_id,…
'RequestID', request_id);
% 查询请求的成交情况
if strcmpi(Data1{1},'invalid') = = 1
    disp('Invalid order')
    break
else
order_id = Data1{1};% 获取指令号码
```

```
[Data4,Fields4] = w.tquery('Trade','LogonID',…
log_id,'RequestID',request_id,'OrderNumber',order_id);
if strcmpi(Data4{end,3},'Normal') = = 1&&strcmpi(Data4{end,6},order_type) = = 1
%如果指令已经被接受
traded_price = mean(cell2mat(Data4(:,10)));%获取最新的已经成交的价格
traded_volume = traded_volume + sum(cell2mat(Data4(:,11)));%获取已经成交的手数
K = volume-traded_volume;%计算剩余未成交的数量
end
if K>0
[Data2,Fields2,ErrorCode] = w.tcancel(order_id,'LogonID',log_id);%撤销原指令
pause(5);%暂停5秒钟
[Data3,Fields3] = w.tquery('Order','LogonID',log_id,…
'RequestID',request_id);
%查询是否成功撤单
if strcmpi(Data3{2},'cancelled') = = 1
K = Data3{11};%如果成功撤单,获取成功撤单的数量
else
K = 0;%如果没有成功撤单,则表示已经全部成交
end
end
end
end
end
```

下面我们调用以上函数my_buy在模拟账户中买入10手螺纹1 805合约,在Matlab主窗口下输入

```
w = windmatlab;
[a,b,c] = w.tlogon('00000010','0','M:139***02','******','SHF');
log_id = a{1};
sec_code = 'rb1805.shf';
order_type = 'buy';
volume = 10;
[traded_price,traded_volume,K] = my_buy(sec_code,order_type,volume,log_id,w);
```

如果想平仓刚刚买入的10手螺纹1 805合约多头,则继续在Matlab主窗口下输入

```
[traded_price,traded_volume,K] = my_buy('rb1805.shf','sell',10,log_id,w);
```

空头开仓则将order_type设置为'short',空头平仓则将order_type设置为'cover'。

2.3.3 从Wind获取历史和实时数据

(1) 从Wind量化接口获取历史数据

对于Wind的机构版用户而言,通过Wind量化接口获取历史数据是非常方便的。具体

地可以参见 Wind 提供的 Matlab 使用手册。而个人免费版的用户而言，Wind 还不支持历史数据的下载。下面我们针对 Wind 终端机构版的用户给出一个例子，通过量化接口获取沪深 300 指数在 2010 年 1 月 4 日到 2017 年 12 月 31 日之间每日开、高、低、收价格和成交金额。我们在 Matlab 主窗口下输入

```
w = windmatlab;
begin_date = '2010 - 01 - 04';
end_date = '2017 - 12 - 31';
fields = 'open,high,low,close,amt'; % 设置要获取的价格(开、高、低、收)
[hs300,~,~,t_hs] = w.wsd('000300.sh','close,amt',begin_date,end_date);
% hs300 为一个矩阵,矩阵的列分别对应了沪深 300 指数在 2010 年 1 月 4 日到
% 2017 年 12 月 31 日之间每日开、高、低、收价格和成交金额。
% t_hs 为一个列向量,给出了每日数据相对应的日期。
```

(2) 从 Wind 个人免费版的量化接口获取实时行情数据

Wind 给出的数据质量比较高，下面我们给出一段 Matlab 代码，通过个人免费版的量化接口接收 Tick 数据，并合成 1 分钟的开盘价、最高价、最低价和收盘价的 K 线数据。同时将 1 分钟的 K 线价格数据实时保存在一个数据文档中。

```
clear
clear functions
clc
close all
cd('D:\caozhiguang\matlab_work'); % 将工作目录调整到指定文件夹
w = windmatlab; % 连接 Wind 量化接口
sec_code = 'IF1612.CFE'; % 需要接收数据的证券代码
[~,~,~,~,~,reqid] = w.wsq(sec_code,'rt_last',@my_wsqcallback);
% 接受 Wind 推送的 Tick 数据
```

以上代码中调用了以下回调函数 my_wsqcallback,其具体内容如下。

```
function my_wsqcallback(reqid,isfinished,errorid,datas,codes,fields,times)
% 获取 1 分钟开高低收 K 线价格
persistent A B C
if now<datenum([date,'09:30:00'])||times<datenum([date,'09:30:00'])
elseif now>datenum([date,'15:00:00'])||times>datenum([date,'15:00:00'])
elseif now>datenum([date,'11:30:00'])&&now<datenum([date,'13:00:00'])
elseif times>datenum([date,'11:30:00'])&&times<datenum([date,'13:00:00'])
else
    if isempty(A)
        A = minute(times);
    end
```

```
        if minute(times) = = A
            B = [B;[times,datas]];
            A1 = (hour(times) = = 11&&minute(times) = = 29&&second(times)> = 58);
            A2 = (hour(times) = = 15&&minute(times) = = 14&&second(times)> = 58);
            if A1||A2
                if size(B,1)>5
                    C = [C;[B(end,1),B(1,2),nanmax(B(:,2)),nanmin(B(:,2)),B(end,2)]];
                    save(date,'C');
                end
                A = [];
                B = [];
            end
        else
            if size(B,1)>5
                C = [C;[B(end,1),B(1,2),nanmax(B(:,2)),nanmin(B(:,2)),B(end,2)]];
                save(date,'C');%用户可以修改文件名
            end
            B = [times,datas];
            A = [];
        end
    end
```

这样 Matlab 就会一直不断地接收从 Wind 量化接口推送过来的 Tick 数据,并且每隔 1 分钟就会将截到的 Tick 数据合成 1 分钟的开盘价、最高价、最低价和收盘价的 K 线数据,并且将 K 线数据保存在以当前日期命名的数据文档中,比如,当前时期为 27-Jun-2016,则保存的文件名为 27-Jun-2016.mat。当然读者可以将文档名字改成自己喜欢的名字,只要在回调函数 my_wsqcallback 中修改代码 save(date,'C') 即可,比如可以保存为 save('my_data','C')。

当我们需要调用生成的 1 分钟 K 线数据时,我们在 Matlab 主窗口下输入

load(date)%读入当天保存的 1 分钟 K 线数据

如果需要停止接收从 Wind 推送的数据,则在 Matlab 主窗口下输入

cancelRequest(w,reqid)%停止订阅行情

假如我们在 2016 年 6 月 27 日这一天接收数据,则我们需要调用该数据时,直接输入

load('27-Jun-2016')

如果当天调用该数据,也可以输入

load(date)

Matlab 提供的 date 命令以字符型变量形式直接返回当前的日期。然后在主窗口的工作空间里就会出现数据变量 C,该变量的第一列为时间,其余四列数据分别对应从接收时间开始到取消订阅时刻之间 1 分钟的开盘价、最高价、最低价和收盘价的 K 线数据。我们以 2016 年 6 月 27 日接收沪深 300 指数 1 分钟的 K 线数据为例,该数据以文件名 27-Jun-

2016.mat 保存在当前 Matlab 的工作目录之下。我们在 Matlab 主窗口下输入

```
clear
load('27-Jun-2016')
A='%s\t\t\t\t\t\t%s\t\t%s\t\t%s\t\t%s\n';
%\t 表示插入制表符,\n 表示换行
fprintf(A,'时间','开盘价','最高价','最低价','收盘价')
B='%s\t\t%.2f\t\t%.2f\t\t%.2f\t\t%.2f\n';
for i=1:5
fprintf(B,datestr(C(i,1)),C(i,2:5));
end
```

以上代码显示了数据文档 27-Jun-2016.mat 中前 5 分钟的 1 分钟 K 线数据:时间、开盘价、最高价、最低价和收盘价。具体数据形式屏幕打印如下。

时间	开盘价	最高价	最低价	收盘价
27-Jun-2016 14:37:59	3 114.23	3 115.01	3 114.23	3 114.96
27-Jun-2016 14:38:59	3 115.39	3 116.20	3 115.39	3 115.76
27-Jun-2016 14:39:59	3 115.77	3 116.54	3 115.77	3 116.27
27-Jun-2016 14:40:59	3 116.65	3 116.80	3 116.29	3 116.76
27-Jun-2016 14:41:59	3 116.90	3 117.05	3 116.53	3 117.05

2.3.4 从东方财富网页获取的实时行情合成 1 分钟 K 线数据

由于使用 Wind 数据库通常需要支付不菲的费用,我们也可以利用前面介绍的从东方财富网获取股票实时行情数据的函数 my_eastmoney_real_time_stock 或者 my_eastmoney_real_time_index 和 Matlab 的定时器来合成股票或者指数的 1 分钟 K 线数据,进而可以合成 5 分钟、30 分钟等 K 线数据。我们在股市开盘前(上海和深圳股票交易所在交易日上午 9 点 25 分完成集合竞价交易)在 Matlab 主窗口下输入

```
%从东方财富网获取的实时行情合成 1 分钟实时数据 today_1_min=[t,O,H,L,C,
%累计成交量 V]
stockcode='sh000300' %获取沪深 300 指数的数据
timer1=timer('TimerFcn',{@my_read_data_1_min,stockcode},'period',…
1,'ExecutionMode','fixeddelay','ErrorFcn',{@my_read_data_1_min,stockcode});
A=num2str(hour(now));
B=num2str(minute(now)+1);
if size(B,2)==1
B=['0',B];
end
if size(A,2)==1
```

```
A = ['0',A];
end
C = [' ',A,':',B,':','01'];
start_time1 = datenum([date,C]);
%%%%%%%%%%%%%%%%%%%%%%%%%%%%
while now<start_time1
end
start(timer1)%启动系统
disp('')
disp('%%%%%%%%%%%%%%%%%%%%%%%%%%')
disp(['1 分钟 K 线数据收集系统 ',datestr(now),' 已经启动 '])
disp('%%%%%%%%%%%%%%%%%%%%%%%%%%')
```

上面的程序每隔 1 秒钟从东方财富网页抓取指定股票(这里获取的是沪深 300 指数)的实时行情,合成 1 分钟 K 线数据(时间、开、高、低、收、累计成交金额),并将 1 分钟 K 线数据保存在当前目录,文件名以当前时刻日期为名字的 mat 文件。读者可以根据实际需要变更为更加方便的文件名。以上程序用到了辅助函数 my_read_data_1_min,值得指出的是:用于定时器的函数前两个参数 object 和 event 是固定格式的形参。如果需要获取股票数据,只需将获取数据的函数 my_eastmoney_real_time_stock 替换以下程序中的函数 my_eastmoney_real_time_index 即可。具体地,其内容如下。

```
function my_read_data_1_min(object,event,stockcode)
%通过东方财富网页获取实时 1 分钟 K 线([时间,开,高,低,收,成交量])
persistent A B today_1_min
if weekday(date) = = 7||weekday(date) = = 1
    disp('休息日,交易所不交易 ')
else
if now<datenum([date,' 09:30:00'])
elseif now>datenum([date,' 15:00:10'])
elseif now>datenum([date,' 11:30:10'])&&now<datenum([date,' 13:00:00'])
else
[data,vol] = my_eastmoney_real_time_index(stockcode);
data = [data(4),vol(2)];
if isempty(A)
    A = minute(now);
end
if minute(now) = = A
    B = [B;[now,data]];
    A1 = (hour(now) = = 11&&minute(now) = = 29&&second(now)> = 57);
A2 = (hour(now) = = 14&&minute(now) = = 59&&second(now)> = 57);
```

```
if(A1||A2)
    if size(B,1)>12
    today_1_min = [today_1_min;[B(end,1),B(1,2),max(B(:,2)),min(B(:,2)),…
    B(end,2),B(end,3)]];
    save(date,'today_1_min');
    end
    B = [];
    A = [];
    end
else
    if size(B,1)>12
    today_1_min = [today_1_min;[B(end,1),B(1,2),max(B(:,2)),min(B(:,2)),…
    B(end,2),B(end,3)]];
    save(date,'today_1_min');
    B = [now,data];
    end
    A = [];
end
end
end
```

如果需要调用当天的1分钟K线数据,只要在Matlab主窗口下输入load(date),就得到变量名为today_1_min的1分钟K线数据,包含了时间、开、高、低、收和当天累计成交量。

2.3.5 案例:一个简单的基于均线交易的程序化交易策略方案的设计

接下来这个案例是基于Wind个人免费版的量化接口的均线交易程序化交易方案。我们使用沪深300指数的20日均线突破来进行择时交易沪深300ETF(代码:510300.sh)。首先从免费渠道获取沪深300指数截止到前一个交易日收盘的历史收盘数据,并将沪深300指数的历史数据保存为hs300.csv,存放在Matlab能够搜索到的目录下。当然,读者也可以利用前面介绍的函数my_wangyi_hist_data获取历史数据,并在收盘后将数据添加到历史数据后面保存在hs300.csv文件中。只需要稍微改动下面的程序即可。该数据文档包含了上一个交易日前多个交易日的日期(第一列)和收盘价(第二列)。交易规则为:当收盘时沪深300指数向上突破其20日均线,则在模拟股票账户中买入10 000股沪深300ETF,向下跌破则卖出全部持有的沪深300ETF。为确保在收盘前交易,我们在收盘前1分钟执行交易指令,完整的Matlab代码如下。

```
clear
w = windmatlab;%连接到wind量化接口
[Data,Fields,ErrorCode] = w.tlogon('0000','','M:139***01','***','SHSZ');
%需要输入模拟账号和密码,登录股票模拟账户
```

```matlab
log_id = Data{1};%登陆的地址
p = csvread('hs300.csv',0,1);%读取csv格式的历史数据
%%%%%%%%%仅在收盘前做出投资决策
while now<datenum([date,'14:59:00'])
end
%%%%%%%%%%%%%%%%%%%%%%%
rt_p = w.wsq('000001.sh','rt_last');%获取当天交易数据
p = [p;rt_p];%合并历史数据和当前数据
%%%%%%%%%计算均线并生成持仓信号
n = length(p);
N = 20;
for i = N:n
    f(i) = mean(p(i-N+1:i));
end
f = f(:);
f(1:N-1) = p(1:N-1);
s = zeros(n,1);
s(p>f) = 1;
%%%%%%%%%%%%%%%%%%%%%%%%%%%%%
%%%%%%%%%生成交易信号
if s(end)==1&&s(end-1)==0
    price_req = w.wsq('510300.sh','rt_askl');%卖一价
    K = 10 000;%设定交易数量
    Req_id = w.torder('510300.sh','buy',price_req,K,'LogonID',log_id);
    %发出卖一价的买入命令
    disp('发出买入信号')
elseif s(end)==0&&s(end-1)==1
    price_req = w.wsq('510300.sh','rt_bid1');%买一价
    K = 10 000;%设定交易数量
    Req_id = w.torder('510300.sh','sell',price_req,K,'LogonID',log_id);
    %发出买一价的卖出命令
    disp('发出卖出信号')
else
    disp('保持当前仓位')
end
```

2.3.6 案例：设计一个简单的股票行情显示界面

接下来，我们通过设计一个简单的图形界面，用来显示指定的自选股的实时行情。这里我们从 Wind 获取实时行情数据，读者也可以通过其他途径获得实时行情数据，比如东方财

富网页等。我们在 Matlab 主命令窗口下输入 guide 后在弹出的窗口中,选择建立新的图形界面文件,比如,my_gui_1,并保存在指定的文件夹下。在随后弹出的窗口中,将左边的 uitable 按钮图形用鼠标左键拖拽到右边合适的位置,建立数据表格。然后鼠标双击右边的数据表格,在弹出的属性界面中设置数据表的各种属性。这里我们将表格的 Tag 属性改为 price,并将 Data 属性设置为 8 行 9 列的数据表格,列名比如分别为:当前价格、买一价、卖一价、买一量、卖一量、前收盘价、当日收益率、成交时间、成交日期;[1] 行名为自选股的名称,比如分别为 510300 沪深 300ETF、510500 中证 500ETF、159902 中小板 ETF、159915 创业板 ETF、601158 重庆水务、600006 大秦铁路、600028 中国石化和 601988 中国银行。将表格的数据全部设为文本类型,其他属性读者可以自行设定。表格的设置如图 2-4 所示。

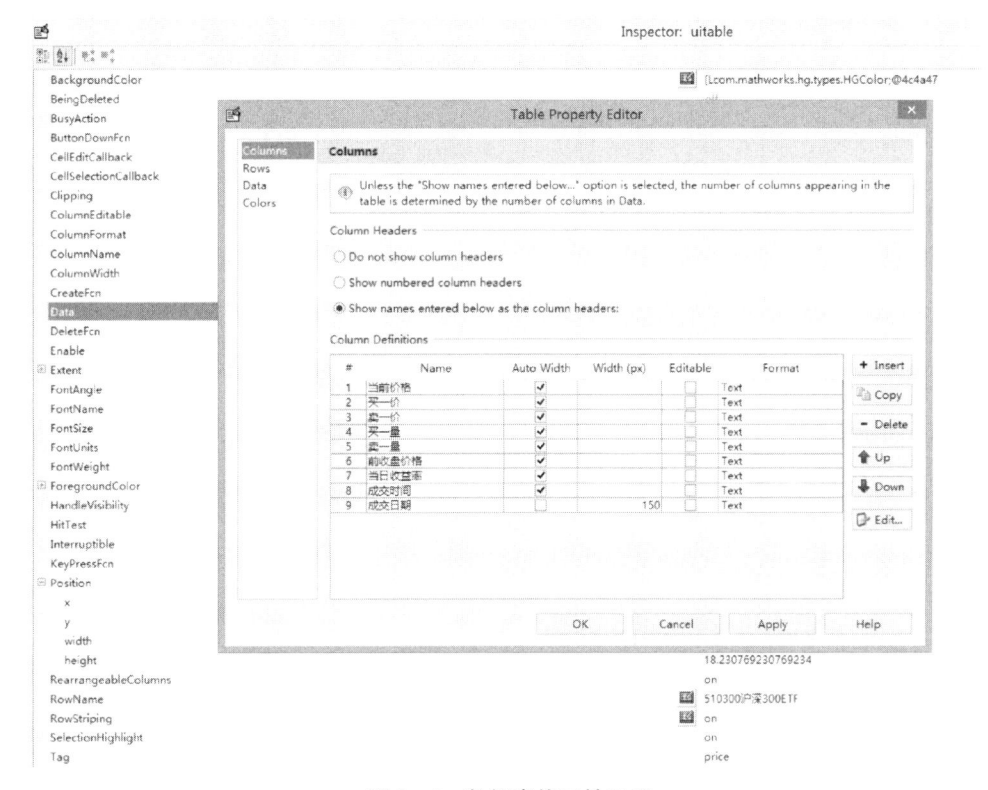

图 2-4 数据表格属性设置

类似地,鼠标双击表格之外的区域,设置整个图形界面的属性。这里我们将 Name 属性修改为"自选股行情系统",以及将图形窗口设置为可调节大小模式。鼠标右键点击图形界面任意区域,选择 Editor,在打开的 my_gui_1.m 文件编辑窗口中找到函数 my_gui_1_OpeningFcn,并在该文件中增加相关内容,修改后的内容如下所示。

```
function my_gui_1_OpeningFcn(hObject, eventdata, handles, varargin)
% This function has no output args, see OutputFcn.
% hObject handle to figure
```

---

[1] 当日收益率是当前价格相对于前收盘的收益率,买一量和卖一量的单位为股。

```
% eventdata reserved-to be defined in a future version of MATLAB
% handles structure with handles and user data(see GUIDATA)
% varargin command line arguments to my_gui_1(see VARARGIN)
% Choose default command line output for my_gui_1
handles.output = hObject;
%% 增加代码开始
handles.w = windmatlab;
handles.timer1 = timer;
set(handles.timer1,'ExecutionMode','FixedDelay');
set(handles.timer1,'Period',1);
set(handles.timer1,'TimerFcn',{@my_read_real_time_stock,handles});
start(handles.timer1)
%% 增加代码结束
% Update handles structure
guidata(hObject, handles);
% UIWAIT makes my_gui_1 wait for user response (see UIRESUME)
% uiwait(handles.figure1);
```

然后再在该文件后面增加定时器执行函数 my_read_real_time_stock,其内容如下。

```
function my_read_real_time_stock(hObject, eventdata, handles)
% 从 Wind 获取多个股票实时行情数据
code ='510300.SH,510500.sh,159902.sz,159915.sz,601158.sh,601006.sh,…
600028.sh,601988.sh';% 设置自选股
s = handles.w.wsq(code,'rt_bid1,rt_ask1,rt_bsize1,rt_asize1,rt_latest,…
rt_pre_close,rt_time,rt_date');
s = [s(:,1:5),s(:,6),s(:,5)./s(:,6)-1,s(:,7),s(:,8)];
for i = 1:8
    A{i,1} = sprintf('%.3f',s(i,5));
    A{i,2} = sprintf('%.3f',s(i,1));
    A{i,3} = sprintf('%.3f',s(i,2));
    A{i,4} = sprintf('%d',s(i,3));
    A{i,5} = sprintf('%d',s(i,4));
    A{i,6} = sprintf('%.3f',s(i,6));
    A{i,7} = sprintf('%.2f%%',s(i,7)*100);
    a = num2str(s(i,8));
    A{i,8} = sprintf('%s:%s:%s',a(1:end-4),a(end-3:end-2),a(end-1:end));
    a = num2str(s(i,9));
    A{i,9} = sprintf('%s-%s-%s',a(1:4),a(5:6),a(7:8));
end
```

```
set(handles.price,'Data',A);
```

保存好相关属性的设置和文件后，在 Matlab 主窗口下输入 my_gui_1，得到股票行情界面如图 2-5 所示，行情 1 秒钟刷新一次。

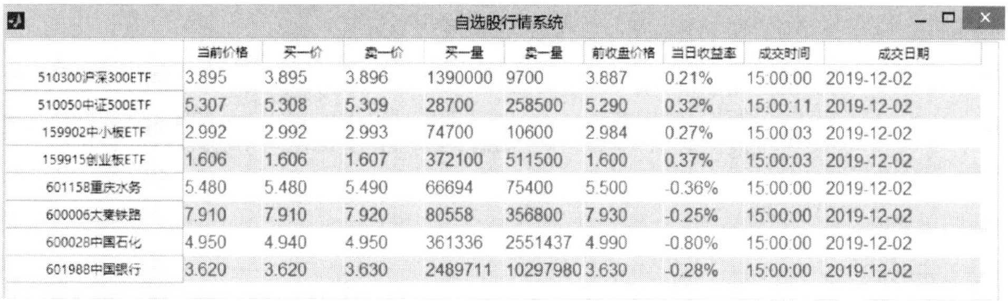

	当前价格	买一价	卖一价	买一量	卖一量	前收盘价格	当日收益率	成交时间	成交日期
510300沪深300ETF	3.895	3.895	3.896	1390000	9700	3.887	0.21%	15:00:00	2019-12-02
510050中证500ETF	5.307	5.308	5.309	28700	258500	5.290	0.32%	15:00:11	2019-12-02
159902中小板ETF	2.992	2.992	2.993	74700	10600	2.984	0.27%	15:00:03	2019-12-02
159915创业板ETF	1.606	1.606	1.607	372100	511500	1.600	0.37%	15:00:03	2019-12-02
601158重庆水务	5.480	5.480	5.490	66694	75400	5.500	-0.36%	15:00:00	2019-12-02
600006大秦铁路	7.910	7.910	7.920	80558	356800	7.930	-0.25%	15:00:00	2019-12-02
600028中国石化	4.950	4.940	4.950	361336	2551437	4.990	-0.80%	15:00:00	2019-12-02
601988中国银行	3.620	3.620	3.630	2489711	10297980	3.630	-0.28%	15:00:00	2019-12-02

图 2-5　自选股行情显示界面

参考文献

[1] 曹志广. 金融计算与编程——基于 Matlab 的应用[M]. 2 版，上海：上海财经大学出版社，2017.

[2] 上海万得信息技术服务有限公司. Wind 量化平台—用户使用手册(Matlab). 2016.

第三章 回溯测试和策略评价

3.1 回溯测试

3.1.1 回溯测试的目的

回溯测试的目的是为量化策略的有效性提供支持与否的证据。如果策略有效,则历史回溯测试的结果应该符合策略的预期;如果历史回溯测试并不符合策略的预期,则说明策略的有效性存在问题。需要再次说明的是:历史回溯测试的结果仅仅是策略有效的必要条件,并不是充分条件,历史回溯测试符合预期也并不能证明策略的有效性。

对于某些投资逻辑成立的前提十分清楚的策略,由于我们掌握了其充分条件,通常无需进行回溯测试。比如,沪深 300 股指期货当月合约价格远远高于现货指数的价格时,简单测算一下成本就可以很容易判断买入现货,同时做空期货的套利收益,策略开发者很容易得到策略有效的充分条件,对于这样的策略通常无需做回溯测试。类似地,还有基于到期日的不同期权合约和现货之间的套利等,都无需进行回溯测试。当然,从具体执行细节的角度而言,比如,程序中的漏洞检查、冲击成本的考虑等,对这些投资逻辑上具备充分条件的策略进行回溯测试也是有帮助的。

3.1.2 回溯测试尽可能还原真实市场

(1) 数据选择

回溯测试对数据选择的第一个基本原则,是在满足量化策略所适应的环境条件下选择尽量长的历史数据。比如,应用统计套利模型对股票 A 和 B 之间的配对交易进行回测检验,股票 A 和 B 今天来看是属于同行业,但假如 5 年前股票 A 进行了大量的跨行业兼并和收购,如今的公司 A 与昔日的公司 A 存在明显的差异。因此,回溯测试包含 A 公司兼并收购之前的数据是不太合适的。使用尽量长的历史数据进行回测,能够避免特定的经济环境等变量对策略的业绩测试带来的偏差。比如,在测试期间,正好政府采取了减税、财务补助等各种方式扶持了某个特定行业的发展,而某选股策略在这期间的表现很大程度上来源于选择了这些得到扶持的公司。显然这一测试结果非常依赖于这一特定时期,这样的回溯测试样本期间太短,有明显的样本选择偏差。

回溯测试对数据选择的第二个基本原则是避免生存偏差效应。比如,我们在评价对冲基金的业绩好坏时,选择的基金样本是严重受到生存偏差的影响的,其得到的结论并不可靠。许多业绩不好的对冲基金通常并不主动报告其业绩,而业绩表现好的对冲基金则会主动向各种评价机构公布其业绩。此外,许多业绩不佳而将清盘的基金,其业绩也不可能被持续地记录。考虑到生存偏差效应对对冲基金的业绩影响,大多数的对冲基金评价机构得到的关于对冲基金历史业绩的回溯测试报告都高估了基金的业绩表现。

回溯测试对数据选择的第三个基本原则是不能使用未来数据。在进行策略回测时,在 t 时刻进行决策,只能使用 t 时刻实际能够获得的当前或之前的信息。比如,上市公司的年报通常在第二年的第一个季度内公布,2017 年 12 月的许多基本面信息,如每股盈利、资金周转率等,通常在 2018 年 3 月份才得到公布(还有一些公司可能会拖延到更晚的时间才公布)。因此,在 2017 年年底执行选股策略的回测时,不能想当然地就使用 2017 年的年报信息,因为这是未来信息,这些信息在 2017 年 12 月底实际上是不可得的未来信息。如果回溯测试中使用了这些未来信息,无疑会提高策略的表现,造成策略的错误评估结果。

回溯测试对数据选择的第四个基本原则是避免异常数据带来的虚假评价结果。通常我们在回测时需要从数据提供商等机构获取相关的数据,但这些数据经常存在各种各样的错误。因此,在测试前需要清洗得到的数据。比如,对期货主力连续合约的趋势交易策略测试中,因为期货合约有到期日,通常需要将不同月份成交量最大的主力合约的数据拼接起来,许多数据提供商仅仅将不同合约的数据直接连起来。这样在合约到期日,连续合约价格就会有一个价格跳跃。直接使用这些数据进行回溯测试就会存在严重的问题。另外,某些数据是由于某些特殊的原因造成的,而基于该数据的回测是在实际市场上不可能实现的。比如某些流动性很差的股票,2 万元的卖单就可能造成价格迅速下跌,如果不考虑成交量的因素,仅从收盘价来看,似乎对某些价格导向的投资策略而言,这是一个买入的绝佳机会。但这样的机会是虚假的,2 万元的买入就可能造成价格的巨幅上涨。

(2) 还原市场

进行策略的回溯测试时尽可能地还原真实的交易场景。比如,在成交时需要考虑当时的买一、卖一价格以及相对应的订单数量,如果买入则应该考虑以卖一价格成交,并且成交的数量不能超过卖一对应的卖出数量的一定比例,比如 30%。交易成本也必须纳入策略收益的评估当中。策略回测还需要考虑策略的运行应该对市场的价格不会形成冲击,更加不会引起其他投资者预期的改变,从而改变整个市场的价格运行格局。如果策略本身对市场产生了明显的反作用力,则回溯测试的结果就失去了参考意义。比如,美国 1987 年 10 月 19 日道·琼斯指数收盘时暴跌超过 22%,暴跌的原因是多方面的综合,其中一个原因是大量的机构采用了非常类似的组合保险策略。这种策略通过动态复制看跌期权对债券和股票组合的权重进行动态调整,从而实现套期保值的目标。其基本的做法是当股价上涨时,买入更多的股票,而当股票价格下跌时卖出更多的股票。这样当股票价格下跌时,采用类似策略的大量投资者纷纷抛出股票,进而引发股票价格继续下跌,进一步引发更多的股票抛出,形成了恶性循环。显然,这样的组合保险策略对市场产生了明显的反作用力,其结果是该策略的套期保值效果也明显打了折扣。[①]

3.1.3 回溯测试的局限性

在回溯测试中,市场的价格仍然按照历史的既定剧本在演绎,策略本身不会影响市场价格的演绎。但在实际市场上,策略本身也参与了市场,成为市场的一部分,不可能不对市场产生影响。而策略本身对市场的影响是不可能通过回溯测试来衡量的。另外,回溯测试的效果符合预期也仅仅是策略有效的其中一个必要条件而已。在根据回溯测试报告对策略进行评价时,不必过分看重回溯测试好的结果。相反,我们要极为警惕那些由第三方提供的回溯结果很好的策略,因为这很可能是策略的提供方从大量的策略中选择了一个回溯结果比较好的策略而已,仅仅是缺乏交易逻辑支撑的数据挖掘的结果。比如,有很多投资顾问性质的平台经常会展现出某些在过去表现良好的策略净值曲线,如果平台背后的投资顾问众多,即便这些投资顾问资质平平,在统计规律上我们也总能找到一些投资顾问表现非常出彩的历史业绩,甚至在很长的历史业绩回溯中也表现亮眼。关于数据挖掘的偏差问题我们随后会重点再谈。

3.2 策略的评价体系

3.2.1 策略评价的基准选择

评价一个策略的业绩时,通常需要与一个合适的基准策略进行比较。不同的策略风险收益的特性千差万别,对应的比较基准也应该不一样。对于股票的多头择时策略而言,其自然的比较基准就是买入相同资产并一直持有的策略;对于股票的纯多头选股策略而言,不选股的 ETF 买入持有策略可以作为其比较的基准;对于许多不承担系统风险的多空组合策略而言,选择无风险资产的收益率作为策略的比较基准通常也是一个不错的选择。对于期货的择时交易策略,由于择时的方向可以是多头也可以是空头。因此,选择买入期货或相应的现货并持有的多头策略作为基准就不太合适。这时候,选择市场上同类型策略的平均表现作为基准可能会更加合理些。

3.2.2 策略评价的常用指标

对一个策略进行评价需要从多个维度来进行。首先,也是最重要的一点,是对策略的内在逻辑进行评估。接下来才是对策略的各种必要条件进行评价,即如果策略有效,应该可以观测到以下一些结果,比如,历史回溯测试的结果符合预期;策略收益的概率分布符合预期等。考虑到策略需要具体的执行主体来执行,还需要对执行主体忠实履行该策略的能力进行综合评估。比如,抗压能力、道德风险、IT 系统安全性和稳定性等。在这里,我们主要讨论如何评价策略的历史回溯结果。

---

① 1981 年成立的 LOR 公司率先推出了组合保险策略,很快这一策略被广泛使用。

对回溯测试的结果进行评价需要综合考虑风险和收益两个方面。通常的评价指标有：α 收益、Sharpe 比率、胜率、最大回撤比率、收益回撤比、波动性等，通常这些指标需要与基准策略相比较才更有意义。

3.3 交易策略的开发与数据挖掘的偏差

3.3.1 避免从数据中挖掘出实际上并不存在的规律

在策略开发的过程中，我们经常对有限的数据集进行各种各样的模型测试，甚至引入各种机器学习算法，试图在成千上万种的可能性中寻找某种规律。令人欣慰的是，经过千百次的尝试终于发现了某些在统计意义上超越基准的策略，或者终于发现某些具有良好预测能力的模式或规律。但这样也带来了一个副作用，很多原本并不存在的"规律"也被找了出来。正如 White 所说的，在一堆数据中反复寻找某种规律，由于运气的因素，我们很有可能找到原本并不存在的"规律"。举一个例子，比如，让 1 000 只没有选股能力的猴子随机挑选股票并持有一年时间，应用通常的 t 检验方法，在 1% 的显著水平下，这 1 000 只猴子中至少有 1 只猴子具有选股能力的概率为 $1-0.99^{1\,000}$，即通常的 t 检验结果错误的概率接近 100%，我们几乎总能发现某些原本资质平平的猴子具备了选股能力。再举一个例子，趋势交易中对均线参数的选择问题。很多策略开发者并不深入研究趋势背后的逻辑和原因，单纯地从均线中寻找历史表现较好的参数来进行趋势交易。比如，经过对众多参数的历史回测，发现基于 10 月均线的趋势交易策略能够明显跑赢指数的买入持有策略。这明显存在数据挖掘的偏差效应，与前面"幸运的猴子"类似，10 月均线很可能只是碰巧产生较好表现的其中一只比较"幸运"的猴子而已。当前许多平台和机构热衷于举办各种量化策略比赛，其目标除了广告意义等之外，还有期望从海量策略或选手中甄选出好的策略或操盘手。如果忽视数据挖掘的偏差效应，很可能会选出运气最佳的策略，而不是最优秀的策略。另外一个常见的例子就是我们经常会看到许多过去业绩表现亮丽的基金，排名经常从前 10% 跌落到后 10%，这其中的一个原因就是基金业绩排名经常会选出运气最好的基金，而不是能力最强的基金。即便是发表在顶尖金融学术期刊上的很多实证发现，实际上也是数据挖掘的结果，那些实证统计量不显著的结果，是不会得到发表机会的，而发表出来的结果通常都是统计意义上显著的结果。不能排除这些统计意义上显著的结果实际上是"运气"带来的结果，其结论离开特定的数据，往往就难以成立了。[①]

针对数据挖掘可能带来的偏差问题，许多学者从统计检验的角度开始寻找相关的克服办法。White(2000)对这一问题提出了奠基性的真实性检验(RC，Reality check)方法[②]，考虑了数据挖掘偏差效应，提出了用 RC 方法来剔除运气因素，从而真正识别规律。真实性检验的基本思想是对这些策略进行联合检验，从而将犯错误的概率有效地控制在一定的显著水平，比如 10%。在 White(2000)的基础上，许多学者也考虑了数据挖掘偏差效应，相继提

[①] Campbell R. Harvey. 2014，Yan Liu，Heqing Zhu. ⋯ and the Cross-Section of Expected Returns，Nber Working Papers(29):29-58.

[②] White，H. 2000，A reality check for data snooping，Econometrica(68):1097-1126.

出了 SPA（Superior predictive ability）、SRC（Stepwise-RC）、SSPA（Stepwise-SPA）、SRC（K）、SSPA（K）和 FDR（False discovery rate）等检验方法。[①]

值得指出的是，为避免在策略开发过程中数据挖掘偏差效应的一个最有效的办法是在策略设计之初就从交易逻辑出发，而不是从众多的可选策略中寻找回溯结果较好的策略。但在很多时候，我们通常很难确认策略背后的逻辑，比如对 FOF（Fund of Funds）的基金经理而言，需要在众多的基金中选择合适的基金进行投资，通常会从券商等第三方机构中获得相关基金的宣传和推介资料。这些第三方甚至是目标基金本身提供的策略回溯报告中对交易逻辑的描述通常会比较模糊，以避免其策略核心逻辑的泄密。这时候，我们退而求其次，对回溯测试结果的评价就可以借助以上检验方法，剔除数据挖掘偏差效应后对策略的表现进行合理评估。如果有条件的话，对相关金融机构的背景和基金经理的知识背景以及专业技能进行面对面的沟通和交流是非常有必要的。当然，我们还可以应用足够多的其他数据集对策略的有效性进行检验，所谓"路遥知马力"，如果有足够多的观测样本，我们总能够合理评价一个基金经理的能力。但难点在于很多时候，我们根本无法获取长期的样本数据。

3.3.2 数据挖掘偏差效应的 RC 检验

前面我们已经提到有许多统计方法在纠正数据挖掘偏差效应后对策略的真实表现能力进行评价。这里我们仅介绍 White 的 RC 方法的基本思想，详细的介绍参见 White（2000）的论文等相关文献。[②] 假定有 L 个备选的策略，我们观察到 L 个策略在不同时间点下相对于基准策略的表现。我们现在需要对这 L 个策略中相对于基准策略表现最好的策略是否战胜基准策略进行统计检验。为了避免数据挖掘偏差效应，我们需要通过自助法获得 L 个策略中表现最好的策略的经验概率分布，[③]根据该经验分布我们可以对表现最好的策略是否战胜基准策略进行统计推断。

RC 方法的原假设为备选策略中绩效最好的策略不能战胜基准策略，即

$$H_0: \max_{k=1,2,\cdots,L} f_k \leqslant 0$$

其中，

f_k 是第 k 个策略相对于基准策略的表现

RC 方法的检验统计量为：

$$V_{RC} = \max_{k=1,2,\cdots,L} \sqrt{N} \bar{f}_k$$

其中，

$\bar{f}_k$ 为第 k 个策略相对于基准策略的平均表现，即

$$\bar{f}_k = 1/N \sum_t f_{k,t}$$

[①] 见本章参考文献[1][2][3]。
[②] 曹志广. 金融计算与编程——基于 Matlab 的应用[M]（第二版）. 上海：上海财经大学出版社，2017.
[③] Politis, D. N., Romano, J. P. 1994, The stationary bootstrap. *Journal of the American Statistical Association*（89）：1303-1313.

$f_{k,t}$ 为第 k 个策略在 t 时刻相对于基准策略的表现，N 为自助法产生样本的数量。

下面我们基于以上原理和方法，直接给出 RC 检验的 Matlab 函数：my_reality_check，以及相应的辅助函数 my_stationary_bootstrap 和 my_perf_measure。

```
function [p_value,stat_rc_ind,q_k,VV] = my_reality_check(data,N,q,…
benchmark,alpha,varargin)
% Reference:
% White, H., 2000, A Reality Check for Data Snooping, Econometrica 68,…
% 1097 – 1126.
% perform reality check (RC)
% Note:the performance measure is not studentized
% input:
% data:a T*M return matrix, observations of M strategies from time 1 to T
% q:smoothing parameter,q belongs to [0,1]
% N:bootstraped number of resamples of data
% benchmark:a T*1 vector of returns on a specified benchmark asset
% varargin:other inputs for 'my_perf_measure' and 'my_stationary_bootstrap'
% alpha:a significance level,say, 0.05
% output:
% p_value:a structure variable
% p_value.rc:p value for RC
% p_value_nominal:nomial p-value for the best model
% stat_rc_ind:RC statistics for individual models
% q_k:the percentile at 1-alpha confidance level
% VV:bootstrapped statistics for individual models, a N*M matrix
% Edited by Zhiguang Cao，2014/12/16
T = size(data,1);
if isempty(benchmark)
benchmark = zeros(T,1);
end
%%% calculate performance for each strategy relative to benchmark with
%%% respect to 'mean','sharpe' and 'ceq' measures.
f_mean = my_perf_measure(data,benchmark,varargin{:});
%%%%%%%%%%%%%%%%%%
%%%%%%%%%%%%%%%%
stat_rc_ind = f_mean * sqrt(T);% RC statistics for individual models (strategies)
[V,id_max] = max(stat_rc_ind);% RC statistics for the best model
VV = (my_stationary_bootstrap(data,q,N,benchmark,varargin{:}) – …
repmat(f_mean,N,1)) * sqrt(T);
```

```matlab
V_star = max(VV,[],2);
% generate random V* by stationary bootstrap method
q_k = prctile(V_star,(1 - alpha) * 100); % critical value at alpha sign-ificance level
p_value.rc = sum(V_star > = V)/N; % p value for RC
p_value.nominal_best = sum(VV(:,id_max) > = V)/N; % nomial p-value for the best model
function f = my_stationary_bootstrap(data,q,N,benchmark,varargin)
% Generate a N * M matrix, f(each row of f presents relative performance
% measures of models (strategies)
% data:a T * M return matrix, observations of M strategies from time 1 to T
% q:smoothing parameter,q belongs to [0,1]
% N:bootstraped number of resamples of data
% benchmark:a T * 1 vector of returns on a specified benchmark asset
% varargin:other inputs for 'my_perf_measure'
% Reference:
% Politis, D. N., and Romano, J. P., 1994, The Stationary Bootstrap,
% Journal of the American Statistical Association, 89, 1303 - 1313.
% Edited by Zhiguang Cao,2014/12/16
if sum(sum(isnan(data))) > 0||sum(sum(isnan(benchmark))) > 0
    error('Data or benchmark contains NaNs, pls check the data')
end
[T,M] = size(data);
if isempty(benchmark)
benchmark = zeros(T,1);
end
all_data = [data,benchmark];
clear data benchmark
A = randi(T,T,N);
Q = rand(T,N);
B = (Q>q);
for i = 2:T
A(i,B(i,:)) = A(i - 1,B(i,:)) + 1;
end
A(A>T) = A(A>T) - T;
clear B Q
f = zeros(N,M);
for i = 1:N
C = all_data(A(:,i),:);
f(i,:) = my_perf_measure(C(:,1:end - 1),C(:,end),varargin{:});
end
```

```
function f = my_perf_measure(data,benchmark,varargin)
% performance measure, this file can be revised on the situation.
% varargin:take a value from 'mean', 'sharpe' and 'ceq'
ER_data = mean(data);
STD_data = std(data);
ER_benchmark = mean(benchmark);
STD_benchmark = std(benchmark);
gamma = 1;% this value can be reset as other values, say 2,3,…
type = varargin{1};
if (strcmpi(type,'mean') = = 1)
f = ER_data - ER_benchmark;
elseif (strcmpi(type,'ceq') = = 1)
f = (ER_data - 0.5 * gamma * STD_data.^2)-(ER_benchmark - 0.5 * gamma * STD_benchmark.^2);
elseif strcmpi(type,'sharpe') = = 1
ER_benchmark = repmat(ER_benchmark,1,size(data,2));
f = ER_data./STD_data - ER_benchmark./STD_benchmark;
f(isnan(f)) = ER_data(isnan(f))- ER_benchmark(isnan(f));
f(isinf(f)) = ER_data(isinf(f))- ER_benchmark(isinf(f));
else
error('type may not be right');
end
```

下面我们通过一个简单的例子来说明如何调用以上函数,对 2010/1/1～2014/1/1 期间,上证综合指数 5 日均线～100 日均线共 96 个策略中是否存在跑赢买入持有基准策略的均线策略进行统计推断。均线策略的交易规则为:当日收盘价格超过均线时则以收盘价格买入或继续保持持有,当日收盘价格跌破均线时卖出或继续保持现金。为比较均线策略与买入持有策略的相对表现,我们选用 Sharpe 比率作为评价指标。假如我们在 Matlab 命令窗口下已经得到 2010/1/1～2014/12/31 期间上证综合指数的收盘价序列 p(列向量),则我们在 Matlab 命令窗口下继续输入

```
r = price2ret(p);% 买入持有基准策略收益
para = 5:100;
N = length(para);
for i = 1:N
    s(:,i) = my_ma(p,para(i));
end
r_ma = s(1:end-1,:).* repmat(r,1,N);% 均线策略收益
p_value = my_reality_check(r_ma,500,0.1,r,0.05,'sharpe');
```

调用函数 my_reality_check 时,我们设置了自助法产生样本的数量 N＝500,参数 q＝0.1(q 的选择区间为 0～1,检验结果对 q 的值并不敏感),基准策略 benchmark＝r,显著性水平

alpha=0.05,比较的基准选择了 'sharpe',即选用 Sharpe 比率作为评价指标。以上程序还用到了以下辅助函数 my_ma,需要读者另外编写并保存在 Matlab 搜索路径下。

```
function [s,f] = my_ma(p,N)
[m,n] = size(p);
f = zeros(m,n);
for i = N:m
    f(i,:) = mean(p(i−N+1:i,:));
end
f(1:N−1,:) = p(1:N−1,:);
s = zeros(m,n);
s(p>f) = 1;
```

以上程序运行后得到的结果如下。

p_value =

  rc:0.068 0

  nominal_best:0.004 0

通过以上历史回溯测试(没有考虑交易成本和冲击成本),从 Sharpe 比率的角度而言,21 日均线策略表现出了最高的 Sharpe 比率。以上统计检验的结果表明:对于 96 个均线策略中表现最好的 21 日均线策略而言,如果用平常的 t 检验方法(没有考虑数据挖掘偏差),得到其相应的 p 值为 0.004 0,即在 5% 的显著水平下,21 日均线策略显著战胜了买入持有基准策略,但 RC 检验的 p 值为 0.068 0,即考虑数据挖掘偏差之后,在 5% 的显著水平下,21 日均线策略在统计意义上并没有战胜买入持有基准策略。值得指出的是,RC 检验是非常严苛的检验方法,经常将一些表现优于基准的策略误判为不能战胜基准的"平庸"策略。因此,在实际应用 RC 检验时,可以考虑将统计检验的显著性放宽到 10%。以上检验结果也表明:在排除了运气因素之后,我们有 90% 的把握说 21 日均线策略跑赢了买入持有策略。

以上检验只是考虑了 96 个均线策略,联合检验的策略数量比较少,RC 检验排除运气因素的能力在联合检验的策略数量比较多时会更加有效。在只有 1 个备选策略的极端情况下,RC 检验则失去了剔除运气因素的能力,其检验结果与一般 t 统计检验并无差别。实际上在数据挖掘过程中,策略开发者可能在成千上万个可能的策略中海选出表现优异的策略。因此,在 RC 的检验过程中应该将这些可能的策略全部纳入联合检验的范围。读者可以考虑将更多的备选策略进行统计检验。

RC 检验仅仅对最好的策略表现是否优于基准策略进行统计检验,如果备选策略中可能有多个策略在剔除了"运气"因素后优于基准策略,则需要使用 SRC 检验方法,[①]挑出这些优于基准的策略。这里我们直接给出 SRC 检验的函数 my_stepwise_rc。

```
function [id_src,p_value_src,p_value_nominal] = my_stepwise_rc(data,…
N,q,benchmark,alpha,varargin)
```

---

① Romano, J., P., Wolf, M. 2005, Stepwise multiple testing as formalized data snooping, *Econometrica* (73): 1237−1282.

```matlab
% perform stepwise reality check
% Note:the performance measure is not studentized
% Reference:
% Romano,J.,P.,Wolf,M.,2005,Stepwise multiple testing as
% formalized data snooping,Econometrica 73,1237-1282.
% input:
% data:a T*M return matrix,observations of M strategies from time 1 to T
% q:smoothing parameter,q belongs to [0,1]
% N:bootstraped number of resamples of data
% benchmark:a T*1 vector of returns on a specified benchmark asset
% varargin:other inputs for 'my_perf_measure' and 'my_stationary_bootstrap'
% k:number of falsely rejected models
% alpha:a significance level,say,0.05
% output:
% id_src:ids for rejected models
% p_value_src:p-values for rejected models
% p_value_nominal:nominal p-values for all models
% Edited by Zhiguang Cao,2014/12/16
T = size(data,1);
if isempty(benchmark)
benchmark = zeros(T,1);
end
[p_value,stat_rc_ind,q_k,VV] = my_reality_check(data,N,q,benchmark,…
alpha,varargin{:});
[~,b] = max(stat_rc_ind);
p_value_nominal = (sum(VV> = repmat(stat_rc_ind,N,1))/N)';
p_value_src.nominal_best = p_value_nominal(b);
B = stat_rc_ind;
id_src = []; % idendities of the rejected models
if p_value.rc>alpha
p_value_src.src = p_value.rc;
else
p_value_src.src = []; % p-values of the rejected models
end
while p_value.rc< = alpha
a = find(stat_rc_ind>q_k);
p_value_src.src = [p_value_src.src,sum(VV(:,a)>q_k)/N];
data(:,a) = repmat(benchmark,1,numel(a));
id_src = [id_src,a];
```

```
[p_value,stat_rc_ind,q_k,VV] = my_reality_check(data,N,q,benchmark,…
alpha,varargin{:});
end
% descending order in statistics
if ~isempty(id_src)
table = [id_src',p_value_src.src',B(id_src)'];
table = sortrows(table,-3);
id_src = table(:,1);
p_value_src.src = table(:,2);
end
```

假如我们在 Matlab 命令窗口下已经得到 2010/1/1 至 2014/12/31 期间上证综合指数的收盘价序列 p(列向量),则我们在 Matlab 命令窗口下继续输入

```
r = price2ret(p);% 买入持有基准策略收益
para = 5:100;
N = length(para);
for i = 1:N
    s(:,i) = my_ma(p,para(i));
end
r_ma = s(1:end-1,:).*repmat(r,1,N);% 均线策略收益
[id_src,p_value_src,p_value_nominal] = my_stepwise_rc(r_ma,500,0.1,r,…
0.05,'sharpe');
```

id_src 给出了在 5% 的显著水平下战胜买入持有的趋势交易策略的序号(即矩阵 r_ma 中列的序号),运行以上程序后得到 id_src 为空矩阵,这说明:在 5% 的显著水平下,没有发现优于买入持有策略的均线策略。

如果我们考虑更多的均线策略,在[1,60]范围里考虑各种短期均线上穿长期均线的所有可能的 1 770 个均线策略(短期均线上穿长期均线买入,下穿则卖出),并将测试的数据样本所在的期间扩展到上证综合指数 1990/12/19～2014/12/31 的日收盘数据,SRC 检验的结果表明:剔除"运气因素"后,在 10% 的显著水平下,(1,19),(1,20),(1,21),(1,22),(1,23)和(2,18)的均线组合均优于买入持有策略,其中表现最好的均线组合是(1,21),即价格上穿 21 日均线就买入,下穿就卖出的策略。为进一步分析 21 日均线策略的有效性,我们随机抽取 1 200 个连续交易日(约 5 年的时间跨度)的上证综合指数,然后看 21 日均线策略的总收益是否跑赢买入持有策略。比较收益,1 000 次随机抽取的样本中发现跑赢买入持有策略的占比为 72%。比较 Sharpe 系数,1 000 次随机抽取的样本中发现跑赢买入持有策略的占比为 84%。

3.4 择时回溯测试的 Matlab 函数

3.4.1 回溯测试函数

回溯测试通常很难写成一个通用的程序模块能够对所有策略进行回测。在这里我们编

写一个适用于某个资产的择时策略的回测函数 my_signal2ret。函数的输入项分别为：

择时信号序列 s,其中,0 表示持有现金(空仓),1 表示持有多头头寸,-1 表示持有空头头寸;

资产的价格序列 p;

交易成本 cost(以比例表示);

图形输出控制变量 graph,'on' 表示输出图形;其他则不输出图形;

每次交易的形式 type,其中,type 为 'unit' 时表示每次择时交易时,交易 1 个单位的资产,type 为 'dollar' 时表示每次择时交易时,交易 1 美元的资产,type 为 'reinvest' 时表示初始资金为 1 元,每次交易的资金为当前所有可用的资金;

varargin 为可选项,可以设定为与资产价格相对应的时间序列,如果不给定时间序列,则默认时间按照 1,2,3,… 排序。

函数的输出项分别为：

择时策略收益的时间序列 ret;

各项评价指标 perf,其中,K 比率用来衡量净值随时间的增长关系,定义为净值对时间回归后的斜率的 T 统计量除以样本容量。K 比率越大说明绩效越好。95% 的 VaR 表示每次交易收益(并非收益率)的 5% 的分位数的负数。

每次择时交易的收益矩阵 ret_tab,其中,第一列为开仓时间,第二列为平仓时间,第三列为开仓价格,第四列为平仓价格,第五列为开平仓的收益(当 type 为 'dollar' 时,得到收益与收益率相同);

择时策略的累计收益:cum_ret。

买入持有基准策略的累计收益:cum_ret_bh。

回测函数 my_signal2ret 用到了许多辅助函数,其中一个为多元线性回归函数 my_regress,该函数我们在以后的章节中会经常用到。具体地,这些函数的内容如下。

```
function [ret,perf,ret_tab,table,cum_ret,cum_ret_bh] = ...
my_signal2ret(s,p,cost,graph,type,varargin)
% 将择时交易信号转化为收益
% 当 type 为 'unit' 时表示每次交易 1 个单位的资产
% 当 type 为 'dollar' 时表示每次交易 1 美元的资产
% 当 type 为 'reinvest' 时表示初始资金为 1 元,每次交易的资金为当前所有的资金
% 函数输入
% s:信号向量(N*1),1 表示多头;-1 表示空头;0 表示空仓
% p:交易资产的价格时间序列(N*1)
% cost:交易的百分比成本,比如:0.0005
% graph:图形控制,'on' 表示输出图形;其他则不输出图形
% type:表示交易类型:'unit','dollar' 或 'reinvest'
% varargin{1}:可选输入项,表示时间的向量
% 函数输出
% ret:择时策略的净收益率时间序列(N*1)
% perf:结构型变量,给出了各种指标衡量策略的业绩表现
```

```
% ret_tab:每次交易的收益
% table:策略表现的各种指标列表
cum_ret:策略累计收益
cum_ret_bh:买入持有策略的累计收益
% Edited by Zhiguang Cao，2015/10/25
N = length(p);
s(N) = 0; % close the position at the end
A = [s(1);diff(s)]; % generate trading signals (trade occurs at non-zero element)
B = A.*s; % position status at the trading moment
open_id = find(A~ = 0&B~ = 0); % find ids openning a position
close_id = find(A~ = 0&B = = 0)|abs(A) = = 2; % find ids closing a position
%%%%%%%%%%%%%%%%%%%%%%%%%
%%%%%%%%%%%%%% calculate gross returns and costs when type is 'unit'
ret_bh = [0;diff(p)]; % returns on one unit of the traded asset for B&H strategy
gross_ret = [0;ret_bh(2:end).*s(1:N-1)]; % time series of gross return for the signals
c = p.&abs(A)*cost; % trading cost for one unit of asset
ret_tab = []; % set initial value
perf = []; % set initial value
table = []; % set initial value
%%%%%%%%%%%%%%%%%%%%%%%%%%%%%%
switch type
case 'unit' % at each openning, 1 share is invested
ret = gross_ret-c; % net return
cum_ret = cumsum(ret) + p(1); % navs on signals
cum_ret_bh = cumsum(ret_bh) + p(1); % navs on B&H
ret_trade = cum_ret(close_id)-cum_ret(open_id); % gain or loss on each trade
ret_tab = [open_id,close_id,p(open_id),p(close_id),ret_trade];
% [openning ids, closing ids,openning prices,closing prices,returns]
% cum_ret = cum_ret/p(1); % navs on signals for 1 initial dollar
% cum_ret_bh = cum_ret_bh/p(1); % navs on B&H for 1 initial dollar
case 'dollar' % at each openning, 1 dolloar is invested
p_open = zeros(N,1);
p_open(open_id) = p(open_id);
p_open = my_data_fitting(p_open);
gross_ret = gross_ret./p_open;
gross_ret(isnan(gross_ret)|isinf(gross_ret)) = 0;
c = c./p_open; % trading cost
c(isnan(c)|isinf(c)) = 0;
ret = gross_ret-c; % net return
```

```
ret_bh = ret_bh/p(1);
cum_ret = cumsum(ret) + 1; % navs on signals
cum_ret_bh = cumsum(ret_bh) + 1; % navs on B&H
ret_trade = cum_ret(close_id) - cum_ret(open_id); % gain or loss on each trade
ret_tab = [open_id,close_id,p(open_id),p(close_id),ret_trade];
case 'reinvest'
 % at each openning, all proceedings are invested (initial investment is 1 dollar)
ret_bh = [0;price2ret(p,[],'periodic')]; % returns on B&H strategy
gross_ret = [0;ret_bh(2:end).*s(1:N-1)]; % returns on signals
c = abs(A)*cost; % trading cost
ret = gross_ret-c; % net return
cum_ret = ret2price(ret,1,[],[],'periodic'); % navs on signals
cum_ret_bh = ret2price(ret_bh,1,[],[],'periodic'); % navs on B&H
cum_ret(1) = [];
cum_ret_bh(1) = [];
ret_trade = cum_ret(close_id)-cum_ret(open_id); % gain or loss on each trade
ret_tab = [open_id,close_id,p(open_id),p(close_id),ret_trade];
end
if ~isempty(ret_trade)
perf.trade_number = length(ret_trade);
perf.profit_on_trade = ret_trade;
perf.sharpe_ratio = sharpe(ret(ret~=0),0); % exclude effect of holding cash
perf.sharpe_ratio_buy_hold = sharpe(ret_bh,0);
T = (1:N)';
[~,stats] = my_regress(cum_ret,T,1);
perf.K_ratio = stats.t(2)/N;
[~,stats] = my_regress(cum_ret_bh,T,1);
perf.K_ratio_buy_hold = stats.t(2)/N;
perf.prob_win = sum(ret_trade>0)/length(ret_trade);
perf.max = max(ret_trade);
perf.min = min(ret_trade);
perf.win_mean = mean(ret_trade(ret_trade>0));
perf.loss_mean = mean(ret_trade(ret_trade<0));
perf.win_std = std(ret_trade(ret_trade>0));
perf.loss_std = std(ret_trade(ret_trade<0));
perf.win_loss_ratio = -perf.win_mean/perf.loss_mean;
perf.total_profit = cum_ret(end)-cum_ret(1);
perf.buy_hold_profit = cum_ret_bh(end)-cum_ret_bh(1);
perf.max_drawdown = max(my_max_t(cum_ret));
```

```
perf.max_drawdown_buy_hold = max(my_max_t(cum_ret_bh));
[max_number_win,max_number_loss] = my_max_num_win_loss(ret_trade);
perf.max_number_win = max_number_win;
perf.max_number_loss = max_number_loss;
D = close_id - open_id;
perf.trade_time_max = max(D);
perf.trade_time_min = min(D);
perf.trade_time_mean = mean(D);
%%%%%%%%%%%% make graphs
G1 = nan * ones(N,1);
G1(A>0) = cum_ret(A>0);
G2 = nan * ones(N,1);
G2(A<0) = cum_ret(A<0);
switch graph
case 'on'
close all
h = figure(1);
set(h,'color','w')
stem(ret_trade)
title('Profit on each trade')
h = figure(2);
set(h,'color','w')
plot(cum_ret)
hold on
plot(G1,'kpentagram')
plot(G2,'ro')
title('NAV')
legend('NAV','Long','Short')
h = figure(3);
set(h,'color','w')
plot(cum_ret_bh)
hold on
plot(cum_ret,'r-')
legend('B&H NAV','NAV')
my_relative_frequency(ret_trade,50);
end
%%%%%%%%%%%%%%%%%%%%%%%%%%
%%%%%%% Present the performance as a table
table = [perf.sharpe_ratio;perf.K_ratio;perf.prob_win;…
```

```
perf.max;perf.min;perf.win_mean;…
perf.loss_mean;perf.win_loss_ratio;…
perf.total_profit;perf.buy_hold_profit;…
perf.max_drawdown(1);perf.trade_number;…
perf.max_number_win;perf.max_number_loss;…
perf.trade_time_mean;…
perf.trade_time_max;perf.trade_time_min];
%%%%%%%%%%%%%%%%%%%%%%%%%%%%%%
%%%%%%%%%%%%%%%%%%%%%%%%打印主要评价指标
disp('%%%%%%%%%%%%%%%%打印主要评价指标')
fprintf('交易次数:%d\n',perf.trade_number);
fprintf('盈利概率:%.2f%%\n',100*perf.prob_win);
fprintf('夏普系数:%1.4f\n',perf.sharpe_ratio);
fprintf('买入持有夏普系数:%1.4f\n',perf.sharpe_ratio_buy_hold);
fprintf('K比率:%1.4f\n',perf.K_ratio);
fprintf('买入持有K比率:%1.4f\n',perf.K_ratio_buy_hold);
fprintf('利润:%1.2f\n',perf.total_profit);
fprintf('买入持有利润:%1.2f\n',perf.buy_hold_profit);
fprintf('盈利时的平均盈利:%1.2f\n',perf.win_mean);
fprintf('亏损时的平均亏损:%1.2f\n',perf.loss_mean);
fprintf('盈利 时的波动性:%1.2f%%\n',100*perf.win_std);
fprintf('亏损时的波动性:%1.2f%%\n',100*perf.loss_std);
fprintf('最大单次盈利:%1.2f\n',perf.max);
fprintf('最大单次亏损:%1.2f\n',perf.min);
fprintf('盈亏 比:%1.2f\n',perf.win_loss_ratio);
fprintf('95%% VaR: %1.2f%%\n',-100*prctile(ret_tab(:,5),0.05));
fprintf('最大连续盈利次数:%d\n',perf.max_number_win);
fprintf('最大连续亏损次数:%d\n',perf.max_number_loss);
fprintf('最大回撤比例:%.2f%%\n',100*perf.max_drawdown);
%fprintf('收益回撤比:%.2f\n',perf.total_profit/perf.max_drawdown);
fprintf('买入持有最大回撤比例:%.2f%%\n',100*perf.max_drawdown_buy_hold);
fprintf('平均持仓时间:%1.2f\n',perf.trade_time_mean);
fprintf('最长持仓时间:%1.2f\n',perf.trade_time_max);
fprintf('最短持仓时间:%1.2f\n',perf.trade_time_min);
disp('%%%%%%%%%%%%%%%%%%%%%%%%%%%%%%')
end
M=size(ret_tab,1);
disp('%%%%%%%%%%%%%%%%%%%%%打印交易记录')
if nargin==5
```

```matlab
        fprintf('%s\t%s\t%s\t%s\t\t%s\n','买入时间','卖出时间','买入价格','卖出价格','收益')
        for i=1:M
        fprintf('%5.0f\t%5.0f\t%10.4f\t%10.4f\t%10.4f\n',…
        ret_tab(i,1),ret_tab(i,2),ret_tab(i,3),ret_tab(i,4),ret_tab(i,5));
        end
    elseif nargin>=6
        time=varargin{1};
        ret_tab(:,1)=time(ret_tab(:,1));
        ret_tab(:,2)=time(ret_tab(:,2));
        if size(datestr(time(1)),2)==20
        fprintf('%s\t\t%s\t%s\t%s\t\t%s\n','买入时间','卖出时间','买入价格','卖出价格','收益')
        else
        fprintf('%s\t\t%s\t%s\t%s\t\t%s\n','买入时间','卖出时间','买入价格','卖出价格','收 益')
        end
        for i=1:M
        fprintf('%s\t\t%s\t%10.4f\t%10.4f\t%10.4f\n',…
        datestr(ret_tab(i,1)),datestr(ret_tab(i,2)),ret_tab(i,3),…
        ret_tab(i,4),ret_tab(i,5));
        end
    end
    disp('%%%%%%%%%%%%%%%%%%%%%%%%%%%%%%')
function [b,stats]=my_regress(y,x,constant)
% perform multiple linear regression:y=x*b+e
if size(y,1)~=size(x,1)
    error('length of x and y is not matched')
end
% remove data presented as NANs
[a,b]=find(isnan([y,x])==1);
y(a)=[];
x(a,:)=[];
%%%%%%%%%%%%%%%%%%%%%%%%%%%%%
if constant==1
    x=[ones(length(y),1),x];
elseif constant==0
    x=x;
else
```

```
    error('constant should be set as 0 or 1')
end
[N,K] = size(x);
b = (x'*x)\x'*y;
stats.y_hat = x*b;
stats.residual = y-stats.y_hat;
stats.std_residual = sqrt(stats.residual'*stats.residual/(N-K));
stats.cov = (x'*x)\eye(size(x,2))*stats.std_residual^2;
stats.R_sq = 1-var(stats.residual)/var(y);
stats.R_sq_adj = 1 - (N-1)/(N-K)*(1-stats.R_sq);
stats.F = stats.R_sq*(N-K)/((1-stats.R_sq)*(K-1));
stats.F_p = 1-fcdf(stats.F,K-1, N-K);
stats.std_coeff = sqrt(diag(stats.cov));
stats.t = b./stats.std_coeff;
stats.p_coeff = 2*(1-tcdf(abs(stats.t),N-K));
function [prc,max_t,max_drawdown] = my_max_t(nav)
% nav:net asset value, a vector
% prc:percentage of maximum drawdown at time t
% max_t:the maximum till time t
% max_drawdown:the maximum drawdown at time t
% Edited by Zhiguang Cao, 2016/7/22
nnav = nav(:);
N = length(nnav);
[a,b] = max(nnav);
max_t = zeros(N,1);
max_t(b:N) = a;
nnav(b:N) = [];
while b>1
N = length(nnav);
[a,b] = max(nnav);
max_t(b:N) = a;
nnav(b:N) = [];
end
prc = 1-nav./max_t;
max_drawdown = max_t-nav;

function [max_number_win,max_number_loss] = my_max_num_win_loss(profit)
N = length(profit);
s = zeros(N,1);
```

```
s(profit>0) = 1;
s(profit<0) = -1;
s1 = s;
s2 = s;
s1(s1<1) = 0;
s2(s2>-1) = 0;
if s1(end)~ = 0
    s1 = [s1;0];
end
if s2(end)~ = 0
    s2 = [s2;0];
end
A1 = [0;diff(s1)];
A2 = [0;diff(s2)];
B1 = min(find(s1 = = 1));
B2 = min(find(s2 = = -1));
C1 = find(abs(A1)~ = 0);
C2 = find(abs(A2)~ = 0);
if ~isempty(B1)
    BB1 = unique([B1;C1]);
    number_win = (BB1(2:2:end)) - (BB1(1:2:end));
else
    number_win = 0;
end
if ~isempty(B2)
    BB2 = unique([B2;C2]);
    number_loss = (BB2(2:2:end)) - (BB2(1:2:end));
else
    number_loss = 0;
end
max_number_win = max(number_win);
max_number_loss = max(number_loss);


function f = my_data_fitting(data)
% 矩阵 data 中的元素 0 被前面行的非 0 数字取代
M = size(data,1);
A = (data = = 0);
for i = 2:M
data(i,A(i,:)) = data(i-1,A(i,:));
```

```
end
f = data;
function f = my_relative_frequency(x,n)
a = linspace(min(x),max(x),n);
f = hist(x,a)/length(x);
h = figure;
set(h,'color','w')
bar(a,f)
title('相对频率')
```

3.4.2 回溯测试的案例

下面我们以 2005/1/4～2017/9/22 期间沪深 300 指数的 21 日均线多头交易策略的历史回溯测试为例，来说明如何应用以上函数。首先我们要获取沪深 300 指数的历史数据，以 CSV 格式的文件 hs300_index.csv 保存在 Matlab 搜索路径之下。数据的具体形式如图 3 - 1 所示，第一列中的日期已经转化为 EXCEL 中的数字格式（在 EXCEl 中 1900/1/1 转化为数字 1，其余日期依次类推）。

	A	B	C	D	E	F	G
1	'000300'	沪深300	日线				
2	日期	开盘	最高	最低	收盘	成交量	成交额
3	38356	994.76	994.76	980.65	982.79	7412869	4.43E+09
4	38357	981.57	997.32	979.87	992.56	7119109	4.53E+09
5	38358	993.33	993.78	980.33	983.17	6288028	3.92E+09
6	38359	983.04	995.71	979.81	983.95	7298694	4.74E+09
7	38362	983.76	993.95	979.78	993.87	5791697	3.76E+09
8	38363	994.18	999.55	991.09	997.13	5849079	3.7E+09
9	38364	996.65	996.97	989.25	996.74	5014525	3.09E+09
10	38365	996.07	999.47	992.69	996.87	6044065	3.84E+09
11	38366	996.61	1006.46	987.23	988.3	7297842	4.16E+09
12	38369	979.11	981.52	965.07	967.45	7288188	4.25E+09
13	38370	967.37	974.87	960.29	974.68	7311847	4.12E+09
14	38371	974.33	974.33	965.25	967.21	6338090	3.43E+09
15	38372	963.21	963.21	952.23	956.24	7727106	4.4E+09
16	38373	954.46	984.27	943.43	982.61	14450059	8.15E+09
17	38376	1001.85	1001.85	986.23	998.13	14359461	8.36E+09
18	38377	995.63	997.95	985.23	997.77	9862529	6.16E+09
19	38378	995.78	999.47	988.47	989.92	7663290	4.72E+09
20	38379	987.34	987.7	973.77	974.63	6945365	4.09E+09
21	38380	974.63	975.62	965.2	969.2	5748807	3.28E+09

图 3 - 1 数据文档 **hs300_index.csv**

我们在 Matlab 主窗口下输入

```
clear
data = csvread('hs300_index.csv',2,0); %读入历史数据
t = x2mdate(data(:,1)); %将 Excel 日期对应的数值转化为 Matlab 中相应日期对应的数值
p = data(:,5);
N = length(p);
s = zeros(N,1);
ma_21 = p;
for i = 21:N
    ma_21(i) = mean(p(i-20:i)); %计算 21 日均线
end
s(p>ma_21) = 1; %产生 21 日均线的信号
cost = 5e-4; %交易成本
[ret,perf,ret_tab,table,cum_ret,cum_ret_bh] = my_signal2ret(s,p,cost,'on','reinvest',t);
```

以上回溯测试的交易规则为：假定交易对象为沪深300指数，当收盘价（沪深300指数）超过21日均线时买入或继续持有沪深300指数，当收盘价跌破21日均线时则卖出沪深300指数或继续空仓。初始投资金额为1元，每次交易的金额为全部可用资金，每次交易收益为本次交易的绝对收益（卖出股票所得金额－买入股票的支出金额）。回溯结果表明：约在12年测试期间内，交易频率每年约12次左右。总的收益超越买入持有策略8.43－2.9＝5.53元，基于21日均线的交易胜率比较低，低于40%，需要面临大量小的亏损交易。策略的收益主要来源于少量比较高的收益，策略的最大回撤达到了32%以上，仍然比较高，对于很多私募基金而言，已经超过了其清盘线。回溯测试中假定按照收盘价成交，这在实际交易过程中是很难做到的，实际交易一般可以在收盘前1分钟成交，成交量也不能太大。因此，该策略比较适合小资金的投资者，实际上并不适合大资金的实盘交易。另外，该策略胜率低，最大连续亏损次数达到了10次，一般的个人投资者很难长期坚持21日均线交易策略，一旦意志不坚定，就很可能失去少数获得丰厚利润的机会，从而造成实盘时糟糕的收益。当然沪深300指数实际上是不可交易的资产，实际交易标的选择可以是沪深300指数的成份股，或者是沪深300ETF。该策略详细的测试结果如下。

```
%%%%%%%%%%%%%%%%%%%%%%%%打印主要评价指标
交易次数:146
盈利概率:32.19%
夏普系数:0.084 9
买入持有夏普系数:0.033 6
K 比率:0.042 4
买入持有 K 比率:0.008 0
利润:8.43
买入持有利润:2.90
盈利时的平均盈利:0.43
亏损时的平均亏损:－0.11
```

盈利时的波动性:54.18%
亏损时的波动性:14.42%
最大单次盈利:2.59
最大单次亏损:-1.12
盈亏比:3.76
95%VaR:112.09%
最大连续盈利次数:6
最大连续亏损次数:10
最大回撤比例:32.72%
买入持有最大回撤比例:72.30%
平均持仓时间:11.95
最长持仓时间:110.00
最短持仓时间:1.00

买入时间	卖出时间	买入价格	卖出价格	收益
02-Feb-2005	10-Mar-2005	1 006.910 0	1 022.410 0	0.014 9
14-Mar-2005	15-Mar-2005	1 031.020 0	1 013.520 0	-0.017 7
07-Apr-2005	18-Apr-2005	984.730 0	963.770 0	-0.021 7
08-Jun-2005	30-Jun-2005	905.770 0	878.680 0	-0.029 6
22-Jul-2005	29-Aug-2005	859.690 0	917.370 0	0.062 8
01-Sep-2005	21-Sep-2005	944.550 0	944.400 0	-0.000 7
18-Nov-2005	22-Nov-2005	882.240 0	869.610 0	-0.014 9
23-Nov-2005	29-Nov-2005	876.220 0	871.310 0	-0.006 0
30-Nov-2005	01-Dec-2005	873.820 0	873.060 0	-0.001 3
07-Dec-2005	07-Mar-2006	873.830 0	1 014.970 0	0.157 8
20-Mar-2006	07-Jun-2006	1 037.650 0	1 320.230 0	0.309 1
20-Jun-2006	21-Jun-2006	1 338.220 0	1 333.530 0	-0.005 8
26-Jun-2006	13-Jul-2006	1 363.410 0	1 346.080 0	-0.019 1
22-Aug-2006	02-Feb-2007	1 285.260 0	2 298.000 0	1.117 7
08-Feb-2007	27-Feb-2007	2 410.600 0	2 457.490 0	0.047 9
28-Feb-2007	01-Mar-2007	2 544.570 0	2 473.540 0	-0.073 4
02-Mar-2007	05-Mar-2007	2 508.730 0	2 475.610 0	-0.034 4

06-Mar-2007	04-Jun-2007	2 520.290 0	3 511.430 0	0.970 7
08-Jun-2007	25-Jun-2007	3 837.870 0	3 877.590 0	0.033 8
27-Jun-2007	28-Jun-2007	4 040.480 0	3 858.520 0	−0.158 2
20-Jul-2007	11-Sep-2007	3 971.880 0	5 124.090 0	0.959 2
12-Sep-2007	26-Sep-2007	5 202.860 0	5 361.020 0	0.127 6
27-Sep-2007	22-Oct-2007	5 427.660 0	5 472.680 0	0.034 2
31-Oct-2007	01-Nov-2007	5 688.540 0	5 605.230 0	−0.067 1
05-Dec-2007	13-Dec-2007	4 965.950 0	4 884.300 0	−0.073 9
14-Dec-2007	17-Dec-2007	4 977.650 0	4 857.290 0	−0.105 7
19-Dec-2007	17-Jan-2008	4 946.290 0	5 365.620 0	0.351 7
18-Jan-2008	21-Jan-2008	5 414.470 0	5 145.730 0	−0.226 8
19-Feb-2008	20-Feb-2008	5 020.750 0	4 908.720 0	−0.098 0
03-Mar-2008	04-Mar-2008	4 790.740 0	4 671.150 0	−0.106 8
24-Apr-2008	20-May-2008	3 774.500 0	3 710.820 0	−0.071 1
08-Jul-2008	15-Jul-2008	2 901.840 0	2 852.980 0	−0.069 6
21-Jul-2008	31-Jul-2008	2 911.050 0	2 805.210 0	−0.145 3
22-Sep-2008	23-Sep-2008	2 207.610 0	2 123.480 0	−0.146 5
25-Sep-2008	06-Oct-2008	2 223.530 0	2 128.700 0	−0.157 4
10-Nov-2008	23-Dec-2008	1 801.670 0	1 918.960 0	0.225 1
14-Jan-2009	26-Feb-2009	1 955.240 0	2 190.190 0	0.443 7
04-Mar-2009	06-Mar-2009	2 285.150 0	2 286.580 0	0.000 5
17-Mar-2009	24-Apr-2009	2 322.400 0	2 572.890 0	0.445 4
29-Apr-2009	26-May-2009	2 605.370 0	2 719.760 0	0.199 3
27-May-2009	07-Aug-2009	2 759.710 0	3 555.100 0	1.377 6
08-Sep-2009	22-Sep-2009	3 170.970 0	3 131.030 0	−0.080 8
09-Oct-2009	26-Nov-2009	3 163.710 0	3 485.770 0	0.615 6
01-Dec-2009	09-Dec-2009	3 560.830 0	3 554.480 0	−0.015 3
14-Dec-2009	15-Dec-2009	3 612.750 0	3 583.340 0	−0.057 7
30-Dec-2009	07-Jan-2010	3 558.860 0	3 471.460 0	−0.165 7
12-Jan-2010	13-Jan-2010	3 534.920 0	3 421.140 0	−0.210 7
15-Jan-2010	20-Jan-2010	3 482.740 0	3 394.430 0	−0.161 1
24-Feb-2010	12-Mar-2010	3 244.480 0	3 233.130 0	−0.024 3

17 - Mar - 2010	25 - Mar - 2010	3 273.920 0	3 229.130 0	−0.085 7
26 - Mar - 2010	19 - Apr - 2010	3 275.000 0	3 176.420 0	−0.182 2
21 - Jun - 2010	23 - Jun - 2010	2 780.660 0	2 758.500 0	−0.048 8
12 - Jul - 2010	13 - Jul - 2010	2 676.220 0	2 634.590 0	−0.091 7
19 - Jul - 2010	25 - Aug - 2010	2 682.470 0	2 843.020 0	0.333 3
30 - Aug - 2010	01 - Sep - 2010	2 915.010 0	2 884.040 0	−0.066 2
02 - Sep - 2010	15 - Sep - 2010	2 921.390 0	2 913.190 0	−0.019 5
30 - Sep - 2010	12 - Nov - 2010	2 935.570 0	3 291.830 0	0.707 5
13 - Dec - 2010	20 - Dec - 2010	3 261.060 0	3 178.660 0	−0.169 1
21 - Dec - 2010	23 - Dec - 2010	3 249.510 0	3 188.610 0	−0.122 9
04 - Jan - 2011	06 - Jan - 2011	3 189.680 0	3 159.640 0	−0.062 1
31 - Jan - 2011	09 - Feb - 2011	3 076.510 0	3 040.950 0	−0.074 8
10 - Feb - 2011	15 - Mar - 2011	3 104.160 0	3 203.960 0	0.193 6
16 - Mar - 2011	17 - Mar - 2011	3 248.200 0	3 197.100 0	−0.102 5
23 - Mar - 2011	29 - Mar - 2011	3 264.930 0	3 257.980 0	−0.016 3
01 - Apr - 2011	20 - Apr - 2011	3 272.730 0	3 295.760 0	0.040 4
21 - Apr - 2011	22 - Apr - 2011	3 317.370 0	3 299.940 0	−0.035 8
24 - Jun - 2011	21 - Jul - 2011	3 027.470 0	3 059.140 0	0.061 5
25 - Aug - 2011	29 - Aug - 2011	2 903.840 0	2 852.810 0	−0.112 8
17 - Oct - 2011	18 - Oct - 2011	2 666.950 0	2 592.210 0	−0.174 8
25 - Oct - 2011	16 - Nov - 2011	2 625.430 0	2 670.120 0	0.098 2
09 - Jan - 2012	16 - Jan - 2012	2 368.570 0	2 345.650 0	−0.061 6
17 - Jan - 2012	14 - Mar - 2012	2 460.600 0	2 605.110 0	0.348 0
19 - Mar - 2012	20 - Mar - 2012	2 630.010 0	2 584.450 0	−0.112 7
12 - Apr - 2012	17 - Apr - 2012	2 570.440 0	2 541.880 0	−0.072 1
18 - Apr - 2012	14 - May - 2012	2 599.910 0	2 615.530 0	0.033 7
29 - May - 2012	31 - May - 2012	2 650.850 0	2 632.040 0	−0.046 8
01 - Jun - 2012	04 - Jun - 2012	2 633.000 0	2 559.030 0	−0.174 9
07 - Aug - 2012	13 - Aug - 2012	2 388.870 0	2 351.930 0	−0.094 8
07 - Sep - 2012	17 - Sep - 2012	2 317.180 0	2 258.700 0	−0.150 3
27 - Sep - 2012	26 - Oct - 2012	2 251.720 0	2 247.910 0	−0.012 5
01 - Nov - 2012	06 - Nov - 2012	2 297.880 0	2 292.210 0	−0.016 8

05 - Dec - 2012	21 - Feb - 2013	2 207.880 0	2 610.550 0	1.027 3
20 - Mar - 2013	26 - Mar - 2013	2 610.170 0	2 575.050 0	-0.093 2
19 - Apr - 2013	23 - Apr - 2013	2 533.830 0	2 449.470 0	-0.222 3
03 - May - 2013	04 - Jun - 2013	2 492.910 0	2 565.670 0	0.182 1
11 - Jul - 2013	19 - Jul - 2013	2 326.690 0	2 190.480 0	-0.385 6
23 - Jul - 2013	26 - Jul - 2013	2 265.850 0	2 224.010 0	-0.116 5
01 - Aug - 2013	26 - Sep - 2013	2 245.360 0	2 384.440 0	0.369 9
08 - Oct - 2013	16 - Oct - 2013	2 441.810 0	2 421.370 0	-0.056 7
21 - Oct - 2013	23 - Oct - 2013	2 471.320 0	2 418.490 0	-0.138 5
18 - Nov - 2013	12 - Dec - 2013	2 428.900 0	2 410.020 0	-0.051 2
24 - Jan - 2014	27 - Jan - 2014	2 245.680 0	2 215.920 0	-0.084 4
10 - Feb - 2014	24 - Feb - 2014	2 267.530 0	2 214.510 0	-0.144 4
21 - Mar - 2014	31 - Mar - 2014	2 158.800 0	2 146.300 0	-0.037 1
01 - Apr - 2014	21 - Apr - 2014	2 163.110 0	2 187.250 0	0.062 4
26 - May - 2014	27 - May - 2014	2 155.980 0	2 147.280 0	-0.026 8
28 - May - 2014	04 - Jun - 2014	2 169.350 0	2 128.270 0	-0.114 5
05 - Jun - 2014	06 - Jun - 2014	2 150.600 0	2 134.720 0	-0.045 5
10 - Jun - 2014	19 - Jun - 2014	2 161.270 0	2 126.910 0	-0.093 9
30 - Jun - 2014	09 - Jul - 2014	2 165.120 0	2 148.710 0	-0.045 5
14 - Jul - 2014	17 - Jul - 2014	2 171.760 0	2 157.070 0	-0.040 5
18 - Jul - 2014	25 - Aug - 2014	2 164.140 0	2 342.860 0	0.454 2
01 - Sep - 2014	22 - Sep - 2014	2 355.320 0	2 378.920 0	0.056 9
23 - Sep - 2014	21 - Oct - 2014	2 399.460 0	2 433.390 0	0.082 3
29 - Oct - 2014	19 - Jan - 2015	2 451.380 0	3 355.160 0	2.252 0
21 - Jan - 2015	28 - Jan - 2015	3 548.890 0	3 525.320 0	-0.059 8
13 - Feb - 2015	06 - May - 2015	3 469.830 0	4 553.330 0	2.587 6
11 - May - 2015	15 - May - 2015	4 690.530 0	4 617.470 0	-0.175 0
19 - May - 2015	16 - Jun - 2015	4 731.220 0	5 064.820 0	0.749 0
17 - Jun - 2015	18 - Jun - 2015	5 138.830 0	4 930.550 0	-0.469 8
23 - Jul - 2015	27 - Jul - 2015	4 250.810 0	3 818.730 0	-1.120 9
10 - Aug - 2015	18 - Aug - 2015	4 084.360 0	3 825.410 0	-0.629 3
22 - Sep - 2015	23 - Sep - 2015	3 339.030 0	3 263.030 0	-0.214 3

24-Sep-2015	25-Sep-2015	3 285.000 0	3 231.950 0	−0.149 8
08-Oct-2015	27-Nov-2015	3 296.480 0	3 556.990 0	0.693 7
03-Dec-2015	04-Dec-2015	3 749.300 0	3 677.590 0	−0.187 0
14-Dec-2015	16-Dec-2015	3 711.320 0	3 685.440 0	−0.069 8
17-Dec-2015	31-Dec-2015	3 755.890 0	3 731.000 0	−0.066 0
17-Feb-2016	25-Feb-2016	3 063.320 0	2 918.750 0	−0.438 5
02-Mar-2016	10-Mar-2016	3 051.330 0	3 013.150 0	−0.113 9
14-Mar-2016	20-Apr-2016	3 065.690 0	3 181.030 0	0.320 2
03-May-2016	04-May-2016	3 213.540 0	3 209.460 0	−0.015 8
05-May-2016	06-May-2016	3 213.920 0	3 130.350 0	−0.236 6
31-May-2016	13-Jun-2016	3 169.560 0	3 066.340 0	−0.287 2
15-Jun-2016	16-Jun-2016	3 116.370 0	3 094.670 0	−0.062 7
17-Jun-2016	21-Jun-2016	3 110.360 0	3 106.320 0	−0.015 0
22-Jun-2016	24-Jun-2016	3 133.960 0	3 077.160 0	−0.154 7
28-Jun-2016	27-Jul-2016	3 136.400 0	3 218.240 0	0.208 4
08-Aug-2016	01-Sep-2016	3 234.180 0	3 301.580 0	0.169 8
02-Sep-2016	09-Sep-2016	3 314.110 0	3 318.040 0	0.005 8
10-Oct-2016	06-Dec-2016	3 293.870 0	3 459.150 0	0.423 1
07-Dec-2016	08-Dec-2016	3 475.750 0	3 470.140 0	−0.018 9
09-Dec-2016	12-Dec-2016	3 493.700 0	3 409.180 0	−0.220 2
04-Jan-2017	06-Jan-2017	3 368.310 0	3 347.670 0	−0.057 6
09-Jan-2017	11-Jan-2017	3 363.900 0	3 334.500 0	−0.079 7
18-Jan-2017	19-Jan-2017	3 339.370 0	3 329.290 0	−0.030 1
20-Jan-2017	03-Mar-2017	3 354.890 0	3 427.860 0	0.180 8
06-Mar-2017	09-Mar-2017	3 446.480 0	3 426.940 0	−0.053 6
13-Mar-2017	17-Mar-2017	3 458.100 0	3 445.810 0	−0.035 0
21-Mar-2017	22-Mar-2017	3 466.350 0	3 450.050 0	−0.044 7
23-Mar-2017	30-Mar-2017	3 461.980 0	3 436.760 0	−0.066 5
31-Mar-2017	17-Apr-2017	3 456.050 0	3 479.940 0	0.054 3
16-May-2017	17-May-2017	3 428.650 0	3 409.970 0	−0.050 7
22-May-2017	04-Aug-2017	3 411.240 0	3 707.580 0	0.730 9
07-Aug-2017	10-Aug-2017	3 726.790 0	3 715.920 0	−0.031 4
18-Aug-2017	22-Sep-2017	3 724.670 0	3 837.730 0	0.273 2

单次交易的利润如图 3-2 所示。

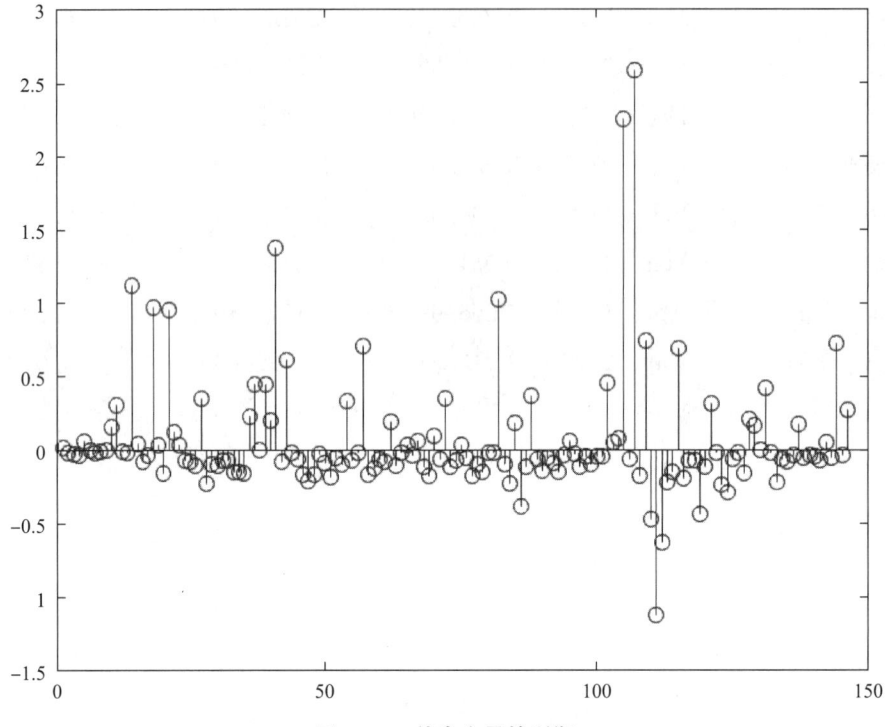

图 3-2 单次交易的利润

择时交易策略的净值如图 3-3 所示。

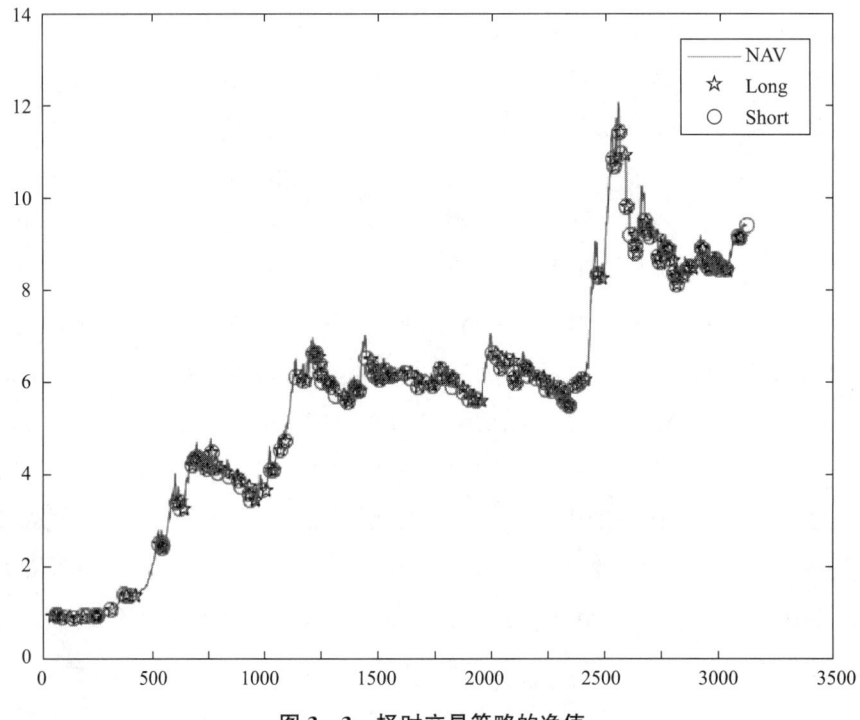

图 3-3 择时交易策略的净值

择时交易策略的净值与买入持有净值如图 3-4 所示。

图 3-4 择时交易策略的净值与买入持有净值

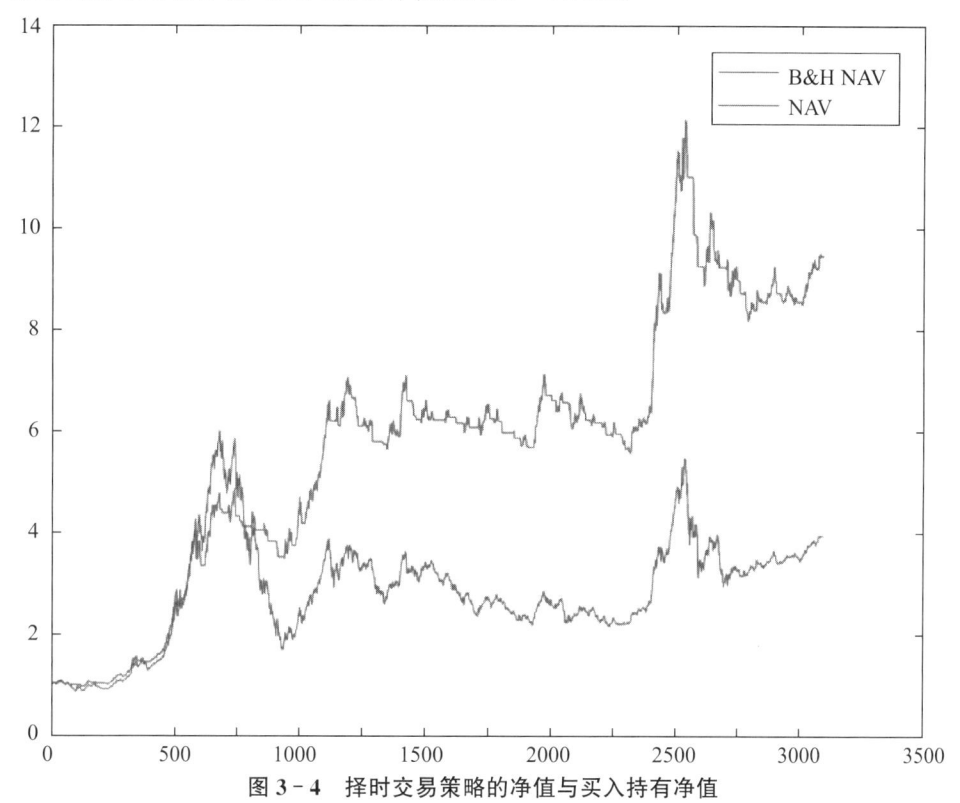

择时交易策略的收益频率分布如图 3-4 所示。

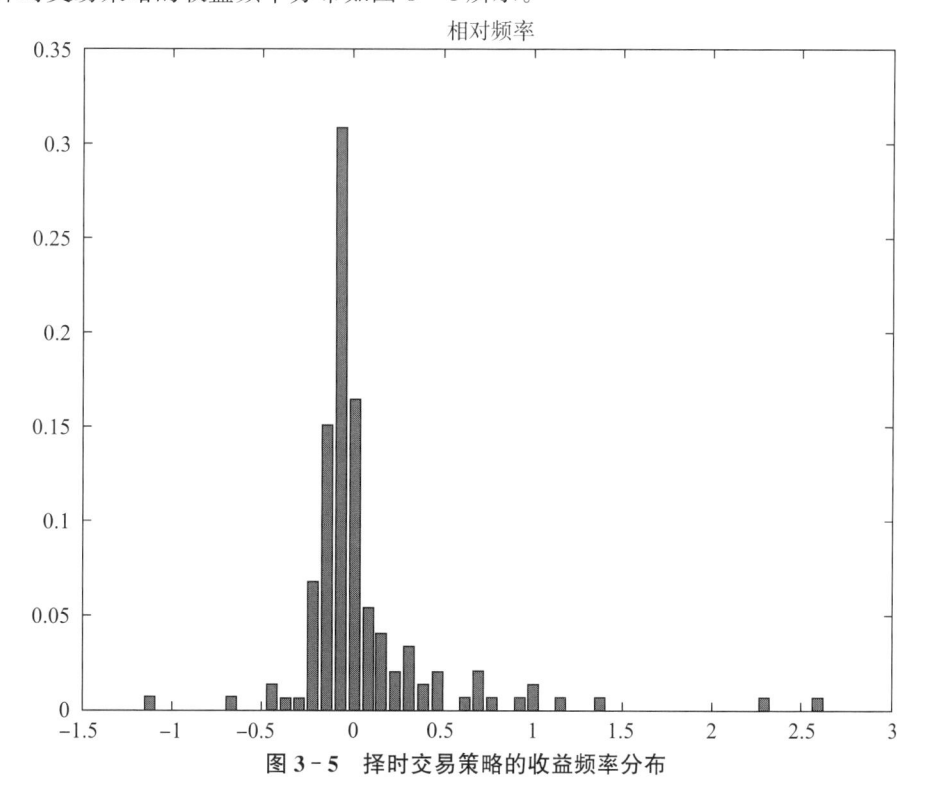

图 3-5 择时交易策略的收益频率分布

参考文献

[1] Barras, L., Scaillet, O., Wermers, R. 2010, False discoveries in mutual fund perfor-mance: measuring luck in estimated alphas, *Journal of Finance* (65):179-216.

[2] Hsu P. H, C. M Kuan, 2005, Reexamine the profitability of technical analysis with data snooping checks, *Journal of Financial Economics* (3):606-628.

[3] Hsu, P. H., Hsu, Y. C., Kuan, C. M. 2010, Testing the predictive ability of technical analysis using a new stepwise test without data snooping bias. *Journal of Empirical Finance* (17):471-484.

[4] Politis, D. N., Romano, J. P. 1994. The stationary bootstrap. *Journal of the American Statistical Association* (89):1303-1313. Romano, J. P., M. Wolf. 2007, Control of generalized error rates in multiple testing. *Annals of Statistics* (35):1378-1408.

[5] Romano, J., P., Wolf, M. 2005, Stepwise multiple testing as formalized data snooping. *Econometrica* (73):1237-1282.

[6] White, H. 2000, A reality check for data snooping. *Econometrica* (68):1097-1126.

第四章 多因素选股模型

4.1 多因素定价模型和多因素选股模型

在金融的应用领域中,多因素定价模型和多因素选股模型很容易引起混淆,实际上这两个模型有着明显的差异。多因素定价模型刻画的是多个定价因素与资产的同期收益之间的关系。比如,常用的 Fama-French 三因素模型就是一个典型的多因素定价模型,它刻画了资产的收益 $r_{i,t}$ 与同一时间点上市场因子、价值因子和规模因子之间的关系,即

$$r_{i,t}=\alpha_i+\beta_{i,1}r_{m,t}+\beta_{i,2}r_{size,t}+\beta_{i,3}r_{value,t}+\varepsilon_{i,t}$$

这里资产收益和因子都是同一时期的变量,其直观含义是:资产的收益率可以分解到不同因子上,这些因子是影响资产收益的系统性因子,暴露在这些因子上面的 β 值共同决定了资产的期望收益率。

而多因素选股模型实际上是预测模型,它刻画了 N 个资产的收益与 K 个时间滞后的某些因子之间的关系(通常以线性方式来描述),即给定时间 $t-1$,资产的收益满足:

$$r_{i,t}=\beta_{t,0}+\beta_{t,1}f_{i,t-1}^1+\beta_{t,2}f_{i,t-1}^2+\cdots+\beta_{t,K}f_{i,t-1}^K+\varepsilon_{i,t}, i=1,2,\cdots,N$$

其中,

$f_{i,t-1}^j, j=1,2,\cdots,K$ 表示对资产收益 $r_{i,t}$ 具有预测作用的因子。

需要特别指出的是,上述模型是横截面回归模型。多因素定价模型多用来进行风险管理,而多因素选股模型多用来选择具有超额回报的股票。特别需要指出的是多因素定价模型中的因子与多因素选股模型中的因子通常是不同的。多因子选股模型是否有效,通常可以通过选股模型选出的股票组合的收益对多因素定价模型中的系统因子做回归后是否存在超额收益,即回归模型中的截距项 α 来衡量。

4.1.1 多因素定价模型

给定资产 i，多因素定价模型可以表示如下。

$$r_{i,t} = \alpha_i + \beta_{i,1}F_{1,t} + \beta_{i,2}F_{2,t} + \cdots + \beta_{i,K}F_{K,t} + \varepsilon_{i,t}, t = 1, 2, \cdots$$

其中，

$F_{j,t}, j = 1, 2, \cdots, K$ 表示定价因子

需要指出的是，上面的模型是基于时间序列的线性回归模型。金融中常用的资本资产定价模型、Fama-French 三因素模型和 Fama-French 五因素模型[①]等都可以看成是多因素定价模型的特例。这些因子都是影响资产期望收益的系统性因子，投资者可以通过承担与这些因子相对应的系统风险而获取期望的收益。风险管理者可以通过构造多空的股票组合（甚至可以通过在组合中加入股指期货、期权等衍生产品），调整暴露在不同因子上的风险，即调整不同因子上的 β 值，来进行风险管理。比如，以 Fama-French 三因素模型为例，如果将股票组合的市场因子 β 值调整为 0，则组合的风险主要暴露在其他两个因子价值和规模因子上面；如果将组合在三个因子上的风险暴露都调整为 0，即将市场因子的 β 值、价值因子的 β 值和规模因子的 β 值都调整为 0，则资产组合的期望收益来源于组合的超额回报 α。如果投资者能够对某些特定的因素在未来的变动有较好的预测能力，则可以调整组合的权重，使得暴露在这些因素上面的 β 值的大小朝着有利于增加收益的方向变动。从而通过承担相应的系统风险获取"聪明的 β"收益。[②]

4.1.2 多因素选股模型

多因素选股模型中的因子是对资产未来收益具有预测作用的因子，这些因子的存在是以市场并非有效为前提的。比如，当市场并非弱势有效时，某些基于技术分析的因子就可能对资产的收益有预测作用，基于这些技术面因子就有可能选择出未来相对表现较好的股票（具有超额回报）。目前市场上得到广泛应用的因子通常可以分成以下几个大类：基本面因子（企业估值、企业成长性、盈利能力、资产回报率、自由现金流增长和技术专利等）、技术面因子（趋势指标、震荡指标等）、波动率因子和情绪因子等。

值得指出的是，市场上许多因子可能是数据挖掘的结果，这些因子对于历史数据的预测效果很好，但由于数据挖掘偏差效应，实际上这些因子对资产收益并没有预测作用。为避免数据挖掘的偏差，在寻找有效选股因子的过程中不要试图在数据中寻找各种匹配的因子，直到发现具有良好效果的因子。实际上备选的因子越多，开发者找到拟合效果出色的因子的可能性也越大。这些由于"运气"原因而被找到的因子实际上并没有真正的预测作用。寻找有效选股因子的一个有效的方法是从逻辑出发，比如，人们通常由于某种行为偏差导致某些股票价值被低估，追逐短线收益的个人投资者喜欢交易波动性较大的股票，对于某些波动性小的股票，即便该股票的红利支付水平具有长期投资的吸引力，喜欢短线交易的个人投资者还是不会喜欢此类股票。在一个喜欢追逐短线收益的个人投资者比例较高的市场上，可能存在由于投资者的长期冷落而具有长期

[①] 在 Fama-French 三因素模型基础上增加了盈利因子和投资因子。

[②] 正因为如此，很多时候外部投资者很难区分一个对外声称 α 中性策略的超额回报到底来源于 α 还是 β。

投资价值的股票。基于这样的逻辑去选择受到这种行为偏差最严重的股票应该可以获得较好的未来长期收益。

一般而言,运用多因子选股模型构建股票组合,可以分为以下几个步骤。①

(1) 确定纳入选股的因子

这一步很关键也很有挑战性。说它很关键,是因为选出一些预测效果好与不好的因子,对于最后组合的表现具有决定性作用;说它很有挑战性,是因为要想从逻辑出发,而非从数据挖掘的角度,去寻找到一个对股票未来收益具有预测作用的因子是不容易的。

(2) 对因子进行处理,消除彼此之间的相关性,以及标准化处理

对于纳入选股的这些因子,难免它们之间存在着一定的相关性,为了相对独立地来衡量选股因子的预测效果,有必要对这些因子进行相关性的消除。消除因子之间的相关性,最直接的方法就是采用逐步正交取残差的方法。根据我们对这些因子选股重要性的考量,确定出一个正交先后顺序,然后依次用后一个因子对前面所有因子进行正交回归,取其残差作为这个被回归因子对应的新选股因子。这其中的逻辑思路也是比较明了的,就是对于新加入的选股因子,我们只需要它带来的增量信息,对于已有因子包含的信息,我们则需要将它剔除。此外,我们还需要对因子进行标准化处理,初始因子可能都具有单位属性,不能在同一维度上对其进行加权,这时就需要对它们统一做标准化处理。当然,还可以使用主成分等方法进行正交化处理。

(3) 确定因子的权重

在确定因子权重的层面上,最简单直接的方法就是因子等权,将选股因子对股票未来收益的预测效果视为相等的。此外,还有各种在一定约束条件下优化目标函数后得到的因子权重。比如,将组合收益的波动性控制在一定水平,最大化组合的期望收益。

(4) 根据因子值和因子权重计算股票的综合得分

当有了选股因子以及确定了各因子的权重后,顺其自然,就可以计算每只股票的因子综合得分,最后选择得分最高的一组股票。

(5) 根据得分选取一定数量的股票构建组合

构建组合是多因子选股模型的最后一个环节,我们可以根据不同的目标来构建不同的组合。比如,我们只关注组合未来收益的最大化,那么可以依次选股票综合得分最高的一定数量的股票。再比如,我们的目标是组合能够较为稳定地跑赢沪深300指数,那么我们可能会在行业上保持和沪深300成分股行业上的匹配性,在市值上也会保持匹配性,然后我们再去追求收益尽可能高的组合。这时选股构建组合,就需要具体落实到每个行业,然后行业内还需要对市值进行分组。

4.2 多因素选股模型的有效性检验

4.2.1 系统风险的考虑

衡量多因素选股模型是否有效的一个基准是多因素选股模型选出的股票组合在扣除了

---

① 这一部分内容得到上海财经大学的毕业生杨俊文的帮助,作者在此表示特别感谢。

由于承担了相应系统风险所应得的收益之外,是否具有超额回报。超额回报通常以Fama-French三因素模型中的截距项 α 来衡量,如果实证结果 $\alpha>0$,则实证结果为选股模型的有效性提供了支持的证据。当然,Fama-French三因素模型可能并不适合金融机构的实践,金融机构完全可以使用自己研发的定价模型来对多因素选股模型的效果进行评价。

4.2.2 超额收益的来源分析

在寻找有效选股因子的过程中,我们应当从逻辑出发,重点分析以下几个问题:为什么该因子具有超额回报?超额回报的具体来源是什么?因子既然已经被发现了,超额回报还会长期存在吗?如果其继续存在,是什么样的特别原因使得这些因子继续有效呢?尤其要注意的是,要避免将由于承担了系统风险而获得的回报作为超额回报。我们以规模因子为例来说明这一点。如果我们以资本资产的定价模型为基准来衡量股票组合是否存在超额收益,以股票的市值大小排序,将市值最小的10%的股票选出后检验其是否存在超额收益,我们则会发现市值因子选择出来的股票组合具有明显的超额回报。但这样的超额回报可能实际上来源于承担了小市值股票相应的系统风险所对应的正常收益。如果以纳入了规模所对应的系统风险的Fama-French三因素模型作为基准模型,则组合的超额回报将显著减少。由于Fama-French三因素模型也并没有囊括所有的系统风险所对应的定价因子,因此,以Fama-French三因素模型为基准可能仍然忽略了某些系统风险,从而有可能导致与这些系统风险相对应的正常收益被误认为是超额收益。单纯从数据的实证检验结果的角度来看,我们很难区分超额收益是来源于错误定价、流动性溢价还是系统风险。因此,从逻辑出发分析超额收益的来源显得十分必要。

下面我们以特质波动率因子为例,来探讨以特质波动率因子选择股票的逻辑。特质波动率因子是常用的选股因子之一,许多实证研究发现在每个月的月末选择特质波动率最低(比如特质波动率最低的10%的股票)的股票形成多头组合,选择特质波动率最高(比如特质波动率最高的10%的股票)的股票形成空头组合,多头组合相对于空头组合表现出明显的超额收益。特质波动率通常是指Fama-French三因素回归模型中的残差项的标准差,一般通过对最近一个月的日收益进行回归后得到的残差标准差来衡量这个月的特质波动率。因此,每个月月末都可以计算出所有股票的特质波动率,并按照其大小进行排序,将股票分成几组。[①] 多头组合或空头组合的成份股每个月月末,将根据当月的特质波动率大小重新分组得到的结果进行动态调整。具体细节我们将在后面介绍,这里我们只注重特质波动率选股的逻辑在什么地方,探讨为什么特质波动率因子选出的股票组合具有超额回报?对于这个问题,学术上的研究也没有形成统一的认识,被称为特质波动率之谜。[②] Barberis和Huang(2001)认为个人投资者偏好收益具有彩票特性的股票而造成价格高估(从而造成其未来收益较低),此类股票通常具有正的偏度,具有正偏度的股票通常波动性也比较高。因此,高特质波动率的股票通常有较低的未来收益。[③] Bhootra和Hur(2015)认为可以用前景理论来

[①] 通常分成3组、5组或10组。

[②] Ang, A, Hodrick, RJ, Xing, Y and Zhang, X. 2006. The cross-section of volatility and expected returns, *The Journal of Finance* (61):259-299.

[③] Barberis, N, Huang, M 2001, Mental accounting, loss aversion, and individual stock returns. *The Journal of Finance* (56):1247-1292.

解释特质波动率之谜。[1] 个人投资者很容易卖出盈利的股票,而持有亏损的股票。当亏损的股票的波动性很高时,投资者则更加愿意持有,这样就造成这些亏损且波动率高的股票的卖压没有及时释放,从而导致这些股票较低的未来收益。Stambaugh,Yu 和 Yuan(2015)则认为以下两个原因造成了低波动率的股票未来收益高于高波动率的股票:①高波动率的股票不容易进行套利交易。由于套利行为的非对称性,从而表现出低特质波动率的股票定价的错误更容易得到更正。②买入股票在实践中比卖空股票更容易。特质波动率高的股票会阻碍套利者更正错误的价格。[2] 那些价格被高估同时特质波动率又高的股票由于套利者不能轻易更正其错误的价格从而造成其未来收益较低,而对于那些特质波动率较低并且价格被低估的股票,套利者更容易更正其错误的定价。因此,在实证结果上就会发现高特质波动率的股票通常具有低的未来收益。Cao,Satchell,Westerholm 和 Zhang(2018)的研究认为在中国 A 股市场上,偏度、前景理论以及套利的非对称性并不能很好地解释高特质波动率低收益的实证结果。[3] 他们认为 A 股市场由于个人投资者热衷于短线交易行为,使得股票价格当中包含了基本面价值和再售期权两部分价值,而再售期权的价格实际上是博傻的期权的价值(投机价值),与特质波动率正相关。特质波动率越高,期权价格越高,其股价越被高估。因而其未来收益也比较低。面对如此多的解释,我们还是可以采用建立原假设,并根据原假设推出多个推论,然后从实证角度来对这些推论一一进行验证。如果基于某个原假设的推论没有被数据证实,则我们就拒绝该原假设;反之,如果基于某个原假设的推论被市场数据证实了,则我们可以接受该原假设。基于 Cao,Satchell,Westerholm 和 Zhang(2018)的研究,再售期权价值解释 A 股市场上特质波动率现象的原假设是可以被接受的,而其他基于偏度、前景理论和套利的非对称性原假设是被实际市场数据拒绝的。

如果我们接受了再售期权是导致低波动率高收益和高波动率低收益的原因,则接下来我们可以分析超额收益的来源和持续性了。高特质波动率的股票其再售期权的价值也会越高,博傻期权的价值来源于投资者,尤其是非理性的个人投资者之间的看法差异以及看法差异的波动性。因此,高特质波动率的低收益来源于非理性投资者的价格高估。只要市场上存在大量追逐短线收益的非理性投资者,市场上许多原本不会影响股价的"噪音"就会被投资者利用和放大,并成为影响价格变动的因素,即"噪音"被定价了。比如,在我国股票市场上,某些公司更改名称这一事件也会成为影响股价的重要因素。再售期权的大小实际反映了股票价格被高估的程度,由于我国股票市场存在大量追逐短线收益的个人投资者,以及市场对做空的各种限制,再售期权将会继续长期影响我国股票市场的价格。由于再售期权的价值与股票流通盘的大小成反比,因此,随着大股东股票的解禁,再售期权的价值将逐步降低。从时间序列来看,这些股票的高波动率导致的低收益现象将会变弱。简言之,特质波动率因子的超额收益来源于市场的错误定价,只要再售期权所依赖的两个条件(大量的个人投

---

[1] Bhootra,A,Hur,J. 2015,High idiosyncratic volatility and low returns: A prospect theory explanation. *Financial Management* (44):295-322.

[2] Stambaugh,RF,Yu,J,Yuan,Y. 2015,Arbitrage asymmetry and the idiosyncratic volatility puzzle. *The Journal of Finance* (70):1903-1948.

[3] Cao Zhiguang,Stephen Satchell,P. Joakim Westerholm and Hui Henry Zhang. 2018,The Idiosyncratic Volatility Anomaly and the Resale Option in Chinese Stock Markets. https://papers.ssrn.com/sol3/papers.cfm?abstract_id=3274652.

资者和卖空限制)继续存在,该因子也将继续有效。当然随着股票流通盘的增加,以及基于该因子进行选股的投资者之间的竞争,其效应也将逐步弱化。买入低特质波动率的股票将越来越难以获得超额回报,但可以从卖空高特质波动率的股票中获得超额收益。由于我国股票市场存在卖空的限制和成本,从卖空高波动率股票中获取超额收益的竞争明显低于从买入低特质波动率的股票获取超额收益的竞争。对于一些持有大量股票底仓的指数增强型策略而言,可以卖出所持有的高波动率的股票,同时买入低波动率的股票。指数增强型策略在特质波动率因子的竞争中天然地存在卖空限制和成本的优势,因而也更容易利用特质波动率因子获取超额收益。而对于其他投资者而言,随着竞争的加剧,将可能无法利用该因子获取超额收益。

4.3 单因子选股案例:特质波动率选股模型

4.3.1 再售期权的价格与资产的价格

Miller(1977)认为如果市场不允许卖空,并且投资者之间对资产收益的看法存在差异(异质信念),则市场的均衡价格将反映更为乐观的投资者的看法,从而造成资产价格的高估。[1] Harrison 和 Kreps(1978)将 Miller(1977)的研究拓展到了多期的情形。[2] 他们认为,如果投资者相信在未来能够以更高的价格出售资产给另外一个更加乐观的投资者,则该投资者愿意支付的价格将高于其永远持有该资产时所愿意支付的价格。这里可以将投资者永远持有资产所愿意支付的价格理解成为资产的未来现金流(对股票而言,未来现金流就是红利)的贴现值,即资产的基本面价值。因此,资产的价格将高于其基本面价值,价格中多出基本面价值的那部分就是交易资产带来的交易价值(再售期权的价格)。Scheinkman 和 Xiong(2003)在连续的时间框架下分析了交易资产带来的交易价值。[3] 他们认为投资者之间信念差异的波动性越大,投资者之间的交易量也越大。相应地,资产的交易价值越高,并且认为资产的价格与交易量或换手率存在正相关关系。基于以上的基本思想,我们建立一个高度简化的资产定价模型。[4]

模型的基本设定如下。

① 考虑离散时间 $t=0,1,2$,假定投资者所承担的风险为风险中性,并且无风险利率为 0。

② 市场只存在一个单位风险资产,该资产仅在时刻 $t=2$ 支付现金流 f,f 服从正态分布,并且市场限制卖空。

③ 市场上存在两类投资者:投资者 A 和投资者 B,我们引入私有信息使得不同类型的投资者之间对资产的现金流 f 存在信念差异。由于理性的投资者会从价格中完美推断对方

---

[1] Miller, E. 1977, Risk, uncertainty and divergence of opinion. *Journal of Finance* (32):1151-1168.
[2] Harrison, M., D. Kreps. 1978, Speculative investor behavior in a stock market with heterogeneous expectations. *Quarterly Journal of Economics* (92):323-336.
[3] Scheinkman, J., W. Xiong. 2003, Overconfidence and speculative bubbles, *Journal of Political Economy* (111):1183-1219.
[4] 曹志广. 2014,我国交易所交易基金的折溢价行为及波动性. 上海交通大学学报[M]. (48):282-289.

所拥有的私人信息,最终投资者对资产的看法趋同,形成理性预期均衡下的资产价格。为避免完全揭示私人信息的价格体系,研究者通常引入随机的资产供给来避免投资者看法的一致性(Grossman 和 Stiglitz,1980)。在这里,我们采用 Scheinkman 和 Xiong(2003)的做法,引入过度自信的心理偏差,假定投资者完全忽视价格中所包含的对方的私有信息,而仅根据自己的私有信息来形成预期。

④ 在 $t=0$ 时刻,投资者 A 对 $t=2$ 时刻资产支付的现金流 f 的均值和方差判断分别为

$$E_{A0}(f)=\mu_{A0}$$
$$var_{A0}(f)=\sigma_f^2$$

显然,μ_{A0} 衡量了投资者 A 对资产的基本面价值判断,
σ_f^2 衡量了投资者 A 对资产基本面风险的判断。
投资者 B 对 $t=2$ 时刻资产支付的现金流 f 的均值和方差判断分别为:

$$E_{B0}(f)=\mu_{B0}$$
$$var_{B0}(f)=\sigma_f^2$$

类似地,μ_{B0} 衡量了投资者 B 对资产的基本面价值判断,
σ_f^2 衡量了投资者 B 对资产基本面风险的判断。
为方便起见,我们设定投资者 A 为更加乐观的投资者,即 $\mu_{A0} \geqslant \mu_{B0}$。
因此,$\mu_{A0}-\mu_{B0}$ 衡量了 $t=0$ 时刻的投资者 A 和 B 的信念差异。

⑤ 在 $t=1$ 时刻,投资者 A 收到私有信息 S_{A1},投资者 B 收到私有信息 S_{B1}。
假定私有信号 S_{A1} 和 S_{B1} 满足:

$$S_{A1}=f+\varepsilon_A$$
$$S_{B1}=f+\varepsilon_B$$

其中,
ε_A 和 ε_B 服从相互独立的均值为 0 方差为 σ_ε^2 的正态分布。
因此,投资者 A 在 $t=1$ 时刻收到私有信息 S_{A1} 后对资产现金流 f 的条件期望修正为

$$E(f|S_{A1})=(1-\alpha)\mu_{A0}+\alpha S_{A1}$$

其中,
$\alpha=\sigma_f^2/\sigma_S^2$,
$\sigma_S^2=\sigma_f^2+\sigma_\varepsilon^2$。
条件方差修正为

$$var(f|S_{A1})=(1-\alpha)\sigma_f^2$$

类似地,投资者 B 在 $t=1$ 时刻收到私有信息 S_{B1} 后对资产现金流 f 的条件期望修正为

$$E(f|S_{B1})=(1-\alpha)\mu_{B0}+\alpha S_{B1}$$

条件方差修正为

$$var(f|S_{B1})=(1-\alpha)\sigma_f^2$$

下面我们讨论风险资产的价格,如果 $t=1$ 时刻,投资者之间不允许交易,则模型退化为一阶段模型,显然在市场卖空限制条件下,资产在 $t=0$ 时刻的价格 P_0 为

$$P_0 = \max\{\mu_{A0}, \mu_{B0}\} = \mu_{A0}$$

如果 $t=1$ 时刻,允许投资者之间进行交易,则 $t=1$ 时刻的资产价格 P_1 为

$$P_1 = \max\{(1-\alpha)\mu_{A0} + \alpha S_{A1}, (1-\alpha)\mu_{B0} + \alpha S_{B1}\}$$

进而,我们得到 $t=0$ 时刻的资产价格 P_0 满足:

$$P_0 = E(P_1)$$

进一步,我们改写为

$$P_0 = \mu_{A0} + V_{A0}$$

其中,

$$V_{A0} = E(P_1) - \mu_{A0}$$

显然,V_{A0} 衡量了投资者 A 眼中的交易价值,该交易价值实际上是投资者 A 将来有机会以更高的价格出售给投资者 B 的期权的价格,该部分价值显然与交易有关。类似地,我们也可以改写为

$$P_0 = \mu_{B0} + V_{B0}$$

其中,

$$V_{B0} = E(P_1) - \mu_{B0}$$

显然,V_{B0} 衡量了投资者 B 眼中的交易价值,该交易价值实际上是投资者 B 将来有机会以更高的价格出售给投资者 A 的期权的价格。

定理 1:交易价值 $V_{A0} \geq 0, V_{B0} \geq 0$,并且

$$V_{A0} = \sigma n(\mu/\sigma) - \mu[1 - N(\mu/\sigma)]$$
$$V_{B0} = \sigma n(\mu/\sigma) + \mu N(\mu/\sigma)$$

其中,

$\mu = \mu_{A0} - \mu_{B0}$,$\mu$ 衡量了投资者 A 和 B 之间的信念差异,

$\sigma = \sqrt{2}\alpha\sigma_\varepsilon$,$\sigma$ 衡量了投资者 A 和 B 信念差异的波动性。

$n(\cdot)$ 和 $N(\cdot)$ 分别是标准正态分布的概率密度函数和累计分布函数。并且交易价值 V_{A0} 或 V_{B0} 都随着 σ 的增加而增加。

证明:

$P_1 = (1-\alpha)\mu_{A0} + \alpha S_{A1} + \max\{(1-\alpha)\mu_{B0} + \alpha S_{B1} - [(1-\alpha)\mu_{A0} + \alpha S_{A1}], 0\}$

定义:

$x = (1-\alpha)\mu_{B0} + \alpha S_{B1}$

$y = (1-\alpha)\mu_{A0} + \alpha S_{A1}$

则

$x \sim N(\mu_{B0}, \alpha^2\sigma_S^2)$

$$y \sim N(\mu_{A0}, \alpha^2 \sigma_S^2)$$
$$x - y \sim N(\mu_{B0} - \mu_{A0}, 2\alpha^2 \sigma_\varepsilon^2)$$

得到

$$P_0 = E(P_1) = \mu_{A0} + E[\max\{x - y, 0\}]$$

定义：

$$\mu = \mu_{A0} - \mu_{B0}$$
$$\sigma = \sqrt{2} \alpha \sigma_\varepsilon$$

则

$$E[\max(x-y, 0)] = \int_0^{+\infty} h \frac{1}{\sqrt{2\pi}\sigma} e^{-\frac{(h+\mu)^2}{2\sigma^2}} dh = \sigma n(\mu/\sigma) - \mu[1 - N(\mu/\sigma)]$$

显然，

$$E[\max\{x - y, 0\}] \geqslant 0$$

进一步得到

$$V_{A0} = \sigma n(\mu/\sigma) - \mu[1 - N(\mu/\sigma)] \geqslant 0$$
$$V_{B0} = \sigma n(\mu/\sigma) + \mu N(\mu/\sigma) \geqslant 0$$
$$P_0 = \mu_{A0} + \sigma n(\mu/\sigma) - \mu[1 - N(\mu/\sigma)]$$
$$\frac{\partial V_{A0}}{\partial \sigma} = n(\mu/\sigma) > 0$$

根据前面的分析，资产的价格包含了两部分：基本面价值和再售期权的价值。噪音的大小 σ_ε^2 与期权的价格呈二次曲线关系（见图 4-1，$\mu = 0$）。当噪音的波动率低于基本面的波动性时，噪音的波动性大小与再售期权价格呈正向关系；当噪音的波动率高于基本面的波动性时，噪音的波动性大小与再售期权价格呈反向关系。噪音波动性的大小与 Fama-French 回归模型残差的标准差呈正向关系，特质波动率与再售期权价值在噪音的波动率低于基本面的波动性时，也与再售期权价值呈正向关系。

4.3.2　基金组合的价格

下面我们考虑由一揽子股票组成的组合的价格，封闭式基金就是这样一个典型的产品。为简便分析起见，假定封闭式基金全部持有 n 只股票，并且各股票权重为等权重，即 $1/n$。应用上面理论模型中的结论，我们从投资者 A 的角度定义：

$$NAV_t = F_t + V_t$$
$$P_t = F_t + V'_t$$

其中，

NAV_t 表示 t 时刻基金的净值，

P_t 表示基金的价格，

F_t 则表示基金所持股票组合的基本面价值的平均值，

V_t 表示交易基金所持股票的交易价值的平均值，

V'_t 表示交易基金本身的交易价值。

进一步，

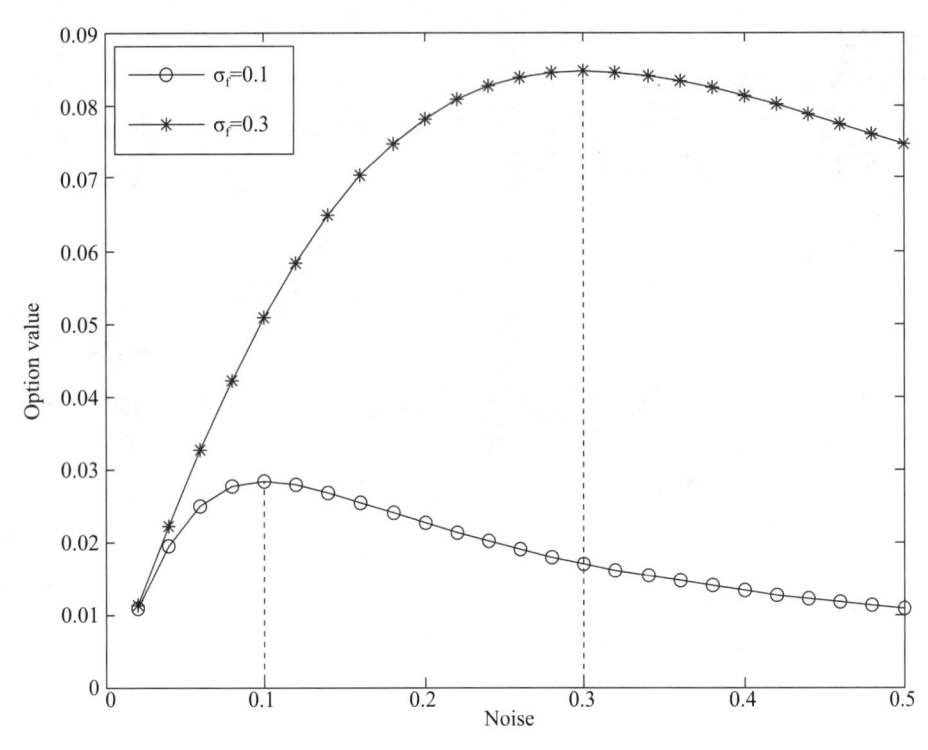

图 4-1 噪音和期权价值

$$F_t = 1/n \sum_{i=1}^{n} F_{it}$$
$$V_t = 1/n \sum_{i=1}^{n} V_{it}$$

其中,

F_{it} 表示基金组合中股票 i 的基本面价值,

V_{it} 表示基金组合中股票 i 的交易价值。

定理 2:记股票 i 收益的方差为 $var(f_{it}) = \hat{\sigma}_{it}^2$,如果基金组合中的股票收益互相不完全正相关,即相关系数 $\rho_{ij} < 1, \forall i,j, i \neq j$,则交易基金本身的交易价值 V'_t 低于交易基金所持股票组合中各股票交易价值的平均值 V_t,即 $V'_t < V_t$。

证明:

由前面的理论可知,股票 i 的交易价值与其收益的方差 $var(f_{it}) = \hat{\sigma}_{it}^2$ 成正比,基金的交易价值,即一个等比例股票组合的交易价值与其方差 $var\left(\frac{1}{n}\sum_{i=1}^{n} f_{it}\right)$ 成正比,对于一个充分分散的股票组合,我们有

$$var\left(\frac{1}{n}\sum_{i=1}^{n} f_{it}\right) = \frac{1}{n^2} \sum_i \sum_j [\rho_{ij} \hat{\sigma}_{it} \hat{\sigma}_{jt}] < (\overline{\hat{\sigma}_t})^2 \leqslant \overline{\hat{\sigma}_t^2}$$

其中,

$$\overline{\hat{\sigma}_t} = \frac{1}{n} \sum_{i=1}^{n} \hat{\sigma}_{it}$$

$$\overline{\sigma_t^2} = \frac{1}{n}\sum_{i=1}^{n}\hat{\sigma}_{it}^2$$

上面的不等式表明组合的波动性要小于股票波动性的平均值。由定理 1 可知信念差异的波动性为 $\sigma = \sqrt{2}\alpha\sigma_\varepsilon$，$\sigma$ 随着 σ_f 的增加而增加，给定噪音风险 σ_ε，组合信念差异的波动性 σ_{pt} 要小于股票信念差异波动性的平均值 $\bar{\sigma}_t$，即 $\sigma_{pt} < \bar{\sigma}_t$。

进一步，得到 $V_{A0}(\mu,\sigma)$ 的 Hessian 矩阵为

$$\begin{pmatrix} \dfrac{n(\mu/\sigma)}{\sigma} & -\dfrac{\mu n(\mu/\sigma)}{\sigma^2} \\ -\dfrac{\mu n(\mu/\sigma)}{\sigma^2} & \dfrac{\mu^2 n(\mu/\sigma)}{\sigma^3} \end{pmatrix}$$

这是个半正定矩阵，函数 $V_{A0}(\mu,\sigma)$ 是凸函数。因此，

$$V_t = \frac{1}{n}\sum_{i=1}^{n} V_{A0}(\mu_{it},\sigma_{it}) \geqslant V_{A0}\left(\frac{1}{n}\sum_{i=1}^{n}\mu_{it}, \frac{1}{n}\sum_{i=1}^{n}\sigma_{it}\right)$$
$$= V_{A0}(\mu_{pt}, \bar{\sigma}_t) > V_{A0}(\mu_{pt}, \sigma_{pt}) = V_t'$$

其中，

μ_{it} 衡量了股票 i 的信念差异。

σ_{it} 衡量了股票 i 信念差异的波动性。

$\mu_{pt} = \frac{1}{n}\sum_{i=1}^{n}\mu_{it}$，$\mu_{pt}$ 衡量了组合的信念差异。

$\bar{\sigma}_t = \frac{1}{n}\sum_{i=1}^{n}\sigma_{it}$，$\bar{\sigma}_t$ 衡量了股票信念差异波动性的平均值。

σ_{pt} 衡量了组合信念差异的波动性。

定理 2 表明，如果不考虑基金带来的流动性，基金的交易市场和基金所持有的股票组合的交易市场交易时间的不同步，以及交易成本的节省等其他因素可能对基金的溢价作用，根据交易价值理论，由于基金所持有的股票组合的基本面价值的波动性要低于各股票基本面价值的波动性的平均值，基金通常会发生折价交易，即 $P_t < NAV_t$。

4.3.3 基金价格和净值的波动性

接下来我们再分析基金价格和净值的波动性。显然，我们有

$$var(NAV_t) - var(P_t) = var(V_t) - var(V_t') + 2[cov(V_t, F_t) - cov(V_t', F_t)]$$

封闭式基金可以像其他股票一样进行交易，因此，可以近似地将基金看成为一个可以交易的股票，具体地，我们可以做以下近似。

$$var(V_t') \approx \frac{1}{n}\sum_{i=1}^{n} var(V_{it})$$

$$cov(V_t', F_t) \approx \frac{1}{n}\sum_{i=1}^{n} cov(V_{it}, F_t) = cov(V_t, F_t)$$

由于基金持有一揽子的股票组合，只要股票交易价值之间不完全正相关，则组合交易价

值的方差要小于各股票方差的平均值,即

$$var(V_t) = var\left[\frac{1}{n}\sum_{i=1}^n V_{it}\right] < \frac{1}{n}\sum_{i=1}^n var(V_{it}) \approx var(V_t')$$

因此,

$$var(NAV_t) < var(P_t)$$

即基金价格的波动性通常要高于基金净值的波动性。

4.3.4 特质波动率选股的实证分析

前面我们讨论了特质波动率因子选股的原理在于高特质波动率的股票,其再售期权的价值很高,因而其被高估的程度也很高,从而造成其未来收益较低。值得指出的是该原假设在我国股票市场的实证研究中虽然得到了支持,但也并不能证明这一逻辑就是正确的。很可能存在其他可能的解释也同样得到实证分析的支持。接下来我们应用特质波动率因子对 2002 年 1 月～2017 年 4 月期间 803 只股票进行选股(所有样本股票在 2000 年前上市,并剔除了 ST 股票)。首先利用 Fama-French 回归模型,将每只股票每个月的日收益对 Fama-French 三因素进行回归后得到其残差的标准差。然后在每个月月末对所有 803 只股票残差的标准差进行排序,并考察其接下来一个月的表现。具体地,将 803 只股票按照残差的标准差从大到小分成 5 组:组 1、组 2、组 3、组 4、组 5。即组 1 中的股票具有最高的特质波动率,而组 5 的股票具有最低的特质波动率。因此,每一组中的股票数量大致在 160 只左右。如果特质波动率因子有效,则组 1 到组 5 的股票组合接下来的超额收益率(经过 Fama-French 三因素调整后的超额收益 α)应该依次增加,并且这一单调性应该在统计意义上成立。Patton 和 Timmermann(2010)给出了组合收益的单调性检验方法[①],在接下来的实证分析中,我们将应用这一方法对组合超额收益的单调性进行统计检验。得到的实证结果如表 4-1 所示。

表 4-1　　　　　　　　　特质波动率选股模型的超额收益

	总波动率	系统风险	特质波动率
组 1	−7.66***	1.27	−10.59***
组 2	0.60	3.06	−2.01
组 3	3.96	2.81	3.86
组 4	5.96***	1.77	8.41***
组 5	5.97***	−0.09	9.16***
组 1−组 5	−13.63***	1.36	−19.75***
单调性检验 P 值(%)	0.00	53.40	0.00

表 4-1 分别给出了基于总的波动率、系统风险(组合收益率的方差减去 Fama-French

---

① Patton, AJ & Timmermann, A. 2010, Monotonicity in asset returns: New tests with applications to the term structure, the CAPM, and portfolio sorts, *Journal of Financial Economics* (98):605–625.

三因素回归模型得到的残差的方差后开根号得到系统风险的大小)和特质波动率分组的股票组合的超额收益 α(年化后的收益,*** 表示在 1% 的显著水平下显著)。各组合中股票的权重全部为等权重。从表中可以看出随着总波动率和特质波动率的减少,组合的超额收益率逐渐增加,组 1 和组 5 的超额收益差也在统计意义上表现出明显的差异;但超额收益与系统风险并没有明显的关系。Patton 和 Timmermann(2010)组合收益单调性统计检验的 P 值也表明:总波动率(特质波动率)与组合的超额收益率存在单调递减关系。从表中也可以看出:基于特质波动率分组收益的差异比基于总波动率的分组的效果更加明显。

实证结果表明:特质波动率因子选出的股票组合收益具有明显的单调性。在每个月月末,我们可以给组 5 中的股票(约 160 只股票)评分为 5,组合 4 中的股票评分为 4,以此类推,在每个月月末,可以得到所有股票的评分,评分越高则说明该股票的未来收益也越高。这样的评分方法也可以推广到多个因子(通常是经过正交化后的因子)的评分。分别对每个因子进行评分(评分越高则说明该股票的未来收益也越高),然后将每个股票多个因子的评分进行简单平均,得到每个股票的因子综合评分,将综合得分最高的,比如,得分靠前的 20% 的股票作为首选的组合多头对象,而将得分靠后的 20% 的股票作为首选的组合空头对象。值得指出的是,组合 5 的收益减去组合 1 的收益得到的时间序列也可以看成是特质波动率因子的时间序列的观测值。

4.3.5 特质波动率选股的相关 Matlab 函数

接下来我们给出以上实证分析过程中用到的两个重要的 Matlab 函数:my_singlesor 和 my_monotonicity_PT,以方便读者自行进行相类似的实证分析。函数 my_singlesort 用来根据某个指标在每个时刻将股票分组,并给出相应的组合中成分股票的序号。函数 my_monotonicity_PT 则用来测试不同组合的收益率是否具有单调性。函数中用到的其他函数在前面章节中都已经详细介绍过,请读者参照相应章节的内容。

```
function f = my_singlesort(A,K)
%A 是 T*N 矩阵,N 个股票 T 个时间点上的某个指标的观测值(比如波动率、公司规模等指标),
% 不同的股票以 A 矩阵中的序列号来表示
%K 是在每一个时刻 T 将股票按照指标由小到大分成 K 组成份股数量接近的组合
%f 是 1*K*T 的高维数组,表示在 T 时刻,K 组股票组合中每一组股票组合的股票序号
% Edited by Zhiguang Cao,2018/5/26
[T,N] = size(A);
D = 1:N;
B{1,K} = [];
f(:,:,T) = cell(1,K);
for i = 1:T
id_A = my_classify_group(A(i,:),K);
for j = 1:K
a = D(id_A(:,j));
B{1,j} = a;
end
```

```matlab
f(:,:,i) = B;
end

function id = my_classify_group(x,n)
% ascendantly sort x into n parts on values of x
% nan values in x would not be classified
x = x(:);
if n = = 1
id = ~isnan(x);
else
id = zeros(length(x),n)>0;
a = 100 * (1/n:1/n:1 - 1/n);
b = prctile(x,a);
N = length(b);
if N = = 1
id(:,1) = (x<b);
id(:,2) = (x> = b);
else
for i = 1:N
if i = = 1
id(:,1) = (x<b(i));
elseif i = = N
id(:,N + 1) = (x> = b(i));
id(:,i) = (x> = b(i - 1)&x<b(i));
else
id(:,i) = (x> = b(i - 1)&x<b(i));
end
end
end
end

function p_value = my_monotonicity_PT(data,direction,q,N_bootstrap,varargin)
% Perform monotonicity test in portfolio returns
% input:
% data:T * N matrix, returns on portfolios with different
% characteristics (eg. size)
% direction:takes a value from - 1(try to prove a decreasing relationship),
% 0 (let data tell the direction),1(try to prove a increasing relationship)
% q:a scalar between 0 and 1
```

```
% N_bootstrap:number of bootstrapping resamples
% varargin:'alpha' and a factor matrix, say, Fama-French three factors
% output:
% p_value:p-value of monotonicity test
% Reference:
% Andrew J. Patton and Allan Timmermann,2010, Monotonicity in Asset
% Returns:New Tests with Applications to the Term Structure, the CAPM
% and Portfolio Sorts, Journal of Financial Economics, 98, 605-625.
%%%%%%%%%%%%%%%%%%%%%%%%%%%%%%%%%
% Edited by Zhiguang Cao,2018/5/22
%%%%%%%%%%%%%%%%%%%%%%%%%%%%%%%%%
% For instance:
% clear
% x = randn(200,3);
% for i = 1:10
% data(:,i) = 0.1 * i + x * ones(3,1) + randn(200,1)/5;
% end
% p_value = my_monotonicity_PT(data,0,0.1,500,'alpha',x);
% test the relation between alphas and portfolios
% p_value = my_monotonicity_PT(data,0,0.1,500);
% test the relation between mean returns and portfolios
[T,N] = size(data);
if isempty(direction)||direction = = 0
direction = sign(mean(data(:,N) - data(:,1)));
end
if isempty(q)
    q = 0.1;
end
if isempty(N_bootstrap)
    N_bootstrap = 500;
end
if nargin>4
D = my_perf_measure(data,[],varargin{:});
D_mean = direction * (D(2:N) - D(1:N-1));
D_star = my_stationary_bootstrap(data,q,N_bootstrap,[],varargin{:});
D_star = direction * (D_star(:,2:N) - D_star(:,1:N-1));
sigma = std(D_star) * sqrt(T);
else
D = direction * (data(:,2:N) - data(:,1:N-1));
```

```
D_mean = mean(D);
D_star = my_stationary_bootstrap(D,q,N_bootstrap,[],'mean');
sigma = my_std_PR(D,q)';
end
A = (D_star-repmat(D_mean,N_bootstrap,1))./repmat(sigma,N_bootstrap,1);
B = min(A,[],2);
C = min(D_mean./sigma);
p_value = mean(B>C);
disp('***********************************************')
disp('The result of monotonicity test:')
if direction = = -1
if p_value<0.05
fprintf('At 5%% significance level, returns on portfolios are decreasing.\n')
else
fprintf('At 5%% significance level, returns on portfolios are not decreasing.\n')
end
else
if p_value<0.05
fprintf('At 5%% significance level, returns on portfolios are increasing.\n')
else
fprintf('At 5%% significance level, returns on portfolios are not increasing.\n')
end
end
disp('***********************************************')

function f = my_std_PR(data,q)
% Using Lemma 1 of politis and Romano (1994) to compute the std of sqrt(T)*Xbar
% input:
% data is a T*N matrix denoted as X
% q is a scalar between 0 and 1
% output:
% f:the standard deviation of sqrt(T)*Xbar
%% Reference:
% Politis, D. N., and Romano, J. P., 1994, The Stationary Bootstrap,
% Journal of the American Statistical Association, 89, 1303-1313.
%%%%%%%%%%%%%%%%%%%%%%%%%%%%%%%
% Edited by Zhiguang Cao,2018/5/22
%%%%%%%%%%%%%%%%%%%%%%%%%%%%%%%
[T,N] = size(data);
```

```
if isempty(q)
    q = 0.1;
end
data = data-repmat(mean(data),T,1);
f = cov(data,1);
for i = 1:N − 1
    A = i + 1:T + i;
    A(A>T) = A(A>T) − T;
    B = 2/T * ((1 − i/N) * (1 − q)^i);
    f = f + B * data' * data(A,:);
end
f = sqrt(diag(f));
```

我们以计算机模拟产生的数据来简单调用以上两个函数,给读者作出说明。首先我们来说明 my_singlesort 的调用方法,在 Matlab 主窗口下随机产生一个 3 行 50 列的[0,0.5]之间均匀分布的随机数,第一行到第三行分别代表第 1 个月到第 3 个月 50 只股票对 Fama-French 三因素回归后残差的标准差:

```
clear
A = rand(3,50)/2; %产生股票的特质波动率
f = my_singlesort(A,5); %进行股票分组
```

得到如下结果。

f(:,:,1) =
    [1x10 double]   [1x10 double]   [1x10 double]   [1x10 double]   [1x10 double]
f(:,:,2) =
    [1x10 double]   [1x10 double]   [1x10 double]   [1x10 double]   [1x10 double]
f(:,:,3) =
    [1x10 double]   [1x10 double]   [1x10 double]   [1x10 double]   [1x10 double]

f(:,:,1)表示第一个月 50 只股票按照波动率从小到大分成 5 组,每一组的成份股票序号(1 到 50 的序号分别表示股票 1、股票 2、……、股票 50),继续输入

B=f(:,:,1);
B{1}
B{5}

得到第 1 个月,波动率最小的一组的成份股票序号 B{1}为

4   6   9   12   14   31   32   39   41   44

波动率最高的一组的成份股票序号 B{5}为

2   10   17   26   38   40   42   43   47   50

接下来我们来说明函数 my_monotonicity_PT 的调用方法,我们设置函数的参数如下 direction=0,q=0.1,N_bootstrap=500

在 Matlab 主窗口下输入

```
clear
x = randn(200,3);% 产生 Fama-French 三因素的数据
for i = 1:10
data(:,i) = 0.1*i+x*ones(3,1)+randn(200,1)/5;
% 产生10组200个时间点,超额收益依次递增的组合收益矩阵,每一列代表1个组合的收益率
end
p_value = my_monotonicity_PT(data,0,0.1,500,'alpha',x);% 检验超额收益的单调性
```

检验结果表明:组合的超额收益呈单调递增,即组合1到组合10,超额收益依次递增。

****

The result of monotonicity test:

At 5 significance level, returns on portfolios are increasing.

****

4.3.6 基于 Wind 机构版的量化接口的特质波动率因子选股的 Matlab 程序

接下来我们给出基于 Wind 机构版的量化接口,根据特质波动率因子在沪深 300 成份股中选择买入过去 1 个月中残差标准差最低的 10%(约 30 只)的股票,卖空残差标准差最高的 10%(约 30 只)的股票的 Matlab 程序,在指定目录下生成 txt 文件,保存买入的股票清单和买入价格,以及卖空的股票清单和卖空价格。

```
clear
w = windmatlab;
cd('c:\caozhiguang\matlab_work')
N = 40;
A2 = now>datenum([date,' 15:00:00']);
begin_date = datestr(datenum(date)-N);
if A2
end_date = date;
else
end_date = datestr(datenum(date)-1);
end
fields = 'close';% 设置要获取的收盘价格
[hs300,~,~,t_hs] = w.wsd('000300.sh',fields,begin_date,end_date);% 沪深300指数
[big,~,~,t_big] = w.wsd('801811.si',fields,begin_date,end_date);% 申万大盘指数
[small,~,~,t_small] = w.wsd('801813.si',fields,begin_date,end_date);% 申万小盘指数
[high_book,~,~,t_high_book] = w.wsd('801831.si',fields,begin_date,end_date);
% 申万高市净率指数
[low_book,~,~,t_low_book] = w.wsd('801833.si',fields,begin_date,end_date);
% 申万低市净率指数
```

```
three_factor = [hs300,small,big,low_book,high_book];
A = price2ret(three_factor,[],'periodic');
r_factor = [A(:,1),A(:,2) - A(:,3),A(:,4) - A(:,5)];
% 获取沪深 300 指数的成份股和权重,以及前复权收盘价格数据
w_set_data = w.wset('indexconstituent','windcode = 000300.sh');
a = cell2mat(w_set_data(:,2));
for i = 1:size(a,1)
stock(:,i) = w.wsd(a(i,:),'close',begin_date,end_date,'PriceAdj = F');
% 沪深 300 指数 'PriceAdj = F' 表示前复权,'PriceAdj = B' 表示后复权
end
r_stock = price2ret(stock,[],'periodic');
for i = 1:size(r_stock,2)
y = r_stock(end - 21:end,i);
x = r_factor(end - 21:end,:);
d_regress = sum(y = = 0);
if d_regress< = 10||y(end)~ = 0
% 剔除停牌超过 10 个交易日的股票,涨停、跌停、当天停牌的股票也剔除
% 这里为简单起见,假定收益为 0 时,则认为该股票停牌
[~,stat] = my_regress(y,x,1);
B(i) = std(stat.residual);
else
B(i) = nan;
end
end
r_end = r_stock(end,:);
B(r_end = = 0) = nan;
B(r_end>0.097) = nan;
B(r_end< - 0.097) = nan;
f = my_singlesort(B,10);
id_long = f{1};
id_short = f{10};
file_name = ['stocks_',date,'.txt'];
fp = fopen(file_name,'a');
fprintf(fp,'特质波动率因子选股模型\r\n');
fprintf(fp,'交易日期:%s\r\n',date);
fprintf(fp,'买入代码\t卖出代码\r\n');
for i = 1:length(id_long)
fprintf(fp,'%s\t%s\r\n',a(id_long(i),:),a(id_short(i),:));
end
```

```
fclose(fp);
file_name = ['prices_',date,'.txt'];
fp = fopen(file_name,'a');
fprintf(fp,'特质波动率因子选股模型交易价格\r\n');
fprintf(fp,'交易日期:%s\r\n',date);
fprintf(fp,'买入价\t卖出价格\r\n');
for i = 1:length(id_long)
trade_price_buy = w.wsq(a(id_long(i),:),'rt_last');
trade_price_sell = w.wsq(a(id_short(i),:),'rt_last');
fprintf(fp,'%1.3f\t%1.3f\r\n',trade_price_buy,trade_price_sell);
end
fclose(fp);
```

在2018年7月12日运行以上程序,在指定目录下得到txt文件stock_12-Jul-2018和prices_12-Jul-2018,其内容分别如下。

特质波动率因子选股模型

交易日期:12-Jul-2018

买入代码	卖出代码
000001.SZ	000338.SZ
000157.SZ	000786.SZ
000538.SZ	000959.SZ
000651.SZ	000961.SZ
000876.SZ	002202.SZ
002558.SZ	002236.SZ
600000.SH	002385.SZ
600015.SH	002460.SZ
600016.SH	002466.SZ
600025.SH	002468.SZ
600036.SH	002470.SZ
600089.SH	002624.SZ
600219.SH	002714.SZ
600518.SH	002925.SZ
600837.SH	300070.SZ
600900.SH	300144.SZ
600919.SH	300433.SZ
600959.SH	600009.SH
601166.SH	600029.SH
601288.SH	600115.SH
601318.SH	600340.SH

601328.SH	600372.SH
601333.SH	600482.SH
601788.SH	600570.SH
601818.SH	600588.SH
601988.SH	600682.SH
601991.SH	601111.SH
603858.SH	601155.SH

特质波动率因子选股模型交易价格
交易日期：12-Jul-2018

买入价格（元）	卖出价格（元）
8.880	8.500
4.030	19.830
102.490	3.980
46.100	6.080
6.360	12.900
21.970	20.140
9.570	4.340
7.380	39.890
5.820	50.540
2.900	16.550
26.040	6.870
6.700	26.200
2.630	25.350
22.800	55.990
9.360	11.870
16.130	24.260
6.230	13.550
5.020	60.050
14.390	7.680
3.530	6.300
58.380	26.990
6.040	13.550
4.220	18.510
10.720	51.930
3.680	23.630
3.790	13.890
3.050	8.180
43.390	28.860

4.4 因子有效性检验案例：趋势因子选股模型的有效性检验

4.4.1 趋势因子选股的基本原理

(1) 趋势的争议

股票价格的运动是否存在趋势，在金融学的学术领域至今仍然存在争议。支持有效市场假说的学者认为：在一个高度有效的市场上，股票价格随机游走，短期价格变化无法预测，股票价格不存在趋势。有效市场学派认为指数化投资并长期持有是夏普比率最高的投资策略，而基于趋势交易的技术分析是无效的，相对于长期持有的分散化投资策略，趋势交易策略并不能获得超额收益。而反对有效市场假说的学者认为：市场并非总是有效，价格存在趋势。趋势的产生可能由于以下原因：投资者接受信息的时间并不同步；不同投资者对信息的反应速度不相同；投资者存在羊群行为等心理偏差；存在基于反馈交易的投资者等。

理论上的争议更多地引发了学者们从市场上寻找支撑自己观点的实证证据。比如，Fama 和 Blume(1966)较早地对技术分析的有效性进行了研究。他们选取了 1956～1962 年道琼斯工业平均指数的 30 家成份股的日收盘价格，考察了标准过滤规则(Standard filter)的表现，研究结果表明在考虑交易成本后，趋势交易策略并没有战胜买入持有策略。Fama 和 Blume(1966)的研究对有效市场假说提供了有利的证据。许多其他学者的实证研究也大多支持有效市场假说。此后接近 20 多年，学术界对技术分析大都保持怀疑的态度。进入 20 世纪 90 年代后，行为金融开始兴起，许多对有效市场假说存有争议的学术论文开始大量发表，许多学者逐步意识到早期对技术分析实证研究的局限性，并开始采用更为严谨的研究方法，重新评估技术分析的业绩。Brock，Lackonishok 和 LeBaron(1992)选取了美国市场 1897—1986 年道琼斯工业平均指数的日收盘数据，他们使用新的统计方法——自助法(Bootstrap)考察了移动平均线、支撑和阻力线两类技术交易策略的业绩表现，研究结论表明趋势交易策略显著地跑赢了买入持有策略。此后许多学者应用各种统计方法对不同国家、不同证券市场进行了各种实证检验，对趋势交易策略的有效性进行了实证分析。然而总体来讲，实证研究的结论并不一致，支持和反对市场有效假说的实证证据都存在。其中支持趋势策略无效的研究，比如，Sullivan，Timmermann 和 White(1999)对技术交易策略在 S&P500 股指期货 1984—1996 年的表现也进行了实证分析，在纠正了数据挖掘偏差后，也并没有发现战胜基准策略的技术交易策略。支持趋势有效的研究也有很多，比如，Mamaysky 和 Wang(2000)的研究支持了技术分析中的形态对未来股价走势判断的有效性；Han，Zhou 和 Zhu 等人(2016)对趋势交易的有效性提供了有利的理论支持和实证证据。因此，即便是在实证方面的研究，学术界对趋势是否存在和趋势交易策略的有效性，也依然存在较大的分歧。

Han，Zhou 和 Zhu 等人(2016)建立了以下理论模型：[①]市场上存在一个股票，有两类投资者，其中一类为基于股票的红利信息做出投资决策的基本面投资者，而另一类为基于价格均线做出投资决策的技术分析投资者。每股股票发放的红利 D_t 服从以下随机过程：

[①] Han Yufeng, Guofu Zhou, Yingzi Zhu. 2016, A Trend Factor: Any Economic Gains from Using Information over Investment Horizons? *Journal of Financial Economics* (122): 352-375.

$$dD_t=(\pi_t-\alpha_D D_t)dt+\sigma_D dB_{1t}$$

π_t 服从以下随机过程：

$$d\pi_t=\alpha_\pi(\tilde{\pi}-\pi_t)dt+\sigma_\pi dB_{2t}$$

股票的供应量 θ_t 服从以下随机过程：

$$d\theta_t=-\alpha_\theta dt+\sigma_\theta dB_{3t}$$

其中，

$dB_{1t}, dB_{2t}, dB_{3t}$ 为相互独立的布朗运动

股票 t 时刻的平均价格 A_t 定义为

$$A_t\equiv\int_{-\infty}^{t}e^{-\alpha(t-s)}P_s ds$$

则在市场达到均衡时的股票价格满足：

$$P_t=p_0+p_1 D_t+p_2\pi_t+p_3\theta_t+p_4 A_t$$

进一步得到

$$\triangle P_t=p_1\triangle D_t+p_2\triangle\pi_t+p_3\triangle\theta_t+p_4(P_t-\alpha A_t)\triangle t$$

转化为收益率得到以下预测统计模型：

$$r_{t+1}=\alpha+\beta\frac{A_t}{P_t}+\varepsilon_t$$

回归模型中的 β 可正可负，取决于均线交易者的比例。基于他们的理论模型，平均价格对未来的收益率具有预测作用。

平均价格可以简化为

$$A_t\approx\frac{1}{L}\sum_{i=0}^{L-1}P_{t-i\triangle t}$$

其中，L 为均线的长度。

（2）趋势的识别

在技术分析中，均线、标准过滤规则、突破等是最常用的识别趋势的方法。其中尤以均线规则的应用最为广泛，基本的规则是当价格突破均线，则上涨趋势得到确认；当价格跌破均线，则下跌趋势得到确认。在实际应用过程中，均线的用法存在许多的改进和变通。比如，双均线系统、三均线系统、适应性均线系统、成交量加权均线和指数加权均线，等等。

（3）趋势因子的构建方法

Han，Zhou 和 Zhu 等人（2016）提出了将不同均线所代表的信息融合在一起对股票的收益做出预测的方法。其具体做法是，首先计算股票 j 在每个月的最后一个交易日的 L 日均值（$j=1,2,\cdots,n$，其中 n 为股票的数量）：

$$A_{jt,L}=\frac{P_{j,d-L+1}^{t}+P_{j,d-L+2}^{t}+\cdots+P_{j,d-1}^{t}+P_{j,d}^{t}}{L}$$

其中，

$P_{j,d}^t$ 为股票 j 在第 t 个月第 d 天的价格

将均值归一化得到 $\widetilde{A}_{jt,L}$：

$$\widetilde{A}_{jt,L}=\frac{A_{jt,L}}{P_{j,d}^t}$$

接下来建立以下横截面回归模型：

$$r_{j,t}=\beta_{0,t}+\sum_i \beta_{i,t}\widetilde{A}_{jt-1,L_i}+\varepsilon_{j,t}, j=1,2,\cdots,n$$

其中，

$r_{j,t}$ 为股票 j 在第 t 个月的月收益

$\widetilde{A}_{jt-1,L_i}$ 为股票 j 在第 $t-1$ 个月的 L_i 日归一化均值

L_i 为第 i 条均线的参数，Han，Zhou 和 Zhu 等人（2016）将均线参数设置为 3 日、5 日、10 日、20 日、50 日、100 日、200 日、400 日、600 日、800 日和 1 000 日均线。

进一步建立以下预测模型：

$$E_t[r_{j,t+1}]=E_t[\beta_{0,t+1}]+\sum_i E_t[\beta_{i,t+1}]\widetilde{A}_{jt,L_i}$$

其中，

$$E_t[\beta_{0,t+1}]=\frac{1}{12}\sum_{m=1}^{12}\beta_{0,t+1-m}$$

$$E_t[\beta_{i,t+1}]=\frac{1}{12}\sum_{m=1}^{12}\beta_{i,t+1-m}$$

对 n 只股票进行预测后，每个月将所有股票根据预测收益的大小分成 5 个组，形成 5 个组合，组合的股票成份每个月进行调整，权重为等权重。预测收益最高的 20% 的股票组成的组合收益减去预测收益最低的 20% 的股票组成的组合收益，从而得到趋势因子的收益率。

4.4.2 数据和实证方法

（1）数据

我们同样选取了 2000 年 1 月 1 日之前上市的公司共计 803 只股票（剔除了 ST 股票）样本，在每个月的最后一个交易日，根据以上均线选股方法，选取预测收益最高的 10% 的股票构成等权重的多头组合。为了与构造的多头组合进行业绩比较，我们构造了 803 只股票组成的等权重组合作为比较基准，基准组合的权重也在每个月最后一个交易日调整到等权重。交易成本设置如下：买入时股票的成本为 0.03%，卖出时股票的成本为 0.13%（包含了 0.1% 的印花税）。另外，在每个月的最后交易日组合的股票进行调整时，考虑到股票因停牌因素而不能交易的情形，我们做以下处理：如果要调入的股票在停牌，则组合不纳入该股票；如果组合中原来就持有该股票，需要调出该股票，则继续持有到下一个调仓时刻。对于股票在调仓时碰到涨跌停的情形，如果要买入的股票处在涨停位置，则不纳入该股票；如果要卖出的股票处在跌停位置，则继续持有到下一个调仓时刻。对于因停牌、涨跌停原因而继续保留在组合中的股票，其权重并不能调整到等权重，保持其自然权重，而对于其他可以调

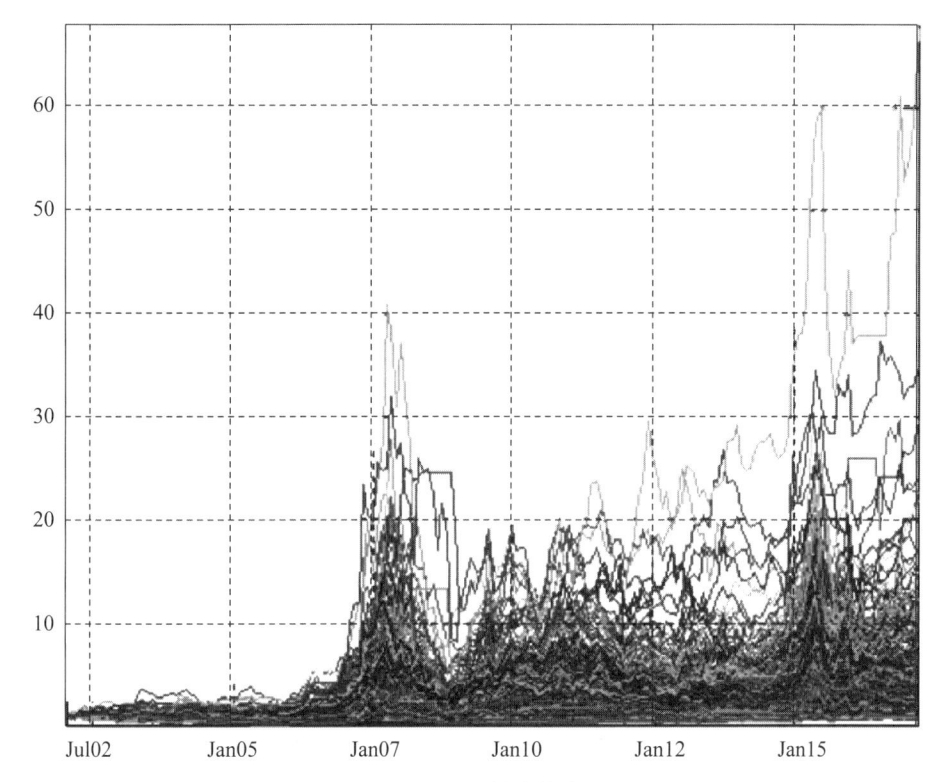

节权重的股票,则在调仓日重新调整为等权重。

图 4-2 股票的价格序列

图 4-2 显示了 803 只样本股票从 2002 年 1 月~2017 年 4 月的价格序列(前复权价格,初始价格基准化为 1),其中:格力电器的涨幅高达近 70 倍,位居所有股票涨幅首位。图 4-3 显示了等权重组合(包含所有 803 只股票,每月最后一个交易日调整权重到等权重,并忽略调仓成本和由于停牌、涨跌停等因素不能调仓的情形)和买入持有基准组合(包含所有 803 只股票,在初始时刻买入相同数量的股票,然后被动持有权重不做调整)的累计净值。从累计净值来看,等权重和买入持有基准组合的收益表现均远远跑赢沪深 300 指数,这表明在这一历史期间沪深 300 蓝筹股的表现远不及中小股票的表现。比较等权重和买入持有基准组合的收益,可以看出动态调整组合的权重,卖出部分涨幅高的股票,买入部分跌幅高的股票,这种买跌卖涨的等权重动态调整仓位的方式在我国股票市场能够显著地增加组合的业绩表现。

(2) 实证方法

为避免数据挖掘偏差的问题,我们选择以下最常用的均线信息进行选股:5 日、10 日、20 日、30 日、60 日、120 日、250 日和 500 日均线。为检验多头组合能否获得超额收益,我们分别设计以下基于时间序列的回归模型(1),(2)和(3),计算组合在样本外的收益表现经过风险调整之后是否还存在超额收益 α:

① $r_p = \alpha + \beta r_m + \varepsilon$

② $r_p = \alpha + \beta r_b + \varepsilon$

图 4-3　基准组合的累计净值

③ $r_p = \alpha + \beta_1 r_m + \beta_2 r_{size} + \beta_3 r_{value} + \varepsilon$

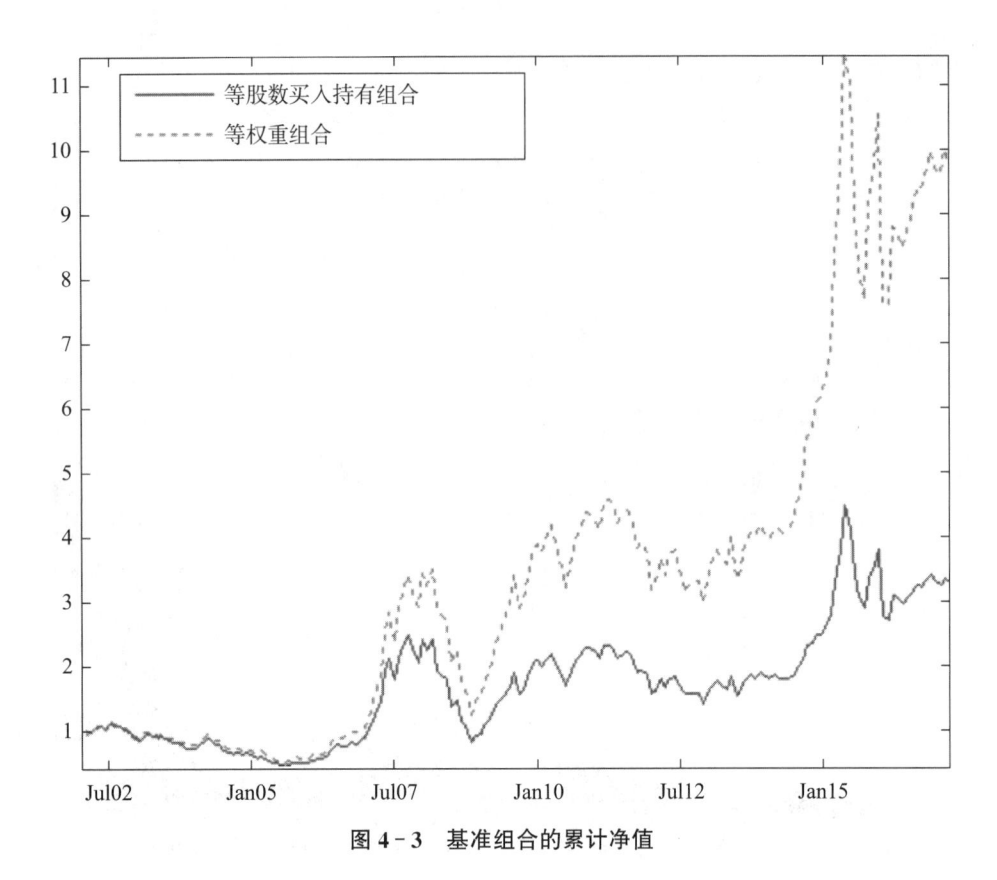

其中，

r_p 为趋势因子多头组合剩余收益率（减去无风险利率），

r_m 为沪深 300 指数剩余收益率，

r_b 为基准组合的剩余收益率，

r_{size} 为 Fama-French 三因素模型中的规模因子收益率，

r_{value} 为 Fama-French 三因素模型中的价值因子收益率。

注：这里我们用申万小盘股指数的收益减去申万大盘股指数的收益得到 r_{size}；用申万高市净率指数的收益率减去低市净率指数的收益率得到 r_{value}。

4.4.3　趋势因子选股有效性的实证检验

（1）每月调整组合的实证结果

我们先讨论每月进行组合调整的情形，即在每个月的最后一个交易日，选出预测收益最高的 10% 的股票构成等权重的趋势因子多头组合。预测的系数采用 Han，Zhou 和 Zhu 等人（2016）文中的平滑参数 12 进行平滑处理，即用过去 12 个月的系数的平均值对股票的收益进行预测。图 4-4 给出了趋势因子多头组合和买入持有基准组合（包含所有 803 只股票，在初始时刻买入相同数量的股票，然后被动持有权重不做调整），以及等权重基准组合（包含所有 803 只股票，股票的权重在每个月最后一个交易日调整为 1/803）的累计净值。

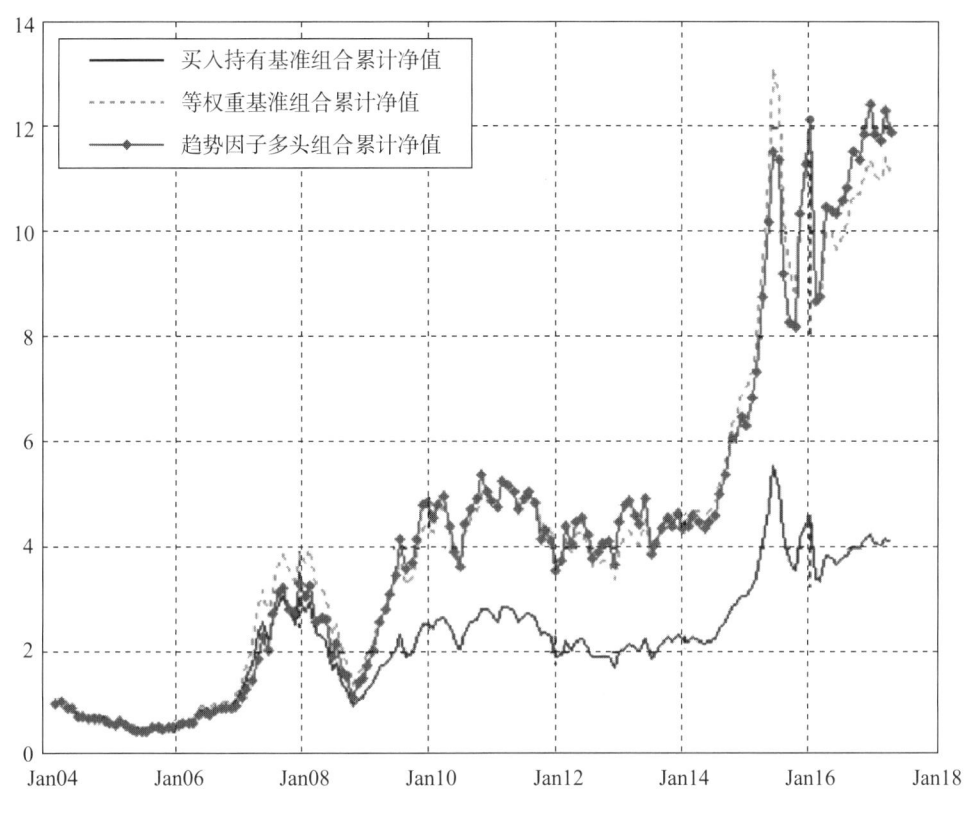

图 4-4　每月调整趋势因子多头组合的累计净值

表 4-2 给出了超额收益 α 的估计：基于组合的月收益数据我们得到趋势因子多头组合相对于沪深 300 指数具有超额收益(5%的显著水平下)，但超额收益来自组合的等权重调整，而并非来源于趋势因子的选股效应，因为模型(2)的权重调整方式与趋势因子组合一致，但并不对股票进行甄选，模型(2)却没有显示存在统计意义上显著的超额收益。同样 Fama-French 三因素模型也表明趋势因子组合的收益在对大盘、规模和价值系统风险调整后并不存在统计意义上显著的超额收益。

表 4-2　　　　　　　　　　　　每月调整组合的超额收益 α

	模型(1)	模型(2)	模型(3)
α	0.011 7	0.000 7	0.005 1
T 统计量	2.402 0	0.255 5	1.696 5

(2) 每周调整组合的实证结果

考虑到我国市场的风格变化较快，接下来我们讨论每周进行组合调整的情形，即每周的最后一个交易日选出预测收益最高的 10% 的股票构成等权重的趋势因子多头组合。预测的系数用过去 30 周的系数的平均值对股票的收益进行预测。图 4-5 给出了趋势因子多头组合和买入持有基准组合(包含所有 803 只股票，在初始时刻买入相同数量的股票，然后被动持有权重不做调整)，以及等权重基准组合(包含所有 803 只股票，股票的权重在每周最后一个交易日调整为 1/803)的累计净值。

图 4-5 每周调整趋势因子多头组合的累计净值

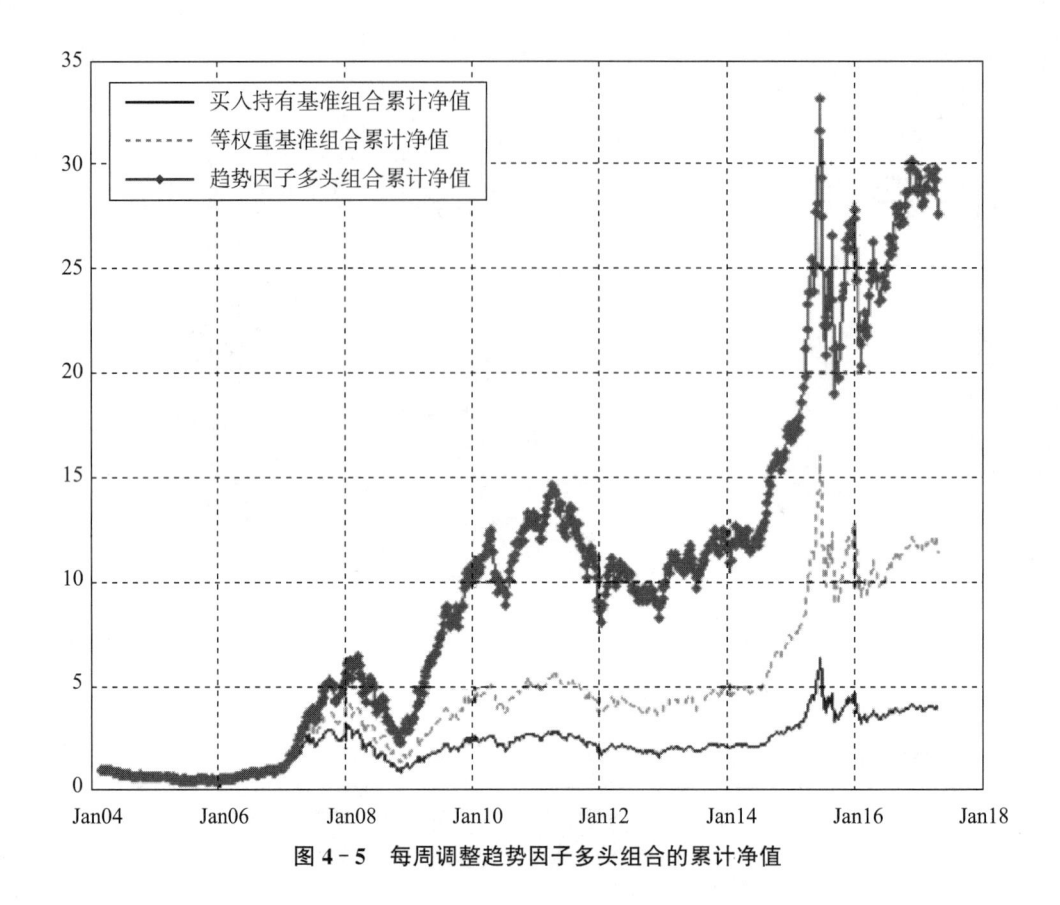

表 4-3 给出了超额收益 α 的估计:基于组合的周收益数据我们得到趋势因子多头组合相对于沪深 300 指数具有超额收益(5% 的显著水平下),模型(2)也显示存在统计意义上显著的超额收益。同样 Fama-French 三因素模型也表明趋势因子组合存在统计意义上显著的超额收益。以模型(2)为例,趋势因子多头组合相对于等权重基准组合的超额收益为 0.15%/周,以每年 52 周计,则相当于 7.8%/年的超额收益。虽然趋势因子在基于每周调整组合中股票成份和权重的基础上产生了超额回报,但历史回溯测试表明趋势因子多头组合策略的净值最大回撤比率仍然超过 60%,这对于大部分私募基金而言是很难以直接进行大比例资金投入的。

表 4-3　　　　　　　　　　每周调整组合的超额收益 α

	模型(1)	模型(2)	模型(3)
α	0.004 3	0.001 5	0.002 9
T 统计量	3.735 7	2.574 4	4.003 5

图 4-6 显示了每周调整趋势因子多空组合的累计净值:趋势因子多头组合和沪深 300 指数空头组合、趋势因子多头组合和等权重基准组合空头以及等权重基准组合。

图 4-7 显示了每周调整趋势因子多头组合的股票数量。由于停牌和涨跌停等原因造成某些股票并不能及时从组合中调整,因此组合的股票数量在很多调仓时间点上超过了股票总数的 10%(80 只)。比如,在 2015 年股灾期间和 2016 年熔断期间等极端情况下组合的

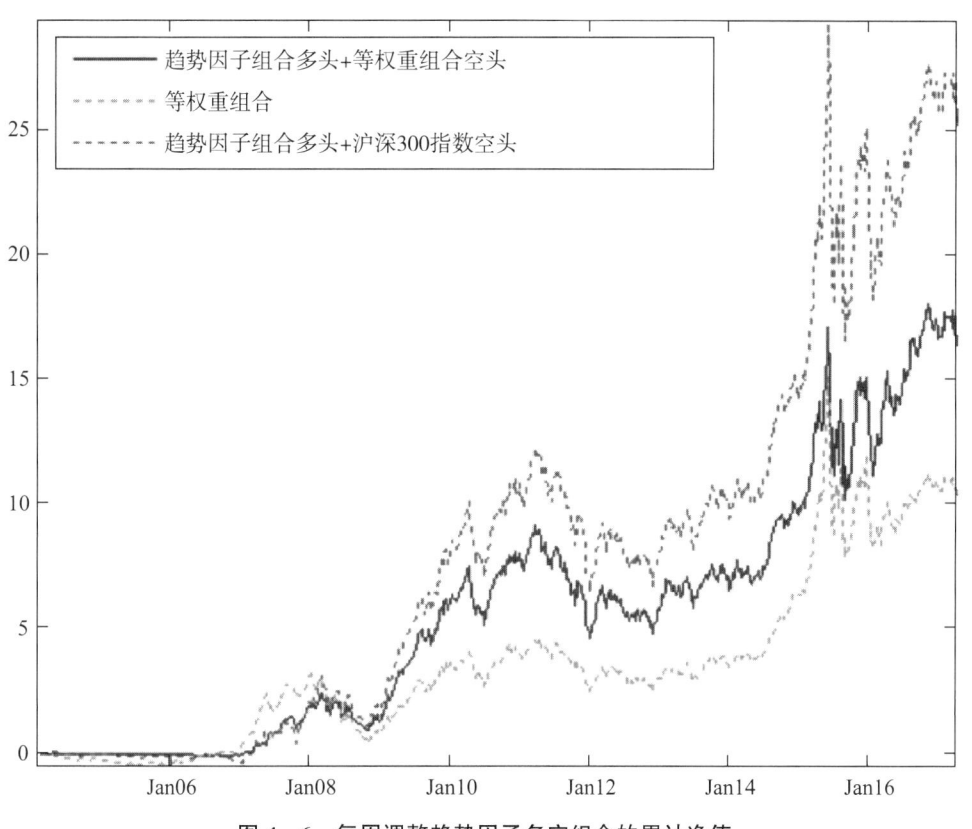

图 4-6 每周调整趋势因子多空组合的累计净值

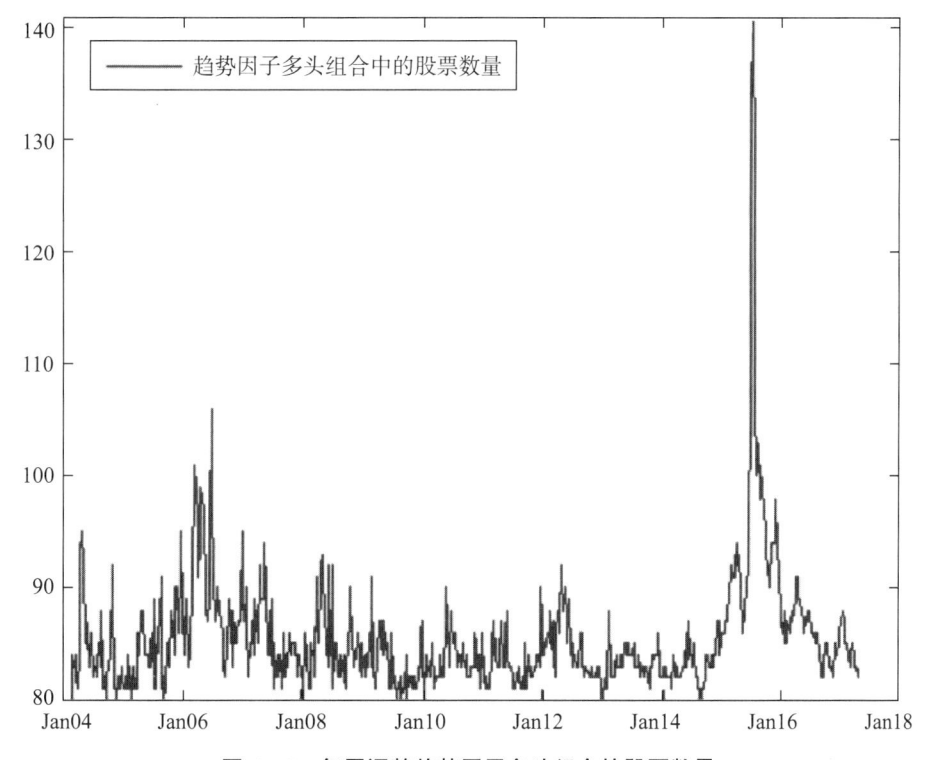

图 4-7 每周调整趋势因子多头组合的股票数量

股票数量远远超过了 80 只,最多的时候组合持有的股票数量达到了 140 只左右,其中有 60 只左右因为停牌或跌停无法抛出而被迫继续持有。

(3) 趋势因子多头组合超额收益的分解

接下来我们分析基于每周调整组合的趋势因子多头组合超额收益来源于市场上涨时期还是市场下跌时期。具体我们建立以下回归模型:

$$r_p = \alpha_u D_u + \alpha_d D_d + \beta_1 r_m + \beta_2 r_{size} + \beta_3 r_{value} + \varepsilon$$

其中,

D_u 表示沪深 300 指数上涨时的哑变量,

D_d 表示沪深 300 指数下跌时的哑变量。

回归结果如表 4-4 所示:上涨时的超额收益 α_u 为 0.003 2,在 5% 的显著水平下显著大于 0;下跌时的超额收益 α_d 为 0.002 2,在 5% 的显著水平下与 0 没有差别。从实证结果来看,趋势因子的超额收益主要来源于市场上涨时的选股能力,市场下跌时的选股能力并不明显。

表 4-4　　　　　　　　基于每周调整组合的趋势因子超额收益分解

	α_u	α_d	β_1	β_2	β_3
系数	0.003 2	0.002 2	1.031 6	0.766 0	0.061 3
T 统计量	2.637 6	1.813 4	39.018 6	29.639 4	2.444 1
R^2_{adj}	0.867 7				

(4) 趋势因子多头组合策略的评价

下面我们就基于每周调整组合股票成份和权重的趋势因子多头策略在 2004 年 2 月~2017 年 4 月期间每周的净值表现进行评价,评价结果如表 4-5 所示。相对于沪深 300 指数和其他两个基准组合,趋势多头策略在年化收益率、夏普比率(无风险利率以 3% 计)、最大回撤比率和胜率(基于每周的收益)均表现良好。但趋势多头策略由于在任何时候都是满仓持有股票,其最大回撤比率仍然达到了 64.40%。考虑趋势因子多头组合和沪深 300 指数的空头组合,则该多空组合的最大回撤比率有所改善,最大回撤比率下降到了 49%。在实际应用中,资金应当在不同策略中进行分散配置,根据趋势多头策略与其他策略的相关性和期望收益决定资金在趋势多头策略上的配比,从而将整个资金的回撤水平控制在风险容忍的范围之内。另外,也可以考虑加入择时策略进行改良,牺牲收益以降低策略的最大回撤比率。

表 4-5　　　　　　　　基于每周调整组合的趋势因子多头策略评价

	年化收益率	夏普比率	最大回撤比率	胜率
趋势因子策略	28.73%	0.848 6	64.40%	57.73%
买入持有基准组合	10.69%	0.398 2	70.19%	56.67%
等权重基准组合	20.27%	0.663 3	67.34%	57.42%
沪深 300 指数	7.20%	0.290 1	71.00%	52.88%
趋势+沪深 300 指数多空	28.18%	0.829 6	49.00%	56.97%
趋势+等权重多空	24.23%	0.805 5	44.90%	55.61%

(5) 横截面股票收益预测模型的评价

图 4-8 给出了不同时期利用多条均线与当前股票之间的信息,预测下期股票收益回归方程的 R^2,平均而言,预测方程的拟合效果 R^2 约为 8.5%,最好的拟合效果大约为 51%。可以看出:横截面股票收益预测模型表现出了一定的收益预测能力,基于预测模型的选股策略具有一定的股票甄别能力。

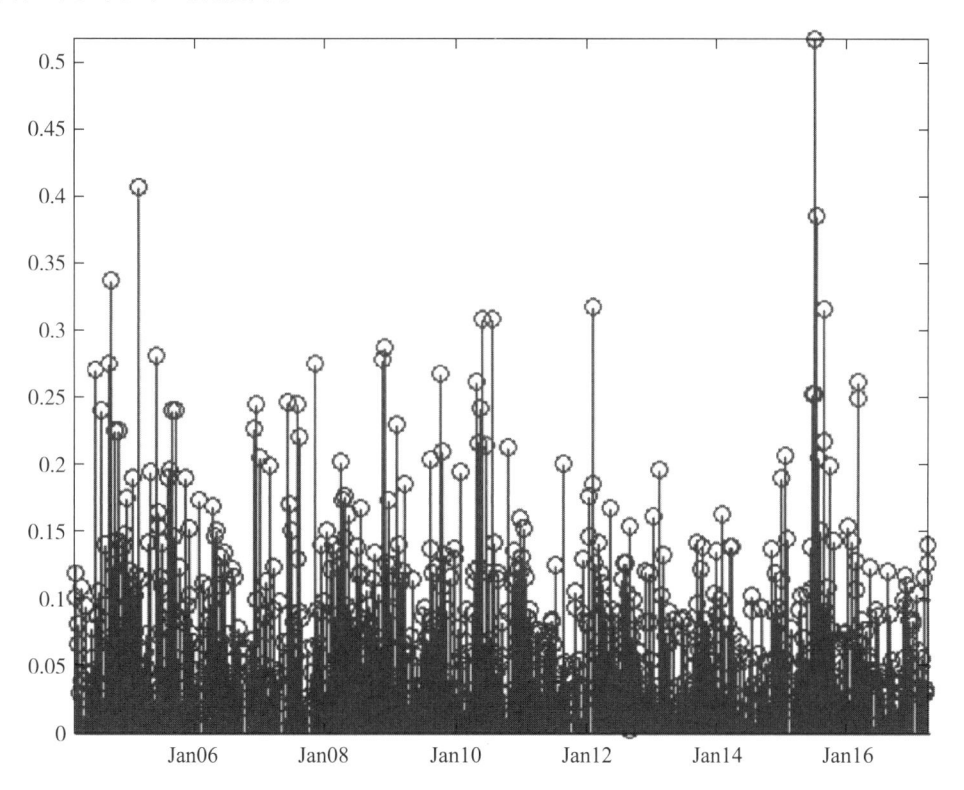

图 4-8 横截面股票收益预测模型的 R^2

(6) 趋势因子多空组合的系统风险

下面我们考察模型预测的最差的 10% 的股票组合的收益情况。我们同样以周为调整周期,构造预测收益最差的 10% 的等权重股票多头组合。图 4-5 给出了最差趋势因子多头组合的净值,可以看出:最差的 10% 的股票组合明显跑输了基准组合。进一步使用模型(3)计算该组合的超额收益得到

$$r_{bottom} = -0.0055 + 0.9692 r_m + 0.7226 r_{size} + 0.0946 r_{value}$$
$$R_{adj}^2 = 86.84\%$$

$\alpha = -0.0055/$周,T 统计量为:-8.7100,即在通常的显著水平下显著为负。这也进一步验证了均线信息对个股选择具有预测作用。其他三个因子回归系数的 T 统计量分别为 59.4423,30.0772 和 4.0547。如果构造这样一个组合(不考虑多空组合调仓成本和融券成本):买入前 10% 趋势因子多头组合,同时卖空后 10% 趋势因子多头组合。可以预计组合的收益 $r_p = r_{top} - r_{bottom}$ 所承担的系统风险将非常低,这可以通过建立以下回归方程得到验证:

$$r_p = r_{top} - r_{bottom} = \alpha + \beta_1 r_m + \beta_2 r_{size} + \beta_3 r_{value} + \varepsilon$$

回归方程的估计结果为

$$r_p = 0.008\,2 + 0.071\,6 r_m + 0.044\,1 r_{size} - 0.033\,6 r_{value}$$
$$R_{adj}^2 = 1.44\%$$

可以看出：Fama-French 模型中三个因素对多空收益的解释能力只有 1.4% 左右，超额收益 $\alpha = 0.008\,2/$周，T 统计量为：8.970 1，即在通常的显著水平下显著为正。其他三个因子回归系数的 T 统计量分别为 3.024 1、1.263 4 和 $-0.991\,8$，多空组合仅在市场组合因子上暴露了一定程度的系统风险。如果建立相应股票的底仓，则以上多空组合的收益可以在实际市场上实现，当然必须考虑交易成本和持有底仓所承担的系统风险。

4.4.4　趋势因子选股模型的 Matlab 回溯测试函数

下面我们直接给出利用趋势因子选股模型的 Matlab 回溯测试函数 my_backtest_trend_factor。函数的解释部分对输入和输出都进行了详细描述。

```
function [coef,r_sq,id_buy,nav_p,nav_bench,nav_bh,T] = my_backtest_trend_factor…
(data,id_suspend,ma,period,N_mv,cost_buy,cost_sell,type)
% 趋势因子选股模型的回溯测试函数
% 参考文献
% Yufeng Han, Guofu Zhou, Yingzi Zhu. 2016, A Trend Factor:
% Any Economic Gains from using Information
% over Investment Horizons?
% Journal of Financial Economics (122):352 – 375.
% 输入
% data:T*(K+1)矩阵，K 只股票价格日收盘价序列，
%       [日期序列,股票 1 日收盘价序列,…,股票 K 日收盘价序列]
% id_suspend:T*K 矩阵，K 只股票日停牌信息矩阵,0 表示停牌,1 表示正常交易
% ma:均线参数向量,比如,ma = [5,10,20,30,60,120,500]
% period:取'w'或'm',分别表示每周或每月进行调仓
% N_mv:参数的平滑参数,比如,N_mv = 12
% cost_buy:买入股票的交易成本
% cost_sell:卖出股票的交易成本
% type'top'为选择预测收益前 10% 的股票,'bottom'为选择预测收益后 10% 的股票
% 输出
% coef:在不同时间截面回归的系数矩阵
% r_sq:在不同时间截面回归的决定系数
% id_buy:不同时间的趋势因子选出的股票
% nav_p:趋势因子多头组合的累计净值
% nav_bench:等权重基准组合的累计净值
% nav_bh:买入持有基准组合累计净值
```

```
%T:与净值对应的日期
% 曹志广,2017/4/27
t = data(:,1);% 日期
p = data(:,2:end);% 股票价格
K = size(p,2);
M = length(ma);
p_ma = [];
% 计算调整后的均线
for i = 1:M
    [~,~,a] = my_ma_trend(p,1,ma(i));
    a = a./p;
    p_ma = [p_ma,a];
end
%%%%%%%%%%%%%
% 剔除最大均线参数对应的历史数据
max_ma = max(ma);
t(1:max_ma) = [];
p(1:max_ma,:) = [];
p_ma(1:max_ma,:) = [];
id_suspend(1:max_ma,:) = [];
%%%%%%%%%%%%%%%%%%%%%%%%%%%
% 确定调仓的时间点
switch period
    case 'w'
        a1 = weekday(t);
        a2 = [0;diff(a1)];
        a3 = max(find(a2~=1)-1,1);
        a4 = unique([1;a3]);
    case 'm'
        a1 = month(t);
        a2 = [0;diff(a1)];
        a3 = find(a2~=0)-1;
        a4 = unique([1;a3]);
end
%%%%%%%%%%%%%%%%
% 确定调仓日涨跌停和停牌的股票
r_day = [zeros(1,K);price2ret(p,[],'periodic')];
r_day_period = r_day(a4,:);
stop_period = zeros(size(r_day_period));
```

```
stop_period(r_day_period>=0.099 5)=1;% 用1标出涨停的股票
stop_period(r_day_period<=-0.099 5)=-1;% 用-1标出跌停的股票
suspend_period=id_suspend(a4,:);% 用0标出停牌的股票
t=t(a4);% 调仓时间标记
%%%%%%%%%%%%%%%%%%%%%%%%%
% 计算两次调仓期间的股票收益率和调仓日调整后的均线值
r_period=[zeros(1,K);price2ret(p(a4,:),[],'periodic')];
% 计算两次调仓期间的股票收益率
x_period=p_ma(a4,:);% 调仓日调整后的均线值
p_period=p(a4,:);% 调仓日股票价格
%%%%%%%%%%%%%%%%%%%%%%%%%
% 进行调仓日的截面数据回归
coef=[];
r_sq=[];
for i=1:length(a4)-1
    Y=r_period(i+1,:)';
    X=[];
    for j=1:K
    a1=x_period(i,j:K:end);
    X=[X;a1];
    end
    a1=find(suspend_period(i+1,:)==0);% 找出停牌的股票
    Y(a1)=[];% 剔除停牌的股票
    X(a1,:)=[];% 剔除停牌的股票
    [b,stat]=my_regress(Y,X,1);
    coef=[coef,b];% 保存回归系数
    r_sq=[r_sq,stat.R_sq];% 保存回归的决定系数
end
%%%%%%%%%%%%%%%%%%%
[~,~,coef_mv]=my_ma_trend(coef',1,N_mv);% 平滑回归系数
% 预测股票下一期的收益率
T_period=size(r_day_period,1);% 调仓日的数量
for j=1:K
a1=x_period(2:end,j:K:end);
a2=[ones(T_period-1,1),a1];
r_pred(:,j)=sum(coef_mv.*a2,2);% 计算股票下一期预测的收益率
end
%%%%%%%%%%%%%%%%%
% 选择预测收益最高的10%的股票(不包含未停牌和涨停的股票)
```

```
N_top = floor(K/10);
for i = 1:size(r_pred,1)
b1 = r_pred(i,:);
b2 = suspend_period(i+1,:);
b3 = stop_period(i+1,:);
switch type
    case 'top'
    b1(b2 = = 0|b3 = = 1) = -100;%剔除停牌或者涨停不能买入的股票
    case 'bottom'
    b1(b2 = = 0|b3 = = 1) = 100;%剔除停牌或者涨停不能买入的股票
end
[~,b4] = sort(b1);
switch type
    case 'top'
    id_buy(i,:) = b4(end-N_top+1:end);%标出能够买入的预测收益前10%股票
    case 'bottom'
    id_buy(i,:) = b4(1:N_top);%标出能够买入的预测收益后10%股票
end
end
%%%%%%%%%%%%%%%%%%%%%%%%%%%%%%%
%计算趋势因子多头组合和基准组合的收益
for i = 1:T_period-2
    a1 = id_buy(i,:);%当期调入的股票
    if i>1
    a2 = find(H(i-1,:)>0);%上期持有的股票
    a3 = find(stop_period(i+1,:) = = -1);%找出跌停的股票
    a4 = intersect(a3,a2);%找出上期持有,当期跌停而不能卖出的股票
    a5 = find(suspend_period(i+1,:) = = 0);%找出停牌的股票
    a6 = intersect(a5,a2);%找出上期持有,当期停牌而不能卖出的股票
    a7 = unique([a1,a4,a6]);
    %找出当期需要调入和上期股票中因跌停或者停牌而需要继续持有的股票
    a8 = setdiff(a1,a2);%当期新进入趋势因子多头组合的股票
    a9 = union(a4,a6);%上期持有,当期因为跌停或停牌必须继续持有的股票
    a10 = setdiff(intersect(a1,a2),a9);
    %上期持有,当期继续持有的股票(除了因为跌停或停牌必须继续持有的股票)
    a11 = union(a10,a8);
    %当期趋势因子多头组合新进入的股票和继续持有的股票
    %(除了因为跌停或停牌必须继续持有的股票)
    a12 = setdiff(a2,a7);%上期持有,本期需要卖出的股票
```

```
Z = 1 + r_p(i-1);%上期的总收益
W(i,:) = zeros(1,K);
%计算因为跌停或停牌不能调整股票的权重
if ~isempty(a9)
W(i,a9) = W(i-1,a9).*(1+r_period(i+1,a9))/Z;
W_left = 1-sum(W(i,a9));
Z_left = Z*W_left;
else
W_left = 1;
Z_left = Z;
end
W(i,a11) = W_left/length(a11);%将可以调节权重的股票设置为等权重
H(i,:) = W(i,:)>0;%标记持有的股票
%计算调仓成本
if ~isempty(a12)
    cost_out = W(i-1,a12)*(1+r_period(i+1,a12))'*cost_sell;
else
    cost_out = 0;
end
if ~isempty(a8)
    cost_in = sum(W(i,a8)*Z_left*cost_buy);
else
    cost_in = 0;
end
if ~isempty(a10)
b1 = W(i,a10)*Z_left-W(i-1,a10).*(1+r_period(i+1,a10));
cost_adj = zeros(1,length(a10));
cost_adj(b1>=0) = b1(b1>=0)*cost_buy;
cost_adj(b1<0) = -b1(b1<0)*cost_sell;
cost_adj = sum(cost_adj);
else
cost_adj = 0;
end
cost_total = cost_adj+cost_in+cost_out;%计算总的调仓成本
%%%%%%%%%%%%%%%%%%%%%%%%%%%%%%%%
r_p(i) = W(i,a7)*r_period(i+2,a7)'-cost_total;
%计算1/N趋势因子多头组合的期间收益率
else
W(i,:) = zeros(1,K);
```

```
        W(i,a1) = 1/length(a1);
        H(i,:) = W(i,:)>0;%标记持有的股票
        cost_initial = cost_buy;%初始建仓成本
        r_p(i) = mean(r_period(i+2,a1),2)-cost_initial;
        %计算1/N趋势因子多头组合的期间收益率
    end
    %计算1/N等权重基准组合调仓成本(假定股票在调仓日可以自由调整)
    b2 = 1/K*(1+r_period(i+1,:))-mean(1+r_period(i+1,:))/K;
    cost_adj = zeros(1,K);
    cost_adj(b2>=0) = b2(b2>=0)*cost_sell;
    cost_adj(b2<0) = -b2(b2<0)*cost_buy;
    cost_adj = sum(cost_adj);
    r_bench(i) = mean(r_period(i+2,:),2)-cost_adj;
    %计算1/N基准组合的期间收益率
end
r_p = r_p(:);
r_bench = r_bench(:);
%%%%%%%%%%%%%%%%%%%%%%%%%%%%%%
nav_bh = mean(p_period(2:end,:),2);
nav_bh = nav_bh/nav_bh(1);
%初始等股票数量买入持有基准组合的累计净值
nav_bench = ret2price(r_bench,1,[],[],'periodic');
%1/N等权重基准组合的累计净值
nav_p = ret2price(r_p,1,[],[],'periodic');
%趋势因子多头组合的累计净值
%累计净值作图
T = t(2:end);
h = figure;
set(h,'color','w')
plot(T,nav_bh)
hold on
plot(T,nav_bench,'g:')
plot(T,nav_p,'r.-')
grid on
legend('买入持有基准组合累计净值','等权重基准组合累计净值',…'趋势因子多头组合累计净值',2)
datetick('x',12)
axis tight
%%%%%%%%%%%%%%
```

```
function [s,f_short,f_long] = my_ma_trend(p,short,long)
% 输入
% p:T*K 矩阵,K 个股票 T 个时间点的价格
% short:短期均线参数
% long:长期均线参数
% 输出
% s:T*K 信号矩阵
% f_short:短期均线
% f_long:长期均线
[m,n] = size(p);
s = zeros(m,n);
if short> = long||long<2
    error('均线参数有误')
end
f_short = p;
f_long = p;
for i = long:m
    A = p(i-short+1:i,:);
    B = p(i-long+1:i,:);
    f_short(i,:) = mean(A,1);
    f_long(i,:) = mean(B,1);
end
s(f_short>f_long) = 1;
end
```

参考文献

[1] Brock, W., Lackonishok, J. LeBaron, B. 1992, Simple technical trading rules and the stochastic properties of stock returns, *Journal of Finance* (47):1731-1764.

[2] Fama, E. F. Blume, M. E. 1966, Filter rules and stock market trading. *Journal of Business* (39):226-241.

[3] Han Yufeng, Guofu Zhou, Yingzi Zhu. 2016, A Trend Factor: Any Economic Gains from Using Information over Investment Horizons? *Journal of Financial Economics* (122):352-375.

[4] Lo, A W. Mamaysky, H. Wang J. 2000, Foundations of technical analysis: computational algorithms, statistical inference, and empirical implementation, *Journal of Finance* (55):1705-1765.

[5] Sullivan, R. Timmermann, A. White, H. 1999, Data snooping, technical trading rule performance, and the bootstrap. *Journal of Finance* (54):1647-1691.

第五章 Alpha 策略

5.1 Alpha 策略的基本原理

5.1.1 分离系统风险和非系统风险

我们以单因素模型为例来简单说明 Alpha 策略(市场中性策略,α 策略)的基本做法。假定资产 i 的收益可以用以下单因素模型来刻画:

$$r_{i,t}=\alpha_i+\beta_i r_{m,t}+\varepsilon_{i,t},\forall i$$

其中,

$r_{i,t}$ 表示股票 i 在 t 时刻的收益,

$r_{m,t}$ 表示市场组合在 t 时刻的收益,

β_i 衡量了股票 i 承担的系统风险,

$E[\varepsilon_{i,t}]=0$。

资产 i 收益的随机性来源于两部分:一部分是来源于市场组合的随机波动,对应系统风险;另一部分是与公司特质信息相关的随机部分,对应非系统风险。中性策略的方法首先是通过一定的选股方法选出未来具有正超额收益的证券 $i=1,2,\cdots,N_1$ 构建多头组合 L,然后再选出未来具有负超额收益的证券 $j=1,2,\cdots,N_2$ 构建空头组合 S(当然也可以选择没有超额收益的证券来对冲系统风险),再利用组合 L 和组合 S 构建多空组合 P,并选择合适的组合权重使得组合 L 和组合 S 的 β 值相等。

$$r_{L,t}=\alpha_L+\beta_L r_{m,t}+\varepsilon_{L,t}$$
$$r_{S,t}=\alpha_S+\beta_S r_{m,t}+\varepsilon_{S,t}$$
$$r_{P,t}=r_{L,t}-r_{S,t}=\alpha_L-\alpha_S+(\beta_L-\beta_S)r_{m,t}+\varepsilon_{L,t}-\varepsilon_{S,t} \tag{1}$$

其中,

$$\alpha_i > 0, i = 1, 2, \cdots, N_1,$$
$$\alpha_j < 0, j = 1, 2, \cdots, N_2,$$
$$\alpha_L = \sum_{i=1}^{N_1} w_i \alpha_i,$$
$$\alpha_S = \sum_{j=1}^{N_1} w_j \alpha_j,$$
$$\beta_L = \sum_{i=1}^{N_1} w_i \beta_i,$$
$$\beta_S = \sum_{j=1}^{N_2} w_j \beta_j,$$
$$\varepsilon_{L,t} = \sum_{i=1}^{N_1} w_i \varepsilon_{i,t},$$
$$\varepsilon_{S,t} = \sum_{j=1}^{N_2} w_j \varepsilon_{j,t}。$$

选择合适的权重 $w_i, w_j, i=1,2,\cdots,N_1, j=1,2,\cdots,N_2$ 使得

$$\beta_L = \beta_S$$

则多空组合 P 的收益为

$$r_{P,t} = \alpha_P + \varepsilon_{P,t} \tag{2}$$

其中,

$\alpha_P = \alpha_L - \alpha_S > 0,$

$\varepsilon_{P,t} = \varepsilon_{L,t} - \varepsilon_{S,t}。$

如果组合足够分散,则

$$E[r_{P,t}] = \alpha_P > 0$$
$$var(r_{P,t}) \to 0$$

即多空组合消除了系统风险对组合收益的影响,如果组合中的股票比较分散,又消除了大部分的非系统风险,最后几乎非常确定性地获得了超额回报 α_P。

个股的卖空成本比较高,甚至难以卖空,通常可以用跟踪市场组合的股指期货来对冲系统风险。

类似地,期货收益 $r_{F,t}$ 满足以下单因素模型:

$$r_{F,t} = \alpha_F + \beta_F r_{m,t} + \varepsilon_{F,t}$$

每1元的组合 L,通过构造 h 元的股指期货空头来对冲系统风险,可以达到市场中性的目标,即选择合适的 h,使得

$$\beta_L = h \beta_F$$

因此,股票多头和期货空头的组合收益 Q 可以表示为

$$r_{Q,t} = \alpha_L - h \alpha_F + \varepsilon_{L,t} - h \varepsilon_{F,t} \tag{3}$$

如果股指期货能够紧密跟踪市场组合,则

$$\alpha_F \approx 0, \beta_F \approx 1, \varepsilon_{F,t} \approx 0$$
$$E[r_{Q,t}] = \alpha_L > 0$$

$$var(r_{Q,t}) \to 0$$

同样地，多空组合消除了系统风险对组合收益的影响，几乎非常确定性地获得了超额回报 α_L。但如果期货相对于市场组合处于贴水状态，即 $\alpha_F>0$，甚至 $\alpha_F>\alpha_L$，则市场中性策略将难以获得正的超额收益。比如，2016～2017 年期间我国股票市场上股指期货相对于其现货指数出现明显的贴水现象，市场上许多市场中性策略都表现不佳；而当期货相对于现货指数升水时，$\alpha_F<0$，市场中性策略将会额外获得回报。值得提醒的是当某一特定的市场中性策略被广泛使用后，策略的表现通常不佳。这其中的原因是当市场的无效性被众多投资者利用后，市场的有效性就会得以恢复。这就需要策略的开发者不断发觉未被其他投资者广泛认识到的市场无效之处，开发出新的市场中性策略。

5.1.2 控制非系统风险

市场中性策略需要通过构建分散的多空组合来分散非系统风险，如果组合的股票数量过少，则非系统风险将会对策略的收益产生明显的影响，其影响可正可负，难以控制。市场中性策略以多因素定价模型为基础，根据多因素模型，将资产的收益分解成系统风险对应的收益和非系统风险对应的收益，而系统风险对应的收益部分由股票暴露在多个因素上的系数共同决定。如果多因素定价模型设定错误，则市场中性策略需要划定的系统风险和非系统风险就会存在问题，接下来的非系统风险和系统风险的控制也会存在问题。比如，我国股票市场经常出现大盘蓝筹股和小盘股行情分化的走势，在大盘股下跌而小盘股上涨的分化行情中，如果采用 CAPM 模型来建立市场中性策略，经常会选择小盘股为多头组合，同时卖出沪深 300 股指期货以对冲系统风险。具体地，定价模型如下。

$$r_{i,t}=\alpha_i+\beta_i r_{m,t}+\varepsilon_{i,t}, \forall i$$

其中，

$r_{i,t}$ 表示股票 i 在 t 时刻的收益，

$r_{m,t}$ 表示沪深 300 指数在 t 时刻的收益。

这样的市场中性策略在将来可能发生的大盘股上涨而小盘股下跌的分化行情中，可能会损失惨重。因为 CAPM 模型并不适合刻画我国的股票市场，它至少忽略了小盘股承担了规模因子所对应的系统风险。在大盘股下跌而小盘股上涨的分化行情中，买入小盘股，同时卖空沪深 300 股指期货的市场中性策略，其实是将组合的风险暴露在规模因子的系统风险之下，组合的系统风险并非中性，组合取得的超额收益实际上是承担了规模因子所带来的系统风险所对应的收益。因此，如果规模因子在未来表现糟糕，组合的收益也将表现惨淡。

控制市场中性策略的非系统风险必须以建立合理的多因素定价模型为基础。在此基础上，建立充分分散的股票组合就可以较好地控制非系统风险了。一般情况下，当组合的股票数量达到 30 只以后，组合的非系统风险就比较低了。作为一个经验阈值，多头组合中的股票数量应该至少保持在 30 只左右。类似地，如果构建股票的空头组合来对冲系统风险，空头组合的股票数量也应该至少保持在 30 只左右。

5.1.3 对冲系统风险

对冲系统风险同样也必须以建立合理的多因素定价模型为基础。遗漏的系统风险所对

应的收益将对市场中性策略的超额收益 α 产生明显的影响,其影响的方向在特定的一段投资期间是不确定的,可正可负,具体取决于遗漏的系统因子在该投资期间的变化是正面还是负面。而对于市场中性策略而言,我们是不希望承担系统风险的。一般而言,对冲系统风险通常可以通过衍生品或建立股票的空头组合来实现。

5.2 对冲系统风险的方法

5.2.1 利用融券交易对冲系统风险

通过构建空头股票组合来对冲系统风险,可以比较精准地对冲多因素定价模型所对应的系统风险。我们以 Fama-French 三因素定价模型为例,假定股票的收益满足

$$r_{i,t} = \alpha_i + \beta_{i,1} r_{m,t} + \beta_{i,2} r_{size,t} + \beta_{i,3} r_{value,t} + \varepsilon_{i,t}, \forall i$$

首先构造具有正的 α 的多头组合 L,进一步估计多头组合分别对应的三个系统因子的贝塔值 $\beta_{L,1}, \beta_{L,2}, \beta_{L,3}$,然后构造具有负的 α 的多头组合 S,并调整空头组合中各成份股票的权重,使得空头组合的 β 值与多头组合对应的 β 值分别相等,即

$$\beta_{L,1} = \sum_{i=1}^{N_S} W_i * \beta_{i,1} = \beta_{S,1}$$

$$\beta_{L,2} = \sum_{i=1}^{N_S} W_i * \beta_{i,2} = \beta_{S,2}$$

$$\beta_{L,3} = \sum_{i=1}^{N_S} W_i * \beta_{i,3} = \beta_{S,3}$$

其中,

N_S 表示空头组合中股票的数量,

$\beta_{S,i}, i=1,2,3$ 表示空头组合分别对应于三个因子的 β 值,

$W_i, i=1,2,\cdots,N_S$ 表示空头组合中股票的权重。

通常情形下,股票的数量远远超出多因素定价模型中的因素的数量,因此,我们在构建空头组合的过程中,总是能够找到合适的权重 $W_i, i=1,2,\cdots,N_S$ 使得空头组合的 β 值与多头组合保持一致。由于空头组合的首要目的是对冲多头组合的系统风险,空头组合中的成份股可以是具有负的超额收益的股票,也可以是具有零超额收益的股票。这样空头组合的股票选择可以很多,我们甚至可以针对多头组合中的每一个成份股,选择与其行业、规模等匹配的对应股票作为空头组合的成份股。

卖空(融券)股票(包括 ETF)在我国的成本通常比较高,抵押品的比例也非常高,甚至高达 100% 的担保比例。另外,年化的利息也很高,有时候高达 10% 以上。在很多时候还无法融券到想要的对象。一个变通的方法是实现买入一揽子股票作为底仓,比如中证 500 指数的成份股。这样,在中证 500 指数的成份股中构建市场中性策略时,卖空股票只需要卖出相应的股票就可以了,然后将卖出所得买入具有正的超额收益的多头组合的成份股就行了。自我融券的好处是克服了从券商融券的高成本等缺点,坏处是占用了资金,并且还承担了底仓的系统风险,这样的做法非常适合于指数增强型的金融产品。当然,这一风险可以通过股指期货的空头来对冲。

5.2.2 利用期货和期权对冲系统风险

如果市场存在丰富的金融衍生产品,市场中性策略还可以通过期货、期权等衍生品对冲系统风险。目前我国市场的金融衍生产品线也开始发展起来了。2010 年 4 月 16 日中国金融期货交易所推出沪深 300 股指期货(乘数为 300),上证 50(乘数为 300)和中证 500(乘数为 200)期货合约自 2015 年 4 月 16 日起开始交易。2015 年 2 月 9 日,上证 50ETF 期权正式在上海证券交易所上市交易。2019 年 12 月 23 日上海证券交易所和深圳证券交易所推出了沪深 300ETF 期权合约,中国金融期货交易所同时也推出了沪深 300 股指期权合约。

(1) 利用股指期货对冲系统风险

在实际市场上,融券卖出股票现货对于机构投资者而言并不那么容易,而股指期货的杠杆性和高流动性可以很好地对冲股票市场的系统风险,从而起到套期保值、对冲系统风险的作用。记 R_S 为现货的简单百分比收益率,[①] R_F 为期货的简单百分比收益率,H 为套期保值比率(1元的现货需要 H 元的期货进行风险对冲)。则一个常用的套期保值做法是选择最优的套期保值比率 H_{var} 使得组合的方差最小,即

$$\min_H var(R_S - HR_F)$$

这与估计以下回归方程中的斜率项 β 是等价的:

$$R_{S,t} = \alpha + \beta R_{F,t} + \varepsilon_t$$

即 $H_{var} = \beta = \dfrac{cov(R_S, R_F)}{var(R_F)}$

另一个常用的套期保值做法是选择最优的套期保值比率 H_{VaR},使得组合置信水平为 $1-\alpha$ 的 VaR 最小(通常 α 设定为 1% 和 5%),即

$$\min_H VaR_{1-\alpha}(R_S - HR_F)$$

$1-\alpha$ 的 VaR 对应的是组合收益率分布的 α 的分位数的负数,记 q_α 为组合收益率分布的 α 的分位数,则 $VaR_{1-\alpha} = -q_\alpha$。

如果组合收益 $R_S - HR_F$ 服从正态分布,则最小化 VaR 的最优套期保值比率 $H_{VaR} = H_{var}$。

如果组合收益 $R_S - HR_F$ 服从非正态分布,则最小化 VaR 的最优套期保值比率通常与最小化方差的最优套期保值比率不同。

估计 VaR 的方法很多,我们可以利用 Cornish-Fisher 展开式来计算组合的 $VaR_{1-\alpha}$,即

$$VaR_{1-\alpha} = -(\mu + \sigma q_\alpha)$$

其中,

$$q_\alpha = c_\alpha + 1/6(c_\alpha^2 - 1)S + 1/24(c_\alpha^3 - 3c_\alpha)(K-3) - 1/36(2c_\alpha^2 - 5c_\alpha)S^2$$

μ 为组合收益的均值,

σ 为组合收益的标准差,

[①] 定义为:p_{t+1}/p_{t-1},其中 p_{t+1} 和 p_t 分别为 $t+1$ 和 t 时刻的价格。

S 为组合收益的偏度，

K 为组合收益的峰度，

c_α 为标准正态分布的 α 分位数。

（2）期货套期保值的案例

假定某机构投资者持有 1 亿元的中信证券（600030）股票，该投资者考虑使用沪深 300 股指期货来进行套期保值，从而对冲大盘的系统风险。如果目标是使得组合收益的波动性最小，则 H_{var} 为中信证券收益率与沪深 300 股指期货回归后的斜率。

通过 2014/7～2017/3 期间日历史数据的回归分析（使用沪深 300 指数代替当月期货合约）可以得到 $H_{H_{var}} = 1.37$，如当月期货合约的价格为 3 400 元，则需要期货合约的份数为 1.37 亿/300/3 400 ≈ 133。

基于历史数据得到，在最小方差套期保值比率下，套保组合的日波动率为 1.88%，而现货的波动率为 3.15%。

进一步应用 Cornish-Fisher 展开式估计组合的 99% VaR，得到最优套期保值比率 $H_{VaR} = 0.76$，则需要期货合约的份数为 0.76 亿/300/3 400 ≈ 75。

基于历史数据得到，在最小 99% VaR 套期保值比率下，套保组合的 99% VaR 为 4.97%，而现货的 99% VaR 为 10.11%。

（3）利用期权合成现货空头

下面我们以 50ETF 期权为例，简单说明利用期权合成现货空头，从而对冲多头组合系统风险的具体做法。如果股票不支付红利，做空股票在 T 时刻的未来现金流为 $S_0 - S_T$，其中，S_0 表示当前时刻 50ETF 的价格；S_T 表示未来 T 时刻 50ETF 的价格。考虑一个执行价格 $K = S_0$ 的看涨和看跌期权的组合：买入看跌期权，卖出看涨期权，则该组合在 T 时刻的现金流与卖空股票的现金流是一致的。表 5-1 给出了一个 2016/2/25～2016/3/25 期间应用 50ETF 期权进行卖空 50ETF 现货的例子。在例子中买入 50ETF2016 年 4 月份到期（4 月份的第四个星期三），执行价格为 1.950 元的看跌期权（认沽期权），同时卖出 50ETF2016 年 4 月份到期，执行价格为 1.950 元的看涨期权（认购期权）。从表 5-1 中可以看出利用期权组合间接卖空 50ETF 现货的现金流与直接卖空 50ETF 现货的现金流基本一致，其中的差别是可以接受的。但由于目前我国 50ETF 期权交易还不太活跃，流动性存在比较大的问题，难以承受由大的交易量带来的价格冲击，大规模地使用期权来合成现货的空头头寸还有待于我国 50ETF 期权市场的发展。

表 5-1　　　　　　　　　　　　应用期权实现做空现货

日期	50ETF 购 4 月 1 950	50ETF 沽 4 月 1 950	50ETF	卖空现货	卖出 call 买入 put
2016/2/25	0.070 4	0.126 2	1.936	0	0
2016/2/26	0.075 9	0.114 7	1.956	−0.02	−0.017
2016/2/29	0.063	0.129 1	1.937	−0.001	0.010 3
2016/3/1	0.079 2	0.101 9	1.971	−0.035	−0.033 1
2016/3/2	0.115 4	0.067 7	2.049	−0.113	−0.103 5
2016/3/3	0.119 3	0.068 9	2.053	−0.117	−0.106 2

(续表)

日期	50ETF 购 4 月 1 950	50ETF 沽 4 月 1 950	50ETF	卖空现货	卖出 call 买入 put
2016/3/4	0.158 3	0.050 5	2.122	−0.186	−0.163 6
2016/3/7	0.169	0.048	2.111	−0.175	−0.176 8
2016/3/8	0.170 5	0.047 2	2.115	−0.179	−0.179 1
2016/3/9	0.151 9	0.054 9	2.107	−0.171	−0.152 8
2016/3/10	0.135 7	0.060 7	2.059	−0.123	−0.130 8
2016/3/11	0.130 4	0.060 1	2.066	−0.13	−0.126 1
2016/3/14	0.144 4	0.05	2.076	−0.14	−0.150 2
2016/3/15	0.147 5	0.048 3	2.098	−0.162	−0.155
2016/3/16	0.156 7	0.041 5	2.135	−0.199	−0.171
2016/3/17	0.178	0.031 6	2.132	−0.196	−0.202 2
2016/3/18	0.200 8	0.025 9	2.14	−0.204	−0.230 7
2016/3/21	0.252 6	0.018 9	2.192	−0.256	−0.289 5
2016/3/22	0.232 7	0.018 2	2.169	−0.233	−0.270 3
2016/3/23	0.232 5	0.019	2.171	−0.235	−0.269 3
2016/3/24	0.200 1	0.018 5	2.14	−0.204	−0.237 4
2016/3/25	0.202 9	0.014 5	2.14	−0.204	−0.244 2

5.3 案例：特质波动率/趋势因子选股模型和股指期货的 Alpha 策略

5.3.1 特质波动率/趋势因子选股模型的基本原理和方法

Alpha 策略通常与选股模型密切相关，当然选股模型多种多样。这里我们结合多因素选股模型构建市场中性策略，在建立股票的多头组合的同时，我们建立股指期货的空头组合来对冲系统风险，从而实现市场中性的目标。我们同样利用第四章介绍过的特质波动率因子和趋势因子来进行股票选择。特质波动率因子和趋势因子的逻辑我们在第四章中已经有了详细的介绍。这里我们使用沪深 300 股指期货来对冲系统风险。因此，我们在沪深 300 指数的成份股中选择具有正的超额收益的股票构建多头组合，多头组合中的股票数量应当至少为 30 只。为简单起见，我们仍然使用等权重构造多头组合，DeMiguel 等人（2009）的研究表明：简单的等权重约束通常要优于很多复杂的权重配置模型（以组合的风险调整之后的收益，Sharpe 比率，来衡量）。[①]我们可以采取以下几种简单的分组方法：第

---

① DeMiguel，Garlappi，Uppal. 2009，Optimal Versus Naive Diversification：How Inefficient is the 1/N Portfolio Strategy. *The Review of Financial Studies*. (22)：937−974.

一种方法是分别对两个因子按照从1到10打分,比如,对于特质波动率因子,我们每个月按照股票的特质波动率从大到小分成10组,在组1的股票特质波动率最大,得分为1,在组10的股票特质波动率最小,得分为10,得分越高暗示股票的未来超额收益也越高。同样的方法应用到趋势例因子。最后将股票的得分加总,在每个月月末,取综合得分最高的10%(约300*0.1=30只股票)作为多头组合的成份股,同时使用当月沪深300股指期货合约来对冲系统风险构建市场中性策略。第二种方法是分别对两个因子独立分组,将沪深300指数的成份股按照波动率因子由高到低分成三组,然后将沪深300指数的成份股按照趋势因子由低到高分成三组,两个因子的分组分别独立进行。最后将同时处在波动率因子最低组和趋势因子最高组的股票挑选出来构建组合的多头。这样独立分组后再选择同时位于表现最佳的分组中股票的做法,很难控制组合中股票的数量,有可能出现股票数量明显低于30只的情况。第三种做法是先按照波动率因子由高到低分成三组(每一组约100只股票),然后将每一组的100只左右的股票按照趋势因子分成三组,这样就可以确保最后分出来9组股票,每一组的股票数量都接近33只(300/9)。这里我们选择第三种分组方法,这样做的好处是考虑了这两个因子可能存在的相关性,在给定波动率因子的前提下,我们再对趋势因子进行排序。

有兴趣的读者还可以考虑加入另外两个因子:流通市值因子和机构持股比例因子。特质波动率因子的逻辑我们在第四章中已经有了详细的介绍,这里我们只讨论为何要加入市值因子和机构持股比例因子。Hong,Scheinkman and Xiong(2006)的研究结论表明:股票的流通盘大小与再售期权的价格呈反向关系。[1]再售期权对小盘股的影响程度要大于大盘股的影响程度。因此,我们可以考虑加入流通市值因子。另外,再售期权与投资者的非理性程度正相关,通常机构投资者比较理性。因此,机构投资者的比例越高,再售期权的价值一般也越低。[2] 因此,也可以考虑加入机构持股比例因子。

5.3.2 特质波动率/趋势因子选股有效性的实证检验

接下来我们对利用特质波动率/趋势因子选股的实际效果做出实证检验,目的是阐述评估因子选股模型绩效的基本做法。因此,我们在这里的实证检验过程并不严谨,选取的数据时间跨度也不长。同时,许多实际投资过程中的细节在这里都被简化处理了。我们在每个月月底进行组合调整时不考虑交易成本;也不考虑股票停牌、涨跌停时无法调仓等情况;多头组合为等权重组合。我们选取2014年9月～2018年9月期间沪深300指数的成份股(由于成份股每半年更新,这里为简便仅以2018年9月的成份股为准),剔除了数据不完整的股票,共得到264只沪深300指数的成份股股票。数据保存在stock_300_2018.csv文档,第一列为日期,最后一列为沪深300指数,其余列为股票价格。考虑到这一期间沪深300股指期货长期处在贴水状态,我们直接假定用沪深300指数的空头来构建多空组合,从而对冲系统风险。同样这里我们也不考虑指数的对冲成本。

---

[1] Hong H, J., Scheinkman, w., Xiong. 2006, Asset float and speculative bubbles, *Journal of Finance* (61):1073-1117.

[2] 曹志广,杨军敏.2008,投机价值与中国封闭式基金折价之谜.金融学季刊(4):85-106.

对于趋势因子我们在每个月的月末利用 20 日、30 日、60 日、120 日、250 日和 500 日指数平滑平均价格相对于当前股票的价格对下个月的收益做出预测,[①]并且我们也并没有对预测下月收益的参数进行平滑参数的处理(读者可以根据实际需要进行改进);对于特质波动率因子,我们选择单因素模型,利用股票当月的日收益和沪深 300 指数对应的日收益回归后得到的残差的标准差来估计股票的特质波动率。然后在每个月的月底按照前面所描述的方法,将股票预测的收益率和特质波动率分组,我们选择特质波动率最低、同时预测收益最高的那一组的股票构建多头组合。比较的基准自然选择沪深 300 指数。多空组合则是直接假定做空沪深 300 指数。图 5-1 给出了同时利用两个因子构建的多头组合和沪深 300 指数在月末的净值比较,从图中可以看出多头组合的累计收益稍微高出沪深 300 指数的基准累计收益,但在统计意义上并没有战胜沪深 300 指数,这表明在这一测试期间波动率因子和趋势因子表现不佳。图 5-2 则给出了多空组合的净值,结果同样显示买入因子的多头组合,同时做空沪深 300 指数的 α 策略的净值,在测试期间仅获得了非常有限的增长。如果考虑交易成本,则净值增长更加有限。这其中有测试样本期间太短的原因,但这也说明特质波动率因子很可能已经被市场充分利用了。因此,也逐渐失去了其创造超额收益的能力。[②]

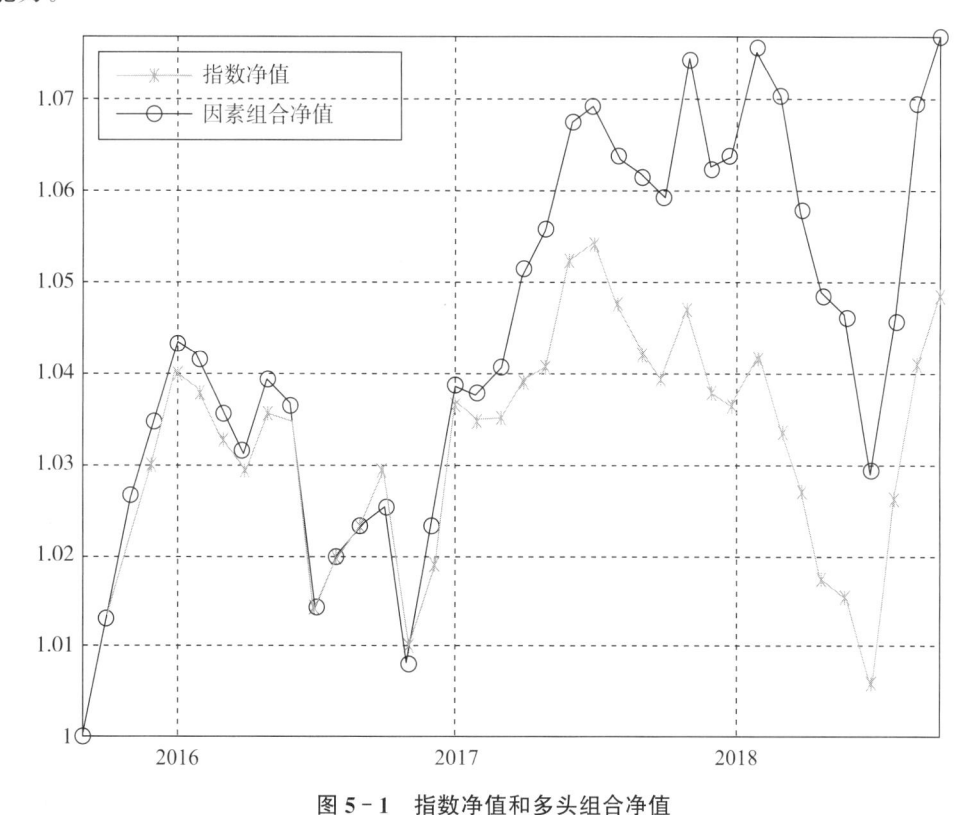

图 5-1 指数净值和多头组合净值

---

① 上一章中我们的实证结果并没有支持每月调仓的趋势因子的有效性,这里的实证注重向读者展示基于两个因子选股的 α 策略的基本做法。因此,我们仍然在每月进行股票的调仓。
② 低波动率因子是一个被广泛认知的因子。

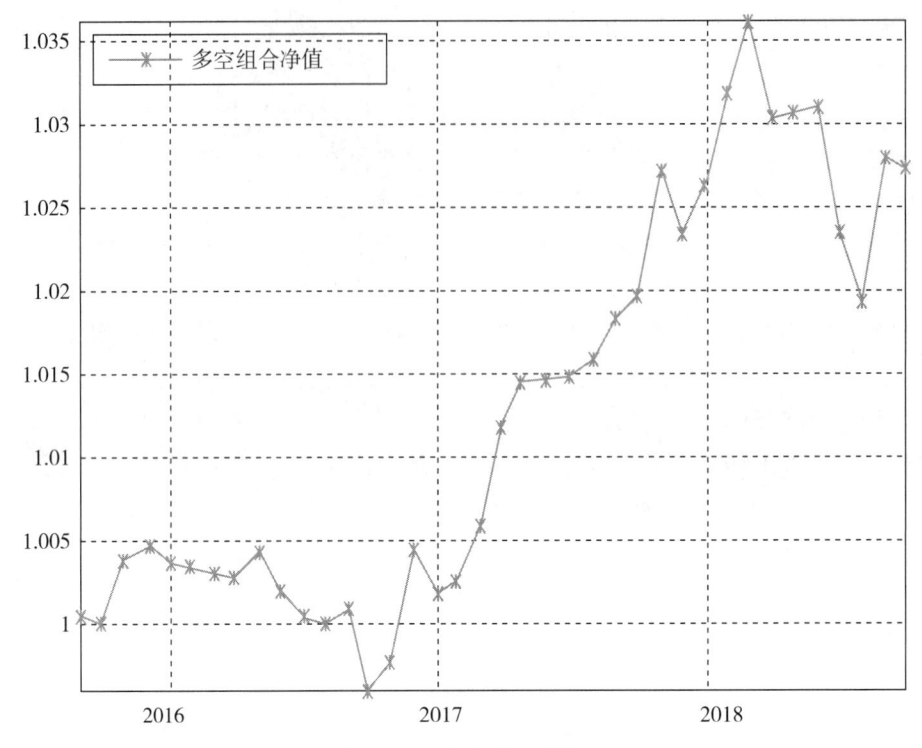

图 5-2 多空组合净值

5.3.3 特质波动率/趋势因子选股模型的 Matlab 回溯测试函数

下面我们直接给出相应的 Matlab 回溯测试程序,程序中用到了一些自编的辅助函数:my_trend_factor_stock、my_iv_factor_stock、my_doublesort、my_find_month_day、my_ma_matrix 和 my_date_match。程序利用波动率因子和趋势因子对 2014 年 9 月～2018 年 9 月期间,沪深 300 指数成份股的有效性进行了回溯测试。

```
clear
data = csvread('stock_300_2018.csv',1,0);
% 读入股票价格矩阵,第一列为日期,最后一列为沪深 300 指数,其余列为股票价格
data(:,1) = x2mdate(data(:,1)); % 将 EXCEL 日期数值转化为 Matlab 日期数值
index = data(:,end); % 沪深 300 指数
p = data(:,2:end-1); % 股票价格
ma_para = [20;30;60;120;250;500]; % 均值参数
[r_pred,t_date_ma] = my_trend_factor_stock(data(:,1:end-1),ma_para);
% 每个月月底预测的股票下月收益率
[iv,t_date_iv] = my_iv_factor_stock(data(:,1:end-1),index);
% 每个月月底计算当月股票的特质波动率
[ix,iy] = my_date_match(t_date_ma,t_date_iv);
t_date_test = t_date_ma(ix);
r_pred_test = r_pred(ix,:);
```

```
iv_test = iv(iy,:);
p_test = p(ix,:);
r_test = price2ret(p_test,[],'periodic');
index_test = index(ix,:);
r_index_test = price2ret(index_test,[],'periodic');
N = length(t_date_test);
f = my_doublesort(iv_test,r_pred_test,3);
%利用趋势因子和波动率因子在每个月末将股票分成3*3组
for i = 1:N-1
    a = f(:,:,i);
    id = a{1,3};
    %选择特质波动率最低同时预测收益最高的股票
    r_p(i,:) = mean(r_test(i,id));
    r_bench(i,:) = r_index_test(i);
end
nav_bench = ret2price(r_bench,1,[],[],'periodic');%指数净值
nav_port = ret2price(r_p,1,[],[],'periodic');%多头组合净值
nav_long_short = ret2price(r_p-r_bench,1,[],[],'periodic');%多空组合净值
h = figure(1);
set(h,'color','w')
plot(t_date_test,nav_bench,'r-*')
hold on
plot(t_date_test,nav_port,'b-o')
legend('指数净值','因素组合净值',2)
grid on
datetick('x',10)
axis tight
h = figure(2);
set(h,'color','w')
plot(t_date_test,nav_long_short,'b-*')
legend('多空组合净值',2)
grid on
datetick('x',10)
axis tight
```

以上程序中用到的辅助函数内容分别如下。

```
function [r_pred,t_date] = my_trend_factor_stock(data,ma_para)
%趋势因子选股,每个月的月底给出预测的收益率
%输入
```

```
% data:股票的价格时间序列矩阵,第一列为日期,其余列为股票的价格
% ma_para:均线参数向量,比如[20,30,60]
% 输出
% r_pred:每个月的月底估计的股票预测收益率
% t_date:每个月的月底对应的日期
% 曹志广,2018/10/4
ma_para = ma_para(:);
n = length(ma_para);
T = data(:,1);
p = data(:,2:end);
[n_T,n_stock] = size(p);
f(:,:,n) = zeros(n_T,n_stock);
for i = 1:n
    a = my_ma_matrix(p,ma_para(i));
    f(:,:,i) = a./p; % 均线与当前价格的差异
end
t_month = my_find_month_day(T);
% 找出每个月月末的股票价格对应的日期序号,第一个为期初日期序号,即1
p_month = p(t_month,:);
f_month(:,:,n) = zeros(size(p_month,1),size(p,2));
for i = 1:n
    b = f(:,:,i);
    f_month(:,:,i) = b(t_month,:);
end
r_month = price2ret(p(t_month,:),[],'periodic'); % 计算每个月月底的收益率
for i = 12:size(r_month,1)
% 从第12个月开始预测收益,以部分排除历史数据太少对均线值的影响
    y = r_month(i,:)';
    x = [];
    x1 = [];
    for j = 1:n
        c = f_month(:,:,j);
        x = [x,c(i,:)'];
        x1 = [x1,c(i+1,:)'];
    end
    coef = my_regress(y,x,1);
    r_pred(i-11,:) = ([ones(n_stock,1),x1]*coef)';
    t_date(i-11,:) = T(t_month(i+1));
end
```

%%%%%%%%%%%%%%%%%%%

```
function [iv,t_date] = my_iv_factor_stock(data,index)
% 特质波动率选股,每个月的月底给出估计的特质波动率
% 回归模型
% r_it = alpha_i + beta * r_mt + eta_it
% r_it 为股票收益率,r_mt 为指数收益率,残差 eta_i 的标准差即为股票 i 的特质波动率
% 输入
% data:股票的价格时间序列矩阵,第一列为日期,其余列为股票的价格
% index:与股票价格日期对应的指数,比如沪深 300 指数
% 输出
% iv:每个月月底估计的股票特质波动率
% t_date:每个月月底对应的日期
% 曹志广,2018/10/4
T = data(:,1);
p = data(:,2:end);
n_stock = size(p,2);
t_month = my_find_month_day(T);
% 找出每个月月末的股票价格对应的日期序号,第一个为期初日期序号,即 1
K = length(t_month);
t_date = zeros(K-1,1);
iv = ones(K-1,n_stock) * nan;
for i = 2:K
    for j = 1:n_stock
        y = price2ret(p(t_month(i-1):t_month(i),j),[],'periodic');
        y(abs(y)>0.11) = nan; % 剔除异常(超过涨跌幅限制)收益率
        x = price2ret(index(t_month(i-1):t_month(i),:),[],'periodic');
        if numel(y)>=10 % 如果当月日收益的数量不低于10,则计算当月该股票的特质波动率
            [~,stat] = my_regress(y,x,1);
            iv(i-1,j) = stat.std_residual;
        end
    end
    t_date(i-1) = T(t_month(i));
end
iv(iv==0) = nan
```

%%%%%%%%%%%%%%%%%%

```
function f = my_doublesort(A,B,K)
% Double sort B conditionally sorting on A
```

```
% A is a T * N matrix, T observations for N stocks with respect to a specific
% charateristic C1, say, size,etc.
% B is a T * N matrix, T observations for N stocks with respect to another specific
% charateristic C2, say, volatility,etc.
% First sort on C1 into K parts for each row of observations,
% then sort on C2 into K parts for each part
% sorted on C1. So K * K parts for each row of observations will be made.
% f is a K * K * T high dimentional matrix(rows are sorted on C1 ascendantly,
% and colums are sorted on C2 ascendantly),which gives identities
% (denoted by the number of the colums) of the
% constituent stocks to each of the K * K portfolios
% Edited by Zhiguang Cao, 2018/5/26
[T,N] = size(A);
ID = 1:N;
C{K,K} = [];
f(:,:,T) = cell(K,K);
for i = 1:T
id_A = my_classify_group(A(i,:),K);
for j = 1:K
D = ID(id_A(:,j));
id_B = my_classify_group(B(i,id_A(:,j)),K);
for jj = 1:K
a = D(id_B(:,jj));
C{j,jj} = a;
end
end
f(:,:,i) = C;
end
%%%%%%%%%%%%%%

function y = my_find_month_day(x)
x = x(:);
N = length(x);
a = month(x);
b = [0;diff(a)];
c = find(b~ = 0) - 1;
y = unique([1;c;N]);
%%%%%%%%%%%%%%%%%%%
```

```
function ma = my_ma_matrix(p,N)
% 计算指数平滑移动均线(ema)
n = size(p,1);
ma = p;
for i = 2:n
    ma(i,:) = ma(i-1,:) * (N-1)/(N+1) + 2/(N+2) * p(i,:);
end
%%%%%%%%%%%%%%%%

function [ix,iy,common_date] = my_date_match(x,y)
% input:x and y are date vectors, respectively
% output:ix is number of row which makes the ixth number in x equals the
% iyth number in y;common_date is the common dates in both x and y
if length(unique(x))~ = length(x)
    error('there are some repeated dates in x')
end
if length(unique(y))~ = length(y)
    error('there are some repeated dates in y')
end
[common_date,ix,iy] = intersect(x,y);
```

5.4 案例:基于日线趋势选股模型的 Alpha 策略

5.4.1 基于趋势突破的选股模型

下面我们讨论利用均线进行选股,从实证的角度来看是否产生优于买入并被动持有的策略,从而产生超额收益。与第四章中利用趋势因子选股的方法不同,这里将价格突破 21 日均线的股票纳入多头组合。具体实证分析的样本数据的选取与第四章中趋势因子实证分析使用的样本数据相同,同样选取了 2000 年 1 月 1 日之前上市的公司共计 803 只股票(剔除了 ST 股票)样本在 2002 年 1 月到 2017 年 4 月的日收盘股票价格数据和日换手率数据,并分别保存在 data_iv.mat 和 turnover_803.mat 文件中。data_iv.mat 中数据第一列为日期(以数值表示),第二列到第 804 列分别为样本中 803 只股票的日收盘价格,以变量名 price 表示;turnover_803.mat 文件中数据第一列为日期(以数值表示),第二列到第 804 列分别为样本中 803 只股票的日换手率,以变量名 to 表示。如果某天某一只股票的换手率为 0,则说明该股票当日停牌。选股的具体过程如下:在期初将资金平均分配到 803 只股票,即每只股票的初始权重为 1/803。如果股票价格收盘突破 21 日价格均线,则买入该股票,价格跌破 21 日价格均线则卖出。因此,股票多头的仓位调整是每天进行的。初始投入到每只股票的资金独立运作,当中既不追加资金也不将资金用于交易其他股票,资金由于 21 日均线空头信号而闲置时,则进行国债逆回购,并假定国债逆回购的年化收益为 2%。每次交易股票的资金为该股票所有独立拥有的资金。因此,股票组合中的股票数量和股票的权重也是动态变化的,并不定期地主动对权重进行重新调整。极端情况下,股票组合可能出现 803 只股票或者 0 只股票的情形。作为比较的基准组合,我们选择初始权重为等权重,即 1/803 地包含全部样本股票的组合,此后并不对基准组合的权重进行调整。我们这样构建多空组合:均线选出的股票组合为多头,而基准组合为相应的空头组合。当然,这也意味着可能出现多头组合中的股票很少,从而导致多空组合暴露了较大的空头头寸的情况。这实际上是将选股和择时融合在一起的一个策略,并非纯粹的 α 中性策略。第三章中我们介绍了均线参数 21 日对于沪深 300 指数的表现较好,这里我们直接选择该参数来进行股票的选择。

接下来,我们讨论一下利用价格均线选股的基本逻辑。选股模型的最终目的是选择未来有超额表现的股票,如果股票价格形成了上涨趋势,由于投资者跟风行为而产生惯性上涨;类似如果价格形成了上涨趋势,由于投资者杀跌行为而产生惯性下跌;利用趋势的惯性原理,在众多股票中选择处在上涨惯性的股票构建多头组合,同时选择下跌惯性中的股票构建空头组合。利用多头和空头组合的惯性,从而获取超额收益。这里的前提是惯性,它是具有一定持续性的,而惯性的持续性是依赖于投资者的心理因素驱动的投资行为的。在中国A 股市场上,大量中小投资者贡献了绝大多数的交易量。利用较多程度受到心理因素驱动而参与交易的投资者产生的惯性获取超额收益是有合理的现实基础的。均线是确认惯性的一种最简单的方式,如果股票处在惯性上涨过程中,通常其价格也会持续位于某些价格均线之上。因此,均线突破是惯性的必要条件之一。我们建立股票处于惯性上涨状态的原假设,然后观测价格是否突破 21 日均线,如果突破或继续保持在均线之上,则我们接受原假设;如果价格跌破均线或继续在均线之下,则我们推翻股价处在惯性上涨状态的原假设。这里我们采用了比较简单的做法,仅选择这一个必要条件来进行惯性的确认,有兴趣的读者可以考虑更多的必要条件。对于均线选股模型的表现比较基准,我们选择不择时和选股的买入并持有策略:买入全部 803 只股票,并将初始权重设定为等权重。在实践中,基于均线选股的Alpha 策略,可以通过构建中证 500 股指期货和沪深 300 股指期货的组合来实现系统风险的对冲。

5.4.2 基于均线突破选股模型的 Alpha 策略实证

(1) 相关函数

下面我们直接给出实证分析的相关 Matlab 代码和函数。首先将数据文件 data_iv.mat,以及 turnover_803.mat 保存在 Matlab 的搜索路径下,然后运行以下程序,得到均线多头组合的累计净值,买入持有全部样本股票组合的累计净值,以及多空组合的净值,如图 5 - 3 所示。

```
clear
load('data_iv')%读入股票价格 price,第一列为日期,其余 803 列分别表示 803 只股票
 % 的日收盘价格时间序列
load('turnover_803');%读入股票换手率数据
t = price(:,1);%提取第一列日期
price(:,1) = [];%删除第一列日期
to(:,1) = [];%删除日期
```

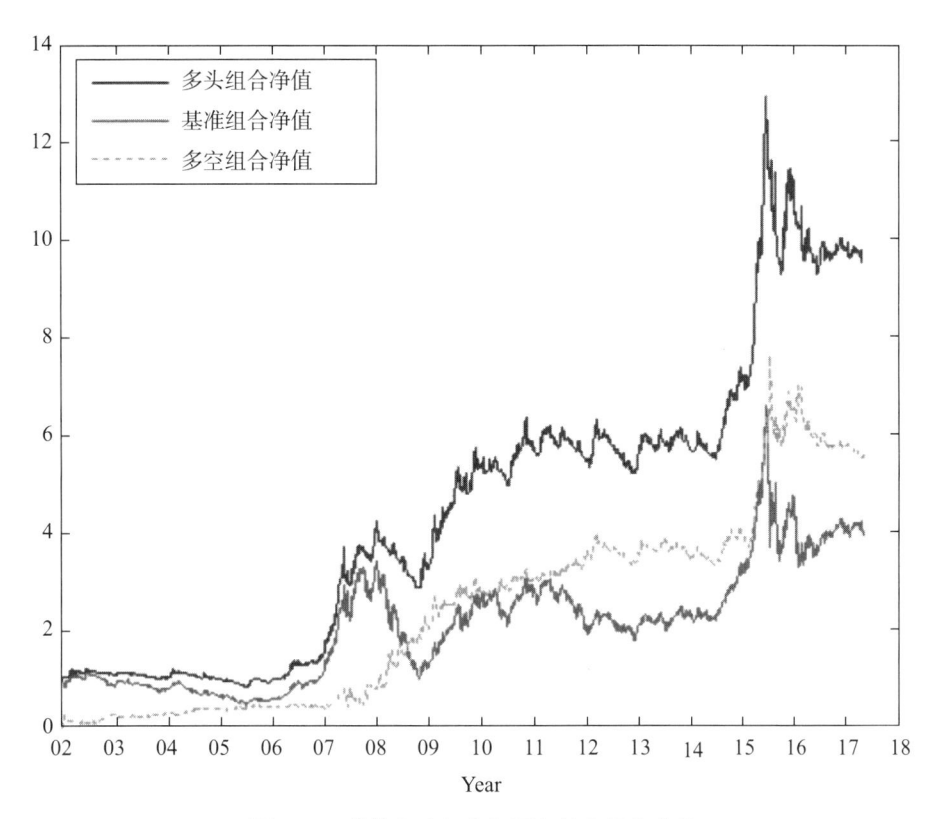

图5-3 趋势多头组合和买入持有组合净值

```
r = price2ret(price,[],'periodic');
r = [zeros(1,803);r];
s = my_ma_trend(price,1,21);%计算均线信号

%%%%%%%%%%%%%%%%处理停牌时不能交易的情形
A = (to = = 0);
M = size(A,1);
for i = 2:M
s(i,A(i,:)) = s(i-1,A(i,:));
end
%%%%%%%%%%%%%%%%%%%%%%%%%%%%%%

%%%%%%%%%%%%%%%处理涨停时不能买入,跌停时不能卖出的情形
id_limit_down = (r< = -0.095);
id_limit_up = (r> = 0.095);
A = (id_limit_down = = 1);
for i = 2:M
s(i,A(i,:)) = s(i-1,A(i,:));
```

```
end
A = (id_limit_up = = 1);
for i = 2:M
s(i,A(i,:)) = s(i-1,A(i,:));
end
%%%%%%%%%%%%%%%%%%%%%%%%%%%%%

buy_cost = 0.000 5;%买入时的交易成本
sell_cost = 0.001 5;%卖出时的交易成本,含1%印花税
r_f = 0.02;%设定国债逆回购的年化收益

r_timing = my_ret_timing(s,r,buy_cost,sell_cost,r_f);
nav_timing = ret2price(r_timing,1,[],[],'periodic');
nav_bench = ret2price(r,1,[],[],'periodic');
nav_timing_p = mean(nav_timing,2);
nav_bench_p = mean(nav_bench,2);
h = figure;
set(h,'color','w')
plot(t,nav_timing_p(2:end))
hold on
plot(t,nav_bench_p(2:end),'r-')
plot(t,nav_timing_p(2:end) - nav_bench_p(2:end),'g:')
datetick('x',11)
xlabel('Year')
legend('多头组合净值','基准组合净值','多空组合净值')
```

上述代码中包含了辅助函数 my_ret_timing,用来计算均线策略的收益(包含了空仓时的资金用于国债逆回购产生的收益)。其内容如下。

```
function r_timing = my_ret_timing(s,r,buy_cost,sell_cost,r_f)
%给定交易信号和交易标的每期收益以及买卖交易成本和空仓时的无风险收益率,
%计算择时交易策略的每期收益
[m,n] = size(s);
r_timing = [zeros(1,n);s(1:end-1,:).*r(2:end,:)];
r_trade = [zeros(1,n);diff(s)];
r_trade(r_trade = = 1) = buy_cost;
r_trade(r_trade = = -1) = sell_cost;
A = (s = = 0);
for i = 2:m
r_timing(i,A(i-1,:)) = r_f/360;
```

```
end
r_timing = r_timing - r_trade;
```

图 5-3 显示:多头趋势股票组合的净值表现要优于基准组合的净值表现;买入多头趋势,同时卖出基准组合的净值表现,在前期表现良好,净值一直比较平缓地在增长,但在测试期间的后期,即 2015 年下半年到 2017 年 4 月期间,净值下滑也比较明显,净值出现了较大的回撤。这其中一个原因是多头组合的净值在后期远远超过了基准组合的净值,卖空基准组合实际上不能完全对冲掉多空组合的系统风险。因此,多空组合实际上暴露了相当大的系统风险。对此感兴趣的读者可以将多头和空头组合定期调整到大致市值相等的规模,或者系统风险大致相近的水平。当然读者还可以考虑更多的技术细节问题,控制多头组合中的其他因素,比如行业,确保多头组合和基准组合有大致相当的行业权重。

(2) 超额收益

接下来我们对多头趋势模型的选股能力进行检验,特别地,我们建立以下回归模型:

$$RT_t = \alpha + \beta RB_t + \varepsilon_t$$

其中,

RT_t 表示趋势多头组合在时刻 t 的收益率,

RB_t 表示基准组合在时刻 t 的收益率。

如果在统计意义上 $\alpha > 0$,则说明趋势选股策略具有获取超额回报的能力。利用回溯测试的样本数据进行回归后得到的结果如下。

$\alpha = 0.0004, \beta = 0.4368$

T 统计量分别为

4.0477 和 74.0303

相关的 Matlab 代码如下:

```
r_timing_p = price2ret(nav_timing_p);
r_bench_p = price2ret(nav_bench_p);
[b,stat] = my_regress(r_timing_p,r_bench_p,1)
```

这表明在 5% 的显著水平下,趋势选股策略具有获取超额回报的能力。一年以 250 个交易日计,将超额收益年化得到 $0.0004 * 250 = 11.16\%$。

(3) 趋势空头的组合

如果股票价格低于 21 日均线,则股票处在空头趋势的惯性状态。如果空头的惯性能够持续一段时间,则可以预计处在空头趋势下股票的表现将劣于全样本股票组合和多头股票组合。具体地,我们设计以下投资空头股票的策略:初始时刻将资金平均分配给 803 只股票。同构建趋势多头组合的方法类似,每只股票的资金独立运作。买入那些处在空头状态下的股票,如果股票处在多头状态,则进行国债逆回购,并以年化收益 2% 计算其空仓收益。将前面的程序稍微修改一下就可以分析买入均线空头的股票组合,是否有明显负的 α 收益。

```
clear
load('data_iv')
```

```matlab
load('turnover_803');
t = price(:,1);%提取日期
price(:,1) = [];%删除日期
to(:,1) = [];%删除日期
r = price2ret(price,[],'periodic');
r = [zeros(1,803);r];
s = my_ma_trend(price,1,21);%计算均线信号
s = -s+1;%买入均线空头的信号

%%%%%%%%%%%%%%%%%处理停牌时不能交易的情形
A = (to = = 0);
M = size(A,1);
for i = 2:M
s(i,A(i,:)) = s(i-1,A(i,:));
end
%%%%%%%%%%%%%%%%%%%%%%%%%%%%%%%

%%%%%%%%%%%%%%%%%处理涨停时不能买入,跌停时不能卖出的情形
id_limit_down = (r< = -0.095);
id_limit_up = (r> = 0.095);
A = (id_limit_down = = 1);
for i = 2:M
s(i,A(i,:)) = s(i-1,A(i,:));
end
A = (id_limit_up = = 1);
for i = 2:M
s(i,A(i,:)) = s(i-1,A(i,:));
end
%%%%%%%%%%%%%%%%%%%%%%%%%%%%%%%

buy_cost = 0.000 5;%买入时的交易成本
sell_cost = 0.001 5;%卖出时的交易成本,含1%印花税
r_f = 0.02;%设定国债逆回购的年化收益

r_timing = my_ret_timing(s,r,buy_cost,sell_cost,r_f);
nav_timing = ret2price(r_timing,1,[],[],'periodic');
nav_bench = ret2price(r,1,[],[],'periodic');
nav_timing_p = mean(nav_timing,2);
nav_bench_p = mean(nav_bench,2);
```

```
y = price2ret(nav_timing_p);
x = price2ret(nav_bench_p);
[b,stat] = my_regress(y,x,1)
```

得到结果如下。

$\alpha = -0.000\,4, \beta = 0.560\,0$

T 统计量分别为

$-3.235\,8$ 和 $94.228\,8$

在5%的显著水平下,该组合的超额收益 $\alpha<0$,明显为负。

图 5-4 给出了空头趋势组合的累计净值情况。可以看出:买入那些处在空头状态下的股票,其净值表现是非常糟糕的。在期初 2002 年 1 月,初始净值为 1,到测试样本期末 2017 年 4 月,买入趋势空头股票的组合净值约为 0.55,而买入趋势多头股票的组合的净值约为 9.5,买入所有样本股票的基准组合的净值约为 3.88。这一实证结果也验证了多头趋势选股模型在一定程度上能够识别和区分惯性上涨和惯性下跌的股票,具有一定的选股能力。

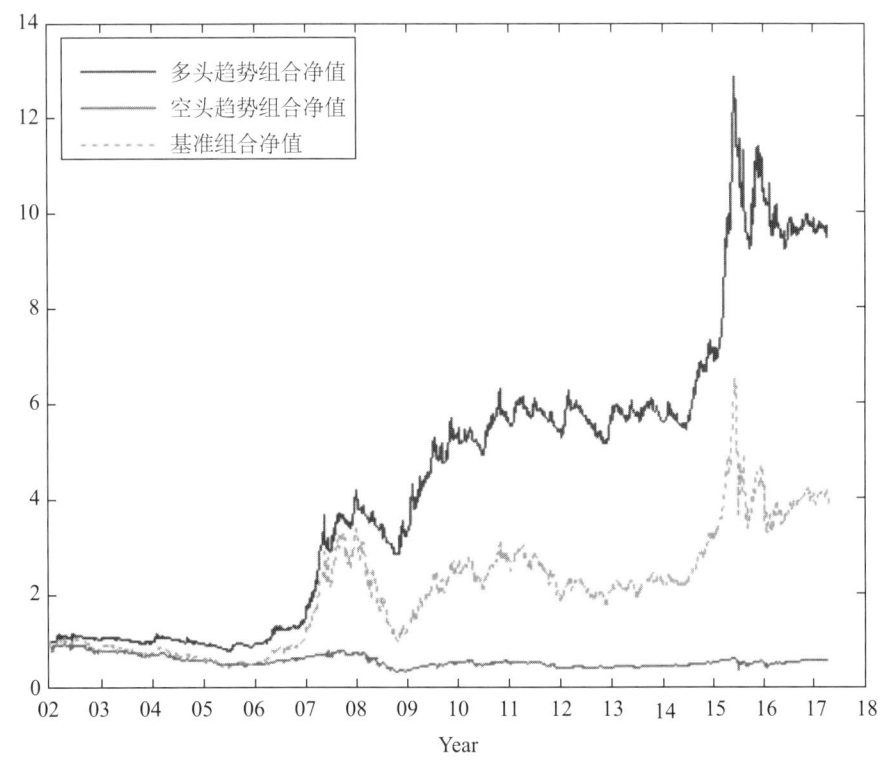

图 5-4 趋势空头组合净值

(4)策略的改进

下面我们在构建多头组合时,增加一个条件:当基准组合在 21 日均线之下时,清空所有多头组合中的股票或者继续保持空仓。交易成本的设定与前面一样,得到的实证结果如图 5-5 所示。可以看出:选股时加入整个市场的趋势判断后,多头组合的收益有了比较明显的改进。多空组合的收益也有了较大的改进,但多空组合在市场均线趋势之下时,暴露了市场的空头头寸。这实际上是承担了大量的系统风险,偏离了原本的市场中性策略。同时,这也大幅增加了多头组合的调仓成本。与前面的分析一样,我们采用类似的回归模型,得到趋势选股多头组合策略相对于基准策略的超额回报如下。

$\alpha = 0.0007, \beta = 0.3495$

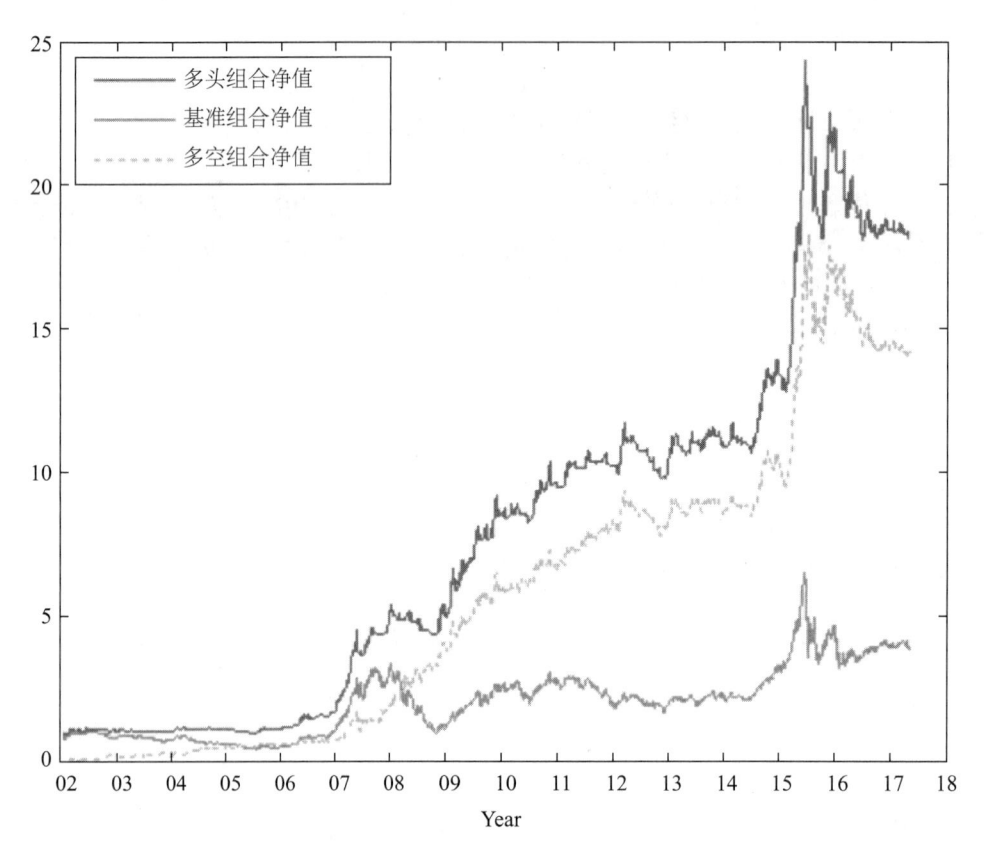

图 5-5 改进后的策略表现

T 统计量分别为 5.141 7 和 51.248 3
超额收益年化得到:0.000 7 * 250 = 16.39%。

参考文献

[1] DeMiguel, Garlappi, Uppal. 2009, Optimal Versus Naive Diversification: How Inefficient is the 1/N Portfolio Strategy, *The Review of Financial Studies* (22):937 - 974.

[2] Hong H, J., Scheinkman, w., Xiong. 2006, Asset float and speculative bubbles, *Journal of Finance* (61):1073 - 1117.

[3] 曹志广,杨军敏.2008,投机价值与中国封闭式基金折价之谜,金融学季刊 (4):85 - 106.

第六章 套利策略

6.1 套利的种类

套利是基于两个或两个以上资产之间相对价格变化规律的一种投资策略。比如,市场即将发生的某些事件将使得两个资产之间的价格差更大,并且这一点还没有被市场上的大多数投资者认识到。这时可以构建基于价差扩大的套利策略。如果这一事件将导致两个资产之间的价格差异缩小,则可以构建价差缩小的套利策略。套利策略的关键是资产之间相对价格变动的逻辑是什么。我们基于这种逻辑关系的强和弱,将套利策略区分为以下两种:具有强逻辑关系的套利,即基于理论关系的套利;具有弱逻辑关系的套利,即基于统计关系的套利。

6.1.1 基于理论关系的套利

套利策略通常要承受一些套利风险,策略的到期收益并不确定。但在某些情形下,套利的到期收益事前是明确的。这里我们仅仅通过期货和现货之间的理论价格和期权的理论价格来阐述基于理论关系的套利。

(1) 期货和现货之间基于到期日的套利

我们先看基于到期日期货价格和现货价格收敛的期现套利。由于期货合约到期日的交割制度,使得期货价格与现货价格在到期日临近时,也逐步收敛。因此,如果到期日前期货价格与现货价格偏离很大,剔除各种交易成本(交易费用,现货的交易、存贮和运输成本等)后,还能让套利者获得满意的回报,则套利者就会进入市场,获取事前可以测算的套利收益。如果套利者在到期日之前能够有效防止期货或现货仓位的强行平仓,则套利收益的确定性是非常高的。在没有套利机会的前提下,期货价格和期货对应的现货价格存在理论上的关系(不考虑交易成本和现货的卖空限制和卖空成本,也不考虑现货支付利息、红利等情况):

$$F = Se^{rT}$$

其中，

r 是以连续复利形式表示的无风险利率，

F 是期货的理论价格，

S 是现货的价格。

如果当前期货价格远远高于现货价格，则买入现货，同时卖空期货，则可以锁定到期日的套利收益。反之，如果现货价格远远高于期货价格，则卖空现货，同时买入期货，则可以锁定到期日的套利收益。我们将在接下来的案例分析中详细介绍沪深300指数期货和现货之间的期现套利。

（2）基于期权理论价格和到期日的套利

接下来我们介绍基于期权理论价格的套利策略。1973年，Black 与 Scholes 在 *Journal of Political Economy* 发表了 *The Pricing of Options and Corporate Liabilities* 一文，提出了著名的 B-S 期权定价公式，给出了欧式股票看涨期权和看跌期权的理论价格。

对于标的物为不支付红利的股票，标准欧式期权的理论价格（无套利价格）为

$$c = S_0 N(d_1) - K e^{-rT} N(d_2)$$
$$p = K e^{-rT} N(-d_2) - S_0 N(-d_1)$$

其中，

c：当前时刻0欧式看涨期权价格，

p：当前时刻0欧式看跌期权价格，

r：无风险利率（连续复利），

T：到期期限，

σ：股票波动率，

S_0：当前时刻0股票价格，

K：期权执行价格。

$$d_1 = \frac{\ln(S_0/K) + (r + \sigma^2/2)T}{\sigma \sqrt{T}}$$

$$d_2 = d_1 - \sigma \sqrt{T}$$

$N(\cdot)$：标准正态分布的累积分布函数

进一步得到欧式看涨期权和看跌期权的平价关系：

$$p + S_0 = c + K e^{-rT}$$

如果市场价格明显偏离了以上理论关系，就会出现套利机会。基于期权理论价格的套利交易策略比较丰富，接下来我们仅介绍其中的几种套利交易方式。

① 套利策略1

由欧式期权的平价关系可知：

$$p + S_0 = c + K e^{-rT}$$

如果

$$p + S_0 > c + K e^{-rT}$$

则存在如下套利机会：

0时刻买入执行价格为 K 到期日为 T 的欧式股票看涨期权,同时卖出执行价格为 K 到期日为 T 的欧式看跌期权,这相当于在 T 时刻将 K 的现金变成股票 S_T,而0时刻的现金流为 $p-c$。这还需要考虑0时刻卖出欧式看跌期权的保证金 K（假定保证金的利息为0）。

表 6-1 中 r_s 为融券的利率成本,这里限定卖空所得只能作为抵押保证金,另外还假定需要追加 50% 的保证金。[①]

表 6-1　　　　　　　　　　　　期权套利策略 1

头寸	0时刻现金流	T 时刻现金流
买入 call	$-c$	$\max\{S_T-K,0\}$
卖出 put	p	$-\max\{K-S_T,0\}$
put 保证金	$-K$	K
卖空股票	0	$-S_T-S_0(e^{r_s T}-1)+S_0$
股票保证金(50%)	$-S_0/2$	$S_0/2$
总现金流	$-S_0/2+p-c-K$	$5S_0/2-S_0 e^{r_s T}$

如果

$(5/2 S_0 - S_0 e^{r_s T})/(K+c-p+S_0/2) > q$ 则可以进行套利交易。

其中，

q 为套利者在 0-T 期间要求的回报率，

$K+c-p+S_0/2$ 为 0 时刻的现金支出。

② 套利策略 2

如果

$$p+S_0 < c+Ke^{-rT}$$

则存在如下套利机会：

0 时刻卖出执行价格为 K 到期日为 T 的欧式股票看涨期权,同时买入执行价格为 K 到期日为 T 的欧式看跌期权。

如果

$$K/(S_0+p-c) > q$$

则可以进行套利交易,具体过程如表 6-2 所示。

表 6-2　　　　　　　　　　　　期权套利策略 2

头寸	0时刻现金流	T 时刻现金流
买入 put	$-p$	$\max\{K-S_T,0\}$
卖出 call	c	$-\max\{S_T-K,0\}$
买入股票	$-S_0$	S_T
总现金流	$c-p-S_0$	K

---

① 实际上在 2015 年 6 月我国股票市场发生股灾之后,融券需要追加 100% 的保证金。

③ 套利策略 3

由欧式期权的平价关系可得

$$p+S_0-c=Ke^{-rT}$$

即债券可以通过期权和股票来合成,如果不同期权隐含的债券收益率存在明显差异,则可以构造套利组合,即买入执行价格为 K_1 的看涨期权并卖出相应的看跌期权,另外卖出执行价格为 K_2 的看涨期权并买进相应的看跌期权,同时卖空股票。

如果

$$\frac{2S_0-S_0e^{r_sT}+K_2}{-p_1-c_2+3/2S_0+p_2+c_1+K_1}>q$$

则可以进行套利交易,具体过程如表 6-3 所示。

表 6-3　　　　　　　　　　期权套利策略 3

头寸	0 时刻现金流	T 时刻现金流
买入 call	$-c_1$	$\max\{S_T-K_1,0\}$
卖出 put	p_1	$-\max\{K_1-S_T,0\}$
put 保证金	$-K_1$	K_1
卖空股票(50%保证金)	$-S_0/2$	$-S_T-S_0e^{r_sT}+5S_0/2$
卖出 call	c_2	$-\max\{S_T-K_2,0\}$
买入 put	$-p_2$	$\max\{K_2-S_T,0\}$
call 保证金(买入股票)	$-S_0$	S_T
总现金流	$p_1+c_2-3/2S_0-p_2-c_1-K_1$	$5S_0/2-S_0e^{r_sT}+K_2$

6.1.2　基于统计关系的套利

前面我们介绍的基于到期日和理论关系的套利机会,其套利收益非常确定。但在成熟的市场上,由于套利者之间的高度竞争其实并不常见。现实市场上套利策略的收益通常需要面对一定的不确定性,对于这类收益存在不确定性的套利,我们通常构建各种统计套利模型来指导套利行为。下面我们以期货合约之间的跨期套利和基于股票之间协整关系的套利为例,来简单说明如何构建相应的统计套利模型。

(1) 期货合约的跨期套利

这里以不同到期期限的期货合约之间跨期套利为例,来简单说明统计模型的构建原理。套利交易通常基于分钟,甚至更高频率的数据。如果在到期日之前期货的标的物资产并不支付利息、红利或其他,则期货价格 F 和现货价格 S 存在理论上的关系:

$$F=Se^{rT}$$

因此,

$$\ln(F)=\ln(S)+rT$$

记期货合约 1 的价格为 F_1,到期期限为 T_1,记期货合约 2 的价格为 F_2,到期期限为 T_2,$T_2 > T_1$。

因此,

$$\ln(F_1) = \ln(S) + rT_1$$
$$\ln(F_2) = \ln(S) + rT_2$$

特别地,如果期货合约之间的到期期限相差 1 个月,则

$$D = \ln(F_2) - \ln(F_1) = r(T_2 - T_1) = r/12$$

进一步,我们可以建立以下简单的统计套利模型:①

$$D_t = c_t + \varepsilon_t$$

以上简单的统计套利模型中,残差 ε_t 反映了无法识别的噪音影响。如果某个时刻 t 残差 ε_t 异常高,则未来其回归正常值的概率也比较高。因此,可以考虑以下套利组合:建立期货合约 1 的空头仓位,同时建立期货合约 2 的多头仓位。反之,某个时刻 t 残差 ε_t 异常低,则未来其回归正常值的概率也比较高。因此,可以考虑以下套利组合:建立期货合约 2 的空头仓位,同时建立期货合约 1 的多头仓位。当残差在未来某个时刻回归到正常,则可以将套利头寸平仓。如果考虑到以上统计模型中的残差项 ε_t 存在时间序列上的正相关性,可以对以上统计模型做以下修正:

$$D_t = c_t + \beta \varepsilon_{t-1} + \varepsilon_t$$

这样处理后残差 ε_t 更加接近白噪声,基于异常残差的套利交易也更加合理。

(2) 股票之间的配对交易

典型的股票之间的配对交易通常是买入某个股票 A(多头)的同时,卖空另一个与其风险特性类似的资产股票(空头)的交易行为。套利交易的目的是以比较低的风险获取比较稳定的收益,通常在股票 A 和 B 出现不合理的价差时,建立套利交易策略。比如,股票 A 的价格为 15 元,股票 B 的价格为 10 元,因此,A 和 B 之间的价差为 5 元,如果你认为 A 和 B 之间正常的价差应该为 4 元,则你可以卖空 A,同时买入 B 建立套利组合。当 A 和 B 之间的价差回到正常水平 4 元时,你可以盈利 1 元(假定卖空 1 单位的 A,买入 1 单位的 B)。当然,套利也会存在风险,比如,当 A 和 B 之间的价差也许会扩大到 6 元,这时候你的组合头寸将产生 1 元的亏损。但如果你的资金充裕,能够支撑到 A 和 B 之间的价差回到正常水平,则套利交易仍然是获利的。

下面我们讨论当股票 A 和 B 的价格存在协整关系时,我们如何利用它们之间的协整关系进行套利交易。股票 A 和 B 的价格存在协整关系,意味着 A 和 B 的价格存在某种长期均衡关系,当短期 A 和 B 的价格偏离这种均衡时,存在某种修复机制使得 A 和 B 的价格重新趋于均衡关系。但这种短期的偏离比较大时,可以建立套利组合进行套利。A 和 B 之间的长期均衡关系可以表示为

$$E[P_{A,t}] = \varphi_0 + \varphi_1 E[P_{B,t}]$$

---

① 无风险利率随时间变化而变化。

其中，

$P_{A,t}$ 表示 t 时刻股票 A 的价格，

$P_{B,t}$ 表示 t 时刻股票 B 的价格。

进一步，我们用误差修正模型（ECM）来描述这种协整关系：

$$\triangle P_{A,t} = \beta_0 + \beta_1(P_{A,t-1} - \varphi_1 P_{B,t-1}) + \beta_2 \triangle P_{B,t} + \varepsilon_t$$

当股票 A 和 B 的价格存在协整关系时，调整系数 β_1 应该是小于 0 的，它刻画了偏差的调整速度，其绝对值越大，则偏离回到均衡的速度越快。

上面的 ECM 模型，可以用以下方法估计。[①]

第一步建立回归模型：

$$P_{A,t} = \varphi_1 P_{B,t} + \eta_t$$

得到残差的估计时间序列 $\hat{\eta}_t$

第二步建立以下回归模型：

$$\triangle P_{A,t} = \beta_0 + \beta_1 \hat{\eta}_{t-1} + \beta_2 \triangle P_{B,t} + \varepsilon_t$$

下面我们给出基于协整关系的两只股票之间配对交易的 Matlab 回测函数 my_pairs_arbitrage。其基本思想是利用过去一段时间的历史数据，对股票之间是否存在协整关系做统计检验。如果统计检验表明不存在协整关系，则停止配对交易；否则继续进行配对交易；协整关系的检验和模型的参数估计，每隔一定期限会重新动态更新。

```
function [r,performance,trading_cost,r_trade,A] = ···
my_pairs_arbitrage(price,M,N,n,nn,cost,model)
% 统计套利模型 1:P_A = c + b * P_B + e,模型参数设置为 model = 'normal'
% 统计套利模型 2:P_A = c + P_B + e,模型参数设置为 model = 'con_slope'
% 前面 M 期数据用来进行协整检验和估计参数,每隔 N 期重新进行协整检验和估计参数,
% 当协整关系成立时,统计模型中标准化之后的残差超过 n,则建立套利头寸;
% 建立套利头寸后如果残差反向回复到 nn 以上,则平仓
% 输入
% price:两列股票价格序列
% M:估计窗口长度
% N:参数重新估计长度
% n:套利开仓参数
% nn:套利平仓参数
% cost:交易成本
% 输出
% r:每期收益
% performance:衡量套利表现的结构型变量,包括利润、胜率等
```

[①] Engle, Robert F, Granger, Clive W J. 1987, Co-integration and error correction: repr-esentation, estimation, and testing, *Econometrica* (55):251-276.

```
% trading_cost:交易的成本
% r_trade:每次套利交易的收益
% A:每次套利交易中股票的持有股数和方向
% Edited by Zhiguang Cao, 2013,5
[K1,K2] = size(price);
A = zeros(K1,K2); % initial positions on both assets
B = zeros(K1,1); % initial spreads
for i = M:N:K1 - N
[h,~,~,~,reg] = egcitest(price(i - M + 1:i, :));
% set 'con_slope'for the model:P_A = c + P_B + e
switch model
case 'con_slope'
reg.coeff(1) = mean(price(i - M + 1:i,1) - price(i - M + 1:i,2));
reg.coeff(2) = 1;
end
%％％％％％％％％％％％％％％％％％
if h = = 1
res = price(i + 1:i + N,1) - (reg.coeff(1) + reg.coeff(2). * price(i + 1:i + N,2));
B(i + 1:i + N) = res/reg.RMSE;
A(i + 1:i + N,1) = (B(i + 1:i + N)< - n) - (B(i + 1:i + N)>n);
% positions on the first asset
% 1 means long 1 share of the first asset, and - 1 means
% short 1 share of the first asset
for j = 2:N
if (A(i + j - 1,1) = = 1)&&(B(i + j)< - nn)
A(i + j,1) = 1;
end
if (A(i + j - 1,1) = = - 1)&&(B(i + j)>nn)
A(i + j,1) = - 1;
end
end
A(i + 1:i + N,2) = - reg.coeff(2). * A(i + 1:i + N,1);
% positions on the second asset
end
end
r_no_cost = sum([0,0;A(1:end - 1,:). * diff(price)],2);
trading_cost = sum([0,0;abs(diff(A)). * price(2:end,:) * cost],2);
r = r_no_cost-trading_cost;
cr = cumsum(r);
```

```
S = A(:,1);
C = 1 + find(diff(S)~ = 0);
a1 = find(S(C) = = 0);
a2 = find(abs(diff(S(C))) = = 2) + 1;
a = sort([a1;a2]);
r_trade = cr(C(a)) - cr(C(a - 1) - 1);
E = length(r_trade);
performance.trade_number = E;
performance.profit = sum(r);
performance.Max = max(r_trade);
performance.Min = min(r_trade);
performance.Mean = mean(r_trade);
performance.prob_win = sum(r_trade>0)/E;
performance.win_mean = mean(r_trade(r_trade>0));
performance.lose_mean = mean(r_trade(r_trade<0));
performance.sharpe_ratio = sharpe(r,0);
h = figure(1);
set(h,'color','w')
stem(r_trade)
title('Returns on arbitrage trades')
% previous trading costs are not included
h = figure(2);
set(h,'color','w')
plot(S)
title('Signal on the first asset')
h = figure(3);
set(h,'color','w')
plot(r)
title('Returns over time')
h = figure(4);
set(h,'color','w')
plot(cr)
title('Cumulative Returns')
```

下面我们以 2016/4/28~2019/7/5 期间中国工商银行和中国银行之间的配对交易为例，来说明以上函数的使用。我们使用日收盘价数据来进行回测，利用前面 100 天数据进行协整关系检验并估计参数，每 20 天更新参数估计；当价格差偏离 2 倍标准差开仓，反向回归到 0.5 倍标准差后平仓；假定股票的交易成本为 0 元。在 Matlab 主窗口得到中国工商银行和中国银行 2016/4/28~2019/7/5 期间的价格序列分别为 ICBC 和 BOC 后，输入

my_pairs_arbitrage([ICBC,BOC],100,20,2,0.5,0,'normal');

回测结果表明 2016/4/28～2019/7/5 期间只有 1 次配对交易机会，具体细节这里不再列出。

6.2 套利交易的风险

6.2.1 模型风险

对于基于理论关系的套利策略而言，并不存在模型风险。但对于基于统计关系的套利策略而言，模型风险是切实存在的。统计模型中的残差项代表了我们对价格变化中无法认知的那部分变动，并且我们认为其完全随机。如果这部分变动并非我们认为的完全随机，其中存在某些变化规律，则套利就要面对模型失效的风险。以我们前面讲述的基于协整关系的两个股票之间的统计套利为例，基于历史数据分析后得到两个股票存在协整关系，却并不能保证以后这两个股票之间仍然存在协整关系。事实上如果纯粹从历史数据出发，可以发现许多股票在统计意义上存在协整关系，但考察其未来的表现，原本存在协整关系的股票在多数情形下并不持续。对于基于历史数据的统计模型而言，通常没有非常强的逻辑能够确保两只股票之间的价格一定满足某种理论关系。统计模型很多时候是在缺乏强有力的逻辑的情况下，依赖于历史数据而构建的，很容易出现由于各种原因导致模型在未来时间失效的情形。比如，两个原本存在协整关系的股票，其中某些特定事件引发了股票均衡价格的变化，从而可能导致原本存在的协整关系遭到破坏，基于原有统计模型的套利策略很容易失效。

6.2.2 保证金风险

对于基于理论关系和统计关系的套利策略而言，它们都存在保证金风险，即保证金不足而导致套利组合被提前强行平仓的风险。即便套利组合有着美好的"未来收益"，但也可能由于价格的变化远超预期而导致保证金账户里的资金不足，从而被迫提前平仓亏损出局。长期资本管理公司在遭遇俄罗斯债券违约的"黑天鹅"事件后，被迫提前平仓其他套利头寸的惨痛教训就是一个活生生的案例。[1]

6.2.3 执行风险

在套利交易的执行过程中，无论是完全程序化执行，还是人工执行或者半自动化执行，总会遇到各种可能导致套利交易失败的事件。比如，网络连接故障、程序中出现了错误、负责手动交易的人员在价格变动的关键时刻由于各种原因并没有执行策略等。2013 年 8 月 16 日发生的光大证券乌龙指事件就是因为系统出现漏洞，导致在 11 时 05 分 08 秒之后的 2 秒内，瞬间重复生成 26 082 笔预期外的市价委托订单所导致的。[2]

---

[1] https://baike.baidu.com/item/，美国长期资本管理公司。

[2] https://baike.baidu.com/item/，光大证券乌龙指事件。

6.2.4 其他风险

套利交易还可能存在其他方面的风险,比如法律和法规方面的影响。尤其对于高频的套利交易,频繁地买卖撤单和交易可能与现行监管法规存在潜在的冲突。比如,伊世顿国际贸易有限公司通过违法高频交易,短期内在我国股指期货市场上以 700 万元的本金在 2 年多的时间里获取了高达 20 亿元的暴利,在 2015 年 11 月该公司最终被公安机关依法处理。

6.3 案例:沪深 300 股指期货与现货的套利交易

6.3.1 基于到期日的套利交易

沪深 300 股指期货的标的物为沪深 300 指数,在期货合约到期日的结算价格为沪深 300 指数最后两个小时的算数平均价格,并且结算方式为现金结算。这确保了期货价格在到期日必定收敛到现货价格附近。记期货合约 t 时刻(以天来表示)的价格为 F_t,到期日 T(以天来表示)的价格为 F_T。相应地,记沪深 300 指数在 t 时刻和到期日 T 的价格分别为 S_t 和 S_T,并且有 $S_T \approx F_T$。沪深 300 指数成份股和沪深 300ETF 的分红时间和分红多少对套利影响非常大,后面会详细讨论这一问题。这里先不考虑分红因素对套利的影响。

(1)正向套利

如果沪深 300 股指期货合约的价格远远高于沪深 300 指数,则可以在 t 时刻建立以下套利组合:①买入沪深 300 指数,②卖出沪深 300 股指期货合约。

表 6-4 给出了套利组合在 t 和 T 时刻的现金流情况。表中 M_1 表示期货公司所要求的期货保证金比例,M_2 表示备用的期货保证金比例。C_s 表示股票现货的交易成本(以比例表示,包括佣金、印花税等税收、过户费用以及交易的百分比滑点)。C_f 表示股指期货交易成本(以比例表示,包括佣金以及交易的百分比滑点)。

表 6-4　　　　　　　　　沪深 300 股指期货的正向期现套利

套利组合	t 时刻支出	T 时刻收益
买入沪深 300 指数	$S_t(1+C_s)$	$S_T(1-C_s)-S_t$
卖出股指期货	$F_t(M_1+C_f)$	$F_t-F_T(1+C_f)$
备用保证金	$F_t M_2$	0
总支出/收益	$S_t(1+C_s)+F_t(M_1+M_2+C_f)$	$F_t-S_t-S_T(C_s+C_f)$

忽略 S_T 和 F_T 的差异[①],则正向套利组合的年化收益率为

$$R_{正向} = \frac{F_t - S_t - S_T(C_s + C_f)}{S_t(1+C_s) + F_t(M_1 + M_2 + C_f)} \frac{365}{T-t}$$

如果 $R_{正向}$ 高于预期的目标收益率 $R_{目标}$,则可以考虑进行正向套利交易。

---

① 沪深 300 股指期货在到期日 T 的交割结算价为最后交易日沪深 300 指数(现货)最后 2 小时的算术平均价,非到期日的结算价格为当日期货价格最后 1 小时的平均价格。

如果 $t=0, T=20, S_t=3\,200, F_t=3\,250, C_s=0.03\%, C_f=0.005\%, M_1=20\%, M_2=30\%$，则

$$R_{正向}=\frac{F_t-S_t-S_T(C_s+C_f)}{S_t(1+C_s)+F_t(M_1+M_2+C_f)}\frac{365}{T-t}=18.58\%$$

注意：在 t 时刻 S_T 是未知的，上面的计算中用 S_t 来替代 S_T。

（2）反向套利

如果沪深 300 股指期货合约的价格远远低于沪深 300 指数，则可以在 t 时刻建立以下套利组合：①融券卖出沪深 300 指数，②买入沪深 300 股指期货合约。

表 6-5 中的 N_1 为融券卖出现货时的保证金比例，r_s 为融券的利率。忽略 S_T 和 F_T 的差异，则反向套利组合的年化收益率为

表 6-5　　沪深 300 股指期货的反向期现套利

套利组合	t 时刻支出	T 时刻收益
融券卖出沪深300指数	$S_t(N_1+C_s)$	$S_t-S_T-S_TC_s-S_t\dfrac{T-t}{365}r_s$
买入股指期货	$F_t(M_1+C_f)$	$F_T(1-C_f)-F_t$
备用保证金	F_tM_2	0
总支出/收益	$S_t(N_1+C_s)+F_t(M_1+M_2+C_f)$	$S_t-F_t-S_T(C_s+C_f)-S_t\dfrac{T-t}{365}r_s$

$$R_{反向}=\frac{S_t-F_t-S_T(C_s+C_f)-S_t\dfrac{T-t}{365}r_s}{S_t(N_1+C_s)+F_t(M_1+M_2+C_f)}\frac{365}{T-t}$$

如果 $R_{反向}$ 高于预期的目标收益率 $R_{目标}$，则可以考虑进行反向套利交易。

如果 $t=0, T=20, S_t=3\,250, F_t=3\,200, C_s=0.03\%, C_f=0.005\%, M_1=20\%, M_2=30\%, N_1=100\%, r_s=10\%$，则

$$R_{反向}=\frac{S_t-F_t-S_T(C_s+C_f)-S_t\dfrac{T-t}{365}r_s}{S_t(N_1+C_s)+F_t(M_1+M_2+C_f)}\frac{365}{T-t}=11.68\%$$

注意：在 t 时刻 S_T 是未知的，上面的计算中用 S_t 来替代 S_T。

6.3.2　基于统计关系的套利交易

基于到期日的期现套利风险很少，但资金的使用效率也较低。这时可以考虑期货和现货价格之间存在的均值回复的统计意义上的协整关系进行套利，来提高资金的使用效率。当然，这种基于统计意义上均值回复的套利行为所面临的风险也增加了。

期货价格 F_t 和现货价格 S_t 存在理论上的关系：

$$F_t=S_t e^{r_t(T-t)}$$

其中，

r_t 为 t 时刻的无风险利率,可以参考 $T-t$ 期的回购利率。

因此,

$$\ln(F_t) = \ln(S_t) + r_t(T-t)$$

$$D_t = \ln(F_t) - \ln(S_t) = r_t(T-t)$$

理论上讲期货与现货的对数差 D_t 应该围绕 $r_t(T-t)$ 均值回复,期货与现货价格之间存在协整关系。但在实际市场上,尤其是从频率较高的分钟时间上来看并非如此。考虑到实际价差的非平稳性和自相关性,以及随着到期日的临近价格差的逐步收敛性,可以建立以下的统计套利模型:

$$D_t = \alpha + \beta_1(T-t) + \beta_2 D_{t-1} + \beta_3 \varepsilon_{t-1} + \varepsilon_t$$

并且假定

$$\varepsilon_t \sim N(0, \sigma^2), E[\varepsilon_i \varepsilon_j] = 0, \forall i \neq j$$

当然,统计模型也可以考虑进一步引入残差的条件异方差性。可以应用极大似然参数估计方法和最近的 M_1 期历史数据对以上模型中的参数 $(\alpha, \beta_1, \beta_2, \beta_3, \sigma)$ 进行估计,并且在接下来 M_2 期都保持不变,然后依次滚动估计窗口进行参数的动态估计。

记标准化之后的残差 E_t:

$$E_t \equiv \frac{D_t - \alpha - \beta_1(T-t) - \beta_2 D_{t-1} - \beta_3 \varepsilon_{t-1}}{\sigma}$$

当 $E_t > K_1$ 时,买入现货同时卖出期货合约,建立正向套利头寸。

当 $E_t < -K_1$ 时,买入期货合约同时融券卖出现货,建立反向套利头寸。

当 $E_t > K_2$ 时,平仓反向套利组合并等待下一次套利机会。

当 $E_t < -K_2$ 时,平仓正向套利组合并等待下一次套利机会。

其中,

K_1, K_2 为参数,比如,$K_1 = 2, K_2 = 0.5$,即当 E_t 在 2 倍标准差之外建立正向套利组合,当 E_t 回到 -0.5 倍标准差之外时则平仓正向套利组合;当 E_t 在 -2 倍标准差之外建立反向套利组合,当 E_t 回到 0.5 倍标准差之上时则平仓反向套利组合。

6.3.3 沪深 300 股指期货与现货套利交易的几个细节问题

(1) 沪深 300ETF

由于沪深 300 指数本身并不是可交易证券,通常可以使用沪深 300ETF 或者直接买入沪深 300 指数的成份股等方式间接买入沪深 300 指数。沪深 300ETF 复制了沪深 300 指数,考虑到沪深 300ETF 的交易量,通常我们选择 510300ETF。但沪深 300ETF 与沪深 300 指数仍然存在跟踪误差,这有几个方面的原因:沪深 300ETF 通常保持 5% 左右的现金或现金等价物;基金管理和托管费;基金公司调仓成本;ETF 分红、ETF 进行新股申购等行为。尤其要说明的是 ETF 分红对跟踪误差影响巨大,沪深 300 指数是不对分红进行调整的,从而导致当大量股票在分红时,ETF 净值明显强于指数的情况。由于我国股票市场的分红主要集中在每年的 5 月~8 月,因此,这段时间沪深 300ETF(以 510300 为例)的净值开始逐步高于相应的沪深 300 指数所对应的净值水平,然后在 9 月~ETF 分红之前一直保持稳定。

当 ETF 基金实行现金分红后,偏差又基本恢复到正常的水平(以 510300 为例,该基金通常在每年 1 月 20 日左右实行现金分红)。另外,沪深 300ETF 每天的成交量并不足以支撑比较大规模地买入或卖出交易,因此能够容纳的资金比较有限。

(2) 沪深 300 成份股

通过交易沪深 300 指数的成份股来减少跟踪误差和扩大资金容量,在某些情况下是一个更好的选择,但需要考虑以下因素的影响:股票的交易成本比 ETF 的交易成本多出了 0.1% 的印花税;某些成份股票存在停牌现象或难以从券商融券;个股可能出现涨跌停现象,从而导致难以成交;同时交易 300 只股票在技术上存在一定的难度,需要进行程序化或半程序化交易。

在正向套利情形下,买入沪深 300ETF 或者直接买入沪深 300 指数的成份股,同时卖出沪深 300 股指期货。当套利资金规模较少时买入 ETF,而当套利资金规模较大时,则需要买入沪深 300 指数的成份股。在反向套利情形下,买入沪深 300 股指期货,同时融券卖出沪深 300ETF 或者融券卖出 300 只沪深 300 指数的成份股。显然融券卖出 300 只沪深 300 指数的成份股存在很大的困难,在实际交易中是难以同时融券卖出 300 只沪深 300 指数成份股的。

相对而言,融券卖出沪深 300ETF 要容易得多,但能够融券卖出的沪深 300ETF 的券源是非常有限的,只能支撑较少资金的套利交易。另外融券的成本也非常高,不仅要支付不菲的利息成本(历史上部分券商出现过高达 10% 的融券利息),还需要大量的抵押资产或现金,通常高达 50%~100%。拥有沪深 300 成份股或者沪深 300ETF 底仓是一个可以选择的解决方法。在一个股指期货持续贴水的市场,持有底仓进行反向期现套利交易,特别适合于指数增强型的投资策略。

(3) 沪深 300 指数和沪深 300ETF 的配比

① 沪深 300 指数和沪深 300ETF 的统计模型

当使用沪深 300ETF 替代沪深 300 指数进行套利交易时,需要对沪深 300ETF 和沪深 300 指数之间的关系建立统计模型。基于沪深 300ETF 与沪深 300 指数应当存在的协整关系,可以直接对价格进行统计建模。统计模型需要考虑以下几个方面:

a. 沪深 300 成份股的现金分红时间是不固定的,但主要是集中在一段时间,各个上市公司各自发放红利,而沪深 300ETF 的分红通常在每年的固定时间集中发放。统计模型需要考虑红利的影响。

b. 建立套利组合时要区分分红因素的稳定期间和非稳定期间。

记沪深 300ETF 在 t 时刻的价格为 ETF_t,记沪深 300 指数在 t 时刻的点数为 $INDEX_t$,记 T 为到期日,建立以下统计模型:

$$INDEX_t = \alpha + \beta_1 \left(\sum_{i=1}^{300} D_{i,t} - D_{etf,t} \right) + \beta_2 ETF_t + \varepsilon_t$$

其中,

$$D_{i,t} = \begin{cases} D_i, & t \geq t_i \\ 0, & t < t_i \end{cases}, \quad i=1,2,\cdots,300$$

$$D_{etf,t} = \begin{cases} D_{etf}, & t \geq t_{etf} \\ 0, & t < t_{etf} \end{cases}$$

D_i 表示沪深 300 指数的第 i 个成份股在 t_i 时刻发放的现金红利折算为沪深 300 指数的值,通常可以从上市公司的公告中提前获知。

D_{etf} 表示沪深 300ETF 在 t_{etf} 时刻发放的现金红利折算为沪深 300 指数的值,通常可以从基金公司的公告中提前获知。

因此,

$$E[\triangle INDEX] = \beta_1 \left[\sum_{i=1}^{300}(D_{i,T} - D_{i,t}) - (D_{etf,T} - D_{etf,t}) \right] + \beta_2 E[\triangle ETF]$$

其中,

$$\triangle INDEX = INDEX_T - INDEX_t$$
$$\triangle ETF = ETF_T - ETF_t$$

进一步如果在分红因素稳定期间,则

$$\sum_{i=1}^{300}(D_{i,T} - D_{i,t}) = 0$$
$$D_{etf,T} - D_{etf,t} = 0$$

β_2 就是沪深 300 指数与 510300ETF 之间的配比系数,考虑到沪深 300 股指期货合约的乘数 300,即可以用 $300\beta_2$ 股的 510300ETF 复制沪深 300 指数。

② 沪深 300ETF 分红后的统计模型

图 6-1 展示了以下回归方程的残差(2012/5/18~2017/4/7 的日收盘数据)。

$$INDEX_t = \alpha + \beta ETF_t + \varepsilon_t$$

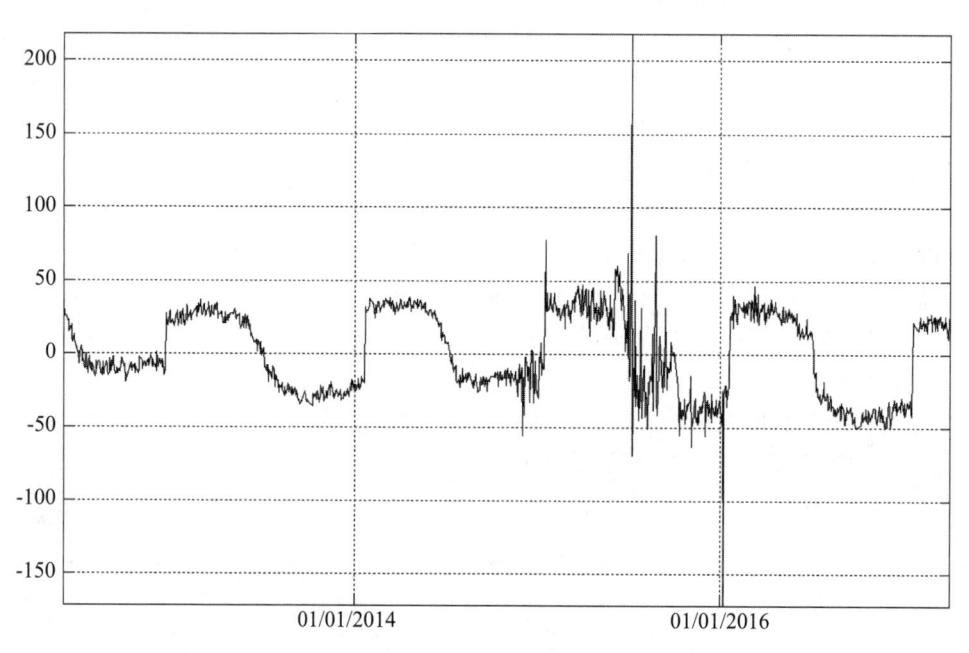

图 6-1 沪深 300 指数与沪深 300ETF 的回归残差

基于历史数据,得到回归模型的参数估计约为

$$INDEX_t = -41 + 1006 ETF_t + \varepsilon_t$$

从图 6-1 中明显可以看出：在每年 5 月～8 月股票集中分红的时间段，ETF 的价格相对于沪深 300 指数明显一直在上升，直到分红结束，平均而言到 8 月份分红结束，残差从 +30～+40 个点随着股票的陆续分红逐步下降，最后基本到达并稳定在 -40～-30 个点左右，即分红的影响可以达到 60 个点左右。因此，如果在这一段时间进行期货和现货 ETF 之间的反向套利，股票分红带来的对套利组合的损失将高达 60 个点左右。每年 1 月 20 日左右，沪深 300ETF(510300)分红后，残差快速从 -40～-30 个点左右回升到 +30～+40 个点。从历史数据观察来看，ETF 的分红基本与成份股的分红一致，$\sum_{i=1}^{300} D_{i,t} \approx D_{etf,t}$。

因此，每年大约在 2 月份和 4 月份之间，忽略红利，利用 2017/2～2017/4 的历史数据得到指数和 ETF 之间的回归模型为

$$INDEX_t = 5 + 999.5 ETF_t + \varepsilon_t$$

在每年 2 月份和 4 月份之间的指数和 510300ETF 之间的配比关系应该在 1∶999.5，考虑到沪深 300 股指期货的乘数 300，可以用 299 850 股的 510300 替代沪深 300 指数。由于买入的最低股数必须为 100 的整数倍，可以用 299 900 股的 510300 替代沪深 300 指数。在实践中使用 300 000 股的 510300ETF 替代沪深 300 指数与 1 手沪深 300 股指期货对应就可以了。

③ 沪深 300 指数成份股完成分红后的统计模型

每年大约在 9 月份和 12 月份之间，股票分红的影响基本稳定，利用 2016/9～2016/12 的历史数据得到指数和 ETF 之间的回归模型为

$$INDEX_t = -24 + 990 ETF_t + \varepsilon_t$$

在每年 9 月份和 12 月份之间的指数和 510300ETF 之间的配比关系为 1∶990，考虑到沪深 300 股指期货的乘数 300，可以用 297 000 股的 510300 替代沪深 300 指数。

每年的 5～8 月份，由于股票的分红是陆续进行的，因此，用 30 万股的 510300 复制沪深 300 指数的偏差是逐步加大的，510300ETF 的价格乘以 1 000 后会逐步高于沪深 300 指数。如果在这一期间进行期货和现货 ETF 之间的正向套利，则这一现象是有利于增加套利组合的收益的，大约增加 60 个点左右的套利收益。但对于反向 ETF 期现套利而言，则会带来约 60 个点左右的亏损，在这一期间进行反向套利要特别小心。

④ 简洁的统计模型

考虑到交易的简便性，当分红因素稳定后（大致可以依 510300ETF 的除息日将每年 9 月～次年 4 月分为两个稳定阶段），在交易过程中用 30 万股的 510300 替代沪深 300 指数，实际跟踪效果也令人满意，即强制 ETF 前面的系数为 1 000，使用以下回归模型：

$$INDEX_t = \alpha + 1\,000 ETF_t + \varepsilon_t$$

利用 2017/2～2017/4 的历史数据得到指数和 ETF 之间的回归模型为

$$INDEX_t = 3 + 1\,000 ETF_t + \varepsilon_t$$

利用 2016/9～2016/12 的历史数据得到指数和 ETF 之间的回归模型为

$$INDEX_t = -58 + 1\,000 ETF_t + \varepsilon_t$$

6.3.4 股票停牌或涨跌停时的处理

当套利过程中,使用沪深 300 指数的成份股,而不是沪深 300ETF 时,需要考虑某些成份股因为涨停而不能买入,或者因为跌停而不能卖出,或者因为停牌而无法交易的情形。此时,可以做以下处理:(1) 寻找行业规模等接近的因停牌/涨跌停等因素不能交易的替代股票进行交易。(2) 使用沪深 300ETF 替代现货的不足部分。

6.3.5 套利交易的风险

(1) 基于到期日期现套利的风险

基于到期日的沪深 300 股指期货期现套利交易,主要面临以下风险。

① 期货保证金不够导致被提前平仓套利组合,从而导致套利失败。

通常在极度牛市的正向套利情形下,空头的股指期货头寸经常在短期内会出现大量的亏损,这就需要及时补充保证金。类似地,在极度熊市的反向套利情形下,多头的股指期货头寸经常在短期内也会出现大量的亏损,也需要及时补充保证金。准备足够的备用保证金可以有效化解这一套利风险。

② 使用沪深 300ETF 替代沪深 300 指数时,沪深 300ETF 与沪深 300 指数之间的偏差可能导致套利交易亏损。

沪深 300ETF 的价格与沪深 300 指数之间的偏差首先受到分红因素的影响。通常每年的分红时间是 5~8 月,由于沪深 300 指数并不对现金分红进行调整,沪深 300ETF 的价格明显开始强于沪深 300 指数,根据历史数据这一损失将达到 60 个点左右。在这时进行反向期现套利交易的风险就会非常大,很容易导致因套利而产生亏损。因此在这一期间进行反向套利交易时,必须事前充分考虑分红因素导致的损失。

另外,沪深 300ETF 的价格与沪深 300 指数之间的偏差也可能是因为某些偶然因素导致巨大的偏离(见图 6-1)。沪深 300ETF 的市场价格与其净值之间可能由于某些因素而出现比较大的偏离,即便沪深 300ETF 的价格跟踪沪深 300 指数的效果很好,但也只能确保 ETF 的净值与沪深 300 指数紧密贴合,并不能保证 ETF 的价格紧密贴合沪深 300 指数。这些偶然的巨大偏离因为沪深 300ETF 一二级市场之间的套利活动通常并不会持续太长时间,一般一两天就会恢复到正常水平。应对这一风险可以在到期日之前选择合适的时间提前平仓套利组合。

③ 期货合约平仓/移仓的流动性风险

通常在建立套利组合时,倾向于选择当月的期货主力合约。随着当月合约到期日临近,如果结束套利头寸,则需要平仓期货合约,如果套利头寸较大,则需要逐步平仓期货合约;如果下月合约的价格与现货价格依然存在明显的套利机会,则可以平仓当月合约,重新建仓下月期货合约。如果套利头寸较大,则需要逐步移仓期货合约,以避免较大的滑点成本。

④ 现货交易的流动性风险

当使用沪深 300ETF 替代沪深 300 指数时,流动性风险对于规模较大的套利交易而言影响就会非常大。为了规避这一风险,交易沪深 300ETF 的规模不宜太大,一般可以参考沪深 300ETF 日成交量的情况,从经验的角度来看,沪深 300ETF 的交易规模控制在 ETF 日成交量的 5%～10% 比较好,并且要分批次交易。

⑤ 其他风险

其他风险包括套利程序化系统故障、人为操作失误、股票出现大面积停牌或涨跌停而无法交易、股指期货出现涨跌停而无法交易、交易所更改交易成本和交易规则、监管层干预市场等。

(2) 基于统计关系的期现套利风险

基于现货和期货价格差的统计关系的套利风险要远远大于基于到期日的期现套利交易,其中许多风险与基于到期日的期现套利类似,除此之外,主要还面临以下几个方面的风险。

① 价差呈不利于套利方向的趋势变动

一般而言,期货合约的价格与现货的价格差并不呈现稳定的均值回复关系,有时会表现出随机游走的不平稳时间序列的特征。价差可能持续朝着不利于套利的方向持续扩大。如果建立统计套利头寸时,当前价差大小所对应的基于到期日的期现套利收益超过目标收益,则即便价差持续朝着不利的方向变动,也可以等待到期日临近时平仓套利头寸,而不至于产生亏损。

② 统计模型不能较好地刻画期货合约的价格与现货的价格差的随机变动过程

影响期货和现货价差的因素很多,难以从理论上全部梳理出这些影响因素,更加难以精确量化这些因素和价差之间的关系。这时利用历史数据建立统计模型就显得比较高效。但这也带来了相应的问题。统计模型本身从数据出发,而并非从机理出发,这可能导致样本内拟合的结果很好,但外推到样本外的结果却不理想。另外,统计模型中的参数可能是动态变化的,滞后的参数调整也会导致统计模型不能较好地刻画期现价差的随机过程。

6.3.6 基于到期日期现套利交易的实证

下面以 2017 年 4 月 14 日的收盘价为基准,分别对沪深 300ETF(510300)与沪深 300 股指期货 IF1704、IF1705、IF1706 和 IF1709 基于到期日的期现套利的可行性进行实证分析。四个期货合约的价格全部低于沪深 300 指数,因此存在反向套利的可能。

表 6-6 列出了期货和现货的相关信息,并给出了基于一张期货合约套利的毛收益(仅考虑融券成本,不考虑其他交易成本、滑点、保证金、备用保证金等)。套利期间的融券利息年利率以 10.3% 为基准,融券对象为 510300ETF,计算方式为

$$(T-t)/365 * 3.485 * 1\,000 * 10.03/100$$

其中,$T-t$ 为期货合约的到期天数。

表 6-6　　　　　　　　　　　　现货和期货信息

	4/14 收盘价(元)	到期日	到期天数(元)	期现价差(元)	融券利息(元)	分红影响	毛收益(元)
510300	3.485						
000300	3 486.50						

(续表)

	4/14 收盘价（元）	到期日	到期天数（元）	期现价差（元）	融券利息（元）	分红影响	毛收益（元）
IF1704	3 477	2017/4/21	7	−9.5	6.88	0	2.62
IF1705	3 454.8	2017/5/19	35	−31.7	34.42	−10	−12.72
IF1706	3 428.4	2017/6/16	63	−58.1	61.96	−30	−33.86
IF1709	3 359.2	2017/9/15	154	−127.3	151.45	−60	−84.15

表 6-6 中的融券利息以点数来表示。沪深 300 指数成分股主要在 5 月~8 月分红,以 60 个点来估计分红对 510300 与沪深 300 指数的最终影响,大致估计出分红对 IF1704、IF1705、IF1706 和 IF1709 期现套利收益影响的大小分别为 0、−10、−30 和 −60。

从表 6-6 可以看出,仅考虑融券成本,只有 IF1704 合约与现货之间出现了微小的反向套利机会,其他合约的套利收益都是负的。如果将交易成本考虑进去,IF1704 合约与现货之间套利收益率为

$$R_{\text{反向}} = \frac{S_t - F_t - S_T(C_s + C_f) - S_t \frac{T-t}{365} r_s}{S_t(N_1 + C_s) + F_t(M_1 + M_2 + C_f)} \frac{365}{T-t} = 1.6\%$$

其中,$T-t=7$,$S_t=3\,486.5$,$F_t=3\,477$,$C_s=0.03\%$,
$C_f=0.005\%$,$M_1=20\%$,$M_2=10\%$,$N_1=100\%$,$r_s=10.3\%$。

以上收益并没有考虑 ETF 和指数的偏差、交易的冲击成本和滑点等因素,套利收益仍然明显低于无风险收益率。因此,基于 2017 年 4 月 14 日的收盘价,沪深 300ETF 与四个沪深 300 股指期货合约均不存在反向套利机会。当然,如果持有 510300ETF 底仓,则套利收益完全不同。对于长期需要配置沪深 300 股指的投资者而言,套利机会无疑增加了额外收益。

6.3.7 基于统计关系期现套利交易的实证

下面以 2017/3/1~2017/4/13 期间 510300ETF 和 IF1704 合约 5 分钟的收盘价为例,讨论基于统计关系的期现套利交易,总计约 1 400 个 5 分钟收盘数据。由于现货价格高于期货价格,定义

$$D_t = 1\,000 S_t - F_t$$

其中,

S_t 表示 510300ETF 的收盘价,

F_t 表示 IF1704 合约的收盘价。

图 6-2 显示了 2017/3/1~2017/4/13 间 510300ETF 的价格乘以 1 000 以后再减去 IF1704 合约的价格的 5 分钟时间序列。从日线级别的时间序列来看,期货和现货之间的价格差 D_t 为平稳时间序列,但从 5 分钟时间序列来看,期货和现货之间的价格差 D_t 却表现

出非平稳时间序列的特征,与理论上的均值回复特性相差较远。当然时间拉长依然可以看到期货和现货之间的均值回复现象。

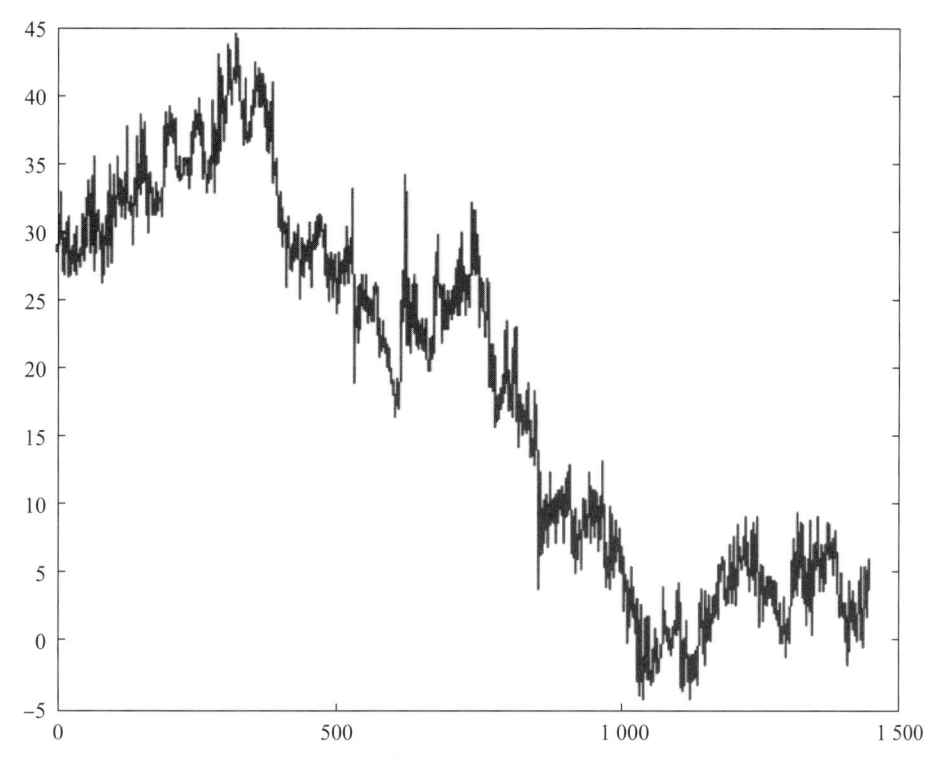

图 6-2 沪深 300ETF(＊1 000)与 IF1704 合约的价格差

基于期货和现货之间的价格差服从均值回复的原假设,直接对价差 D_t 建立以下统计模型:

$$D_t = \alpha + \beta_1(T-t) + \beta_2 D_{t-1} + \beta_3 \varepsilon_{t-1} + \varepsilon_t$$

并且假定

$$\varepsilon_t \sim N(0, \sigma^2), E[\varepsilon_i \varepsilon_j] = 0, \forall i \neq j$$

利用 2017/3/1～2017/4/13 期间全部观测数据得到模型的参数估计为

$$D_t = -0.116\ 35 + 0.009\ 557\ 3(T-t) + 0.990\ 08 D_{t-1} - 0.555\ 54 \varepsilon_{t-1} + \varepsilon_t$$

参数 σ 的估计值为 1.718 7。

图 6-3 显示了统计模型残差估计的 5 分钟时间序列,残差没有自相关性。

接下来,将 2017/3/1～2017/4/13 的数据分为两部分:前面 500 个数据用来估计统计模型的参数,其余部分的数据用来进行套利的样本外检验。在样本外检验期间,固定统计模型的参数不变。由于股指期货处在贴水状态,出于风险控制,套利过程中只做反向套利。即建立套利头寸时,融券卖出 ETF,同时买入股指期货合约。由于融券卖出 ETF 的融券利息较高,融券的可得性也存在一定困难,这里假定已经持有了 510300ETF 的现货作为底仓。当标准化之后的残差大于 2 时,建立套利头寸,即卖出 ETF,同时买入股指期

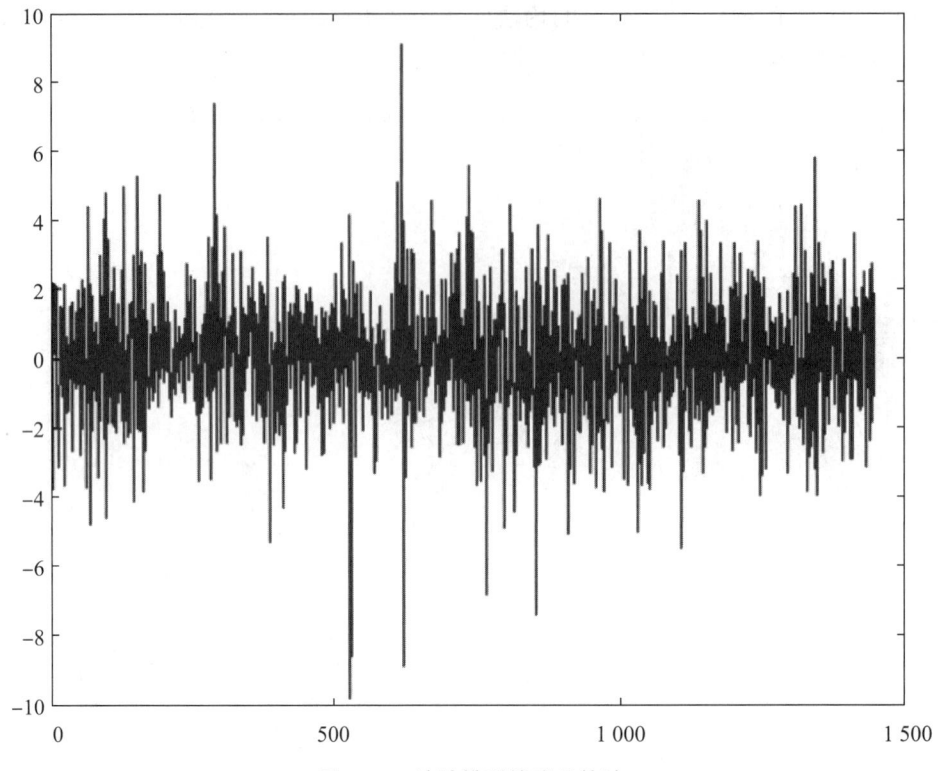

图 6-3 统计模型的残差估计

货。当标准化之后的残差小于 -0.5 时,平仓套利组合,即买回先前卖出的 ETF,同时卖出平仓股指期货合约。交易 ETF 的成本设定为 0.03%,股指期货合约的交易成本为 0.005%。此外,样本外测试还假定了交易都能以 5 分钟的收盘价成交,没有交易滑点、忽略期货当日平仓的成本更高的差异、以及 ETF 交易不受 T+1 交易规则限制,即当天的套利次数可以突破 2 次(当天的套利交易次数超过 2 次时,当日买进的 ETF 是不能卖出的,当然可以建立更多的 ETF 底仓可以规避这一问题)。测试期间共产生了 29 次反向套利交易,其中 2 次交易发生亏损,分别亏损 2.8 元和 0.8 元。在本章的后面我们也给出了基于统计套利的 Matlab 回测函数。

利用前面 500 个历史数据得到的统计模型参数估计为

$$D_t = -0.1577 + 0.01(T-t) + 0.9912 D_{t-1} - 0.5991 \varepsilon_{t-1} + \varepsilon_t$$

参数 σ 的估计值为 1.5836。

图 6-4 显示了样本外检验的反向累计套利收益,累计收益以指数的点数记。图 6-5 显示了样本外检验的正向和反向累计套利收益,正向套利时,在标准化残差超过 3 倍标准差时建立套利头寸,当残差反向回到 0.5 倍标准差以上时平仓。测试期间共产生了 29 次反向套利交易和 8 次正向套利机会,其中 2 次反向套利交易发生亏损,分别亏损 2.8 元和 0.8 元。需要指出的是,在样本外检验中,并没有对参数进行滚动窗口的动态估计。可以通过优化滚动窗口长度 M_1,固定窗口 M_2,开仓参数 K_1 和平仓参数 K_2 来改进套利的效果。

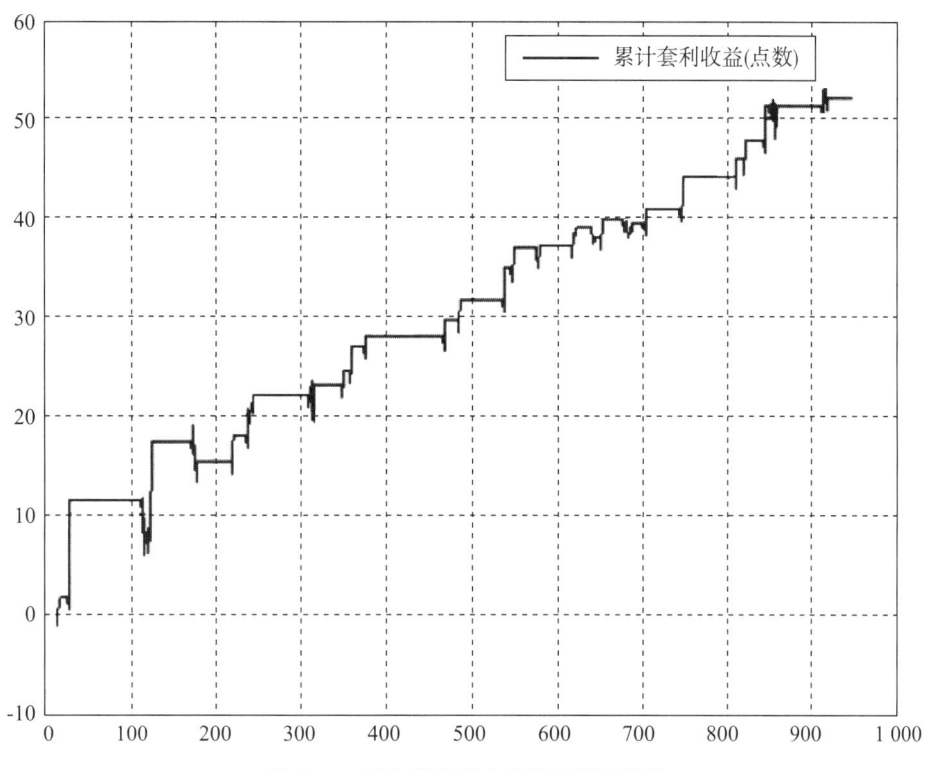

图 6-4　反向套利样本外累计套利收益

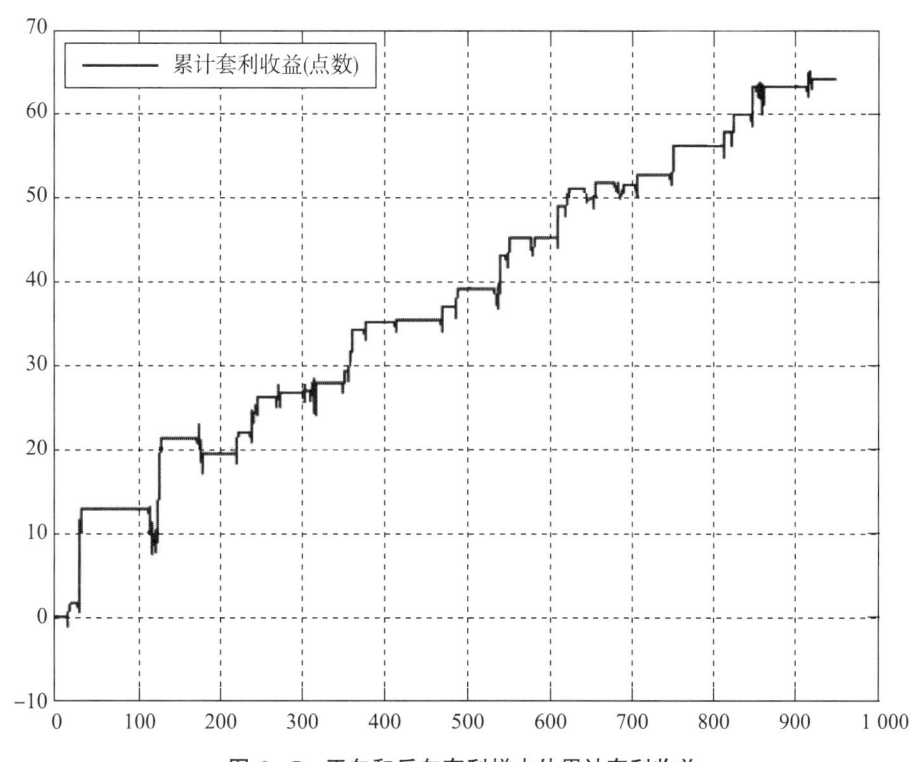

图 6-5　正向和反向套利样本外累计套利收益

6.3.8 期现统计套利的 Matlab 回测函数

下面我们直接给出期现统计套利的 Matlab 回测函数 my_arbitrage_profit_spot_futures,函数的输入和输出详见函数的说明部分。

```
function [cum_ret,s,ret_trade,coef] = my_arbitrage_profit_spot_futures…
(data,N_est,K1_1,K1_2,K2_1,K2_2)
% 函数调用的样例
%[cum_ret,s,ret_trade,coef] = my_arbitrage_profit_spot_futures(data,500,3,…
%2,0.5,0.5);
% 输入
%data:数据,[现货价格,期货价格,其他解释价差的变量 X]
%N_est:前面 N_est 个数据用来估计统计模型的参数
%K1_1:标准化后的残差正向套利开仓的触发值,当残差大于 K1_1 时,做空价差
%K1_2:标准化后的残差反向开仓的触发值,当残差小于 -K1_2 时,做多价差
%K2_1:做空价差后,当残差小于 -K2_1 后平仓套利头寸
%K2_2:做多价差后,当残差大于 K2_2 后平仓套利头寸
% 输出
%cum_ret:累计套利收益
%s:套利信号,1 表示做多价差,-1 表示多空价差,0 表示没有套利头寸
%ret_trade:单次套利的收益
%coef:统计模型参数估计
% 统计模型
%D = alpha + beta1 * X + beta2 * eta(-1) + eta
% 曹志广,2017/4/16
c_s = 0.000 3;% 现货交易成本
c_f = 0.000 05;% 期货交易成本
[M,N] = size(data);
S = data(:,1);% 现货价格
F = data(:,2);% 期货价格
D = F - S;% 期现价格差
spec = garchset('M',1);
if N>2
X = data(:,3:end);
X = [X,[0;D(1:end-1)]];
else
X = [0;D(1:end-1)];
end
[coef,~,~,eta] = garchfit(spec,D(2:N_est),X(2:N_est,:));
alpha = coef.C;beta1 = coef.Regress;beta2 = coef.MA;sigma = sqrt(coef.K);
```

```
eta = [0;eta];enta = eta/sigma;s = zeros(N_est,1);
for i = N_est + 1:M
    eta(i) = D(i)-alpha-beta1 * X(i,:)' - beta2 * eta(i-1);
    enta(i) = eta(i)/sigma;
    if s(i-1) = = 0
        if enta(i)>K1_1 % 做空价差
            s(i) = -1;
        elseif enta(i)< - K1_2 % 做多价差
            s(i) = 1;
        else
            s(i) = 0;
        end
    elseif s(i-1) = = -1
        if enta(i)< - K2_1 % 平仓做空价差组合
            s(i) = 0;
        else
            s(i) = -1;
        end
    else
        if enta(i)>K2_2 % 平仓做多价差组合
            s(i) = 0;
        else
            s(i) = 1;
        end
    end
end
ss = s(N_est + 1:end);
ss(end) = 0;
A = [ss(1);diff(ss)];
B = A. * ss;
open_id = A~ = 0&B~ = 0;
close_id = (A~ = 0&B = = 0)|abs(A) = = 2;
ret = s(N_est:M-1). * diff(D(N_est:M));
cost = abs(diff(s(N_est:M))). * (F(N_est + 1:M) * c_f + S(N_est + 1:M) * c_s);
ret_net = ret-cost;
cum_ret = cumsum(ret_net);
ret_trade = cum_ret(close_id)-cum_ret(open_id);
h = figure;
set(h,'color','w')
```

```
plot(cum_ret)
grid on
legend('累计套利收益(点数)')
end
```

6.4 案例:南方原油A的场内外套利交易

6.4.1 南方原油A的场内外套利机理

南方原油A(证券交易代码:501018)是南方基金管理公司管理的一只在上海证券交易所交易上市的开放式基金(listed open-ended fund,LOF)。投资者既可以向南方基金管理公司按照其净值申购或赎回南方原油A(场外市场),[①]也可以从证券市场按照其市场价格直接购买或卖出南方原油A(场内市场)。如果南方原油A的净值与其市场价格存在明显的差异,则投资者可以进行套利交易。比如,当南方原油A的净值远低于其市场价格时,投资者可以按照净值申购南方原油A,然后在证券市场按照市场价格出售,从而获取套利收益;当南方原油A的净值远高于其市场价格时,投资者可以按照市场价格从市场买入南方原油A,然后按照净值赎回基金即可。投资者向南方基金管理公司申购份额(T日),通常T+3日才能成功转化为可以在场内交易的份额。[②] 有许多证券公司同时提供两种方式申购:场外申购和场内申购。场外申购的申购费用通常会有比较大的折扣,正常的申购费用为1.2%,但场外申购的折扣甚至可达到1折。但需要投资者进行份额的场内外转换。因此,通常T+4日才能成功转化为可以在场内交易的份额。场内申购通常没有折扣,但T+3日就可以转化为在场内交易的份额。但这样的套利并不是无风险的,投资者需要面临以下几个方面的风险:(1)当投资者按照T日净值申购份额,最快T+3日才能转化为场内份额才能卖掉,需要面临2个交易日加上可能的节假日南方原油A净值以及场内价格的波动风险。当然,如果进行在场内购买份额,然后赎回份额的套利操作,也面临类似的风险。(2)当大量套利者在T日申购,T+3日卖出份额时,会造成场内价格直接跌停,甚至连续跌停的集中抛售风险。(3)估计净值的风险。南方原油A是QDII基金,是在中国境内募集资金投资海外原油市场的一种金融产品(主要投资欧洲和美国市场的原油ETF,而这些原油ETF则主要投资原油期货合约。因此,这也可能造成南方原油与原油现货价格走势并不一致)。由于国内外交易时差,其净值的公布要延后一个交易日。即便是公布的净值也只是反应国外股票市场收盘时的净值,而与原油价格挂钩的ETF净值还会随原油期货价格的变动而变动。原油期货的交易时间一天可达20个小时,南方原油A挂钩产品的价格几乎一直在变化。国内股票市场的交易时间为工作日的9:30~11:30和13:00~15:00,当股票市场开盘后,南方原油A的实时净值可能早就与其公布的净值相差甚远了。因此,套利者在进行套利时需要自行估计南方原油A的净值,这就不可避免地引入了净值估计误差。值得指出的是由于受到外汇管制、基金公司保护持有人利益等原因的影响,基金管理公司可能会停止申购赎回和限额申购

[①] 也可以通过代理机构申购或赎回,比如天天基金网、证券公司等。

[②] 以交易日计。

赎回,这也可能给套利者带来操作上的障碍和风险。

6.4.2 南方原油 A 的实时净值估计

根据南方原油 A 的基金公告,其收益比较基准为 60% WTI 的原油价格收益率 + 40% BRENT 原油价格收益率。查询其持仓报告(2019 年第四季度)可以看出:南方原油 A 的净值走势基本与比较基准一致,相差不远。88% 左右的仓位投资海外与原油价格挂钩的产品(主要是 ETF),剩余的约 12% 的仓位则是银行存款等现金和其他类。根据 2019 年第四季度报告,在南方原油 A 的持仓中占比最大的 ETF 是 WisdomTree Brent Crude Oil 1mth,其比重为 17.51%,占比第二的 ETF 是 United States Brent Oil Fund LP,其比重为 15.42%。由于在中国股票市场交易的 t 日只能知道 $t-2$ 日的净值。因此,可以通过以下一个相对简单的方式来估计盘中南方原油 A 在 t 时刻的实时净值:

$$NAV_t = NAV_{t-2}(1+0.88(0.6r_{WTI,t-1}+0.4r_{BRENT,t-1}))(1+0.88(0.6r_{WTI,t}+0.4r_{BRENT,t}))$$

其中,

NAV_t 表示 t 日的南方原油 A 的实时净值估计值,

NAV_{t-2} 表示 $t-2$ 日的南方原油 A 的公布净值,

$r_{WTI,t-1}$ 和 $r_{WTI,t}$ 分别表示纽约商品交易所轻质原油当月期货合约 $t-1$ 和 t 日相对于前日的收益率,

$r_{BRENT,t-1}$ 和 $r_{BRENT,t}$ 分别表示布伦特原油当月期货合约 $t-1$ 和 t 日相对于前日的收益率。

注意,由于西方市场股市的收盘时间与原油期货的收盘时间并不相同。以美国为例,美国股票市场的收盘时间是北京时间第二天凌晨 4:00(夏令时)或 5:00(冬令时),而美国原油期货的收盘时间为北京时间第二天凌晨 5:00(夏令时)或 6:00(冬令时)。这样基于美国股票市场收盘的原油 ETF 净值与基于期货收盘价格的期货收益率就存在差别了。这里我们将忽略这一个小时交易带来的差别。南方原油 A 的历史净值可以通过各种渠道获得,比如东方财富网。美国原油期货和布伦特原油价格的历史数据也可以通过各种渠道获得,比如大智慧行情终端。以下 Matlab 函数则给出了从东方财富网网页获取的南方原油 A 最新公布的净值,以及从新浪网页获取的纽约和布伦特原油主力期货合约最新的价格,其中,函数 my_search_for_fund_inf 在前面第二章中已经介绍过了。

```
function [f,data] = my_sina_oil_data()
% 通过新浪网页获取 NYMEX 和布伦特原油实时期货价格(数据有延迟)
% f(1,:)为 NYMEX 原油实时价格和昨日结算价,以及相对于昨日结算价涨的跌幅
% f(2,:)为布伦特原油实时价格和昨日结算价,以及相对于昨日结算价的涨跌幅
% data:2*7 元胞型,第一列到第七列分别表示最新价、开盘价、最高价、最低价、
% 昨日结算价、时间、时期;第一行为 NYMEX 原油,第二行为布伦特原油
% 曹志广,2020/3/12
url = 'http://hq.sinajs.cn/? list = hf_CL,hf_OIL';
html = urlread(url,'get','','UTF-8');
result = textscan(html,'%s','delimiter',',||''');
```

```
result = result{1};
f(1,1) = str2double(result{2});
f(1,2) = str2double(result{9});
f(1,3) = f(1,1)/f(1,2) - 1;
f(2,1) = str2double(result{19});
f(2,2) = str2double(result{26});
f(2,3) = f(2,1)/f(2,2) - 1;
data = cell(2,7);
id = [2,10,6,7,9,8,14];
data(1,:) = result(id);
data(2,:) = result(id + 17);
```

在 Matlab 主窗口下输入

f1 = my_search_for_fund_inf('sh501018');
[f2,data] = my_sina_oil_data()

得到结果如图 6-6 所示。

```
正在读取sh501018基金的相关信息……

基金代码      管理费    托管费    净值报告时间    报告净值    估计净值    当前价格    溢价率    跟踪标的
sh501018     1.00%    0.28%    2020-04-16    0.5334     ------    0.815     NaN%     ------

f2 =
    25.0830   25.5300   -0.0175
    28.1830   27.8200    0.0130
data =
    '25.083'  '26.420'  '26.780'  '24.570'  '25.530'  '04:59:58'  '2020-04-18'
    '28.183'  '28.660'  '28.930'  '27.580'  '27.820'  '05:59:53'  '2020-04-18'
```

图 6-6 获取南方原油 A 的最新公布净值和原油期货最新价格

图 6-7 则给出了南方原油 A 的净值和净值估计值。

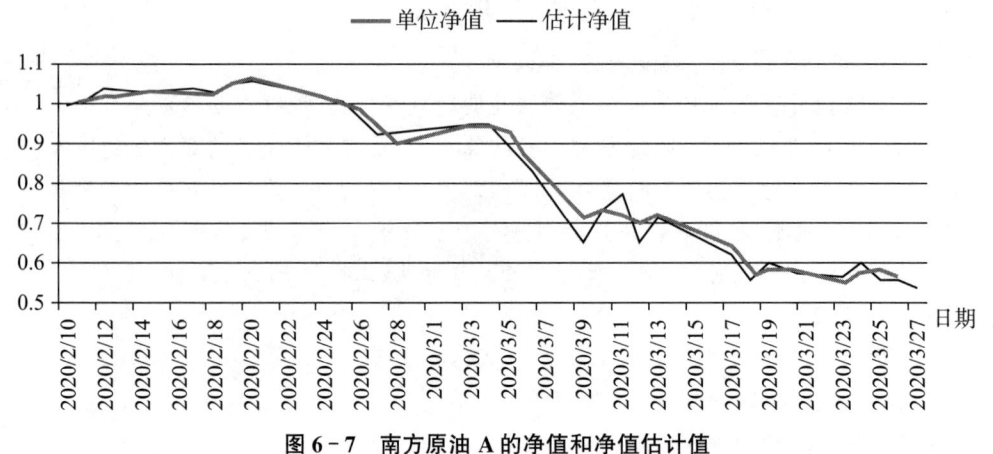

图 6-7 南方原油 A 的净值和净值估计值

6.4.3 南方原油 A 套利交易的改进

考虑到大量套利者的集中抛售对套利收益的巨大影响,可以在资产配置的原则下,考虑在低位长期配置南方原油 A,如果出现场内价格远高于净值的套利机会,则可以直接在股票市场卖出份额,同时申购份额。这样就避免了与其他套利者在 $T+3$ 日后的竞争性抛售。当然这也需要付出代价,长期配置原油就必然要承担原油价格波动的风险。

参考文献

Engle, Robert F, Granger, Clive W J. 1987, Co-integration and error correction: repre-sentation, estimation, and testing, *Econometrica* (55):251–276.

第七章 趋势交易策略

7.1 趋势交易的原理

7.1.1 趋势存在的原因

趋势交易是常用的择时交易方式,通常在证券价格呈现向上运动趋势时持有证券,而在价格呈下跌趋势时持有现金或做空。对于趋势交易的有效性问题,学术界和实务界的争议都很大。甚至有很多机构是非常排斥择时的,也有一些机构,比如,一些养老机构会进行所谓的战术性资产配置,在一定程度上进行择时,对资产配置进行调整。对于量化策略的开发者而言,设计趋势择时交易策略时,需要深入思考趋势背后的逻辑。在金融市场上我们观察到的很多证券价格的趋势,其实都是随机的,它本身并没有什么规律,完全是随机性的叠加后碰巧看起来呈趋势性变化,但实际上并没有任何内在的逻辑性。比如,连续抛一个两面均匀的硬币,我们可能观察到连续出现 8 次正面的结果。从观测到的结果来看似乎存在某种趋势,但其实下一次抛的结果与前面的结果并不存在逻辑上的联系。因此,我们在市场上看到的许多价格趋势,它未必是真的、具有内在逻辑性的趋势,只是看起来存在趋势的"运气"比较好的随机结果而已。股票价格变化呈随机性正是有效市场假说的核心观点,如果市场有效,证券的价格完全是由那些未被预期到的信息所决定的,价格变化是随机的。我们以经济周期为例来说明这一点。通常企业的利润随着经济周期呈现周期性变化,但这并不一定意味着公司的股票价格也呈现出周期性变化,即在经济上升阶段股价上升,而在经济下跌阶段股价下跌。如果经济周期被市场正确预期到,则股票价格就不会呈现出周期性变化。因此,在一个高度有效的证券市场上,证券价格不存在趋势或周期性变化。当然,这里的趋势是指中短期的趋势,要和股票价格的长期趋势区分开来,从长期来看,股票价格呈现上涨的趋势,这主要来源于社会的经济增长和货币的通货膨胀。

市场的非有效性是趋势交易有效的前提,信息的逐步扩散、投资者对信息的处理和受到心理偏差影响对信息反应的速度差异、趋势交易者的存在、投资者羊群行为和不愿意实现亏损的非理性行为等都可能是趋势存在的背后原因。从价格表象上存在的趋势（比如价格突破了某条价格均线），其背后的原因可能是非常不同的：它可能是没有任何内在逻辑的价格变动的随机结果；可能是机构投资者的跟风行为；可能是散户投资者的跟风行为；可能是信息的逐步扩散带来的价格持续变化；可能是投资者受心理偏差影响对信息反应不足引起的价格持续变化；可能是动量交易者引发的价格持续变化；可能是某些特殊原因，比如，融资盘的强行平仓带来的连锁反应、市场价格的操纵行为等。如果不区分趋势背后的原因，仅仅依据价格触发的趋势（比如均线、MACD等技术指标的突破）来进行趋势交易，其结果是难以预计的，假的趋势信号很多，成功率也比较低。因此，设计趋势交易量化策略时需要因地制宜和对症下药才有可能产生比较好的效果。另外一点需要指出的是，即便价格并没有呈现出通常的趋势信号（比如均线突破），但依然可能存在某些导致未来价格持续变化的内在原因。比如，股票价格在高位持续震荡向上，大量在信息收集和分析能力方面占优的金融机构却在持续抛出，而散户投资者仍然非理性地疯狂买入。这时虽然价格呈向上趋势变化，但价格未来向下变化的力量也在逐步酝酿当中。

对于趋势交易，我们必须考察趋势背后的原因是什么，表面上观测到的趋势未必是具有内在逻辑性的趋势，如果趋势仅仅是随机性的结果，那接下来趋势交易策略的收益只能靠运气了。我们以技术分析中的均线趋势交易为例。一个常用的交易规则是当价格突破某一均线时买入，而在价格跌破均线时卖出。价格向上突破均线通常被误认为是趋势的"因"，而实际上价格上涨才导致了均线突破，均线突破是"果"而不是"因"。均线突破并非趋势产生的原因，相反，如果某些原因造成了价格趋势，则应该可以观测到价格突破了某些均线。技术分析中的均线突破充其量只是趋势的必要条件而已。从另一方面来讲，具有趋势逻辑的内在因素也未必驱使价格马上就呈现明显的趋势性变化。目前我国股票市场的有效程度还远低于美国成熟的市场，其有效程度也在动态变化。市场在有效性比较高的时候，价格更容易出现随机性变化。不管趋势背后原因的技术分析，交易者就会在价格上涨突破和下跌突破各种趋势指标的过程中不断买卖。如果价格呈随机性变化的时间比较长，则投资者的损失将比较大。市场在有效性程度比较低的时候，价格更容易出现趋势或周期性变化。这时依据技术分析进行趋势交易的投资者通常有比较好的收益。

在很多时候，即便是背后有一些趋势性的内在原因存在价格变动当中，也可能在价格表现上，但它未必表现出明显的趋势，所以趋势交易策略的设计也未必一定要遵循"右侧"交易原则。我们需要对趋势背后的逻辑做深入思考才有可能设计出比较合适的趋势交易策略。

7.1.2 趋势交易的收益和风险

考虑一个只能做多的证券市场（股票市场上做空股票的成本通常比较高，因此股票市场比较接近单边做多才能获利的市场），在牛市的时候趋势交易的收益通常比不过被动持有策略，因为趋势交易策略通常要中途离场观望，所以这时趋势交易策略的超额收益（这里的超额收益是指超过买入持有策略收益的那部分收益）是负的。在价格无序随机游走的时候，趋势交易策略频繁高买低卖，其超额收益通常也是负的。在熊市价格下跌的时候，趋势交易通常有正的超额收益，趋势交易的损失比买入持有策略要少。仔细分析一下趋势交易，三种情况中有两种都是跑不赢持有策略的,趋势策略的超额收益主要来源于熊市下跌的时候保存了实力,然后在牛市来临的时候,借助于在熊市中保存的实力,从而在牛市中可以投入更多的资金,因此而获得更多的回报。所以,趋势交易的超额收益,主要来源于熊市证券价格下跌的状态。接下来一个自然的问题就是:熊市时趋势交易的超额收益最终来源于哪里呢?实际上超额收益最终来源于其他投资者的错误。行为金融的研究结果表明许多投资者(个人投资者更加典型)受到心理偏差的影响,表现出在盈利时容易过早止盈,而在亏损时更愿意继续持有的处置效应,这些投资者在熊市中通常会继续持有亏损的股票,不愿意止损,甚至加大仓位。这会拖延价格的调整,进而很容易造成股票价格持续阴跌。而及时卖出脱身的趋势交易者正是利用了具有心理偏差的投资者所犯的错误,能够克服心理偏差的影响,在股票价格跌破趋势时的相对高位卖出。

但总的来说,趋势交易策略相对于持有策略是否真有一个超额收益呢?这个问题很难回答,答案很大程度上取决于特定趋势交易策略的投资逻辑和风险控制系统。从绝对收益来看,趋势交易通过适时地参与市场,通过承担系统风险来获取收益。趋势交易承担的第一个风险就是市场的系统风险。趋势交易承担的第二个风险是趋势交易的逻辑并不成立,即模型风险。价格实际上是无序的随机游走,或者实际的趋势与预测的趋势正好相反。趋势交易承担的第三个风险就是趋势策略本身。比如,期货市场其实就是一个零和游戏,经常发现每当CTA趋势策略表现出比较好的时候,在接下来的相当一段时间里,趋势交易的收益一般就不太好了,因为随着更多的投资者加入CTA趋势策略,策略本身也会成为别的投资者攻击的对象。在零和博弈的期货市场上,当投资者采用别的投资者预期到的策略时,很容易被针对,从而产生亏损。比如,策略被针对性地不断产生止损行为,从而被迫停止使用该策略。

另外,趋势交易的交易成本也是不能忽略的,尤其对于频率比较高的趋势交易策略,交易成本可能非常高。除了交易成本,趋势交易策略通常采用"右侧"交易,即趋势的逻辑需要得到价格的确认后才进行择时交易。在价格上涨到一定程度确认趋势的逻辑后才买入,而在价格下跌到一定程度后才卖出或建立空头仓位。如果趋势启动前经历比较长时间的震荡,趋势交易的交易者在价格震荡时的执行过程中需要承担巨大的心理负担,当心理负担超过一定承受范围时,可能会引发意想不到的结果。趋势交易的执行成本,尤其对于人工手动交易,执行成本是非常高的,虽然我们可以通过程序化交易,但是程序化交易的背后本身还是人在控制和主导,所以大量的低卖高买给决策者带来极度沮丧的时候,通常很难执行趋势交易,容易导致投资主体主动终止策略而丧失策略本应该得到的收益。比如,连续4~5次亏损就可能给投资主体造成很大的心理压力了,尤其在某些情况下,策略被其他投资者采用针对性的行为时,非常容易出现连续亏损的情况。

综合考虑趋势交易策略的风险和收益,趋势交易与买入持有策略具有不同的风险特征,买入持有策略就是通过长期承担系统风险,从而获取资产的长期收益回报。趋势交易则通过择时承担系统风险获取回报,但同时择时本身也带来了额外的风险,即择时模型的风险。

7.1.3 趋势交易标的资产的选择

趋势交易标的资产的选择非常依赖于趋势交易的逻辑,对于常用的技术分析中的趋势交易策略而言,因为没有区分趋势背后的原因,成功率通常比较低,如果选择单个股票进行趋势交易,个股的波动性比较高,趋势的假信号很多,频繁交易对趋势交易收益的损害是非常大的。因此,选择一些指数型基金,比如,流动性良好的 ETF 是比较合适的。ETF 交易的成本比交易个股低(就目前而言,节省了 0.1% 的单边印花税),同时指数的波动性要远低于单个股票,趋势交易中的假信号问题在 ETF 交易中会得到缓解。因此,对于不能区分背后趋势原因的趋势交易策略而言,选择 ETF 作为交易对象是一个比较好的选择。另外,选择指数 ETF 作为交易对象还可以很大程度地避免个股碰到的涨跌停时难以交易的尴尬情形。而对于那些能够区分趋势背后的原因,针对特定的投资逻辑设计出来的趋势交易策略而言,交易对象的选择可能并不局限在 ETF 上,个股也可以作为交易的对象。

7.1.4　寻找符合逻辑的趋势交易机会

构建趋势交易策略需要仔细分析和区分趋势背后的原因和逻辑。遵循该逻辑,进而设计一系列的风险控制体系:进出场时机,仓位选择,加减仓位机制,止盈止损机制等。我们以 2016 年 1 月到 2018 年 1 月期间以上证 50 指数为代表的大蓝筹股持续趋势性的上涨,而同时中小板和创业板指数为代表的中小创股票持续下跌的情形为例来分析其中上涨的原因和逻辑。对这一问题进行辨析并不容易,难以得到充分条件从而证明出其背后的原因一定是某个(些)因素的结论,但我们可以尝试用类似统计检验的方法,将备选的几种可能的原因当成原假设,基于原假设衍生出一系列的必要条件,然后通过对这些必要条件进行细致的分析,从而对原假设—趋势背后备选的原因——进行推断和验证。①

第一种可能的原因是中国经济基本面超预期的持续改善导致了蓝筹股的持续上涨。但实际上我们并没有看到宏观基本面有明显的改善,即便这一逻辑成立,我们也应该可以看到中小创的股票同步地上涨,但实际上中小盘股票出现了明显下行的走势。因此,我们基本可以否定蓝筹股的上涨根源于中国经济基本面超预期的持续改善。

第二种可能的原因是蓝筹股具备了明显的估值优势,而中小创股票存在明显的泡沫,从而出现了资金持续买入蓝筹,同时持续卖出中小创股票的情况。如果蓝筹股的上涨是因为估值优势,为何中国工商银行、中国平安、贵州茅台和格力电器等一批股票的价格在基本面没有明显超预期的情况下,却屡创 2015 年 6 月份股灾以来的新高?如果创新高的蓝筹股具备估值优势,股灾前的蓝筹股应该更加具备估值优势,资金应该在蓝筹股价格低的时候更加青睐蓝筹股,而不是在价格更高的时候青睐蓝筹股。另外,从 AH 股的比价效应来看,在 2016 年 1 月到 2018 年 1 月期间,AH 股中的 A 股价格平均而言仍然比港股高出 20% 左右,在沪港通已经通畅的情形下,港股明显具有更好的估值优势,资金为何不大量买入港股,而去买入估值更高的 A 股蓝筹股?即便是资金意识到国内蓝筹股的严重低估,为何蓝筹股的估值修复会长达 2 年之久?从资金流向的角度来看,2016 年 1 月到 2018 年 1 月期间的前期都是大资金在持续流入,小资金的流入主要发生在后期。② 如图 7-1 所示:中小资金在 2018 年 1 月开始大量进入沪深 300 成份股,而大资金却趁价格上涨开始流出。如果大资金是因

---

① 值得指出的是,我是在 2018 年 4 月 22 日对这一问题进行分析和讨论的。
② 不同的资金流向监控模型可能会出现不一样的结论,这与不同规模的资金流向监控的算法有关。

为估值优势而买入蓝筹股,为什么大资金背后的机构投资者对蓝筹股低估值的反应会如此缓慢?这并不符合常理。因此,资金持续买入蓝筹股的原因是蓝筹股具备了估值优势,这一说法难以成立。而对于中小创股票因为估值泡沫而逐步下行的原假设,我们却难以找到合适的证据来否认这一点。

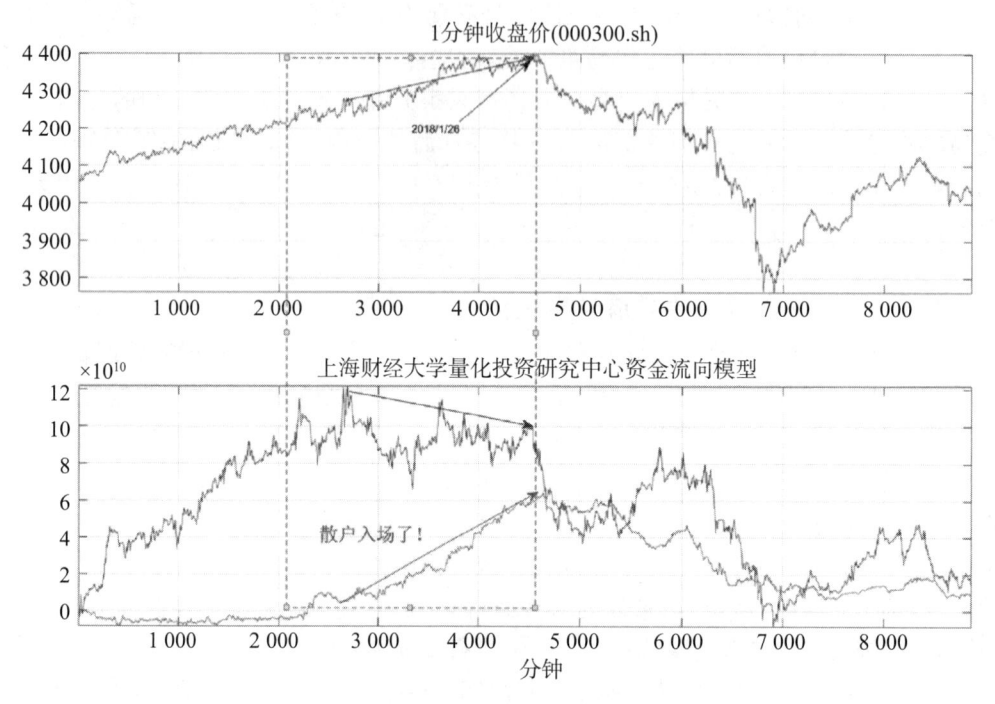

图 7-1 大资金和小资金流向

第三种可能的原因是在股灾期间国家队和证券公司等机构投入了大量救市资金购入了大量的蓝筹股,这些资金有逐步退出市场的需要。有心的资金揣测了监管层的意图,利用 2018 年 6 月中国 A 股市场的许多蓝筹股正式纳入 MSCI 指数的心理预期,以价值投资的名义对蓝筹股进行投机炒作,最终诱使中小投资者高位接盘。我们前面提到的两种原因的反对证据与这一原因并不存在冲突。如果这一原因成立,则我们可以推测在中小投资者大量介入蓝筹股,先期介入的资金和救市资金逐步退出蓝筹股以后,蓝筹股将逐步失去持续上涨的动力。从资金流向的角度来看,大资金在 2018 年 1 月之后就开始明显流出蓝筹股,而中小资金在 2018 年伊始就出现了明显的流入蓝筹股的状况,这表明中小投资者已经在高位接手了蓝筹股。在其他条件不变的情形下,蓝筹股在 2018 年 6 月正式纳入 MSCI 指数落实之后,应该很难再出现持续性的上涨机会。

当然还存在其他可能的原因和解释,这里不再列举和分析。对趋势背后原因的辨析,总的原则是大胆假设,小心求证。前面提到的三种可能原因中,第三种原因是可能成立的,基于这样的原因判断,显然当前时刻投入大量的仓位进行蓝筹股的多头趋势交易是不合适的。值得指出的是,可能存在不同的原因,但却有着许多共同的必要条件。因此,我们依据必要条件对原因的原假设做出推断时,仍然存在对趋势背后原因误判的可能性,基于相应原因建立起来的量化模型也存在逻辑错误的可能性。此外,我们的备选原因中也可能遗漏了真正的原因。因此,趋势策略的开发者在接下来的量化模型设计和风险控制过程中,必须考虑到这一模型风险。

7.2 趋势的识别

在对趋势背后的原因进行了充分论证之后,接下来的问题是如何确认趋势已经开始。类似地,我们仍然可以采用必要条件来进行验证:如果趋势已经明显开始,则价格应该出现止跌回升,许多趋势类技术指标也应该纷纷发出趋势信号等。如果趋势产生的原因是中小投资者开始大量参与的羊群行为造成,则我们应该可以看到成交量的持续增加等。在趋势背后的原因已经得到充分论证的基础上,技术分析中的价格趋势类技术指标和成交量指标等可以用来确认趋势存在的必要条件是否成立。当然,策略的设计者更应该寻找其他合适的必要条件来确认,比如,主力资金的流向、各种股吧的热度、各大电商平台上关于某些产品的持续热销程度等。并且与其他机构相比,这些必要条件在信息来源和/或分析方法上要具有一定的独特性。接下来本章的内容对必要条件的讨论主要集中在技术分析上,但量化策略的设计和开发者千万不要将趋势的必要条件局限在技术分析的层面上,应当积极拓展新的信息来源和开发新的数据处理和分析方法,并建立起合适的必要条件对趋势进行确认。

7.2.1 均线的突破

均线突破是确认趋势常用的方法,通常有价格突破均线、短期均线突破长期均线等多种确认方式。此外,MACD等趋势类技术指标也可以用来确认趋势。短期均线入场时机早,但信号稳定性差,容易出现反复;长期均线入场时机晚,好处是信号稳定性相对高一些。参数的选择与趋势背后的逻辑息息相关。比如,在投资者的羊群行为导致了趋势的情形下,价格突破价格均线的同时,应该需要成交量突破合适的成交量均线来确认。

7.2.2 多重突破信号

为减少技术面上信号的反复程度,通常可以采用以下几种方法:(1)考虑更长期的趋势突破信号,或者连续几天站上均线后才确认趋势,或者突破均线一定比例后才确认趋势。(2)考虑多重突破信号共同来确认趋势。比如,MACD发出多头信号,同时震荡型指标RSI也处于金叉状态等来确认趋势已经开始。当趋势确认后MACD和RSI又同时出现空头信号,则确认趋势又回到了待确认的状态。

通过技术分析指标来确认趋势是否来临的优点是简单易行,不会错过大的趋势行情。但也存在明显的缺陷,当市场反复震荡时,技术指标会不停地给出进场和离场的信号,从而造成持续的亏损。趋势策略的开发者应该积极寻找其他更加合理的入场和离场方式,减缓市场震荡时对策略的伤害。

7.2.3 识别趋势交易的伪信号

识别趋势交易中的伪信号与趋势背后的逻辑紧密相关。如果趋势背后的原因是其他机构投资者或者中小投资者的跟风行为,则价格突破应该伴随着成交量的跟进。因此,当价格突破了均线,但成交量没有跟进(比如成交量没有突破相应的成交量均线),则价格突破均线的信号应当作为伪信号来处理。再比如,如果趋势背后的原因是某些先知先觉的投资者陆续嗅到了市场上涨的机会,关于这类信息大资金通常有更好的嗅觉,则我们应该可以观察到大资金的持续流入。如果价格突破了均线,但并没有观测到大资金的持续流入,则说明均线的突破很可能是伪信号。

7.3 趋势交易的风险控制

7.3.1 模型风险

趋势交易是一项风险较大的交易策略。我们一直在强调通常情况下很难得到趋势成立的充分条件,退而求其次,对可能的原因建立原假设,然后建立必要条件进行检验。因此,我们需要动态监控这些必要条件是否仍然成立。如果这些必要条件不成立了,则说明趋势背后的逻辑可能存在问题,需要及时退出市场观望。比如,我们认为当前的趋势由中小投资者的跟风行为造成,价格均线和成交量均线可以作为检验趋势是否持续的必要条件(当然也可以有其他必要条件)。在监控趋势交易的逻辑是否继续成立时,我们除了监控价格是否跌破重要的价格均线之外,还需要监控是否有成交量的持续跟进。当成交量不能持续跟进(即便价格仍然在均线之上),说明跟风者数量不足,可能导致跟风行为的趋势结束。因此,如果没有观测到成交量的持续跟进现象,则说明趋势背后的原因接下来可能难以继续成立,需要减仓或者退出市场。

7.3.2 控制回撤

趋势交易除了承担模型风险之外,还需要承担各种随机事件的影响。为了控制趋势交易净值的大幅回撤,止损和止盈策略是比较常用的控制手段。止损和止盈策略的设计与交易逻辑密切相关,也与投资者的风险承受能力相关。通常止损是低于买入价格的一定百分比,当然也可以是动态调整的。止损意味着承认趋势交易的逻辑可能存在问题,或者损失已经超过了投资者能够承受的范围,而市场目前正在朝着与趋势相反的方向在运行,需要退出市场进行观望。止盈点通常可以设计为开仓后最高盈利超过一定比例,并且从最高收益回落到一定比例之后平仓。需要指出的是,风险和收益是相对应的,通过止盈和止损来控制回撤的代价是牺牲了潜在的收益。

7.4 案例:沪深 300ETF 的趋势交易

7.4.1 基于投资者羊群行为的趋势交易

(1)策略的逻辑

趋势背后可能的原因有很多,接下来我们讨论如何应用由投资者跟风行为导致的趋势来设计合适的交易策略。一个典型的上涨趋势通常包含以下四个阶段:第一个阶段通常在熊市末期开始的,受到某些事件的触发,股价开始止跌回升,但大部分投资者还停留在熊市的思维方式,对利好信息反应不足,这一期间通常是一些"聪明"的投资者开始买入;第二阶段为趋势交易者开始跟进,价格继续上涨;第三阶段为大众参与阶段,大量个人投资者开始参与,通常会出现市场反应过度,价格通常会出现极度的上涨;第四阶段就是趋势的结束,疯狂的股价不能继续吸引新的投资者加入时,股价开始滞涨,并开始下跌。基于羊群行为的趋势策略的原理就在于价格上涨和投资者跟风行为形成了正反馈回路,从而导致价格呈趋势性上涨。那么投资者为什么会跟风呢?这是由投资者千百年来的"天性"决定的。投资者的跟风行为与投资者的心理行为密切相关,人们在面对不确定性环境下的决策时,通常更容易受到"非理性"情绪的支配,而不是理性思考。当股票价格持续上涨,看到邻居们的资产价值持续上涨,如果自己认为价格过高而卖出股票采取空仓观望的做法,这时候现实的巨大落差就会不断地搅动自己的情绪,不断产生焦虑和痛苦。最后在巨大的心理压力下做出在高位重新买入的决策,价格的持续上涨会迫使更多的投资者屈从于心理压力而做出"非理性"的情绪决策。价格的上涨给空仓的投资者会带来痛苦和焦虑,大部分的投资者都很难规避由这一情绪驱动的决策行为。即便是明明知道,这样做可能存在非常大的风险,但仍然不能做到让理性控制自己,从而在情绪的驱动下做出决策。心理学的研究表明人们有两套系统驱动行为选择:理性和情绪。对此,著名的桥水基金创始人 Ray Dalio 在其《原则》一书中有切身的感受。[①] 通常,人们难以让理性驾驭自己的情绪,这很难通过学习和总结经验来改变,这是跟风行为的内在根源,这也是跟风行为与趋势存在关系的内在根源和逻辑所在。就连著名的物理学家牛顿也在股票市场上因为不理性的跟风行为而损失惨重。在一个以散户交易占据主导的中国 A 股市场,情绪驱动下的交易行为更加明显,基于羊群行为的趋势交易策略也更加有效。由于个人投资者的心理特质是人类长期进化的结果,由此导致的跟风行为是固有和长期的,只要市场上长期存在大量交易的个人投资者,基于这一行为的趋势交易逻辑就具有长期的稳健性。利用这一逻辑加入市场趋势的投资者更加强化了趋势。[②] 类似地,当股价持续下跌时,股价也会由于投资者的心理偏差表现出持续下跌。股价极度疯狂时,少部分投资者开始卖出股票,随后股价开始下跌,投资者由于受处置效应的影响,许多投资者并不理会利空消息(对利空消息反应不足),对牛市还抱有无限的期望而不会卖出股票。但随着价格的继续下跌,趋势交易者也开始卖出股票,股价继续下跌,仍然持仓的投资者开始不断承受下跌带来的痛苦和折磨,迫于心理压力往往会在极度痛苦中在低位丢掉筹码,从而缓解心理的极度痛苦。

这里我们仅考虑做多,策略的关键问题是如何确定当前的市场存在投资者明显的跟风行为呢?我们先建立投资者羊群行为的原假设,在此假设上我们推测一系列的必要条件,然后对这些必要条件一一进行分析和验证。如果必要条件成立,则我们可以接受原假设。如果投资者的跟风行为明显,则我们应当可以观测到以下情况:新开户的投资者数量(比如,可以通过东方财富网、财经频道等网站以及 Wind 金融终端查询每周新增股票/基金投资者的数量情况)和投资者的证券资金市值(证券市值+现金)明显增加;投资者自选股的数量以及行情鼠标点击的数量明显增加(比如,同花顺软件提供了散户自选股的数量和行情点击情况

---

① Ray Dalio. 原则[M]. 刘波等译. 北京:中信出版集团股份有限公司,2018.
② 一个可能的影响是加速了趋势,导致趋势提前结束。

的数据);成交量明显增加等现象。这些现象都可以作为必要条件纳入对市场存在投资者的跟风行为导致趋势的原假设的检验,如果必要条件符合预期,则可以认为市场存在投资者的跟风行为导致的趋势。

(2) 策略的设计和风险控制

如果原假设——投资者的跟风行为导致的趋势得到验证,则接下来就需要考虑具体的买卖信号和风险控制体系的设计问题了。具体地,策略设计和风险控制应该至少包含以下内容:①怎样实时监控和判断策略的逻辑是否成立。②如果策略逻辑成立,应该如何行动。③如果策略逻辑受到严重质疑,应该如何行动。这其中最重要的环节就是如何判断策略的逻辑是否正确,即如何确定策略是正确的还是错误的,这是一个动态问题,一旦策略在市场上运行,就需要时刻回答这一中心问题。

市场上跟踪沪深 300 指数的 ETF 有多个,为减少冲击成本,我们可以选择交易量最大的、交易代码为 510300 的沪深 300ETF 为交易对象。为尽量减少价格波动对交易信号的影响,我们选择沪深 300 指数的日收盘数据为交易信号产生的来源,而不是根据 ETF 来产生交易信号。由于实盘交易不可能在收盘后仍然能够以收盘价成交,因此,实盘交易时可以选择在收盘前 1~3 分钟按照当时的信号进行交易。为方便进行回测,我们仅利用 21 日价格均线和 21 日成交量均线这两个必要条件来设计以下风险控制体系。[①] 这里均线参数 21 的选择是比较任意的,如果策略的逻辑成立,则策略的表现应该不会太依赖于参数的具体选择。在第三章中我们的回溯测试暗示 21 日均线表现较好。因此,这里我们将价格和成交量的均线都选择为 21。

① 买入信号。当沪深 300 指数价格向上 21 日价格均线,并且成交量也突破 21 日成交量均线时,确认基于跟风行为的趋势逻辑成立,这时如果处在空仓状态则买入,否则保持原有状态。由于当价格在 21 日价格均线之上时,放量下跌也会造成买入信号,我们需要避免这样的买入信号,价格放量上涨才是我们需要的买入信号。

② 卖出信号。当沪深 300 指数价格跌破 21 日价格均线或者成交量跌破 21 日成交量均线时,认为基于跟风行为的趋势逻辑不成立,这时如果持仓,则卖出。成交量均线相对于价格均线而言,波动性更大,容易造成频繁交易。为减少频繁交易,我们将卖出信号进一步修改为价格处在 21 日价格均线之上,但成交量连续两天位于 21 日成交量均线之下则卖出;当价格低于 21 日均线之下,则卖出。

③ 即便价格和成交量均线确认了投资者的跟风行为导致的趋势是成立的,也并不意味着交易的逻辑是 100% 成立的。我们对市场的所知要远远小于我们不知道的部分,这里存在模型风险,也存在策略被针对的风险。为控制这一风险,我们通常会设定开仓后亏损超过一定比例,比如,3%(以收盘价计,忽略盘中损失超过止损点的情形)就止损,退出交易,直到下一次系统重新产生买入信号。当然,也可以忽视策略被针对的风险,[②] 让均线系统发出卖出信号后离场。这里我们设计让均线信号发出卖出信号后离场。

7.4.2 沪深 300ETF 的趋势交易 Matlab 回溯测试函数

我们采用第三章中同样的数据,对 2005/1/4~2017/9/22 期间沪深 300 指数的 21/21

---

① 还可以引入更多维度的信息作为必要条件,比如,股吧热度、新开户数量、账户新增资金量规模等。

② 这里的前提是策略被针对性攻击并没有导致策略长期的表现由盈利变成亏损。

第七章　趋势交易策略

日价格均线和成交量均线多头交易策略进行回溯测试。为了简单,在回溯测试中我们将交易对象也选择为沪深 300 指数。给定沪深 300 指数的日历史数据文档 hs300_index.csv(数据的第一列到第七列分别为:日期、开盘价、最高价、最低价、收盘价、成交手数和成交金额)已经保存在当前 Matlab 的工作目录之下,起始资金投入为 1 元,每次交易的资金为全部可用资金。具体地,我们在 Matlab 主窗口下输入

```
clear
data = csvread('hs300_index.csv',2,0);% 读入历史数据
t = x2mdate(data(:,1));% 将 Excel 日期对应的数值转化为 Matlab 中相应日期对应的数值
p = data(:,5);% 收盘价
vol = data(:,7);% 成交金额
cost = 5e - 4;% 交易成本
s = my_p_v_signal([p,vol],21,21);% 产生交易信号
[ret,perf,ret_tab,table,cum_ret,cum_ret_bh] = my_signal2ret(s,p,cost,…
'on','reinvest',t);
```

这里用到了函数 my_p_v_signal,其用途是根据价格和成交量均线产生交易信号。其他函数 my_signal2ret、my_ma_trend 在前面的章节中已经介绍过。函数 my_p_v_signal 的具体内容如下。

```
function [s,p,vol,ma_p,ma_v] = my_p_v_signal(data,N_p,N_v)
p = data(:,1);% 价格
N = length(p);
vol = data(:,2);% 成交金额
[s_p,~,ma_p] = my_ma_trend(p,1,N_p);
[s_v,~,ma_v] = my_ma_trend(vol,1,N_v);
% 持仓时下跌时缩量可以等待 1 天后决定是否卖出
%%%%%%%%% 空仓时下跌放量造成的买入信号,忽略
A = [0;price2ret(p)];
s = zeros(N,1);
D_hold = 0;
D_wait = zeros(N,1);
for i = 1:N
    if D_hold = = 0 % 空仓
        if s_p(i) = = 1&&s_v(i) = = 1&&A(i)>0 % 空仓时下跌放量造成的买入信号,忽略
            s(i) = 1;
            D_hold = 1;
            D_wait(i) = 0;
        end
    else % 持仓
        if s_p(i) = = 1&&s_v(i) = = 1 % 价格和成交量都在均线之上
```

```
        s(i) = 1;
        D_hold = 1;
        D_wait(i) = 0;
    elseif s_p(i) = = 0 % 跌破价格均线卖出
        s(i) = 0;
        D_hold = 0;
        D_wait(i) = 0;
    elseif s_p(i) = = 1&&s_v(i) = = 0&&D_wait(i-1) = = 0 % 持仓时缩量可以等待
1 天后决定是否卖出
        s(i) = 1;
        D_wait(i) = 1;
        D_hold = 1;
    elseif s_p(i) = = 1&&s_v(i) = = 0&&D_wait(i-1) = = 1 % 持仓时缩量2天,卖出
        s(i) = 0;
        D_hold = 0;
        D_wait(i) = 0;
    end
    end
end
```

与仅根据 21 日价格均线进行择时交易的策略相比,同时基于 21 日价格和成交量均线进行交易的择时策略的总收益有一定的下降,交易次数也增加了,但胜率、回撤比率和夏普比率等指标有了明显的改善。从胜率 47% 来看,失败的概率仍然超过 50%,这意味着趋势交易会面临大量高买低卖的交易行为。如果市场长期震荡,趋势交易很可能在大趋势来临之前就已经将本金亏得所剩无几了。因此,趋势交易需要控制交易频率,以确保在大趋势来临之前,仍然有足够的资金参与交易。从回测结果来看,该策略的交易频率并不高,差不多平均一个月交易一次。具体地,我们得到回溯测试的结果如下。

```
%%%%%%%%%%%%%%%%%%%%%%打印主要评价指标
交易次数:167
盈利概率:47.31%
夏普系数:0.105 4
买入持有夏普系数:0.033 6
K 比率:0.043 4
买入持有 K 比率:0.008 0
利润:7.65
买入持有利润:2.90
盈利时的平均盈利:0.18
亏损时的平均亏损:-0.07
盈利时的波动性:27.74%
```

亏损时的波动性:7.37%
最大单次盈利:1.84
最大单次亏损:-0.40
盈亏比:2.55
95%VaR:40.13%
最大连续盈利次数:8
最大连续亏损次数:9
最大回撤比例:23.36%
买入持有最大回撤比例:72.30%
平均持仓时间:8.08
最长持仓时间:50.00
最短持仓时间:1.00
%%
%%%%%%%%%%%%%%%%%%%%%%%%%%%%%%%%%%%%%%

买入时间	卖出时间	买入价格	卖出价格	收益
02-Feb-2005	18-Feb-2005	1 006.910 0	1 006.050 0	-0.001 4
21-Feb-2005	04-Mar-2005	1 025.630 0	1 023.660 0	-0.002 4
08-Mar-2005	10-Mar-2005	1 048.980 0	1 022.410 0	-0.025 7
14-Mar-2005	15-Mar-2005	1 031.020 0	1 013.520 0	-0.016 9
07-Apr-2005	18-Apr-2005	984.730 0	963.770 0	-0.020 7
08-Jun-2005	16-Jun-2005	905.770 0	879.230 0	-0.027 7
17-Jun-2005	22-Jun-2005	880.340 0	900.640 0	0.020 3
27-Jun-2005	29-Jun-2005	916.040 0	898.890 0	-0.017 7
22-Jul-2005	23-Aug-2005	859.690 0	923.410 0	0.066 5
01-Sep-2005	05-Sep-2005	944.550 0	952.710 0	0.007 9
07-Sep-2005	12-Sep-2005	952.750 0	949.500 0	-0.003 8
14-Sep-2005	16-Sep-2005	970.190 0	967.490 0	-0.003 2
18-Nov-2005	22-Nov-2005	882.240 0	869.610 0	-0.014 4
24-Nov-2005	29-Nov-2005	881.490 0	871.310 0	-0.011 5
08-Dec-2005	20-Dec-2005	874.050 0	907.310 0	0.035 4
23-Dec-2005	10-Feb-2006	915.890 0	1 032.330 0	0.123 7
15-Feb-2006	20-Feb-2006	1 041.660 0	1 021.630 0	-0.021 7
21-Feb-2006	24-Feb-2006	1 038.810 0	1 049.430 0	0.010 5
21-Mar-2006	26-May-2006	1 040.750 0	1 331.020 0	0.302 7
29-Jun-2006	13-Jul-2006	1 395.120 0	1 346.080 0	-0.049 6

22 - Aug - 2006	27 - Sep - 2006	1 285.260 0	1 371.110 0	0.088 8
29 - Sep - 2006	18 - Oct - 2006	1 403.260 0	1 437.590 0	0.034 2
25 - Oct - 2006	14 - Dec - 2006	1 446.810 0	1 836.140 0	0.392 3
18 - Dec - 2006	27 - Dec - 2006	1 916.110 0	1 982.880 0	0.063 6
29 - Dec - 2006	01 - Feb - 2007	2 041.050 0	2 395.170 0	0.331 2
15 - Feb - 2007	27 - Feb - 2007	2 668.630 0	2 457.490 0	-0.178 8
28 - Feb - 2007	01 - Mar - 2007	2 544.570 0	2 473.540 0	-0.058 7
19 - Mar - 2007	04 - Jun - 2007	2 659.410 0	3 511.430 0	0.641 2
12 - Jun - 2007	15 - Jun - 2007	4 036.110 0	4 099.380 0	0.040 1
20 - Jul - 2007	15 - Aug - 2007	3 971.880 0	4 798.750 0	0.557 2
21 - Aug - 2007	31 - Aug - 2007	4 972.710 0	5 296.810 0	0.209 5
03 - Sep - 2007	11 - Sep - 2007	5 419.170 0	5 124.090 0	-0.189 4
17 - Sep - 2007	20 - Sep - 2007	5 498.910 0	5 494.920 0	-0.004 0
08 - Oct - 2007	18 - Oct - 2007	5 653.140 0	5 615.750 0	-0.023 2
05 - Dec - 2007	07 - Dec - 2007	4 965.950 0	5 041.350 0	0.047 4
10 - Dec - 2007	13 - Dec - 2007	5 133.560 0	4 884.300 0	-0.160 5
14 - Dec - 2007	17 - Dec - 2007	4 977.650 0	4 857.290 0	-0.076 8
19 - Dec - 2007	17 - Jan - 2008	4 946.290 0	5 365.620 0	0.255 3
03 - Mar - 2008	04 - Mar - 2008	4 790.740 0	4 671.150 0	-0.083 7
24 - Apr - 2008	16 - May - 2008	3 774.500 0	3 936.120 0	0.135 4
08 - Jul - 2008	15 - Jul - 2008	2 901.840 0	2 852.980 0	-0.057 8
21 - Jul - 2008	23 - Jul - 2008	2 911.050 0	2 883.320 0	-0.032 8
24 - Jul - 2008	28 - Jul - 2008	2 977.360 0	2 960.850 0	-0.019 6
22 - Sep - 2008	23 - Sep - 2008	2 207.610 0	2 123.480 0	-0.124 3
25 - Sep - 2008	06 - Oct - 2008	2 223.530 0	2 128.700 0	-0.133 5
10 - Nov - 2008	25 - Nov - 2008	1 801.670 0	1 834.290 0	0.052 0
27 - Nov - 2008	01 - Dec - 2008	1 870.470 0	1 864.210 0	-0.011 5
03 - Dec - 2008	15 - Dec - 2008	1 952.670 0	1 975.030 0	0.032 8
14 - Jan - 2009	20 - Feb - 2009	1 955.240 0	2 344.320 0	0.600 5
23 - Feb - 2009	26 - Feb - 2009	2 410.480 0	2 190.190 0	-0.333 1
05 - Mar - 2009	06 - Mar - 2009	2 304.920 0	2 286.580 0	-0.027 8
17 - Mar - 2009	20 - Apr - 2009	2 322.400 0	2 707.670 0	0.539 2
04 - May - 2009	15 - May - 2009	2 714.300 0	2 796.120 0	0.112 5
19 - May - 2009	22 - May - 2009	2 840.080 0	2 740.680 0	-0.138 7

01-Jun-2009	12-Jun-2009	2 858.340 0	2 906.290 0	0.061 3
18-Jun-2009	26-Jun-2009	3 057.430 0	3 128.420 0	0.086 9
01-Jul-2009	07-Aug-2009	3 237.900 0	3 555.100 0	0.381 1
08-Sep-2009	11-Sep-2009	3 170.970 0	3 238.130 0	0.088 8
14-Sep-2009	22-Sep-2009	3 293.390 0	3 131.030 0	−0.218 0
14-Oct-2009	16-Oct-2009	3 227.400 0	3 241.710 0	0.016 4
19-Oct-2009	29-Oct-2009	3 329.160 0	3 247.050 0	−0.105 0
02-Nov-2009	26-Nov-2009	3 392.800 0	3 485.770 0	0.109 2
01-Dec-2009	08-Dec-2009	3 560.830 0	3 624.020 0	0.071 9
30-Dec-2009	07-Jan-2010	3 558.860 0	3 471.460 0	−0.106 3
12-Jan-2010	13-Jan-2010	3 534.920 0	3 421.140 0	−0.135 1
15-Jan-2010	20-Jan-2010	3 482.740 0	3 394.430 0	−0.103 4
25-Feb-2010	08-Mar-2010	3 292.130 0	3 286.180 0	−0.009 0
09-Mar-2010	11-Mar-2010	3 305.860 0	3 276.710 0	−0.036 1
22-Mar-2010	24-Mar-2010	3 302.630 0	3 276.670 0	−0.032 1
29-Mar-2010	19-Apr-2010	3 358.540 0	3 176.420 0	−0.208 4
21-Jun-2010	23-Jun-2010	2 780.660 0	2 758.500 0	−0.030 5
12-Jul-2010	13-Jul-2010	2 676.220 0	2 634.590 0	−0.057 3
19-Jul-2010	12-Aug-2010	2 682.470 0	2 816.390 0	0.173 2
16-Aug-2010	24-Aug-2010	2 922.080 0	2 911.830 0	−0.014 7
30-Aug-2010	01-Sep-2010	2 915.010 0	2 884.040 0	−0.040 7
02-Sep-2010	15-Sep-2010	2 921.390 0	2 913.190 0	−0.012 0
08-Oct-2010	29-Oct-2010	3 044.230 0	3 379.980 0	0.395 7
01-Nov-2010	04-Nov-2010	3 473.000 0	3 480.510 0	0.006 7
05-Nov-2010	09-Nov-2010	3 520.800 0	3 523.950 0	0.001 6
11-Nov-2010	12-Nov-2010	3 509.980 0	3 291.830 0	−0.250 8
13-Dec-2010	17-Dec-2010	3 261.060 0	3 225.660 0	−0.042 6
21-Dec-2010	23-Dec-2010	3 249.510 0	3 188.610 0	−0.071 3
04-Jan-2011	06-Jan-2011	3 189.680 0	3 159.640 0	−0.036 0
31-Jan-2011	09-Feb-2011	3 076.510 0	3 040.950 0	−0.043 4
10-Feb-2011	25-Feb-2011	3 104.160 0	3 197.620 0	0.105 1
28-Feb-2011	10-Mar-2011	3 239.560 0	3 280.260 0	0.044 0
25-Mar-2011	29-Mar-2011	3 294.480 0	3 257.980 0	−0.042 8
06-Apr-2011	14-Apr-2011	3 311.070 0	3 353.560 0	0.045 0

24-Jun-2011	11-Jul-2011	3 027.470 0	3 113.210 0	0.102 7
13-Jul-2011	20-Jul-2011	3 106.250 0	3 091.570 0	−0.019 8
25-Aug-2011	29-Aug-2011	2 903.840 0	2 852.810 0	−0.068 2
25-Oct-2011	08-Nov-2011	2 625.430 0	2 727.710 0	0.142 3
09-Jan-2012	16-Jan-2012	2 368.570 0	2 345.650 0	−0.039 1
17-Jan-2012	01-Feb-2012	2 460.600 0	2 428.990 0	−0.050 8
03-Feb-2012	14-Mar-2012	2 506.090 0	2 605.110 0	0.146 2
12-Apr-2012	17-Apr-2012	2 570.440 0	2 541.880 0	−0.045 2
18-Apr-2012	11-May-2012	2 599.910 0	2 636.920 0	0.052 8
29-May-2012	31-May-2012	2 650.850 0	2 632.040 0	−0.029 6
07-Aug-2012	13-Aug-2012	2 388.870 0	2 351.930 0	−0.061 7
07-Sep-2012	17-Sep-2012	2 317.180 0	2 258.700 0	−0.097 9
27-Sep-2012	11-Oct-2012	2 251.720 0	2 302.530 0	0.081 6
18-Oct-2012	22-Oct-2012	2 336.080 0	2 341.590 0	0.007 0
01-Nov-2012	05-Nov-2012	2 297.880 0	2 301.880 0	0.004 7
05-Dec-2012	18-Feb-2013	2 207.880 0	2 737.470 0	0.906 9
20-Mar-2013	22-Mar-2013	2 610.170 0	2 618.310 0	0.012 3
19-Apr-2013	23-Apr-2013	2 533.830 0	2 449.470 0	−0.159 0
03-May-2013	13-May-2013	2 492.910 0	2 530.770 0	0.066 7
16-May-2013	03-Jun-2013	2 552.710 0	2 602.620 0	0.087 7
11-Jul-2013	17-Jul-2013	2 326.690 0	2 282.840 0	−0.090 8
23-Jul-2013	26-Jul-2013	2 265.850 0	2 224.010 0	−0.087 2
06-Aug-2013	22-Aug-2013	2 293.640 0	2 303.930 0	0.018 0
26-Aug-2013	05-Sep-2013	2 335.620 0	2 341.740 0	0.009 6
09-Sep-2013	23-Sep-2013	2 440.610 0	2 472.290 0	0.056 6
11-Oct-2013	16-Oct-2013	2 468.510 0	2 421.370 0	−0.089 9
18-Nov-2013	26-Nov-2013	2 428.900 0	2 387.420 0	−0.079 0
27-Nov-2013	09-Dec-2013	2 414.480 0	2 450.870 0	0.064 3
24-Jan-2014	27-Jan-2014	2 245.680 0	2 215.920 0	−0.061 6
10-Feb-2014	24-Feb-2014	2 267.530 0	2 214.510 0	−0.105 4
21-Mar-2014	27-Mar-2014	2 158.800 0	2 155.710 0	−0.008 3
08-Apr-2014	15-Apr-2014	2 237.320 0	2 229.460 0	−0.017 3
28-May-2014	03-Jun-2014	2 169.350 0	2 149.920 0	−0.040 4
10-Jun-2014	19-Jun-2014	2 161.270 0	2 126.910 0	−0.069 4

30-Jun-2014	09-Jul-2014	2 165.120 0	2 148.710 0	−0.033 6
14-Jul-2014	17-Jul-2014	2 171.760 0	2 157.070 0	−0.030 0
18-Jul-2014	11-Aug-2014	2 164.140 0	2 365.350 0	0.378 5
13-Aug-2014	15-Aug-2014	2 358.900 0	2 360.640 0	0.001 1
19-Aug-2014	21-Aug-2014	2 374.770 0	2 354.240 0	−0.040 9
02-Sep-2014	19-Sep-2014	2 386.460 0	2 425.210 0	0.069 6
24-Sep-2014	21-Oct-2014	2 441.860 0	2 433.390 0	−0.017 8
29-Oct-2014	19-Nov-2014	2 451.380 0	2 537.220 0	0.154 0
21-Nov-2014	24-Dec-2014	2 583.460 0	3 230.390 0	1.155 3
26-Dec-2014	31-Dec-2014	3 445.840 0	3 533.710 0	0.144 4
05-Jan-2015	08-Jan-2015	3 641.540 0	3 559.260 0	−0.136 7
21-Jan-2015	23-Jan-2015	3 548.890 0	3 571.730 0	0.034 3
26-Feb-2015	11-Mar-2015	3 566.300 0	3 524.650 0	−0.070 7
12-Mar-2015	30-Apr-2015	3 592.840 0	4 749.890 0	1.843 9
22-May-2015	16-Jun-2015	4 951.330 0	5 064.820 0	0.169 7
12-Oct-2015	30-Oct-2015	3 447.690 0	3 534.080 0	0.190 1
04-Nov-2015	19-Nov-2015	3 628.540 0	3 774.970 0	0.315 9
17-Dec-2015	25-Dec-2015	3 755.890 0	3 838.200 0	0.176 4
17-Feb-2016	25-Feb-2016	3 063.320 0	2 918.750 0	−0.401 3
02-Mar-2016	10-Mar-2016	3 051.330 0	3 013.150 0	−0.104 2
14-Mar-2016	28-Mar-2016	3 065.690 0	3 169.730 0	0.264 0
31-Mar-2016	07-Apr-2016	3 218.090 0	3 209.290 0	−0.026 4
11-Apr-2016	15-Apr-2016	3 230.100 0	3 272.210 0	0.101 9
03-May-2016	04-May-2016	3 213.540 0	3 209.460 0	−0.014 6
31-May-2016	13-Jun-2016	3 169.560 0	3 066.340 0	−0.271 4
15-Jun-2016	16-Jun-2016	3 116.370 0	3 094.670 0	−0.059 2
17-Jun-2016	21-Jun-2016	3 110.360 0	3 106.320 0	−0.014 2
28-Jun-2016	01-Jul-2016	3 136.400 0	3 154.200 0	0.040 6
04-Jul-2016	20-Jul-2016	3 204.700 0	3 237.610 0	0.077 0
12-Aug-2016	23-Aug-2016	3 294.230 0	3 341.830 0	0.111 0
10-Oct-2016	13-Oct-2016	3 293.870 0	3 302.650 0	0.017 5
14-Oct-2016	01-Nov-2016	3 305.850 0	3 359.050 0	0.126 0
03-Nov-2016	06-Dec-2016	3 365.090 0	3 459.150 0	0.225 1

08-Feb-2017	03-Mar-2017	3 383.290 0	3 427.860 0	0.106 7
13-Mar-2017	15-Mar-2017	3 458.100 0	3 463.640 0	0.009 4
16-Mar-2017	17-Mar-2017	3 481.510 0	3 445.810 0	−0.091 8
21-Mar-2017	22-Mar-2017	3 466.350 0	345 0.050 0	−0.043 9
23-Mar-2017	30-Mar-2017	3 461.980 0	3 436.760 0	−0.065 3
05-Apr-2017	17-Apr-2017	3 503.890 0	3 479.940 0	−0.061 0
23-May-2017	05-Jun-2017	3 424.190 0	3 468.750 0	0.103 2
07-Jun-2017	16-Jun-2017	3 533.870 0	3 518.760 0	−0.039 9
21-Jun-2017	30-Jun-2017	3 587.960 0	3 666.800 0	0.178 3
05-Jul-2017	04-Aug-2017	3 659.680 0	3 707.580 0	0.106 7
25-Aug-2017	14-Sep-2017	3 795.750 0	3 829.960 0	0.073 0
15-Sep-2017	19-Sep-2017	3 831.300 0	3 832.120 0	−0.002 5

%%%%%%%%%%%%%%%%%%%%%%%%%%%%%

得到的单次交易利润、净值曲线、与买入持有策略的净值比较曲线和趋势交易的收益率频率分布分别如图 7-2～图 7-5 所示。

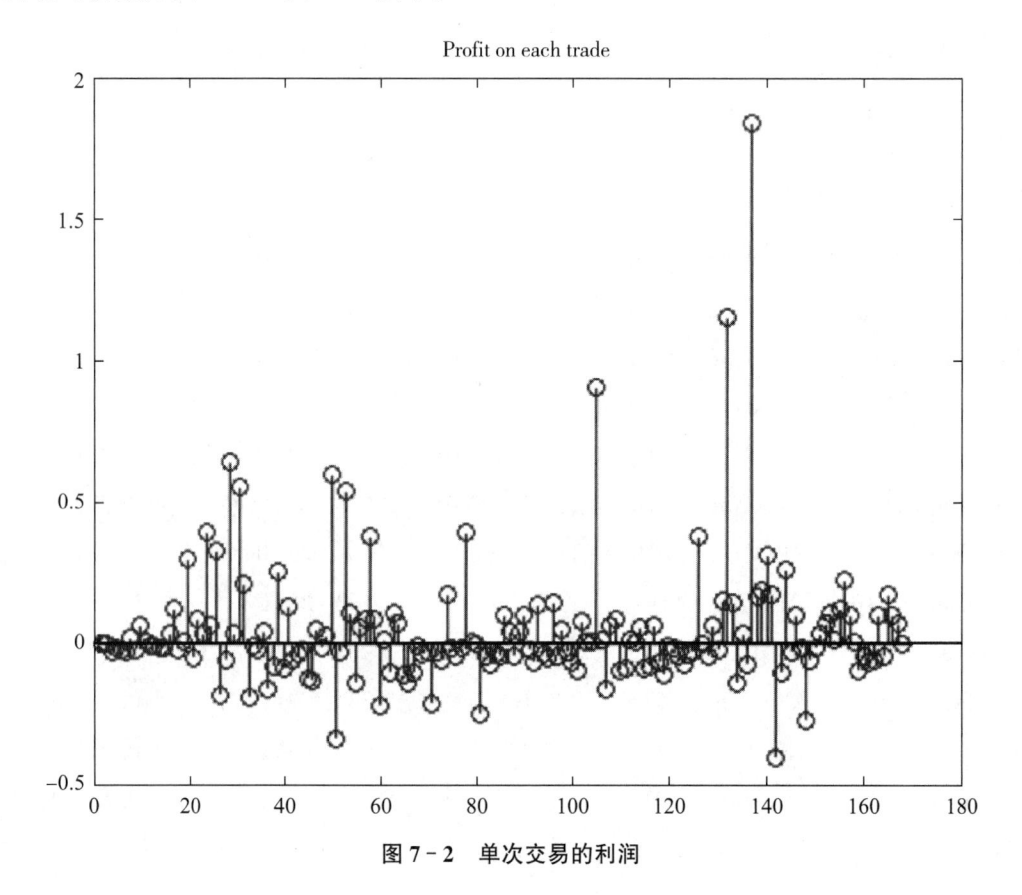

图 7-2 单次交易的利润

图 7-3 趋势交易策略的净值

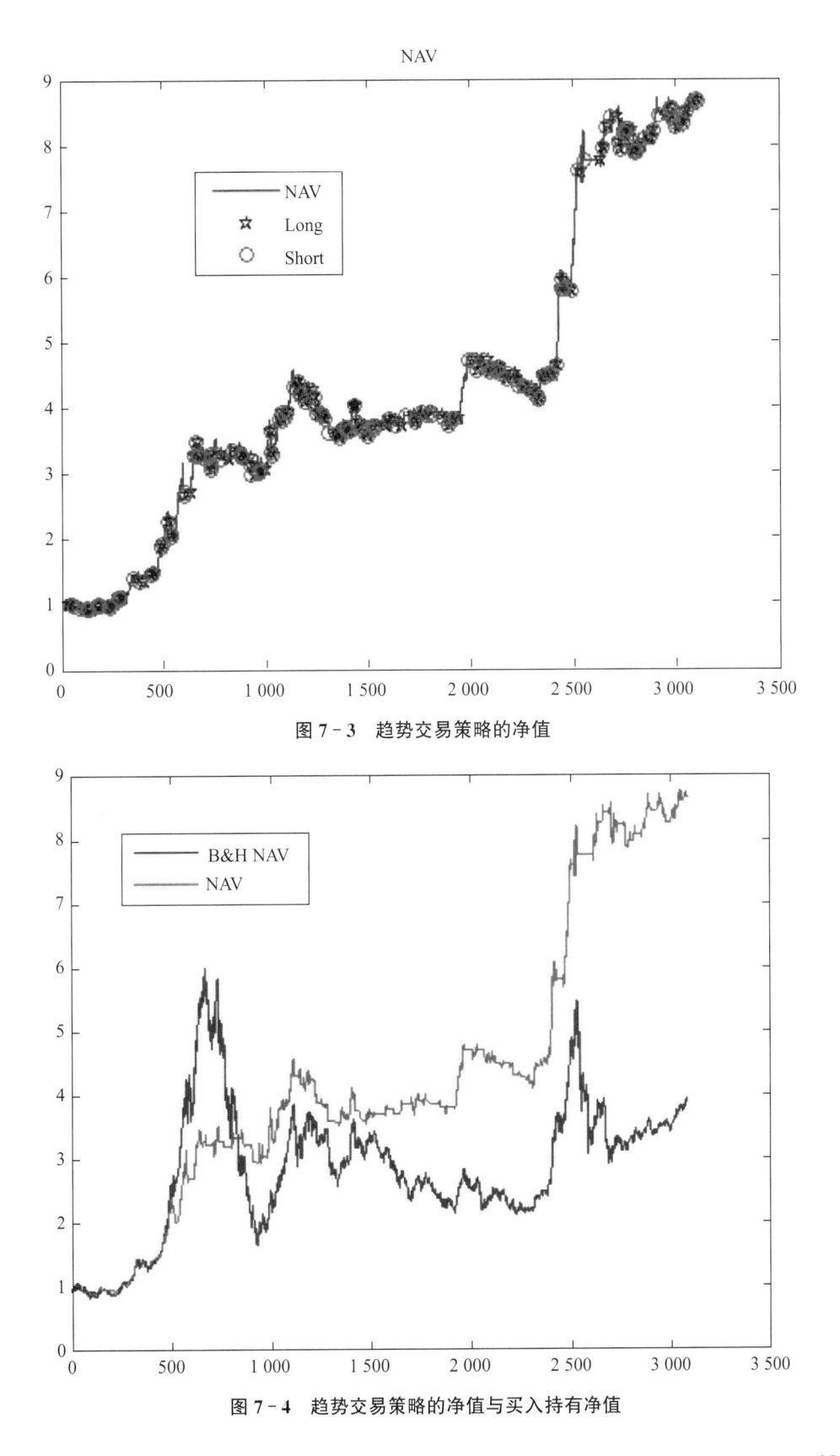

图 7-4 趋势交易策略的净值与买入持有净值

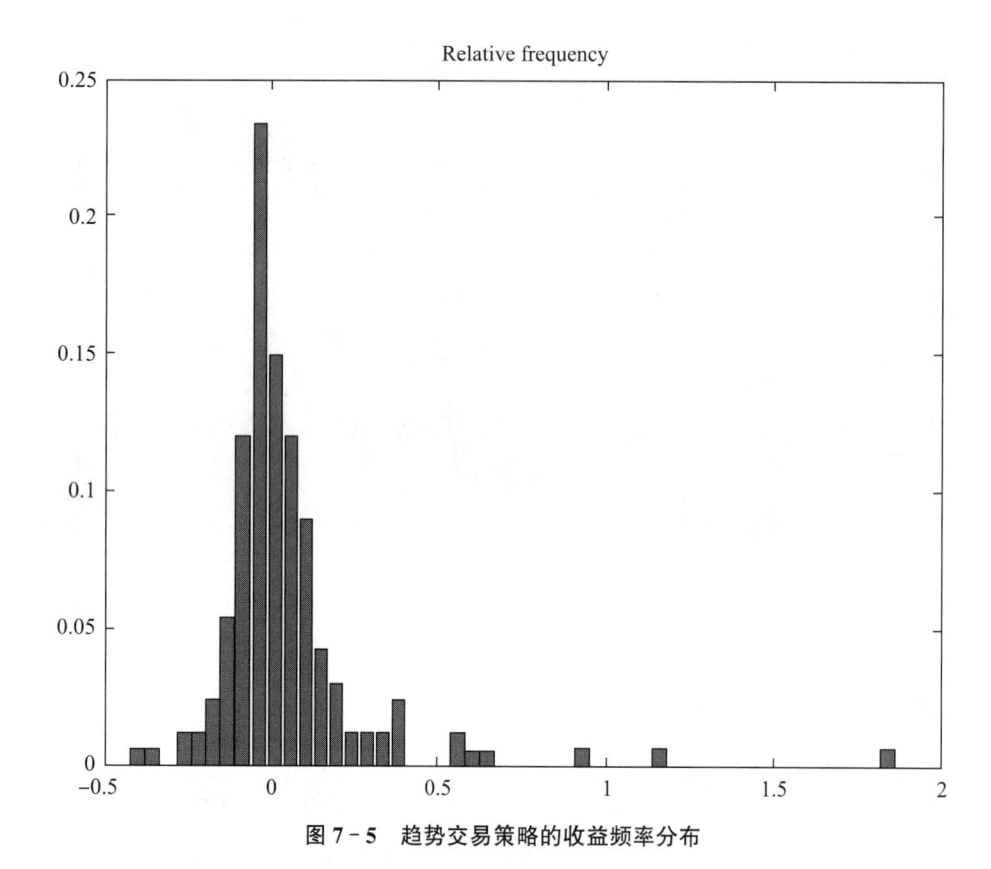

图 7-5　趋势交易策略的收益频率分布

如果每次交易的金额都是 1 元,则每次交易得到的收益就与收益率一致了。具体地,将上面的程序修改为

[ret,perf,ret_tab,table,cum_ret,cum_ret_bh]＝my_signal2ret(s,p,cost,'on','dollar',t);

得到趋势策略的评价指标如下。

％％％％％％％％％％％％％打印主要评价指标
交易次数:167
盈利概率:47.31％
夏普系数:0.103 2
买入持有夏普系数:0.016 0
K 比率:0.042 1
买入持有 K 比率:0.008 0
利润:2.49
买入持有利润:2.90
盈利时的平均盈利:0.05
亏损时的平均亏损:－0.02
盈利时的波动性:7.88％
亏损时的波动性:1.73％
最大单次盈利:0.32

最大单次亏损：-0.09
盈亏比：2.88
95%VaR：9.18%
最大连续盈利次数：8
最大连续亏损次数：9
最大回撤比例：13.07%
买入持有最大回撤比例：72.30%
平均持仓时间：8.08
最长持仓时间：50.00
最短持仓时间：1.00
%%%%%%%%%%%%%%%%%%%%%%%%

7.4.3 沪深300ETF趋势交易的数据挖掘偏差效应检验和参数优化

接下来我们对以上基于投资者跟风行为的趋势交易策略进行数据挖掘偏差的检验，即检验以上策略的参数是不是由于选择的参数"运气"比较好，从而表现要比买入持有策略要好。如果以上设计的基于投资者跟风行为的趋势交易策略逻辑合理，则我们应该可以看到应当有大量的不同价格和成交量均线的组合策略在剔除了"运气"因素之后跑赢买入持有策略。如果检验结果没有发现在剔除了"运气"因素之后跑赢买入持有策略的均线组合，或者发现只有很少的几个组合跑赢了持有策略，则说明以上策略设计的逻辑可能存在严重问题。这里我们采用检验效果比第三章中介绍的RC检验效果更好的SSPA方法，[①]对价格均线范围[5,120]和成交量均线范围[5,120]之间的参数组合进行检验，即检验以上参数组合中剔除"运气"因素之后是否仍然存在跑赢买入持有的策略（这里我们以Sharpe比率为评价基准），并找出具体是哪些参数组合的趋势交易策略跑赢了买入持有策略，以及最佳的均线参数组合。同样以前面的沪深300指数的数据为样本，考虑到节约计算机运行的时间，我们对均线检验的范围[5,120]，每隔2取一个值，这样得到58*58=3 364个可能的均线组合策略进行检验。检验的主要结果如下：在5%的统计显著水平下，有634个均线组合的策略在剔除了"运气"因素之后跑赢了买入持有策略，这也明显高出84（即3 364*0.05/2）这个正常的原假设成立却被拒绝的策略数量的个数。具体跑赢基准策略的参数如图7-6所示。这也说明我们设计的基于投资者跟风行为的趋势交易策略在实际市场上的表现也是符合预期的。众多跑赢买入持有策略的参数组合中，其中最好的策略均线组合为(19,119)，即价格均线为19、成交量均线为119的趋势交易策略的表现最好，其累计净值如图7-7所示，同时我们也给出了均线组合为(19,119)的历史回溯测试的各项评价指标和交易记录（假设以收盘价成交）。如果将显著水平设置为10%，则SSPA检验找出了超过2 000个以上的策略跑赢买入持有策略，其中就包含了我们前面的均线组合(21,21)策略。具体的Matlab代码如下。

```
clear
data = csvread('hs300_index.csv',2,0);
```

[①] Hsu, P. H., Hsu, Y. C., Kuan, C. M. 2010, Testing the predictive ability of technical analysis using a new stepwise test without data snooping bias. *Journal of Empirical Finance* (17):471-484.

```matlab
t = x2mdate(data(:,1));%将 Excel 日期对应的数值转化为 Matlab 中相应日期对应的数值
p = data(:,5);%收盘价
vol = data(:,7);%成交金额
cost = 5e-4;%交易成本
N_p = 5:2:120;%设置价格均线参数范围
N_v = 5:2:120;%设置成交量价格均线参数范围
s = [];
id = [];
for i = 1:length(N_p)
for j = 1:length(N_v)
A = my_p_v_signal([p,vol],N_p(i),N_v(j));%产生交易信号
s = [s,A];
id = [id,[N_p(i);N_v(j)]];%标定与策略信号对应的参数值
end
end
r = price2ret(p);
N = size(s,2);
rr = repmat(r,1,N);
B = diff(s);
ret_s = s(1:end-1,:).*rr-abs(B)*cost;
%不同均线参数下的趋势交易策略每天的净收益率
cum_ret_s = ret2price(ret_s,1);%不同均线参数下的趋势交易策略累计净值
[id_sspa,p_value_sspa,p_value_nominal] = my_stepwise_spa(ret_s,500,0.1,r,…
0.05,'sharpe');
%应用 SSPA 方法找出剔除运气因素后,Sharpe 比率表现优于买入持有的策略
D = id(:,id_sspa);%剔除运气因素后,Sharpe 比率表现优于买入持有策略的均线参数
h = figure(1);
set(h,'color','w')
plot(D(1,:),D(2,:),'*')
xlabel('价格均线参数')
ylabel('成交量均线参数')
h = figure(2);
set(h,'color','w')
plot(cum_ret_s(:,id_sspa(1)),'r-')
hold on
plot(p/p(1),'b-')
legend('均线参数(19,119)','买入持有策略')
```

其中用到的几个辅助函数 my_spa_test 和 my_stepwise_spa 具体内容如下。其余用到的几个函数 my_stationary_bootstrap 和 my_perf_measure 在第三章中已经介绍过了。

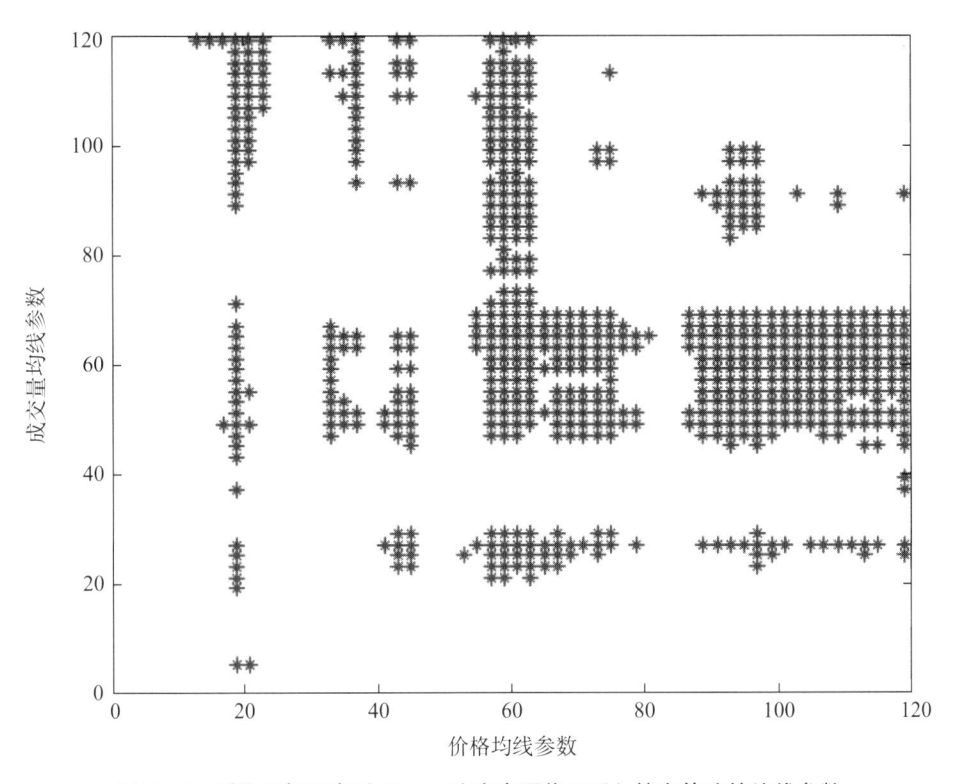

图7-6 剔除运气因素后Sharpe比率表现优于买入持有策略的均线参数

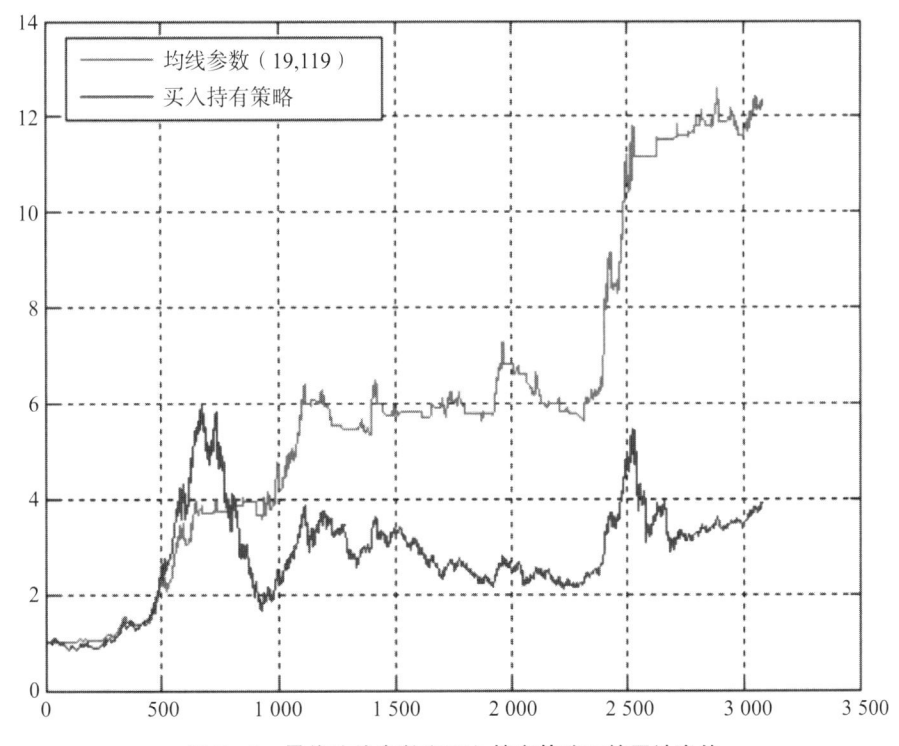

图7-7 最优均线参数和买入持有策略下的累计净值

```matlab
function [p_value,stat_spa_ind,q_k,VV] = my_spa_test(data,N,q,benchmark,…
alpha,varargin)
% Reference:
% Hansen, P. R., 2005, A test for superior predictive ability,
% Journal of Business and Economic Statistics, 23, 365 - 380.
% Edited by Zhiguang Cao, 2014/12/16
T = size(data,1);
if isempty(benchmark)
benchmark = zeros(T,1);
end
f_mean = my_perf_measure(data,benchmark,varargin{:});
%%%%%%%%%%%%%%%%%%%%%%%%%%
V_star = my_stationary_bootstrap(data,q,N,benchmark,varargin{:});
% generate random V* by stationary bootstrap method
sigma = std(V_star) * sqrt(T);
sigma(sigma = = 0) = sqrt(T);
A = sigma/(4 * T^(1/4));
f_mean_adj = f_mean;
f_mean_adj(f_mean + A<0) = 0;
stat_spa_ind = f_mean_adj./sigma * sqrt(T); % SPA statistics for individual models
[V,id_max] = max(stat_spa_ind);
V = max(V,0); % SPA statistics for the best model
VV = (V_star-repmat(f_mean_adj,N,1))./repmat(sigma,N,1) * sqrt(T);
V_star_c = max(max(VV,[],2),0);
q_k = prctile(V_star_c,(1-alpha) * 100); % critical value at alpha significance level
p_value.nominal_best = sum(VV(:,id_max)> = V)/N; % nominal p-value for the best model
p_value.spa = sum(V_star_c> = V)/N; % p value for SPA test


function [id_sspa,p_value_sspa,p_value_nominal] = my_stepwise_spa(data,…
N,q,benchmark,alpha,varargin)
% perform stepwise SPA (SSPA)test
% Reference:
% Hsu, P. H., Hsu, Y. C., Kuan, C. M., 2010, Testing the predictive …
% ability of technical analysis using a new stepwise test without data
% snooping bias,Journal of Empirical Finance 17, 471 - 484.
% Edited by Zhiguang Cao, 2014/12/16
T = size(data,1);
if isempty(benchmark)
benchmark = zeros(T,1);
```

```
end
[p_value,stat_spa_ind,q_k,VV] = my_spa_test(data,N,q,benchmark,alpha,…
varargin{:});
p_value_nominal = sum(VV> = repmat(stat_spa_ind,N,1))/N;
p_value_nominal = p_value_nominal(:);
[~,b] = max(stat_spa_ind);
p_value_sspa.nominal_best = p_value_nominal(b);
% nominal p – value for the best model
B = stat_spa_ind;
id_sspa = [];
if p_value.spa>alpha
p_value_sspa.sspa = p_value.spa;
else
p_value_sspa.sspa = [];
end
while p_value.spa< = alpha
a = find(stat_spa_ind>q_k);
p_value_sspa.sspa = [p_value_sspa.sspa,sum(VV(:,a)>q_k)/N];
data(:,a) = repmat(benchmark,1,numel(a));
id_sspa = [id_sspa,a];
[p_value,stat_spa_ind,q_k,VV] = my_spa_test(data,N,q,benchmark,alpha,…
varargin{:});
end
% descending order in statistics
if ~isempty(id_sspa)
table = [id_sspa',p_value_sspa.sspa',B(id_sspa)'];
table = sortrows(table,-3);
id_sspa = table(:,1);
p_value_sspa.sspa = table(:,2);
end
```

继续在 Matlab 主窗口下输入以下指令得到最优均线组合(19,119)下趋势策略的历史回测结果：

```
ss = my_p_v_signal([p,vol],19,119);% 利用最优参数产生交易信号
[ret,perf,ret_tab,table,cum_ret,cum_ret_bh] = my_signal2ret(ss,p,cost,'on',…'
reinvest',t);
```

运行以上程序后,我们得到最优均线组合(19,119)下趋势策略的历史回测结果如下。基于 2005/1/4~2017/9/22 期间沪深 300 指数的信号,一共发生 137 次交易,接近每个月交易 1 次。因此,交易频率并不高,交易成本不会对策略产生重大的影响。胜率为 46.7%,胜

率相较单纯的 21 日均线趋势交易策略(见第三章的回溯测试结果)有了明显改善。在测试期间,我国股票市场发生了两次非常明显的由投资者跟风行为产生的趋势效应(2007 年和 2015 年),价格上涨吸引投资者入场,投资者的入场进一步推动价格上涨,形成了价格上涨的正反馈效应,从而导致了价格的趋势性上涨。策略的净值在这两段期间也增长非常迅速。当市场震荡时,策略不断累积小额亏损,同时回撤的比率也非常大。比如,在 2012~2014 年期间的震荡下跌行情,策略的累计亏损非常明显,这可以通过更加精细的风险控制手段加以改进。但值得指出的是,认错成本也是趋势交易策略设计中难以分割的一部分,需要投资者正确认识到这一点。另外值得指出的是,策略在空仓期间应该获得的无风险收益(比如国债逆回购收益)并没有计入策略的收益。因此,考虑到大部分期间策略实际处在空仓阶段,策略的实际收益应该高于回溯测试的总收益 11.24(期初投入为 1 元)。

  策略的最大回撤比率超过了 22%,这对于很多对冲基金而言,已经超过了其清盘线。[①] 趋势策略的开发者如果想将回撤比率控制在某个更小的目标回撤比例内,则可以设计更加精细的风险控制体系,我们这里设计的风险控制体系是比较粗糙的。一般而言,降低回撤比率要牺牲策略的收益作为代价,风险和收益都是正向相关的。风险管理的重要内容就是风险和收益之间的权衡和互换,设计出适合特定投资主体的风险承受水平和与此相对应的期望收益水平。单纯从单个的趋势交易策略而言,风险和收益的互换可以通过很多形式,比如,加入止盈和止损机制、不同情形下交易仓位的选择(预期胜率较大时,交易仓位也较重;预期胜率较低时,交易仓位也较轻)等方式。举一个简单的例子,假如,我们针对羊群行为的判断设计出了 10 个必要条件:价格突破价格均线、成交量突破成交量均线、新开户的数量和保证金的余额突破某一临界值、散户点击行情软件的鼠标数量突破某一临界值、知名股吧的热度等 10 个必要条件。如果这 10 个必要条件都得到满足,则交易仓位选择 100%,如果 6 个条件得到满足,则交易仓位选择 60%。

%%%%%%%%%%%%%%%%%%%%%%打印主要评价指标
交易次数:137
盈利概率:46.72%
夏普系数:0.124 8
买入持有夏普系数:0.033 6
K 比率:0.049 9
买入持有 K 比率:0.008 0
利润:11.24
买入持有利润:2.90
盈利时的平均盈利:0.27
亏损时的平均亏损:-0.08
盈利时的波动性:45.06%
亏损时的波动性:6.05%
最大单次盈利:2.27
最大单次亏损:-0.30

[①] 当然对冲基金通常可以通过分散投资对整体组合的风险水平进行控制。

盈亏比:3.55
95％VaR:30.11％
最大连续盈利次数:9
最大连续亏损次数:8
最大回撤比例:22.27％
买入持有最大回撤比例:72.30％
平均持仓时间:9.23
最长持仓时间:69.00
最短持仓时间:1.00
％％％％％％％％％％％％％％％％％％％％％％％％％％％％％％％％％％％％
％％％％％％％％％％％％％％％％％％％％％％％％％％％％％％％％打印交易记录

买入时间	卖出时间	买入价格	卖出价格	收益
22-Jul-2005	01-Aug-2005	859.690 0	891.600 0	0.036 6
03-Aug-2005	23-Aug-2005	909.570 0	923.410 0	0.015 2
24-Aug-2005	26-Aug-2005	930.650 0	928.250 0	−0.003 2
01-Sep-2005	21-Sep-2005	944.550 0	944.400 0	−0.000 7
18-Nov-2005	22-Nov-2005	882.240 0	869.610 0	−0.015 5
14-Dec-2005	19-Dec-2005	898.150 0	902.910 0	0.004 9
26-Dec-2005	28-Dec-2005	922.370 0	920.910 0	−0.002 2
29-Dec-2005	07-Mar-2006	932.030 0	1 014.970 0	0.091 2
20-Mar-2006	07-Jun-2006	1 037.650 0	1 320.230 0	0.304 7
26-Jun-2006	28-Jun-2006	1 363.410 0	1 362.880 0	−0.001 3
29-Jun-2006	13-Jul-2006	1 395.120 0	1 346.080 0	−0.050 8
29-Aug-2006	31-Aug-2006	1 330.150 0	1 338.680 0	0.008 1
15-Sep-2006	19-Sep-2006	1 362.310 0	1 378.300 0	0.015 5
09-Oct-2006	16-Oct-2006	1 436.060 0	1 418.510 0	−0.017 7
25-Oct-2006	02-Feb-2007	1 446.810 0	2 298.000 0	0.808 4
08-Feb-2007	09-Feb-2007	2 410.600 0	2 397.250 0	−0.013 2
12-Feb-2007	27-Feb-2007	2 485.390 0	2 457.490 0	−0.025 5
28-Feb-2007	01-Mar-2007	2 544.570 0	2 473.540 0	−0.060 9
02-Mar-2007	01-Jun-2007	2 508.730 0	3 803.950 0	1.072 5
08-Jun-2007	25-Jun-2007	3 837.870 0	3 877.590 0	0.031 0

27 - Jun - 2007	28 - Jun - 2007	4 040.480 0	3 858.520 0	-0.144 8
23 - Jul - 2007	11 - Sep - 2007	4 156.720 0	5 124.090 0	0.704 2
17 - Sep - 2007	20 - Sep - 2007	5 498.910 0	5 494.920 0	-0.004 6
08 - Oct - 2007	18 - Oct - 2007	5 653.140 0	5 615.750 0	-0.026 6
24 - Dec - 2007	26 - Dec - 2007	5 207.130 0	5 265.030 0	0.039 3
27 - Dec - 2007	17 - Jan - 2008	5 367.530 0	5 365.620 0	-0.003 2
24 - Apr - 2008	19 - May - 2008	3 774.500 0	3 914.070 0	0.136 1
08 - Jul - 2008	14 - Jul - 2008	2 901.840 0	2 975.870 0	0.096 7
22 - Sep - 2008	23 - Sep - 2008	2 207.610 0	2 123.480 0	-0.153 0
25 - Sep - 2008	06 - Oct - 2008	2 223.530 0	2 128.700 0	-0.164 3
10 - Nov - 2008	26 - Nov - 2008	1 801.670 0	1 843.500 0	0.082 7
27 - Nov - 2008	16 - Dec - 2008	1 870.470 0	1 994.450 0	0.244 8
17 - Dec - 2008	23 - Dec - 2008	2 001.420 0	1 918.960 0	-0.165 4
14 - Jan - 2009	26 - Feb - 2009	1 955.240 0	2 190.190 0	0.454 2
05 - Mar - 2009	06 - Mar - 2009	2 304.920 0	2 286.580 0	-0.035 9
17 - Mar - 2009	22 - Apr - 2009	2 322.400 0	2 576.280 0	0.458 1
23 - Apr - 2009	24 - Apr - 2009	2 593.560 0	2 572.890 0	-0.039 5
29 - Apr - 2009	26 - May - 2009	2 605.370 0	2 719.760 0	0.200 7
01 - Jun - 2009	07 - Aug - 2009	2 858.340 0	3 555.100 0	1.173 0
09 - Sep - 2009	11 - Sep - 2009	3 194.910 0	3 238.130 0	0.078 1
20 - Oct - 2009	22 - Oct - 2009	3 377.570 0	3 347.320 0	-0.057 4
06 - Nov - 2009	10 - Nov - 2009	3 483.020 0	3 503.780 0	0.032 8
13 - Nov - 2009	26 - Nov - 2009	3 518.720 0	3 485.770 0	-0.059 7
01 - Dec - 2009	09 - Dec - 2009	3 560.830 0	3 554.480 0	-0.013 7
30 - Dec - 2009	04 - Jan - 2010	3 558.860 0	3 535.230 0	-0.042 6
05 - Jan - 2010	07 - Jan - 2010	3 564.040 0	3 471.460 0	-0.156 6
11 - Jan - 2010	13 - Jan - 2010	3 482.050 0	3 421.140 0	-0.103 6
14 - Jan - 2010	20 - Jan - 2010	3 469.050 0	3 394.430 0	-0.124 4
29 - Mar - 2010	31 - Mar - 2010	3 358.540 0	3 345.610 0	-0.024 0

02-Apr-2010	07-Apr-2010	3 407.350 0	3 386.950 0	−0.035 6
13-Apr-2010	15-Apr-2010	3 391.720 0	3 394.570 0	0.001 8
20-Jul-2010	27-Jul-2010	2 741.500 0	2 795.720 0	0.105 1
28-Jul-2010	12-Aug-2010	2 863.720 0	2 816.390 0	−0.094 6
16-Aug-2010	24-Aug-2010	2 922.080 0	2 911.830 0	−0.021 9
30-Aug-2010	01-Sep-2010	2 915.010 0	2 884.040 0	−0.060 5
02-Sep-2010	15-Sep-2010	2 921.390 0	2 913.190 0	−0.017 8
30-Sep-2010	12-Nov-2010	2 935.570 0	3 291.830 0	0.646 3
13-Dec-2010	17-Dec-2010	3 261.060 0	3 225.660 0	−0.068 1
21-Dec-2010	23-Dec-2010	3 249.510 0	3 188.610 0	−0.114 0
04-Jan-2011	06-Jan-2011	3 189.680 0	3 159.640 0	−0.057 6
14-Feb-2011	21-Feb-2011	3 219.140 0	3 257.910 0	0.066 3
01-Mar-2011	14-Mar-2011	3 254.890 0	3 262.920 0	0.011 4
25-Mar-2011	29-Mar-2011	3 294.480 0	3 257.980 0	−0.067 4
06-Apr-2011	08-Apr-2011	3 311.070 0	3 353.360 0	0.070 5
24-Jun-2011	28-Jun-2011	3 027.470 0	3 041.730 0	0.024 5
04-Jul-2011	06-Jul-2011	3 121.980 0	3 113.710 0	−0.018 4
25-Aug-2011	29-Aug-2011	2 903.840 0	2 852.810 0	−0.105 1
25-Oct-2011	08-Nov-2011	2 625.430 0	2 727.710 0	0.219 4
09-Jan-2012	16-Jan-2012	2 368.570 0	2 345.650 0	−0.060 3
17-Jan-2012	01-Feb-2012	2 460.600 0	2 428.990 0	−0.078 2
02-Feb-2012	14-Mar-2012	2 486.240 0	2 605.110 0	0.273 3
12-Apr-2012	17-Apr-2012	2 570.440 0	2 541.880 0	−0.070 3
18-Apr-2012	14-May-2012	2 599.910 0	2 615.530 0	0.032 9
29-May-2012	04-Jun-2012	2 650.850 0	2 559.030 0	−0.211 1
07-Sep-2012	17-Sep-2012	2 317.180 0	2 258.700 0	−0.149 1
27-Sep-2012	11-Oct-2012	2 251.720 0	2 302.530 0	0.124 4
18-Oct-2012	22-Oct-2012	2 336.080 0	2 341.590 0	0.010 7
01-Nov-2012	05-Nov-2012	2 297.880 0	2 301.880 0	0.007 1

05-Dec-2012	21-Feb-2013	2 207.880 0	2 610.550 0	1.049 8
20-Mar-2013	25-Mar-2013	2 610.170 0	2 613.100 0	0.004 2
19-Apr-2013	23-Apr-2013	2 533.830 0	2 449.470 0	−0.230 6
16-May-2013	27-May-2013	2 552.710 0	2 599.590 0	0.117 6
28-May-2013	03-Jun-2013	2 644.360 0	2 602.620 0	−0.109 1
11-Jul-2013	17-Jul-2013	2 326.690 0	2 282.840 0	−0.127 5
23-Jul-2013	25-Jul-2013	2 265.850 0	2 237.680 0	−0.083 5
06-Aug-2013	09-Aug-2013	2 293.640 0	2 286.010 0	−0.024 4
12-Aug-2013	22-Aug-2013	2 352.790 0	2 303.930 0	−0.134 9
26-Aug-2013	30-Aug-2013	2 335.620 0	2 313.910 0	−0.060 8
02-Sep-2013	26-Sep-2013	2 320.340 0	2 384.440 0	0.166 5
08-Oct-2013	10-Oct-2013	2 441.810 0	2 429.320 0	−0.035 4
11-Oct-2013	16-Oct-2013	2 468.510 0	2 421.370 0	−0.122 8
21-Oct-2013	23-Oct-2013	2 471.320 0	2 418.490 0	−0.134 4
18-Nov-2013	26-Nov-2013	2 428.900 0	2 387.420 0	−0.105 5
27-Nov-2013	09-Dec-2013	2 414.480 0	2 450.870 0	0.085 9
10-Feb-2014	24-Feb-2014	2 267.530 0	2 214.510 0	−0.142 8
21-Mar-2014	27-Mar-2014	2 158.800 0	2 155.710 0	−0.011 3
08-Apr-2014	15-Apr-2014	2 237.320 0	2 229.460 0	−0.023 4
16-Jun-2014	18-Jun-2014	2 191.860 0	2 160.240 0	−0.086 4
03-Jul-2014	07-Jul-2014	2 180.190 0	2 176.290 0	−0.013 1
14-Jul-2014	17-Jul-2014	2 171.760 0	2 157.070 0	−0.041 3
22-Jul-2014	25-Aug-2014	2 192.700 0	2 342.860 0	0.383 5
01-Sep-2014	22-Sep-2014	2 355.320 0	2 378.920 0	0.057 3
23-Sep-2014	21-Oct-2014	2 399.460 0	2 433.390 0	0.082 8
29-Oct-2014	19-Jan-2015	2 451.380 0	3 355.160 0	2.266 0
21-Jan-2015	28-Jan-2015	3 548.890 0	3 525.320 0	−0.060 2
13-Feb-2015	17-Feb-2015	3 469.830 0	3 522.320 0	0.122 2
26-Feb-2015	11-Mar-2015	3 566.300 0	3 524.650 0	−0.103 1

12-Mar-2015	06-May-2015	3 592.840 0	4 553.330 0	2.231 3
11-May-2015	15-May-2015	4 690.530 0	4 617.470 0	−0.170 3
19-May-2015	16-Jun-2015	4 731.220 0	5 064.820 0	0.728 8
05-Nov-2015	11-Nov-2015	3 705.970 0	3 833.650 0	0.378 0
04-Mar-2016	08-Mar-2016	3 093.890 0	3 107.670 0	0.045 5
18-Mar-2016	24-Mar-2016	3 171.960 0	3 181.850 0	0.030 1
13-Apr-2016	15-Apr-2016	3 261.380 0	3 272.210 0	0.032 6
31-May-2016	07-Jun-2016	3 169.560 0	3 177.050 0	0.021 6
28-Jun-2016	01-Jul-2016	3 136.400 0	3 154.200 0	0.060 1
04-Jul-2016	20-Jul-2016	3 204.700 0	3 237.610 0	0.114 0
12-Aug-2016	24-Aug-2016	3 294.230 0	3 329.860 0	0.121 5
06-Sep-2016	09-Sep-2016	3 342.630 0	3 318.040 0	−0.093 5
18-Oct-2016	20-Oct-2016	3 321.330 0	3 318.600 0	−0.015 6
21-Oct-2016	01-Nov-2016	3 327.740 0	3 359.050 0	0.104 9
03-Nov-2016	06-Dec-2016	3 365.090 0	3 459.150 0	0.325 8
09-Dec-2016	12-Dec-2016	3 493.700 0	3 409.180 0	−0.301 1
10-Feb-2017	24-Feb-2017	3 413.490 0	3 473.850 0	0.204 2
01-Mar-2017	02-Mar-2017	3 458.440 0	3 435.100 0	−0.087 6
13-Mar-2017	15-Mar-2017	3 458.100 0	3 463.640 0	0.013 2
16-Mar-2017	17-Mar-2017	3 481.510 0	3 445.810 0	−0.129 0
21-Mar-2017	22-Mar-2017	3 466.350 0	3 450.050 0	−0.061 7
23-Mar-2017	30-Mar-2017	3 461.980 0	3 436.760 0	−0.091 8
05-Apr-2017	17-Apr-2017	3 503.890 0	3 479.940 0	−0.085 8
23-May-2017	05-Jun-2017	3 424.190 0	3 468.750 0	0.145 1
07-Jun-2017	19-Jun-2017	3 533.870 0	3 553.670 0	0.060 0
21-Jun-2017	04-Aug-2017	3 587.960 0	3 707.580 0	0.387 3
07-Aug-2017	10-Aug-2017	3 726.790 0	3 715.920 0	−0.041 6
17-Aug-2017	21-Aug-2017	3 721.280 0	3 740.990 0	0.058 2
22-Aug-2017	24-Aug-2017	3 752.300 0	3 734.650 0	−0.063 4
25-Aug-2017	22-Sep-2017	3 795.750 0	3 837.730 0	0.127 9

7.4.4 沪深 300ETF 趋势交易的仓位选择

接下来我们利用凯利公式计算在参数组合(19,119)下的趋势交易策略的仓位选择。为了得到策略在每次交易的收益率的分布情况,我们设定每次交易投入金额为 1 元,首先在 Matlab 主窗口下继续输入

[ret,perf,ret_tab,table,cum_ret,cum_ret_bh]=my_signal2ret(ss,p,cost,'on','dollar',t);

得到最佳参数组合(19,119)下,策略的胜率为 0.467 2,盈利时收益率的平均值为 0.06,波动性(标准差)为 11.73%;亏损时收益率的平均值为 −0.01,波动性(标准差)为 1.1%。具体地,主要的评价指标如下。

%%%%%%%%%%%%%%%%%%%%%打印主要评价指标
交易次数:137
盈利概率:46.72%
夏普系数:0.117 3
买入持有夏普系数:0.016 0
K 比率:0.040 1
买入持有 K 比率:0.008 0
利润:2.96
买入持有利润:2.90
盈利时的平均盈利:0.06
亏损时的平均亏损:−0.01
盈利时的波动性:11.73%
亏损时的波动性:1.10%
最大单次盈利:0.59
最大单次亏损:−0.05
盈亏比:4.69
95%VaR:4.55%
最大连续盈利次数:9
最大连续亏损次数:8
最大回撤比例:11.93%
买入持有最大回撤比例:72.30%
平均持仓时间:9.23
最长持仓时间:69.00
最短持仓时间:1.00
%%%%%%%%%%%%%%%%%%%%%%%%%%%%%%%%%

利用我们在第一章编写的凯利公式仓位选择的函数 my_Kelley_Formula,在 Matlab 主窗口下输入

[f,max_ret]=my_Kelley_Formula(0.467 2,0.06,−0.01,0.117 3^2,0.011^2)

得到每次交易最优的交易仓位选择和期望的收益分别是

f=1

max_ret=0.019 2

即每次交易的仓位为100%,每次交易的期望收益率为1.92%。

7.4.5 沪深300ETF趋势交易的择时能力检验

接下来我们对均线组合策略(19,119)的择时能力进行检验,特别地,我们建立以下回归模型:

$$r_t = \beta_1 r_{m,t} + \beta_2 r_{m,t} D_{up,t} + \varepsilon_t$$

其中,

r_t 表示趋势交易策略在时刻 t 的收益率,

$r_{m,t}$ 表示沪深300指数在时刻 t 的收益率,

$D_{up,t}$ 为哑变量,当 $r_{m,t}>0$ 时取1,否则取0。

如果在统计意义上 $\beta_2>0$,则说明策略具有正向的择时能力,即市场上涨时策略的 β 值高于市场下跌时的 β 值。同样利用回溯测试的数据进行回归后得到

$$\beta_1 = 0.295\ 0, \beta_2 = 0.079\ 1$$

T 统计量分别为 25.442 2 和 4.651 4。

这表明在5%的显著水平下,趋势交易策略具有正向择时能力,市场下跌时的 β 值为 0.295 0,市场上涨时的 β 值为 0.295 0+0.079 1=0.374 1。相关的 Matlab 代码如下(函数 my_regress 参见第三章)。

```
clear
data = csvread('hs300_index.csv',2,0);
p = data(:,5);％收盘价
vol = data(:,7);％成交金额
cost = 5e-4;％交易成本
s = my_p_v_signal([p,vol],19,119);％产生交易信号
r = price2ret(p);
B = diff(s);
ret_s = s(1:end-1,:).*r-abs(B)*cost;％趋势交易策略每天的净收益率
N = length(r);
D_up = zeros(N,1);
D_up(r>0) = 1;
[b,stat] = my_regress(ret_s,[r,D_up.*r],0);
```

以下回归模型给出了趋势策略相对于买入持有策略的超额回报 α:

$$r_t = \alpha + \beta r_{m,t} + \varepsilon_t$$

继续在 Matlab 主命令窗口下输入

```
[b1,stat1]=my_regress(ret_s,r,1);
```
得到回归系数为
b1=
　　0.000 7
　　0.330 9
系数的 T 统计量为
　　4.354 9
　　38.979 6

即趋势策略相对于买入持有策略的超额回报 α 为 0.07%，T 统计量为 4.354 9，这表明超额收益率 0.07% 在 5% 的显著水平是大于 0 的。超额收益率 α 年化后约为 0.07% * 250=16.62%。

7.5　案例：基于日内最后 30 分钟预测收益的沪深 300ETF 交易

7.5.1　建立日内收益预测模型

学术上许多实证研究发现了股票市场上存在动量效应，并且在日内也发现了动量效应的存在。[①] 国内的股票每个交易日的交易时间为 4 小时，即 8 个半小时，分别对应 8 个半小时的收益率，以 $R_1,R_2,\cdots,R_8$ 表示。其中，第一个半小时的收益率 R_1，即 9:30～10:00 之间的收益率以当天开盘 9:25 的集合竞价的价格和 10:00 的收盘价来计算。[②] 首先以 R_8 为因变量，$R_1,R_2,\cdots,R_7$ 为自变量，选取历史数据，应用线性回归方法从实证的角度来分析当日的前面 7 个半小时的收益率是否对最后一个半小时的收益 R_8 有预测作用。进一步，再选择调整后 R^2 较好的模型作为预测模型。实证数据选取了 2018/5/16～2020/3/27 期间沪深 300 指数 30 分钟的收盘价，共 450 天的样本。首先利用样本中的前面 300 天的数据，将 R_8 分别对 $R_1,R_2,\cdots,R_7$ 进行单变量的线性回归，得到 R_2,R_7 对 R_8 有一定的预测作用。因此，可以考虑使用以下预测模型：

$$R_8=\alpha+\beta_1 R_2+\beta_2 R_7+\varepsilon$$

利用 2018/5/16～2020/3/27 期间沪深 300 指数 30 分钟的收盘价，得到上述回归模型的估计系数分别为 0.000 1、0.084 9 和 0.087 7，模型调整之后的 R^2 为 1.81%。

7.5.2　建立 ETF 的日内交易模型

基于以上 30 分钟的收益预测模型，可以设计以下一个简单的日内交易策略：[③]如果最后

[①] Heston, S. L., Korajczyk, R. A., Sadka, R. 2010. Intraday patterns in the cross-section of stock returns, *Journal of Finance* (65):1369-1407.
Sun, L., Naj, M., Shen, J. 2016, Stock return predictability and investor sentiment: A high-frequency perspective, *Journal of Banking & Finance* (73):147-164.

[②] 这里很大程度上剔除了隔夜信息的影响。当然，也可以考虑用前收盘价和当天 10:00 的收盘价来计算，包含隔夜信息的影响。

[③] 当然，指数本身不可交易。另外，国内股票交易目前还不是 T+0 交易，可以考虑持有相应的沪深 300ETF 底仓并作为交易对象。

半小时的预测收益为正,则在 2:30 买入,然后在收盘时卖出;如果最后半小时的预测收益为负,则在 2:30 卖出,然后在收盘时买入。具体地,利用当天交易之前的历史数据估计预测模型的参数,然后利用当日的 R_2,R_7 对当日最后半小时的收益做出预测。在实证样本中,我们利用预测日之前至少 300 天的全部可得的历史数据进行参数估计,然后预测当天最后半小时的收益。将预测的 155 天最后 30 分钟的收益对实际收益进行回归得到的 R^2 作为评价预测效果的评价指标,得到 $R^2=3.51\%$。将初始的交易金额设定为 1 元,交易成本设定为 0.02%,交易对象为沪深 300 指数。图 7-8 给出了 155 个交易日策略的累计净值曲线。相关的 Matlab 代码如下(hs300_30.xlsx 包含 2018/5/16~2020/3/27 沪深 300 指数的 30 分钟收盘价)。

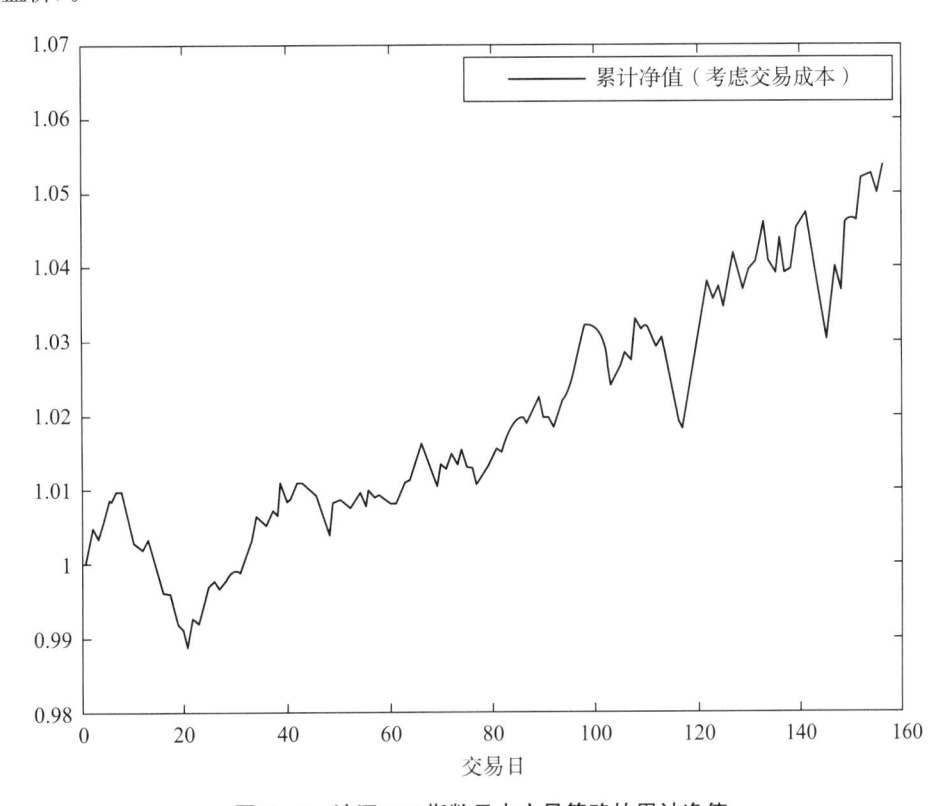

图 7-8 沪深 300 指数日内交易策略的累计净值

```
clear
x = xlsread('hs300_30.xlsx');%读入沪深 300 指数 30 分钟的收盘价序列
r = price2ret(x,[],'periodic');%半小时收盘比收盘收益率
y = r(8:8:end);
x1 = r(1:8:end);
x2 = r(2:8:end);
x3 = r(3:8:end);
x4 = r(4:8:end);
x5 = r(5:8:end);
x6 = r(6:8:end);
```

```
x7 = r(7:8:end);
x = [x2,x6,x7];
r_pred = zeros(455,1);
r_real = zeros(455,1);
for i = 301:455
    nx = x(1:i-1,:);
    ny = y(1:i-1,:);
    b = my_regress(ny,nx,1);
    xx = [1,x(i,:)];
    r_pred(i) = xx * b;
    r_real(i) = y(i);
end
[b,stat] = my_regress(r_real(301:end),r_pred(301:end),1);
performance_predict = stat.R_sq
% 评价预测值与实际值的偏差
s = zeros(455,1);
s(r_pred>0) = 1;
s(r_pred<0) = -1;
rr = s. * r_real;
rr(1:300) = [];
s(1:300) = [];
A = [0;diff(s)];
cost = abs(A) * 0.000 2;% 设置交易成本
0.02 % nav = ret2price(rr-cost,1,[],[],'periodic');
h = figure;
set(h,'color','w');
plot(nav)
legend('累计净值(考虑交易成本)')
xlabel('交易日')
```

参考文献

[1] Heston, S. L., Korajczyk, R. A., Sadka, R. 2010, Intraday patterns in the cross-section of stock returns, *Journal of Finance* (65):1369-1407.

[2] Hsu, P. H., Hsu, Y. C., Kuan, C. M. 2010, Testing the predictive ability of technical analysis using a new stepwise test without data snooping bias, *Journal of Empirical Finance* (17):471-484.

[3] Sun, L., Najand, M., Shen, J. 2016, Stock return predictability and investor sentiment: A high-frequency perspective, *Journal of Banking & Finance* (73):147-164.

[4] Ray Dalio. 原则[M]. 刘波等译. 北京:中信出版集团股份有限公司,2018.

第八章 量化策略的配置和组合优化

8.1 资产配置模型

8.1.1 Markowitz 资产配置模型

Markowitz 的投资组合理论奠定了组合投资的基础。[①] Markowitz 在均值方差的理论框架下,给出了一定期望收益的水平下最佳的投资组合。至今,Markowitz 的投资组合理论仍然在实践中得到应用,比如,美国的智能投顾公司 Wealthfront 就使用 Markowitz 在均值方差模型为中小投资者提供资产配置的金融服务。Wealthfront 在对各种资产增加适当的权重约束后,结合对期望收益和风险的估计,为普通投资者的资产配置提供解决方案。具体地,Wealthfront 使用以下优化模型。

$$\max_{W} \mu'W - 0.5\gamma W'VW$$
$$\text{s.t.}$$
$$1'W = 1$$
$$a \leqslant W \leqslant b$$

其中,

μ 为资产的期望收益率,

V 为资产收益的协方差矩阵,

γ 为投资者的风险厌恶系数(通常可以通过调查问卷形式获得),

W 为组合权重,

a,b 为权重上下限。

[①] Markowitz, H. M. 1952, Portfolio selection, *The Journal of Finance* (7):77-91.

量化投资策略也可以看成是一个"资产",量化策略的组合投资也同样可以使用资产组合理论来做优化配置。基于量化策略的历史回溯测试,可以估计策略的平均收益,以及策略之间的协方差矩阵,Wealthfront使用的Markowitz理论模型同样也可应用于量化策略组合中各个策略的权重选择和优化。当然,资产配置模型中实际能够有效处理的资产的数量是有限的,当资产的数量较多时,模型所需要估计的参数也增加,参数估计中的误差带来的影响将严重损害资产配置模型的优化效果。

8.1.2 Markowitz资产配置模型的缺陷和改进

Markowitz的投资组合理论在实践中逐渐暴露出以下明显的缺陷。

(1) 组合的权重可能集中在少数资产上,从而导致过度集中。

(2) 前沿组合权重对参数的变化非常敏感。因此,参数的估计误差,尤其是期望收益估计的误差,[1]对组合权重的影响非常大,期望收益估计值的微小变化就可能带来组合权重的巨大变化。

(3) 组合在样本外的表现并不理想。

针对以上缺陷,学术界和实业界开始寻找各种改进的途径,许多新的资产组合模型也逐步开始发展起来。归结起来主要从以下几个方向进行改进。

(1) 直接应用最简单最直接的方法进行简单的分散投资,无需对资产的收益和协方差矩阵进行估计。常见的方法是等权重方法(即N个资产的权重各为1/N)[2]和市值权重法(以资产市值的占比为权重)。

(2) 应用贝叶斯方法对收益和协方差进行估计缓解资产的收益和协方差矩阵估计的误差问题。

(3) 对组合权重施加不同的约束条件,以避免权重过度集中在少数几个资产。比如,权重最少不低于某个比例、权重最高不超过某个比例等。

(4) 利用协方差矩阵估计相对期望收益估计而言的稳定性和对组合权重较低的敏感性,根据协方差矩阵而忽略资产期望收益来选择资产组合,从而避免期望收益估计的误差对组合权重的影响。

(5) 引入投资者的看法结合资产定价理论,对收益和协方差进行估计。[3]

(6) 引入VaR、CVaR、下半方差、绝对离差等风险指标代替方差进行最优化组合选择。

(7) 引入投资者的非理性,从行为金融的角度发展出行为投资组合理论(behavioral portfolio theory,BPT)。

下面我们仅简单介绍等风险组合、最大分散组合和最小方差组合的资产配置模型。[4]

---

[1] Merton R. C. 1980. On estimating the expected return on the market: An exploratory investigation. *Journal of Financial Economics* (8):323-361.

[2] DeMiguel, V., Garlappi, L. Uppal, R. 2009. Optimal versus naive diversification: how inefficient is the 1/N portfolio strategy? *The Review of Financial Studies* (22):1915-1953.

[3] Black F. Litterman R. 1991. Asset allocation combining investor views with market equilibrium. *Journal of Fixed Income* (1):7-18.

[4] 更详细的讨论参见:曹志广. 金融计算与编程——基于MATLAB的应用[M]. 上海:上海财经大学出版社,2017.

(1) 等风险(Equally-weighted risk contributions，ERC)组合

等风险组合策略是一种忽略资产期望收益,仅利用资产收益的协方差矩阵对 Markowitz 组合理论做出修正的策略。[1] 其基本思想是选择最优的组合权重,使得各资产的风险对组合总风险的贡献相同。考虑 N 个风险资产,组合权重记为 $W=(W_1,W_2,\cdots,W_N)'$,资产收益的协方差矩阵记为 V,则组合的标准差为 $\sigma(W)=\sqrt{W'VW}$,资产的边际风险贡献定义如下。

$$\frac{\partial \sigma(W)}{\partial W}=\frac{VW}{\sigma(W)}$$

记 $\sigma_i(W)$ 为向量 $\frac{VW}{\sigma(W)}$ 中的第 i 个分量,则

$\sigma_i(W)$ 表示了第 i 个资产对组合风险的边际贡献。

显然组合的标准差也可以写为

$$\sigma(W)=W'\frac{\partial \sigma(W)}{\partial W}=\sum_{i=1}^{N}W_i\sigma_i(W)$$

因此,可以将 $\sigma_i(W)$ 定义为组合中资产 i 对组合风险的贡献。

等风险组合就是使得以下等式成立的组合：

$$\sigma_i(W)=\sigma_j(W),\forall i,j$$

在实际应用中,寻找等风险组合可以转化为以下等价的优化问题：

$$\min_{Y} Y'VY$$
$$\text{s.t.}$$
$$\sum_{i}^{N}\ln(Y_i)\geqslant c$$
$$Y\geqslant 0$$

其中,

$Y=(Y_1,Y_2,\cdots,Y_N)'$,

c 为任意的常数。

将优化解 Y^* 归一化后得到的最优解 W^* 是就是 ERC 组合的权重

$$\frac{Y^*}{\sum_{i}^{N}Y^*}=W^*$$

这个优化问题我们可以使用序列二次规划(Sequential quadratic programming)算法来求解。我们可以利用 MATLAB 自带的函数 fmincon 来求解以上优化问题。

考虑一个含有 4 只资产的证券组合,4 个资产的标准差分别为 10%、20%、30% 和 40%,相关系数矩阵为

---

[1] Maillard, S., Roncalli, T., Teiletche, J. 2010. The properties of equally-weighted risk contribution portfolios, *Journal of Portfolio Management* 36(4):60-70.

$$\begin{pmatrix} 1 & 0.8 & 0 & 0 \\ 0.8 & 1 & 0 & 0 \\ 0 & 0 & 1 & -0.5 \\ 0 & 0 & -0.5 & 1 \end{pmatrix}$$

下面的程序给出了序列二次规划问题的数值解。

```
clear
ruo = [1,0.8,0,0;0.8,1,0,0;0,0,1, -0.5;0,0, -0.5,1];
sigma = [0.1;0.2;0.3;0.4];
V = sigma * sigma'. * ruo;
W0 = [0.25;0.25;0.25;0.25];
options = optimset('Algorithm','sqp');
[W,fval] = fmincon(@(x) my_erc_fun(x,V),W0,[],[],[],[],[0;0;0;0],…
[],'my_erc_noncon',options);
optimal_W = W./sum(W)
```

optimal_W 就是优化问题归一化之后的最优解

optimal_W =
  0.383 4
  0.191 7
  0.242 8
  0.182 1

因此,(0.383 4,0.191 7,0.242 8,0.182 1)' 就是等风险组合。上面的程序中用到了以下两个辅助函数：

```
function f = my_erc_fun(W,V)
f = W'*V*W;
%%%%%%%%%%%%%%%%%%%%%%
function [c,ceq] = my_erc_noncon(W)
c = [];
ceq = sum(log(W)) - 1;
```

函数 fmincon 是 Matlab 内部函数,用来求解约束条件下的最优值。

(2) 最大分散(Maximum-diversification,MD)组合

最大分散组合权重是以下优化问题的解：[1]

$$\max_{W} \frac{W'\sigma}{\sqrt{W'VW}}$$

s. t.

---

[1] Choueifaty,Y.,Coignard,Y. 2008, Toward maximum diversification, *Journal of Portfolio Management* 35 (1):40 - 51.

$$1'W=1$$
$$0 \leqslant W \leqslant 1$$

其中，

$\sigma=(\sigma_1,\sigma_2,\cdots,\sigma_N)'$，

σ_i 为资产 i 的波动性。

注意这里我们施加了不允许卖空的限制。利用前面同样的例子，我们求解最大分散组合的权重。

```
clear
ruo = [1,0.8,0,0;0.8,1,0,0;0,0,1,-0.5;0,0,-0.5,1];
sigma = [0.1;0.2;0.3;0.4];
V = sigma * sigma'.* ruo;
options = optimset('Algorithm','active-set');
W0 = [0.25;0.25;0.25;0.25];
[W,fval] = fmincon(@my_md_fun,W0,[],[],[1,1,1,1],1,[0;0;0;0],[1;1;1;1],…
[],options,V);
```

我们得到最大分散组合的权重为

W =

    0.277 7

    0.138 9

    0.333 3

    0.250 0

用到的函数 my_md_fun 定义如下。

```
function f = my_md_fun(W,V)
sigma = sqrt(diag(V));
a = W' * sigma;
b = sqrt(W' * V * W);
f = -a./b;
```

(3) 最小方差(Minimum-variance)组合

同样考虑卖空限制，最小方差组合权重是以下优化问题的解：

$$\min_{W} W'VW$$
$$\text{s. t.}$$
$$1'W=1$$
$$0 \leqslant W \leqslant 1$$

最小组合只与协方差矩阵有关，与预期收益无关，这样就避免了由期望收益估计带来的误差问题。我们同样应用前面的例子，在 MATLAB 主窗口中输入

```
clear
ruo = [1,0.8,0,0;0.8,1,0,0;0,0,1,-0.5;0,0,-0.5,1];
sigma = [0.1;0.2;0.3;0.4];
V = sigma * sigma'.* ruo;
W0 = [0.25;0.25;0.25;0.25];
[W,fval] = quadprog(V,[],[],[],[1,1,1,1],1,[0;0;0;0],[1;1;1;1],W0);
```

我们得到最小方差组合的权重为

W=
  0.744 8
 −0.000 0
  0.151 7
  0.103 4

虽然这些模型对Markowitz的投资组合理论进行了修正,但综合来看这些模型的实践效果如何呢? Hsu,Han,Wu和Cao(2018),以及Yang,Cao,Han和Wang(2019)的研究表明:大部分资产配置模型的实际效果并不比简单的等权重配比好。[1]即便是一些不依赖于期望收益估计的资产配置模型,由于资产之间的相关系数和方差在不同经济状态下差异也会很大,基于资产协方差矩阵的资产配置模型也很难取得比较好的实际效果。比如,一般情形下,利率下跌,债券和股票价格都将上涨,股票和债券表现为高度正相关;但在通货紧缩时,股票和债券的相关性非常低,甚至为负;另外,在经济发生超预期的通货膨胀时,股票和债券的相关性也比较低。[2]因此,我们直接应用Hsu,Han,Wu和Cao(2019),以及Yang,Cao,Han和Wang(2018)的实证结果,对量化策略组合的权重设置为等权重组合。

8.1.3 Black-Litterman 模型

Black和Litterman 1990年在高盛的内部刊物上发表了《Black-Litterman资产配置模型》(BL模型),后来在 *Journal of Fixed Income* 和 *Financial Analysts Journal* 公开发表了《BL模型》。[3] Black和Litterman提出的BL模型融合了市场均衡期望收益和投资者关于资产期望收益的主观判断,解决了Markowitz资产配置模型中权重过度集中、对参数变化敏感等难题。在一定假设条件下,投资者的最优资产组合应当为市场组合。因此,市场组合所对应的期望收益可以通过投资者面临的组合优化问题反向求解得到。市场达到均衡时资产的期望收益Π(减去无风险利率之后)为

---

[1] Hsu Po-Hssuan, Qiheng Han, Wenshen Wu, Zhiguang Cao. 2018, Asset Allocation Strategies, Data Snooping, and the 1/N Rule, *Journal of Banking & Finance* (97):257-269.

Yang Junmin, Zhiguang Cao, Qihen Han, Qiyu Wang. 2019, Tactical Asset Allocation and Data Snooping, *Pacific-Basin Finance Journal* (57):1-15.

[2] 大卫·F. 史文森. 机构投资的创新之路[M]. 北京:中国人民大学出版社,2015.

[3] Black, F. and Litterman, R, 1990, Asset allocation: combining investors views with market equilibrium, Fixed Income Research, Goldman, Sachs & Company.

Black, F. Litterman, R. 1991, Global portfolio optimization, *Journal of Fixed Income* (1):7-18.

Black, F. Litterman, R. 1992, Global portfolio optimization, *Financial Analysts Journal* (48):28-43.

$$\Pi = \gamma V W_m$$

其中,

V 为资产收益的协方差矩阵,

γ 为投资者的风险厌恶系数,

W_m 为市场组合的权重向量。

γ 可以通过市场组合(比如,可以使用指数)历史数据的 Sharpe Ratio 和波动率来估计:

$$\gamma = \frac{SR_m}{\sigma_m}$$

其中,

SR_m 为市场组合的 Sharpe Ratio,

σ_m 为市场组合的标准差。

我们以 1990/12/19～2019/11/22 期间上证综合指数为例,来估计我国市场投资者的平均风险厌恶系数。指数的年化收益率约为 10.99%,为避免受涨跌停板制度的影响,[①]我们使用 1997 年以后的月数据估计上证综合指数的年化波动率约为 26.71%,如果 1990/12/19～2019/11/22 期间的无风险利率以 3% 计,则得出投资者的平均风险厌恶系数约为 1.1。用历史数据估计出资产收益的协方差矩阵 V 和当前市场组合的权重 W_m,则可以估计出当前资产市场均衡隐含的期望收益 Π,对资产期望收益的估计误差要低于对资产收益的估计误差,通常假定其协方差矩阵为 $\tau V, 0 < \tau < 1$。

在 BL 模型中,投资者关于资产期望收益的看法用观点矩阵 P 和投资者看法 Q 来表示。我们以 5 只股票为例来说明观点矩阵 P 和投资者看法 Q。比如投资者有以下三个看法(更一般的有 K 个看法):认为第一只股票的期望收益为 8%(扣除了无风险利率);认为第二只股票的期望收益为 5%(扣除了无风险利率);认为第三只股票的期望收益比第四只股票的期望收益高出 2%。其中,前两个看法为绝对看法,第三个看法为相对看法。则

$$P = \begin{pmatrix} 1 & 0 & 0 & 0 & 0 \\ 0 & 1 & 0 & 0 & 0 \\ 0 & 0 & 1 & -1 & 0 \end{pmatrix}, Q = \begin{pmatrix} 0.08 \\ 0.05 \\ 0.02 \end{pmatrix}$$

投资者的看法 Q 的不确定程度用协方差矩阵 Ω 来表示,并假定矩阵 Ω 的非主对角线元素全部为 0,即不同观点的误差不相关。

$$\Omega = \begin{pmatrix} \omega_1 & 0 & 0 \\ 0 & \omega_2 & 0 \\ 0 & 0 & \omega_3 \end{pmatrix}$$

基于观点矩阵 P,市场先验的看法为 $P\Pi$,投资者的看法为 Q。融合市场均衡隐含的资产期望收益和投资者的看法,得到资产的后验期望收益估计为

$$E[R] = [(\tau V)^{-1} + P'\Omega^{-1}P]^{-1}[(\tau V)^{-1}\Pi + P'\Omega^{-1}Q]$$

---

① 目前普通股票的 10% 涨跌幅限制制度是 1996 年 12 月 16 日后开始实行的。

其相应的协方差矩阵为

$$[(\tau V)^{-1} + P'\Omega^{-1}P]^{-1}$$

将更新后的后验资产期望收益 $E[R]$ 代替优化问题的期望收益,则投资者面临以下资产配置的优化问题:

$$\max_W E[R]'W - 0.5\gamma W'VW$$
$$\text{s. t.}$$
$$1'W = 1$$
$$a \leqslant W \leqslant b$$

求解以上优化问题就可以得到投资者的最优资产配置权重。但这里需要事先确定参数 τ 和 Ω。这是一个比较艰难的问题,BL 模型本身并没有明确给出确定参数的方法。

这里我们介绍 Idzorek(2005)和 Jay(2014)的方法[①],并假定 Ω 的非零主对角元素与以下矩阵的主对角线元素相同:

$$\tau diag\left(\frac{1-C}{C}\right) PVP'$$

$diag\left(\frac{1-C}{C}\right)$ 表示主对角线元素为 $\frac{1-C}{C}$,其他元素为 0 的矩阵。

这样巧妙地将 τ 对期望收益的后验估计值 $E[R]$ 的影响消除,这里 C 是投资者对 K 个观点的置信程度,

$$C = (C_1, C_2, \cdots, C_K)'$$

其中,

$0 \leqslant C_i \leqslant 1, i = 1, 2, \cdots, K$ 分别表示投资者对各个观点的置信度。

继续前面的例子,假定投资者对看法 1 的置信度为 60%,对看法 2 的置信度为 80%,对看法 3 的置信度为 50%,则 $C = (0.6, 0.8, 0.5)'$。由于消除了 τ 对期望收益的修正值的影响,Ω 可以表示为

$$\Omega = \begin{pmatrix} \frac{1-0.6}{0.6}p_1 V p'_1 & 0 & 0 \\ 0 & \frac{1-0.8}{0.8}p_2 V p'_2 & 0 \\ 0 & 0 & \frac{1-0.5}{0.5}p_3 V p'_3 \end{pmatrix}$$

其中,

p_1, p_2, p_3 分别表示矩阵 P 中的第一行、第二行和第三行向量。

融合市场均衡隐含的资产期望收益和投资者的看法,得到资产的后验期望收益估计为

---

① Idzorek, Thomas. 2005, A step-by-step guide to the Black-Litterman model, incorporating user-specified confidence levels, working paper.

Jay Walters. The Black-Litterman model in detail, 2014, working paper.

$$E[R] = [V^{-1} + P'\Omega^{-1}P]^{-1}[V^{-1}\Pi + P'\Omega^{-1}Q]$$

其相应的协方差矩阵为

$$[V^{-1} + P'\Omega^{-1}P]^{-1}$$

进一步假定例子中的 5 只股票收益率(扣除无风险利率)的标准差分别为 0.1,0.15,0.20,0.25 和 0.30,并且相互之间的相关系数均为 0.5。5 只股票组成的市场组合权重为 $W_m = (0.3, 0.25, 0.2, 0.2, 0.05)'$,假定投资者的平均风险厌恶系数 $\gamma = 1$。则

$$V = \begin{pmatrix} 0.010\ 0 & 0.007\ 5 & 0.010\ 0 & 0.012\ 5 & 0.015\ 0 \\ 0.007\ 5 & 0.022\ 5 & 0.015\ 0 & 0.018\ 8 & 0.022\ 5 \\ 0.010\ 0 & 0.015\ 0 & 0.040\ 0 & 0.025\ 0 & 0.030\ 0 \\ 0.012\ 5 & 0.018\ 8 & 0.025\ 0 & 0.062\ 5 & 0.037\ 5 \\ 0.015\ 0 & 0.022\ 5 & 0.030\ 0 & 0.037\ 5 & 0.090\ 0 \end{pmatrix}$$

$$\Pi = \gamma V W_m = \begin{pmatrix} 0.010\ 1 \\ 0.015\ 8 \\ 0.021\ 3 \\ 0.027\ 8 \\ 0.028\ 1 \end{pmatrix}$$

$$\Omega = \begin{pmatrix} \dfrac{1-0.6}{0.6} p_1 V p'_1 & 0 & 0 \\ 0 & \dfrac{1-0.8}{0.8} p_2 V p'_2 & 0 \\ 0 & 0 & \dfrac{1-0.5}{0.5} p_3 V p'_3 \end{pmatrix} = \begin{pmatrix} 0.006\ 7 & 0 & 0 \\ 0 & 0.005\ 6 & 0 \\ 0 & 0 & 0.052\ 5 \end{pmatrix}$$

$$E[R] = [V^{-1} + P'\Omega^{-1}P]^{-1}[V^{-1}\Pi + P'\Omega^{-1}Q] = \begin{pmatrix} 0.052\ 1 \\ 0.049\ 1 \\ 0.070\ 7 \\ 0.069\ 5 \\ 0.091\ 5 \end{pmatrix}$$

融合了投资者和市场的看法后,资产的期望收益估计 $E[R]$ 与市场隐含的期望收益估计 Π 有了明显差异。即便投资者对第五只股票的收益没有任何看法,但由于协方差矩阵的影响,后验的期望收益估计也发生了改变。如果上面优化问题是无约束条件的(没有权重之和等于1、卖空限制和权重上下界约束等),则最优的配置权重为

$$W^* = (\gamma V)^{-1} E[R]$$

继续上面的例子,得到优化问题无约束情形下的最优解为

$$W^* = \begin{pmatrix} 4.478\ 1 \\ 0.401\ 3 \\ 0.557\ 9 \\ -0.157\ 9 \\ 0.050\ 0 \end{pmatrix}$$

可以发现与市场组合相比，股票 5 的权重并没有发生改变，仍然保持 5%，即如果上述优化问题是无约束的，则投资者的最优资产配置与市场组合相比，仅在那些有观点表达的股票上发生改变。但如果存在约束条件，则这一结论不再成立。

加入 $1'W=1$. 和限制卖空的约束后得到最优的资产配置为

$$W^* = \begin{bmatrix} 0.1628 \\ 0.0000 \\ 0.4043 \\ 0.0400 \\ 0.3930 \end{bmatrix}$$

上面例子中相关的 Matlab 代码如下。

```
clear
P = [1,0,0,0,0;0,1,0,0,0;0,0,1,-1,0]; % 观点矩阵
Q = [0.08;0.05;0.02]; % 投资者看法
C = [0.6;0.8;0.5]; % 观点置信度
W_m = [0.3;0.25;0.2;0.2;0.05]; % 市场组合权重
sigma = 0.1:0.05:0.3; % 股票收益的标准差
rho = 0.5; % 股票之间的相关系数
V = 0.5*(sigma'*sigma); % 股票收益协方差矩阵
V(logical(eye(5))) = sigma.^2;
omiga = diag([P(1,:)*V*P(1,:)'*(1-C(1))/C(1);P(2,:)*V*P(2,:)'*(1-C(2))/C(2);…
P(3,:)*V*P(3,:)'*(1-C(3))/C(3)]);
gamma = 1; % 投资者风险厌恶系数
R_market = gamma*V*W_m; % 市场隐含的股票期望收益
R_updated = (V\eye(5) + P'*(omiga\eye(3))*P)\(V\R_market + P'*(omiga\eye(3))*Q);
% 融合市场和投资者看法后股票期望收益的估计
options = optimset('Algorithm','interior-point-convex');
W0 = ones(5,1)/5; % 设定初始权重
W_star_unconstrained = quadprog(V,-R_updated/gamma,[],[],[],[],[],[],…
W0,options); % 无约束的最优资产配置
W_star_constrained = quadprog(V,-R_updated/gamma,[],[],ones(1,5),1,…
zeros(5,1),ones(5,1),W0,options); % 有约束的最优资产配置
```

在量化策略设计中经常使用多因子选股模型对股票的期望收益率做出预测，我们可以使用收益预测模型中调整后的 R^2 作为置信度，结合 BL 模型对组合的权重做出最优选择。收益预测模型中调整后的 R^2 如果比较高，说明模型的表现良好，因此，投资者观点的误差也相对少，BL 模型给出的权重将更加倾向于投资者的观点；反之，则更加倾向于市场观点。下面我们给出一个简单的例子，综合利用 BL 模型和收益预测模型进行资产配置。具体我们选择 2010/6/1～2019/11/27 期间沪深 300、中证 500、中证 1000、中小板和创业板指数共 5 个指数的日收盘价格和成交金额，对每个指数使用以下预测模型，对下一期的指数收益进行

预测：
$$r_{i,t+1} = \alpha_t + \sum_{j=1}^{7} \beta_{j,t} MP_{i,j,t} + \sum_{j=1}^{7} \gamma_{j,t} MV_{i,j,t} + \varepsilon_{i,t+1}$$

其中，

$r_{i,t+1}$ 为指数 i 在 $t+1$ 时刻的收益率，

$MP_{i,j,t} = MAP_{i,j,t}/P_{i,t}$。

$MV_{i,j,t} = MAV_{i,j,t}/V_{i,t}$，

$P_{i,t}$ 为指数 i 在 t 时刻的价格，

$MAP_{i,j,t}$ 为指数 i 第 j 个价格均线在 t 时刻的值，

$V_{i,t}$ 为指数 i 在 t 时刻的成交金额，

$MAV_{i,j,t}$ 为指数 i 第 j 个成交金额均线在 t 时刻的值。

这里均线参数设定为 5 日、10 日、20 日、30 日、60 日、120 日和 250 日 7 个均线参数。这个预测模型我们在第一章中讨论过，其预测效果并不佳，但也不排除在某些时间段可能存在一定的预测能力。对每一个指数，我们滚动使用前面 100 周的数据估计以上预测模型中的参数，然后利用估计的参数预测指数下一周的收益率。我们使用预测模型调整后的 R^2 作为 BL 模型中的置信水平 C，表示对预测收益的信任程度。[1] 如果 $R^2 < 0.001$，则设定 $C = 0.001$。在每周的周五，利用预测的收益以及预测模型的信任程度，我们使用 BL 模型融合模型预测值和基准市场观点（这里我们简单假定等权重组合为市场组合），并在权重之和等于 1 和非负权重约束下最大化前面提到的 Wealthfront 使用的目标效用函数（设定 $\gamma = 1$），求得 5 个指数的权重。然后我们比较 BL 模型得到最优权重下的组合净值表现与等权重的基准组合净值表现，结果如图 8-1 所示，从图中可以看出在大部分情况下 BL 组合与等权重组合差异并不明显，这是因为预测模型的预测效果较差，从而 BL 模型与基准组合差别不大。但是当收益预测模型的信任度较高时，BL 模型的权重配置与等权重配置的差异就开始明显加大，从而 BL 组合的净值表现也与等权重组合的净值表现差别较大了。相关的 Matlab 代码内容如下。[2]

```
clear
x = csvread('five_indices.csv',2,0);
% 读入数据(2010/6/1 - 2019/11/27)，第一列为日期，第 2、4、6、8、10 列分别为
% 沪深 300、中证 500、中证 1000、中小板和创业板指数共 5 个指数的日收盘价格
% 第 3、5、7、9、11 列分别为相应的成交金额
T = x2mdate(x(:,1));% 将 EXCEL 日期数字转化为 Matlab 日期数字
p = x(:,2:2:11);% 5 个指数的日收盘价
v = x(:,3:2:11);% 5 个指数的日成交金额
data = [p,v];
ma = [5,10,20,30,60,120,250];% 设置均线参数
id_Friday = find(weekday(T) == 6);% 在每周五进行调仓换股
for i = 1:length(ma)
```

---

[1] 预测模型调整后的 R^2 可能小于 0。
[2] 用到的函数 my_return_portfolio 的具体内容请参见第九章的相关内容。

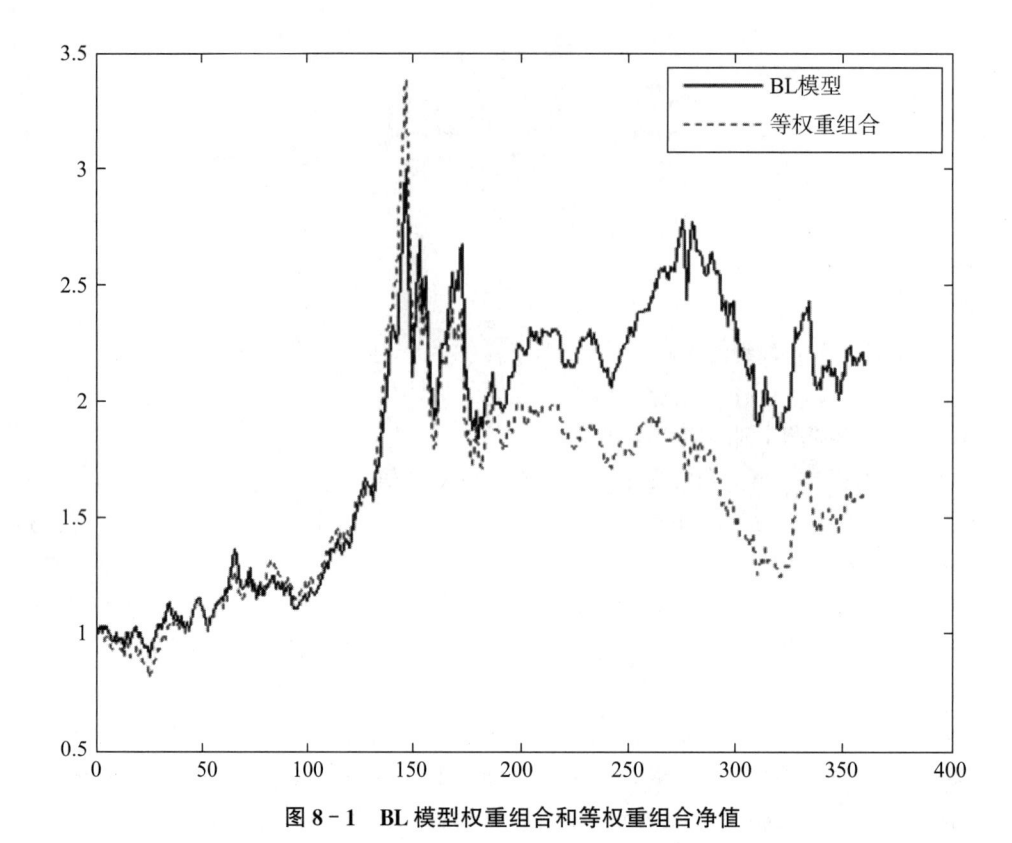

图 8-1　BL 模型权重组合和等权重组合净值

```
        [~,A] = my_ma(data,ma(i));
        A = A./data;
        factor(:,:,i) = A;
end
p_week = p(id_Friday,:);
T_week = T(id_Friday);
factor_week = factor(id_Friday,:,:);
r_week = [zeros(1,5);price2ret(p_week,[],'periodic')];
N_week = size(p_week,1);
N = 104;% 一年以 52 周记,从 2 年后开始利用均线信息进行收益率的预测
id_stock = zeros(N_week,5);
W_stock = zeros(N_week,5);
for i = N:N_week
    for j = 1:5
        y = r_week(i-99:i,j);% 利用前面 100 周的时间序列估计下一期收益
        x = [];
        x_pred = [];
        for k = 1:length(ma)
            x = [x,factor_week(i-100:i-1,[j,j+5],k)];
```

```
            % 滞后一期的价格和成交金额趋势因子
            x_pred = [x_pred,factor_week(i,[j,j+5],k)];
            % 给定当期因子,预测下期收益
        end
        [b,stat] = my_regress(y,x,1);
        ret_pred(i,j) = [1,x_pred] * b;
        r_sq(i,j) = stat.R_sq_adj; % 回归的拟合效果
    end
    V = cov(r_week(i-99:i,:));
    P = eye(5);
    Q = ret_pred(i,:)';
    C = r_sq(i,:)';
    C(C<0.001) = 0.001;
    C = min(C,0.9);
    omiga = diag(diag(V).*(1-C)./C);
    gamma = 1;
    W_m = ones(5,1)/5;
    R_market = gamma * V * W_m;
    R_updated = (V\eye(5) + P' * (omiga\eye(5)) * P)\(V\R_market + P' * (omiga\eye(5)) * Q);
    options = optimset('Algorithm','interior-point-convex');
    W_star_constrained = quadprog(V, - R_updated/gamma,[],[],…
        ones(1,5),1,zeros(5,1),ones(5,1),W_m,options);
    W_star_constrained(W_star_constrained<0.0001) = 0;
    id_stock(i,W_star_constrained>0) = 1;
    W_stock(i,:) = W_star_constrained;
end
[nav_port,id_realized,nav_ind,cash,cost] = my_return_portfolio…
(p_week(100:end,:),id_stock(100:end,:),W_stock(100:end,:),[],[],…
[],5e-5,5e-5,0.02/52);
h = figure;
set(h,'color','w')
plot(nav_port)
hold on
nav_bh = sum(p_week(100:end,:)./repmat(p_week(100,:),361,1),2)/5;
plot(nav_bh,'r:')
legend('BL 模型 ',' 等权重组合 ')
```

8.1.4　ETF 的组合配置

将资金分散到不同的资产或策略类,明显的好处就是利用资产收益之间的不完全相关

性,从而提高了整个资产组合收益的稳定性,减少了资金的回撤幅度。下面我们通过实际数据从实证的角度来看这个问题。考虑到国内市场普通投资者能够实际购买到的资产类别,我们选择以下 12 个 ETF 作为备选的资产类别:沪深 300ETF(510300)、中证 500ETF(510500)、中小板 ETF(159902)、创业板 ETF(159915)、标普 500ETF(513500)、纳指 ETF(513100)、恒生 ETF(513600)、H 股 ETF(510900)、黄金 ETF(518880)、德国 DAX30ETF(513030)、南方原油(501018)和 10 年期国债 ETF(511260)。我们选取了 2010/6～2016/9 与 ETF 相对应的指数的月度数据,并保存为数据文件 world_index.csv,具体文件的数据格式如图 8-2 所示。其中原油指数我们以美国纽约商品交易所原油期货连续合约的数据来表示。表 8-1 给出了 12 个资产之间的相关系数矩阵。表中资产的顺序与图 8-2 中的数据顺序相同。可以看出:黄金和其他资产的相关性非常低;国债与其他资产是负相关的;原油与其他资产的相关性也不高。

表 8-1　　　　　　　　　　　　资产之间的相关性

1.00											
0.82	1.00										
0.71	0.96	1.00									
0.57	0.85	0.89	1.00								
0.33	0.32	0.31	0.23	1.00							
0.34	0.36	0.35	0.28	0.95	1.00						
0.54	0.48	0.40	0.33	0.69	0.68	1.00					
0.69	0.54	0.44	0.35	0.61	0.58	0.92	1.00				
0.02	0.05	0.04	−0.03	0.06	0.07	0.19	0.14	1.00			
0.34	0.38	0.39	0.32	0.75	0.77	0.60	0.51	−0.01	1.00		
0.11	0.19	0.16	0.20	0.41	0.37	0.39	0.38	0.22	0.19	1.00	
−0.05	−0.04	−0.04	−0.07	−0.11	−0.13	−0.07	−0.03	−0.10	−0.11	−0.23	1.00

下面我们不考虑无风险的国债投资,仅考虑其余 11 只风险资产 ETF 的投资组合,分别构建等风险组合、最大分散组合和最小方差组合。相关的 Matlab 代码如下。

```
clear
x = csvread('world_index.csv',1,1); %2010/6/30～2016/9/30 月度数据
r = price2ret(x,[],'periodic');
V = cov(r);
%ERC 资产配置模型
options = optimset('Algorithm','sqp');
[W,fval] = fmincon(@(x)my_erc_fun(x,V(1:11,1:11)),ones(11,1)/11,[],[],…
[],[],zeros(11,1),[],'my_erc_noncon',options);
W_ERC = W./sum(W);
%MD 资产配置模型
```

时间	沪深300	中证500	中小板	创业板	标普500	纳斯达克	恒生指数	恒生中国	黄金现货	德国DAX30	美原油连续	国债指数
2010/6/30	2563.07	3664.464	4880.681	919.314	1030.71	2109.24	20128.99	11466.24	1242.5	5965.52	75.63	125.66
2010/7/30	2868.846	4191.13	5495.755	968.431	1101.59	2254.7	21029.81	11905	1180.5	6147.97	78.95	125.98
2010/8/31	2903.188	4589.289	6182.489	1025.57	1049.33	2114.03	20536.49	11402.9	1247.05	5925.22	71.92	126.62
2010/9/30	2935.574	4660.605	6332.361	942.539	1141.2	2368.62	22358.17	12406.1	1308.4	6229.02	74.82	126.67
2010/10/29	3379.983	5055.492	6942.156	1064.522	1183.26	2507.4	23096.32	13168.68	1359.09	6601.37	81.77	126.34
2010/11/30	3136.985	5110.875	6936.974	1181.504	1180.5	2498.23	23007.99	12817.59	1383.85	6688.49	81.51	126.05
2010/12/31	3128.261	4936.716	6828.919	1137.692	1257.86	2652.87	23035.45	12692.4	1419.45	6914.18	91.38	126.2
2011/1/31	3076.508	4610.316	6180.679	1029.12	1286.11	2700.08	23447.34	12560.66	1331.7	7077.48	92.19	126.61
2011/2/28	3239.559	5095.208	6732.994	1099.776	1327.22	2782.27	23338.02	12504.53	1410.8	7272.31	96.97	127
2011/3/31	3223.288	5000.402	6397.669	1008.296	1325.83	2781.07	23527.52	13315.84	1431.2	7041.31	106.72	127.6
2011/4/29	3192.723	4836.866	6050.054	912.715	1363.61	2873.54	23720.81	13208.71	1563.9	7514.46	113.93	127.86
2011/5/31	3001.556	4444.276	5580.799	846.315	1345.2	2835.3	23684.13	13268.39	1535.05	7293.68	102.59	128.33
2011/6/30	3044.089	4579.332	5816.118	845.919	1320.64	2773.52	22398.1	12576.68	1499.6	7376.24	95.42	128.55
2011/7/29	2972.079	4628.32	5878.679	913.278	1296.5	2754.91	22440.25	12373.64	1626.14	7158.77	95.7	128.88
2011/8/31	2846.776	4430.538	5675.07	921.495	1218.89	2579.46	20534.85	10943.29	1823.19	5784.85	88.83	129.38
2011/9/30	2581.351	3856.828	4990.432	791.134	1131.42	2415.39	17592.41	8917.36	1623.3	5502.02	78.62	129.77
2011/10/31	2695.307	3999.362	5146.801	852.798	1253.3	2684.4	19864.87	10512.99	1714.65	6141.33	92.65	130.24
2011/11/30	2521.52	3819.942	4919.117	838.108	1246.96	2620.34	17989.35	9508.94	1744.35	6088.83	100.5	130.83
2011/12/30	2345.742	3266.775	4295.862	729.504	1257.6	2605.14	18434.39	9936.48	1563.69	5898.35	99.06	131.39
2012/1/31	2464.26	3294.494	4188.037	648.681	1312.4	2813.84	20390.49	11299.05	1738.2	6458.91	98.28	131.78
2012/2/29	2634.143	3696.144	4690.789	735.336	1365.68	2966.88	21680.08	11826.76	1695.81	6856.08	106.91	132.03
2012/3/30	2454.899	3416.856	4413.17	678.519	1408.47	3091.57	20555.58	10640.16	1668.05	6946.83	102.93	132.46
2012/4/27	2626.157	3664.638	4595.566	685.131	1397.91	3046.36	21094.21	11081	1662.49	6761.18	104.89	132.81
2012/5/31	2632.042	3753.593	4704.385	734.454	1310.33	2827.34	18629.52	9686.03	1559.49	6264.37	86.5	133.3
2012/6/29	2461.612	3470.965	4477.788	726.684	1362.16	2935.05	19441.46	9574.84	1597.34	6416.27	84.87	133.71
2012/7/31	2332.922	3159.192	4178.346	676.96	1379.31	2939.52	19796.81	9674.27	1614.1	6772.25	87.96	134.12
2012/8/31	2204.868	3139.5	4137.804	706.625	1406.58	3066.96	19482.57	9280.25	1690.45	6970.79	96.56	134.51
2012/9/28	2293.106	3199.752	4264.831	689.64	1440.67	3116.23	20840.38	9831.62	1771.85	7216.14	92.1	134.8
2012/10/31	2254.82	3168.097	4177.878	691.653	1412.16	2977.23	21641.82	10582.05	1718.85	7260.62	86.01	135.19
2012/11/30	2139.661	2816.624	3678.213	606.766	1416.18	3010.24	22030.39	10622.67	1714.59	7405.5	88.94	135.48
2012/12/31	2522.952	3275.86	4236.601	713.863	1426.18	3019.51	22656.92	11436.5	1673.81	7612.39	91.79	135.79

图 8-2 指数数据

```
options = optimset('Algorithm','active-set');
[W_MD,fval] = fmincon(@my_md_fun,ones(11,1)/11,[],[],ones(1,11),1,…
zeros(11,1),ones(11,1),[],options,V(1:11,1:11));
%MV资产配置模型
[W_MV,fval] = quadprog(V(1:11,1:11),[],[],[],ones(1,11),1,zeros(11,1),…
ones(11,1),ones(11,1)/11);
W = [W_ERC';W_MD';W_MV']
```

得到基于等风险组合、最大分散组合和最小方差组合的权重分别如表 8-2 所示。

表 8-2 不同组合的配置权重

	等风险组合	最大分散组合	最小方差组合
沪深 300	0.067 0	0.123 3	0.030 2
中证 500	0.053 2	0.000 0	0.000 0
中小板	0.056 7	0.000 0	0.000 0
创业板	0.052 7	0.100 3	0.021 1
标普 500 指数	0.138 5	0.017 4	0.654 7
纳斯达克综合指数	0.114 9	0.000 0	0.000 0
恒生指数	0.081 1	0.000 0	0.000 0

(续表)

	等风险组合	最大分散组合	最小方差组合
恒生中国企业指数	0.062 2	0.000 0	0.000 0
黄金现货/美元	0.190 4	0.371 6	0.294 0
德国 DAX30 指数	0.105 7	0.254 3	0.000 0
美原油连续	0.077 6	0.133 2	0.000 0

继续前面的 Matlab 代码,得到图 8-3。图 8-3 给出了等风险组合、最大分散组合、最小方差组合和等权重组合的累计净值曲线。为保持组合的权重不变,我们在每个月的月底将权重调整到与表 8-2 一致的水平,对于等权重组合则于每个月的月底将每只 ETF 的权重重新调整到 1/11。从图 8-3 的结果来看:最小方差组合的表现比较稳定,当然这只是样本内检验的结果。注意,这里我们没有考虑组合调整时涉及的交易成本。

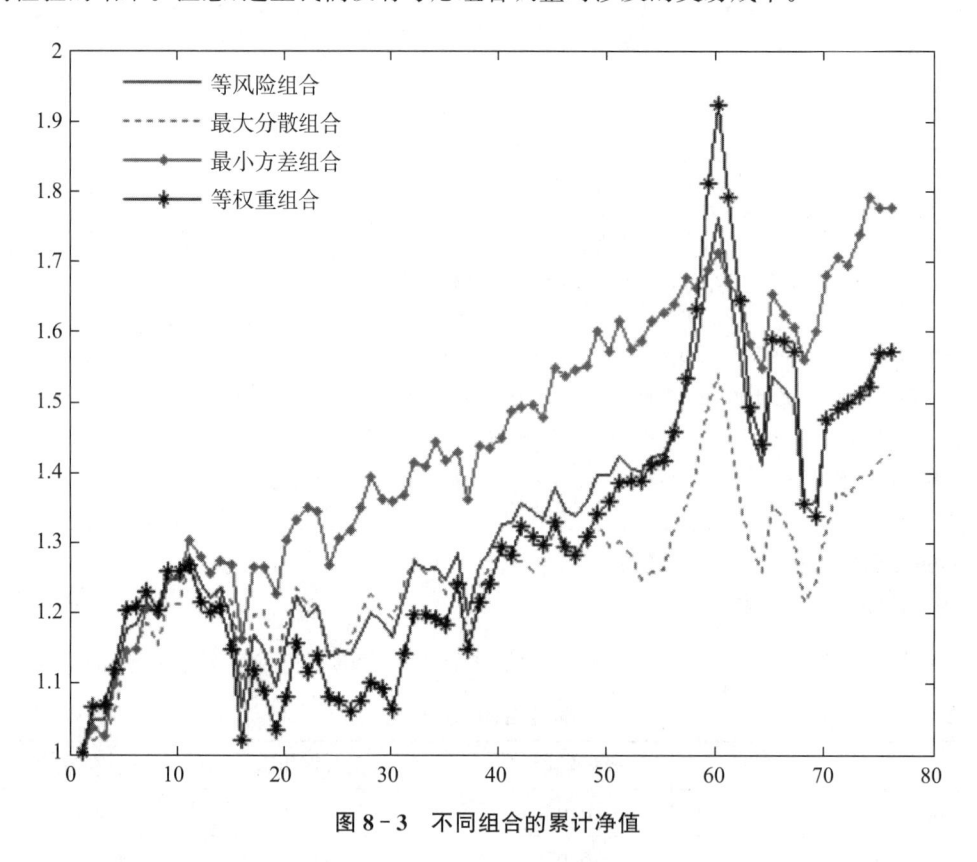

图 8-3 不同组合的累计净值

```
A = r * W(1,:)';
B = r * W(2,:)';
C = r * W(3,:)';
D = mean(r,2);
nav_a = ret2price(A,1,[],[],'periodic');
nav_b = ret2price(B,1,[],[],'periodic');
```

```
nav_c = ret2price(C,1,[],[],'periodic');
nav_d = ret2price(D,1,[],[],'periodic');
h = figure;
set(h,'color','w')
plot(nav_a)
hold on
plot(nav_b,'r:')
plot(nav_c,'m.-')
plot(nav_d,'k-*')
legend('等风险组合','最大分散组合','最小方差组合','等权重组合')
```

8.2 案例:我国股票市场 ETF 的战术性资产配置

8.2.1 Faber 的战术性资产配置

Faber(2017)提出了使用 10 月均线择时的战术性资产配置策略,即将 10 月均线策略同时应用于股票、债券、商品、房地产等大类资产,如果某资产价格在 10 月均线之上,则持有该资产的多头,如果在 10 月均线之下,则持有现金。各大类资产的权重为等权重。Faber 认为这样的资产组合具有更好的风险收益特征,其有效前沿优于简单地买入持有资产组合。[1] 类似地,我们也选取 1972～2014 年标普 500 指数、MSCI 发达市场指数、标普高盛商品指数、美国房地产指数和美国 10 年期国债作为资产类,[2] 计算买入持有的简单等权重组合的收益和风险,以及基于历史数据的风险和收益,并构建 Markowitz 的前沿组合;同时将 10 月价格均线模型分别应用于这 5 个资产,然后基于这 5 个择时的资产构建前沿组合。图 8-4 显示了买入持有策略和 10 月均线择时策略的组合前沿的差别:基于 10 月均线的择时策略产生了更好的风险收益比,等权重的策略组合(1/N 组合)的夏普比率要高于等权重的买入持有组合;并且基于 10 月均线的策略产生的前沿组合要优于基于买入持有组合策略(前沿组合的曲线向西北方向发生了偏移),即同样的风险水平下(月收益率的标准差),择时策略组合的平均收益(历史月收益率的平均值更高)。从事后的绩效评价来看:基于 10 月均线的资产组合策略相对于买入持有策略的确表现出了更高的风险收益比。但一个自然的疑问就是:这是不是数据挖掘效应的结果? 如果剔除"运气成分",这一结果是否依然稳健? Yang,Cao,Han 和 Wang(2019)的实证研究表明:在剔除运气成分之后,基于 10 月均线的策略组合并不优于买入持有组合策略,并且在月线级别上也不存在其他均线和其他常用技术指标,在组合的角度上优于买入持有组合策略。

接下来,我们讨论的是在更短的交易频率的角度上,比如,日线级别,基于价格和成交量均线技术指标是否在组合角度上,相对于买入持有的被动策略,能够产生更好的经过风险调

---

[1] Faber, M. 2007, A quantitative approach to tactical asset allocation, *Journal of Wealth Management* (9):69-79.

[2] 数据来源:标普高盛商品指数,Bloomberg;美国房地产指数,www.reit.com;其余数据来源于 Wharton Research Data Services。

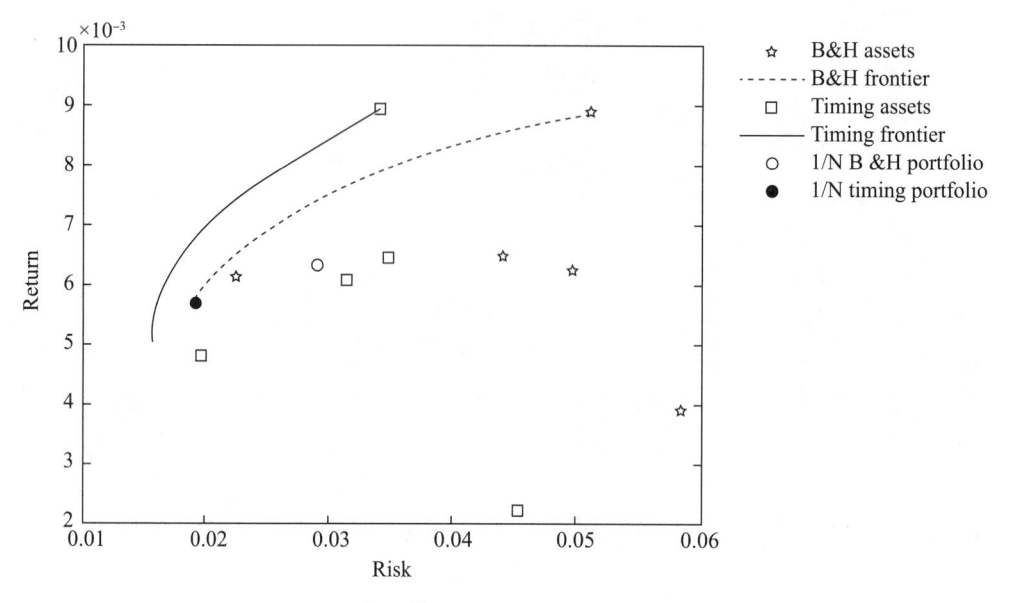

图 8-4 择时策略和买入持有策略的前沿组合

整的收益？我们更关心该想法在我国的 A 股市场是否成立。因为，我国 A 股市场的有效程度还远没有达到发达国家市场的水平，大量散户参与股票市场的交易，必然会导致各种错误定价的情况。市场或许在日线级别、30 分钟级别、1 分钟级别等较短的时间长度意义上产生更多的有迹可循的，并且能够被基于价格和成交量的均线技术指标所捕获的模式和统计规律。

8.2.2 我国股票市场 ETF 战术性资产配置的实证

（1）基于（19,119）价格和成交量均线择时策略的战术性资产配置

我们以 2010/6/1～2019/1/18 期间沪深 300 指数（代码：000300）、中证 500 指数（代码：000905）、中小板指数（代码：399005）和创业板指数（代码：399006）的日数据为样本，从实证的角度来分析是否存在一些基于价格和成交量均线的技术指标的择时策略，从资产配置的角度而言，能够产生更好的经过风险调整后的收益。前面在第七章中我们已经分析过，对于沪深 300 指数而言，价格和成交量均线的参数 19 和 119，在剔除"运气"因素之后，相对于买入沪深 300 指数并被动持有的策略，择时策略依然产生了风险收益比更好的绩效。在这里，我们的重点不是考察基于价格和成交量均线指标在单个资产上是否有更好的表现，而是考察在多个策略构成的组合上是否能够产生更好的绩效表现。即便对于单个资产，择时策略可能也战胜不了买入持有策略，但对于多个资产而言，择时策略通常会减低资产之间的相关性，择时策略也还是有可能在组合角度战胜买入持有策略的。在组合策略的选择上，我们仅比较等权重组合策略，对其他组合策略感兴趣的读者可以借用类似的实证分析方法。

首先我们收集以上四个指数的历史日收盘和成交金额数据，如图 8-5 所示。数据以文件名 four_indice.csv 保存。由于创业板指数最早始于 2010 年 6 月 1 日。因此，我们选择四个指数的历史数据均始于 2010/6/1。这四个指数基本涵盖了国内 A 股市场上绝大部分的股票。这四个指数在国内 A 股市场上都有其对应的 ETF，因此，这些指数实际上都是可以交

易的对象。我们将价格和成交量均线的参数都统一设成一样的 19 和 119。表 8-3 给出了四个指数日收益率之间的相关系数矩阵,表 8-4 则给出了价格和成交量均线的参数为(19,119)的择时策略生成的四个择时资产之间的相关系数矩阵。比较两个表格的数据,可以明显地看出:择时策略大大降低了资产之间的相关性。较低的相关系数无疑会提高组合分散风险的好处。因此,从组合角度上也可能会提高资产组合的绩效。

	A	B	C	D	E	F	G	H	I
1		'399006'		'399005'		'000905'		'000300'	
2	日期	收盘	成交额	收盘	成交额	收盘	成交额	收盘	成交额
3	2010/6/1	973.23	5.78E+09	5233.72	2.67E+10	4025.79	4.26E+10	2744.16	5.32E+10
4	2010/6/2	997.12	4.46E+09	5290.49	2.05E+10	4083.62	3.61E+10	2757.53	4.64E+10
5	2010/6/3	998.39	6.64E+09	5281.25	3.16E+10	4053.98	4.27E+10	2736.08	4.71E+10
6	2010/6/4	1027.68	5.51E+09	5365.16	2.39E+10	4089.03	3.39E+10	2744.39	3.99E+10
7	2010/6/7	1069.47	9.5E+09	5364.22	2.97E+10	4072.57	3.94E+10	2695.72	4.71E+10
8	2010/6/8	1067.15	6.93E+09	5415.23	3.4E+10	4109.32	3.96E+10	2699.34	4.27E+10
9	2010/6/9	1077.82	8.99E+09	5548.43	3.61E+10	4211.88	5.2E+10	2782.13	7.07E+10
10	2010/6/10	1117.48	8.24E+09	5566.14	3.62E+10	4223.57	4.79E+10	2750.02	5.03E+10
11	2010/6/11	1122.2	8.45E+09	5514.79	3.35E+10	4198	3.97E+10	2758.87	4.89E+10
12	2010/6/17	1064.84	6.76E+09	5409.85	3.02E+10	4145.24	3.33E+10	2742.73	4.03E+10
13	2010/6/18	1000.28	5.83E+09	5198.08	3.08E+10	3972.29	3.92E+10	2696.17	5.03E+10
14	2010/6/21	1040.8	5.6E+09	5313.16	2.35E+10	4087.02	3.6E+10	2780.66	6.28E+10
15	2010/6/22	1035	5.07E+09	5371.58	2.15E+10	4119.72	3.62E+10	2783.72	4.52E+10
16	2010/6/23	1047.34	4.61E+09	5379.56	2.59E+10	4094.57	3.31E+10	2758.5	4.16E+10
17	2010/6/24	1050.6	3.9E+09	5372.45	2.08E+10	4095.3	2.69E+10	2757.5	3.38E+10
18	2010/6/25	1016.28	6.12E+09	5263.87	2.19E+10	4028.43	2.8E+10	2736.29	3.46E+10
19	2010/6/28	987.83	4.17E+09	5199.25	1.87E+10	3961.38	2.29E+10	2716.78	3.12E+10
20	2010/6/29	913.31	5.95E+09	4929.46	2.49E+10	3736.98	3.44E+10	2592.02	5.06E+10
21	2010/6/30	919.31	4.32E+09	4880.68	1.87E+10	3664.46	2.55E+10	2563.07	3.58E+10
22	2010/7/1	882.19	4.04E+09	4786.96	1.8E+10	3606.59	2.29E+10	2526.07	3.25E+10

图 8-5 指数历史数据

表 8-3   买入持有资产之间的相关性

	创业板	中小板	中证 500	沪深 300
创业板	1.000 0	0.909 0	0.885 0	0.679 9
中小板	0.909 0	1.000 0	0.962 8	0.839 8
中证 500	0.885 0	0.962 8	1.000 0	0.852 3
沪深 300	0.679 9	0.839 8	0.852 3	1.000 0

表 8-4   择时资产之间的相关性

	创业板	中小板	中证 500	沪深 300
创业板	1.000 0	0.685 9	0.625 7	0.275 3
中小板	0.685 9	1.000 0	0.763 8	0.440 0
中证 500	0.625 7	0.763 8	1.000 0	0.551 7
沪深 300	0.275 3	0.440 0	0.551 7	1.000 0

表 8-5 给出了被动持有和基于 (19,119) 价格和成交量均线择时策略下各个资产年化后的平均收益、标准差和 sharpe 比率。对于择时策略，我们还给出了其相对于被动持有策略的 α 收益。从组合的角度而言，等权重被动持有组合的 sharpe 比率为 0.195 7，相对于单个 ETF 资产而言，有了一定程度的提高。而等权重择时组合的平均收益则有了一定程度的提高，风险也有了明显的下降，同时 sharpe 比率提高到了原来的 3 倍，为 0.608 1。从超额回报来看：创业板、中证 500 和沪深 300 表现出了统计以上显著正的回报，而中小板则表现出了负的回报，但统计意义上并不显著。

表 8-5 收益、波动性和超额收益

	买入持有			择时策略			
	平均收益	标准差	Sharpe 比	平均收益	标准差	Sharpe 比	超额收益
创业板	0.082 3	0.317 4	0.259 3	0.083 0	0.180 2	0.461 0	0.056 7
中小板	0.028 1	0.264 8	0.106 1	0.005 3	0.139 1	0.037 9	−0.002 4
中证 500	0.045 9	0.269 7	0.170 1	0.098 6	0.126 8	0.778 0	0.088 5
沪深 300	0.044 3	0.232 4	0.190 5	0.092 5	0.112 7	0.821 1	0.082 2
1/N 持有	0.050 1	0.256 2	0.195 7				
1/N 择时				0.069 8	0.114 9	0.608 1	0.057 2

图 8-6 给出了被动持有 4 个指数资产对应的前沿组合（收益和风险均以日来衡量），以及基于参数 (19,119) 的价格和成交量均线的前沿组合。可以看出：在限制卖空条件下，择时策略对应的前沿组合具有更好的收益风险比。

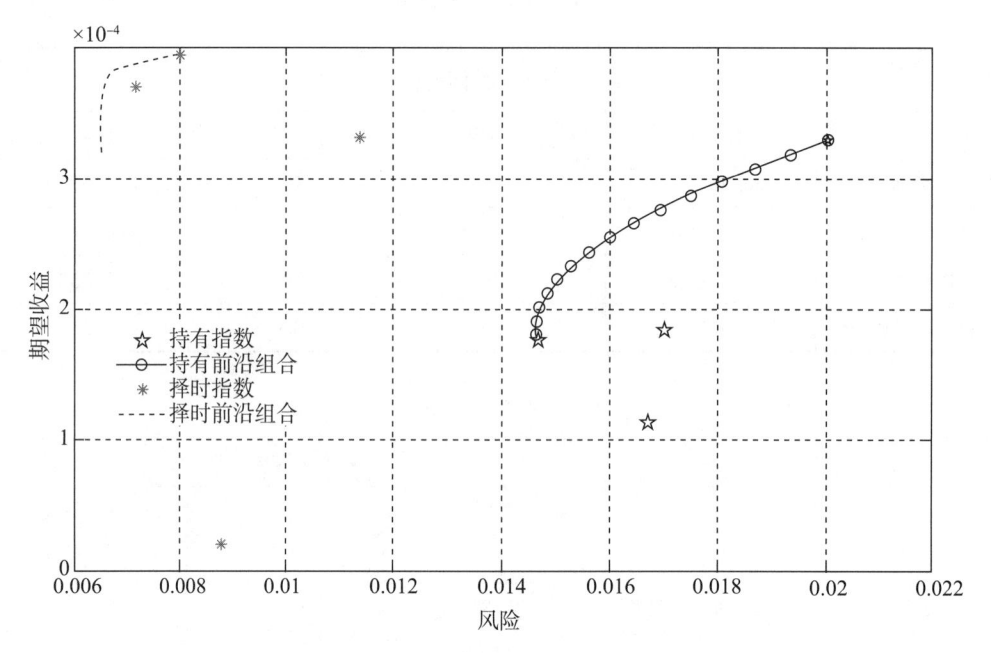

图 8-6 前沿组合

（2）考虑数据挖掘效应后的战术性资产配置

接下来,我们讨论使用不同的价格和成交量均线参数的情况下,择时资产组合的绩效与买入持有策略的资产组合相比是否得到改善。为减少过多的参数组合的可能性,我们变动价格和成交量均线的参数,变动后的参数同时应用于以上四个ETF(实证中以指数代替),即四只ETF基金均使用同样的价格和成交量均线参数。具体地,我们考虑[5,120]之间价格和成交量均线参数的可能组合,考虑到成交量相对于价格内言波动性更大,我们限定成交量均线的参数必须大于或等于价格均线的参数。最后我们得到6 786种可能的价格和成交量均线参数组合。在大量可能的参数组合中寻找绩效较好的参数则不可避免地带来了数据挖掘偏差效应,为剔除"运气"因素带来的数据挖掘偏差效应,我们使用在第七章中介绍和应用过的SSPA检验方法,在1%的显著水平下,剔除"运气"因素后,考察哪些价格和成交量均线参数组合优于被动地买入持有组合。我们只考虑在初始时刻等权重地买入四只ETF的基准组合,以及将初始资金平均分配到四只ETF择时策略的组合,并且资金在每只ETF上的运作相互独立,之后并不对组合的权重做人为地再调整。当某只ETF基于价格和成交量的均线为空头时,用于该ETF的资金将全部进行国债逆回购操作,并假定其年化收益为2%。由于ETF交易不需要支付印花税,我们设定买/卖的交易成本为0.05%。图8-7显示了SSPA检验方法的结果:在1%的显著水平下,剔除"运气"因素后仍然发现99组均线参数组合优于买入持有组合策略(以Sharpe比率为业绩衡量标准)。其中,最优的均线组合的参数为(18,24)。

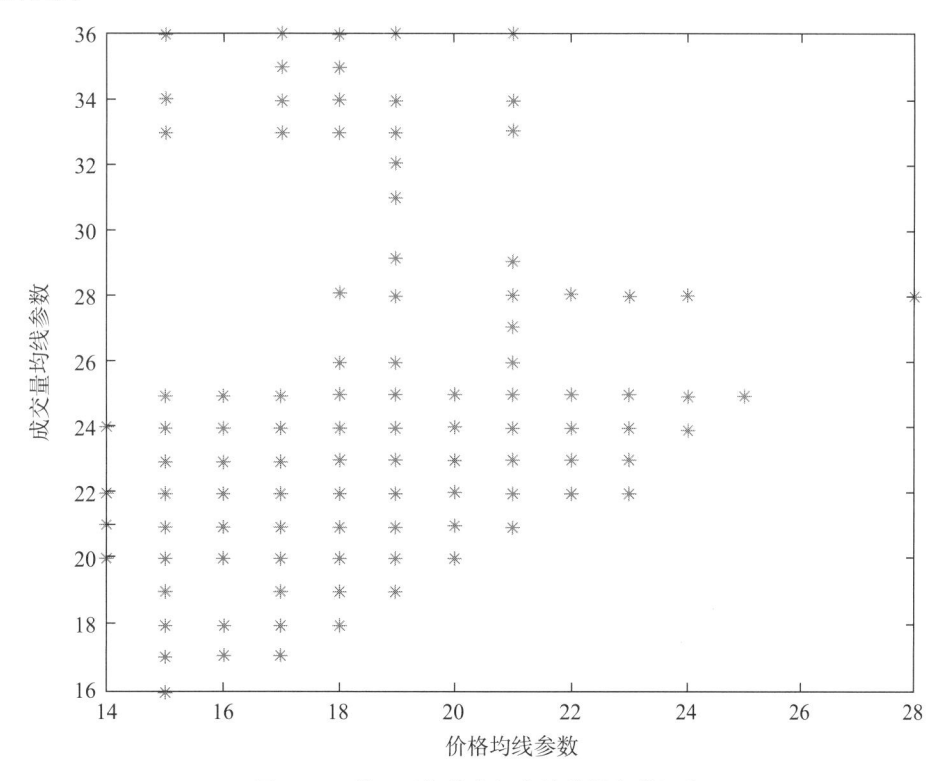

图8-7 优于买入持有组合的均线参数组合

相关的Matlab代码如下。

```matlab
clear
data = csvread('four_indice.csv',2,1);
p = data(:,1:2:7);% 收盘价
vol = data(:,2:2:8);% 成交金额
cost = 5e-4;% 交易成本
r = price2ret(p,[],'periodic');% 单个指数买入持有收益
r = [zeros(1,4);r];
a = 5:120;
AA = [];
BB = [];
for j = 5:120
    for k = j:120
        s = [];
        for i = 1:4
            A = my_p_v_signal([p(:,i),vol(:,i)],j,k);% 产生交易信号
            s = [s,A];
        end
        ret_s = my_ret_timing(s,r,0.0005,0.0005,0.02);% 价量趋势交易策略每天的净收益率
        cum_ret_s = ret2price(ret_s,1,[],[],'periodic');% 价量趋势交易策略累计净值
        cum_ret_s_p = mean(cum_ret_s,2);
        AA = [AA,cum_ret_s_p];
        BB = [BB;[j,k]];
    end
end
cum_ret_b = ret2price(r,1,[],[],'periodic');
cum_ret_b_p = mean(cum_ret_b,2);
r_timing = price2ret(AA);
r_b = price2ret(cum_ret_b_p);
[id_sspa,p_sspa,p_nominal_sspa] = my_stepwise_spa(r_timing,500,0,r_b,...
0.01,'sharpe');% 进行 SSPA 检验以剔除运气因素
CC = BB(id_sspa,:);
h = figure(1);
set(h,'color','w')
plot(CC(:,1),CC(:,2),'*')
xlabel('价格')
xlabel('价格均线参数')
ylabel('成交量均线参数')
h = figure(2);
set(h,'color','w')
```

```
plot(AA(:,id_sspa(1)))
hold on
plot(cum_ret_b_p,'r:')
legend('最优参数组合的择时策略买',' 入持有组合')
```

图 8-8 比较了买入持有四只 ETF 的组合净值和最佳参数的组合下择时策略的 ETF 基金组合的净值。可以看出：基于最优价格和成交量均线(18,24)的择时策略在组合的角度上明显优于被动持有四只 ETF 的组合策略。与 Yang, Cao，Han 和 Wang(2019)基于每月调整的实证研究结果不同,这一结果表明：在日线级别上,同时考虑价格和成交量的均线择时策略要优于被动地买入并持有组合策略。值得指出的是这一结论是在剔除了数据挖掘偏差效应后得到的。如果在期初构建基于最优价格和成交量均线(18,24)的择时策略组合,同时构建买入持有四只 ETF 的等权重组合,之后不对组合权重做主动地调整,则该多空组合的净值如图 8-9 所示。

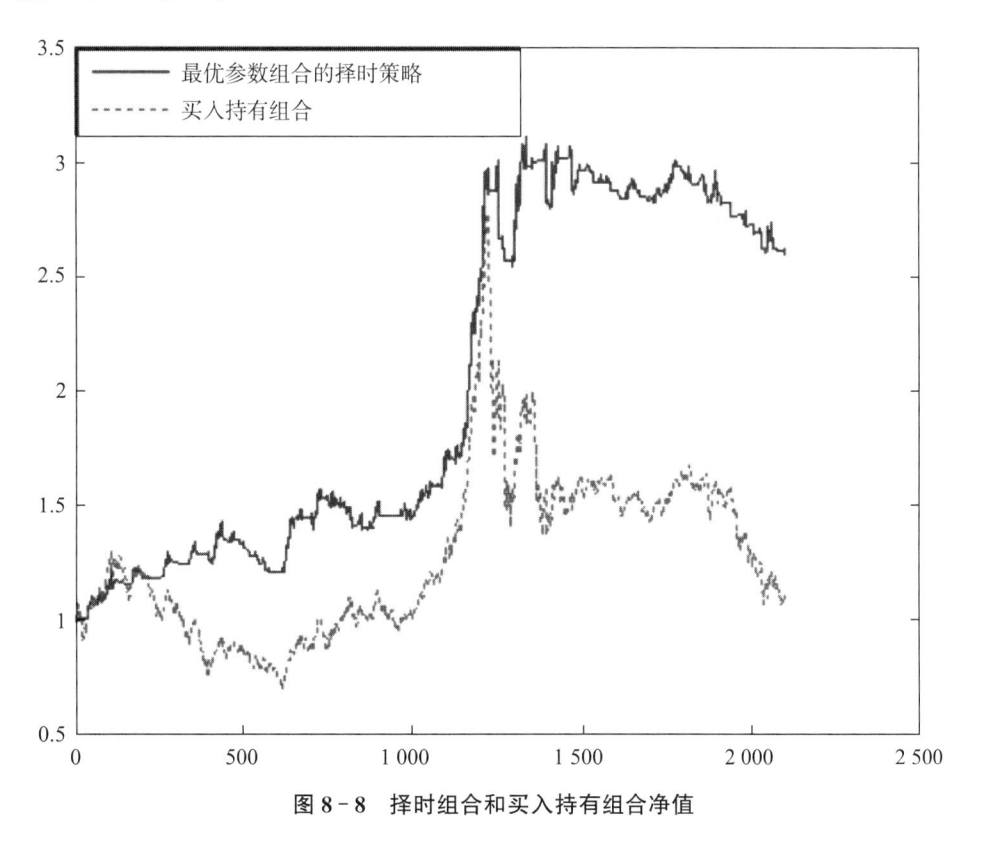

图 8-8 择时组合和买入持有组合净值

（3）超额收益

接下来我们对战术性资产配置策略的超额收益进行检验,与前面章节类似地,我们建立以下回归模型：

$$RT_t = \alpha + \beta RB_t + \varepsilon_t$$

其中,

RT_t 表示基于最优价格和成交量均线(18,24)配置策略在时刻 t 的收益率如下。

图 8-9　多空组合净值

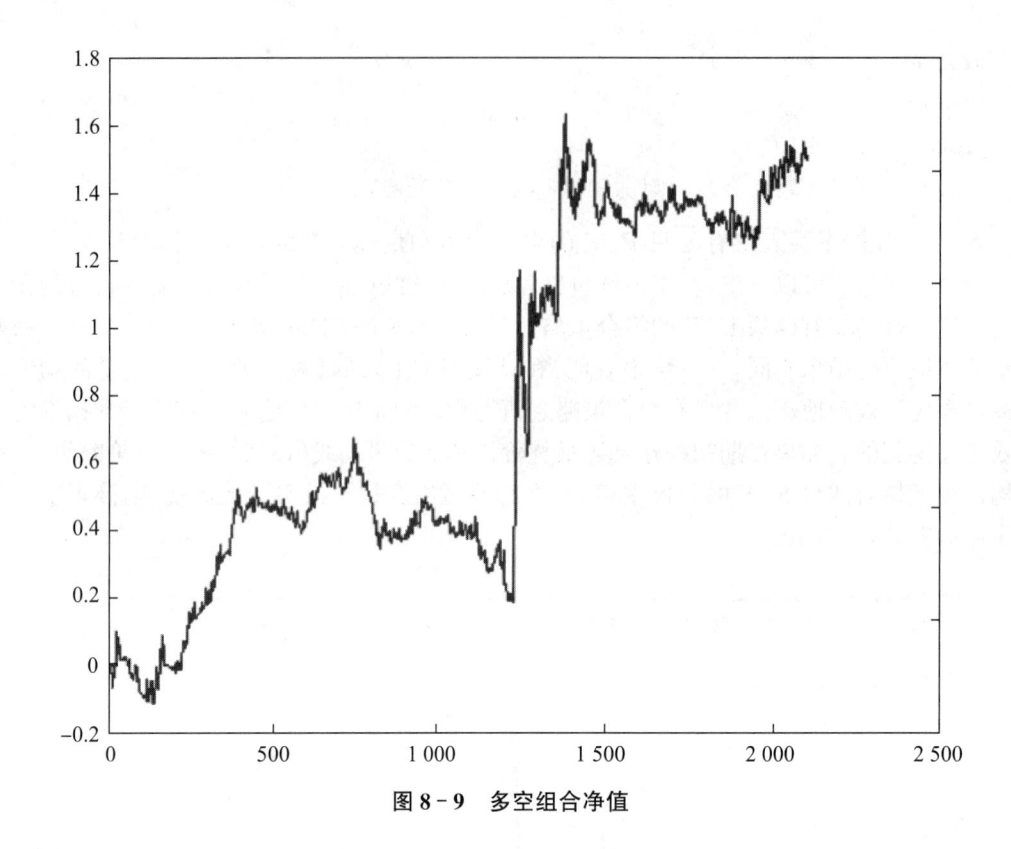

RB_t 表示基准组合(初始权重为等权重,买入持有策略 ETF 组合)在时刻 t 的收益率。

如果在统计意义上 $\alpha > 0$,则说明基于日线调整的资产配置策略具有获取超额回报的能力。利用回溯测试的样本数据进行回归后得到的结果如下。

$\alpha = 0.0004, \beta = 0.3083$

T 统计量分别为 3.0091 和 34.7758。

这表明在 5% 的显著水平下,趋势选股策略具有获取超额回报的能力。一年以 250 个交易日计,将超额收益年化得到 $0.0004 * 250 = 11.16\%$。

(4) 最优参数下的前沿组合

图 8-10 给出在最优价格和成交量参数(18,24)下四只 ETF 择时策略的风险(日标准差)和收益(日收益),以及四只 ETF 择时策略形成的组合前沿。同时,也给出了买入持有 ETF 的被动投资策略的风险、收益以及买入持有策略形成的组合前沿。比较这两个前沿组合,可以明显看出,战术性资产配置策略具有明显的更高的收益风险比(Sharpe 比率)。相关的 Matlab 代码如下。

```
clear
data = csvread('four_indice.csv',2,1);  % 读入历史数据
p = data(:,1:2:7);  % 收盘价
vol = data(:,2:2:8);  % 成交金额
cost = 5e-4;  % 交易成本
r = price2ret(p,[],'periodic');  % 单个指数买入持有收益
```

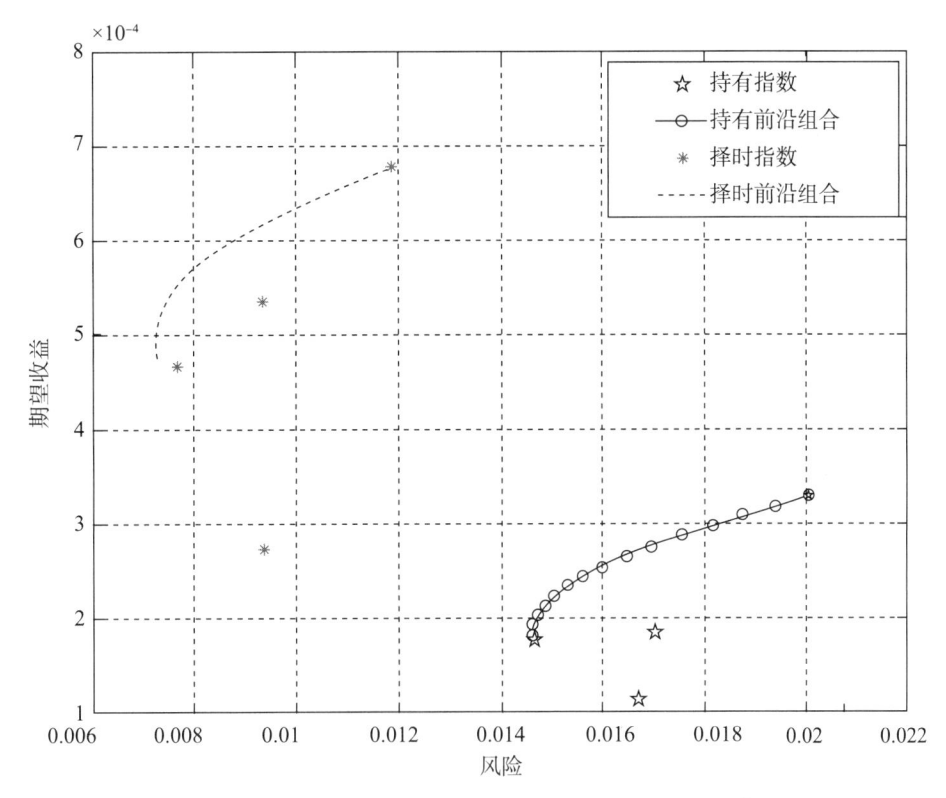

图 8-10 最优参数下的前沿组合和买入持有前沿组合

```
r = [zeros(1,4);r];
s = [];
for i = 1:4
A = my_p_v_signal([p(:,i),vol(:,i)],18,24);
%该函数细节参见第七章内容,产生交易信号
s = [s,A];
end
ret_s = my_ret_timing(s,r,0.0005,0.0005,0.02);%该函数细节参见第五章内容
ER = mean(r);
V = cov(r);
[PortRisk, PortReturn, PortWts] = frontcon(ER,V,15);%生成前沿组合
h = figure;
set(h,'color','w')
plot(sqrt(diag(V)),ER','bpentagram')
hold on
plot(PortRisk, PortReturn,'r-o')
ER = mean(ret_s);
V = cov(ret_s);
```

```
[PortRisk, PortReturn, PortWts] = frontcon(ER,V,15);  % 生成前沿组合
plot(sqrt(diag(V)),ER,'b*')
hold on
plot(PortRisk, PortReturn,'m:')
legend('持有指数','持有前沿组合','择时指数','择时前沿组合')
grid on
ylabel('期望收益')
xlabel('风险')
```

参考文献

[1] Black F. Litterman R. 1991, Asset allocation combining investor views with market equilibrium, *Journal of Fixed Income* (1):7-18.

[2] Black, F. Litterman, R. 1990, Asset allocation: combining investors views with market equilibrium, Fixed Income Research, Goldman, Sachs & Company.

[3] Black, F. Litterman, R. 1991, Global portfolio optimization, *Journal of Fixed Income* (1):7-18.

[4] Black, F. Litterman, R. 1992, Global portfolio optimization, *Financial Analysts Journal*, 28-43.

[5] Choueifaty, Y., Coignard, Y. 2008, Toward maximum diversification, *Journal of Portfolio Management* 35(1):40-51.

[6] DeMiguel, V., Garlappi, L. and Uppal, R. 2009, Optimal versus naive diversification: how inefficient is the 1/N portfolio strategy? *The Review of Financial Studies* (22):1915-1953.

[7] Faber, M. 2007, A quantitative approach to tactical asset allocation, *Journal of Wealth Management* (9):69-79.

[8] Hsu Po-Hssuan, Qiheng Han, Wenshen Wu, Zhiguang Cao. 2018, Asset Allocation Strategies, Data Snooping, and the 1/N Rule, *Journal of Banking & Finance* (97):257-269.

[9] Idzorek, Thomas. 2005, A step-by-step guide to the Black-Litterman model, incorporating user-specified confidence levels, working paper.

[10] Jay Walters. The Black-Litterman model in detail, 2014, working paper.

[11] Maillard, S., Roncalli, T. Teiletche, J. 2010, The properties of equally-weighted risk contribution portfolios, *Journal of Portfolio Management* 36(4):60-70.

[12] Markowitz, H. M. 1952, Portfolio selection, *The Journal of Finance* (7):77-91.

[13] Merton R. C. 1980, On estimating the expected return on the market: An exploratory investigation, *Journal of Financial Economics* (8):323-361.

[14] Yang Junmin, Zhiguang Cao, Qihen Han, Qiyu Wang. 2019, Tactical Asset Allocation and Data Snooping, *Pacific-Basin Finance Journal* (57):1-15.

[15] 曹志广. 金融计算与编程——基于 MATLAB 的应用[M]. 上海:上海财经大学出版社,2017.

[16] 大卫·F·史文森. 机构投资的创新之路[M]. 北京:中国人民大学出版社,2015.

第九章 机器学习方法与量化策略设计

9.1 机器学习方法简介

9.1.1 机器学习的发展历史

机器学习经过近百年的积累，目前已经逐步发展成为一门相对独立的学科。[1] Hebb 于 1949 年基于人工神经元提出了一种机器学习的方式，开创了机器学习的先河。1957 年 Rosenblatt 设计出了基于计算机神经网络的感知机线性分类器。1967 年，最近邻算法（The nearest neighbor algorithm）出现，使计算机可以进行简单的模式识别。1969 年 Minsky 提出了一个著名的问题：单层的线性分类器无法解决 XOR 问题。[2] 此后神经网络的研究开始陷入停滞，直到 20 世纪 80 年代多层感知器，神经网络的研究才再一次复苏。

1981 年 Werbos 基于 BP（Back Propagation）算法提出了多层感知器。1986 年 Quinlan 提出了决策树模型（ID3 算法）。1990 年 Schapire 提出了多项式级算法（Boosting 算法）。1995 年 Vapnik 和 Cortes 提出了支持向量机算法（SVM 算法），支持向量机的出现被认为是机器学习领域的一大重要突破。2001 年 Breiman 提出了随机森林算法（RF 算法）。2006 年 Hinton 提出了神经网络深度学习算法，大大提高了神经网络的应用能力。神经网络模型能够实现许多艰难的任务，比如，目标识别、语音识别、自然语言处理等。

随着大数据时代的来临以及计算机技术的发展，许多基于深度学习的神经网络算法库开始提供开源代码。比如，Google 提供的 TensorFlow，Facebook 人工智能研究院（FAIR）团队开源了 PyTorch，微软开源了 TextWorld 框架。相信在不远的未来，机器学习在无人驾驶、自然语言处理、物联网、金融、国防等领域将会取得巨大的成就。毫无疑问这也将大大改

---

[1] http://smart.blogchina.com/507540031.html，
https://blog.csdn.net/SIGAI_CSDN/article/details/82428499。
[2] XOR 是异或运算符，A XOR B 的结果为：当 A、B 两个不同时结果为 1，否则为 0。

变人类已有的生活和工作方式。

9.1.2 机器学习的分类

机器学习通常可以分成以下几种类型：有监督学习、半监督学习、无监督学习、强化学习和集成学习等。

有监督学习根据带标识的训练集样本，依据某种算法建立预测模型，然后依据预测集的样本，给出样本预测的标识。比如，我们常用的回归算法就是根据训练样本的自变量 X 及其标识值 Y（因变量），依据最小二乘算法建立回归预测模型，然后根据预测样本的自变量数据来预测其标识值。SVM、BP 神经网络、自组织映射（Self－Organizing Map，SOM）等也都属于有监督学习。

无监督学习与有监督学习的差别在于：无监督学习的样本并没有被标识，比如，聚类分析方法，根据某种规则，依据样本之间的相似程度将给定的样本分成几个类别，但事先并不知道训练集的每一个样本属于哪一类。

半监督学习是在训练集样本中，有部分样本是有标识的，而另外的样本是没有标识的。典型的算法是将无监督学习方法应用于未被标识的样本，训练预测模型，并将预测模型应用于有标识的训练样本，并不断改进预测效果。比如，基于神经网络的深度学习就是典型的半监督学习。

强化学习主要用于描述和解决智能体（agent）在与环境的交互过程中，通过学习策略以达成回报最大化或实现特定目标的问题，广泛应用于棋类博弈等领域。[1]

集成学习将好几种不同的学习模型，依据一定规则，比如，简单的等权重，把几种不同的结果整合在一起进行预测。比如，将回归预测与 SVM 预测结果进行简单的等权重整合构成新的预测结果，预测效果可能比单一的预测模型要好。

9.1.3 机器学习方法的优点和不足

到目前为止，机器学习的本质还是一种统计学习方法，基于相关关系而不是逻辑推理的学习方法。比如著名的巴甫洛夫实验：每次给狗送食物以前就响起铃声，这样长时间下来，狗就在铃声和食物之间建立起了相关关系的预测模型。当铃声响起时，狗就会预测食物即将来临，从而自然地分泌唾液。但狗却并不明白和理解铃声与食物之间的逻辑关系，当铃声响起后食物并没有到来的事件发生时，狗却无法理解为什么。

机器学习的优点是能够在大量的数据中高效而快速地建立起复杂和非线性的统计模型，不断从样本中学习和搜寻最优的预测模型，并给出预测和判断。借助计算机科技的发展，机器学习的效率已经远远超过了人类大脑的数据处理效率。机器学习的缺陷也很明显：没有逻辑推理。机器学习并不能告诉我们事物的内在发展逻辑。

在量化投资领域，机器学习具有天然高效的数据分析和处理能力，能够快速建立起复杂的预测模型。但金融数据是非常高维度的，基于统计学习，同时在大量的可能参数下寻求最佳的拟合效果，形成并非通过逻辑演绎的训练模型，就很容易产生拟合过度的现象：样本内拟合效果非常好，而样本外预测效果却非常糟糕的情形。另外，金融数据中的噪音也是非常

---

[1] https://baike.baiducom/item/强化学习。

多的,拟合噪音实际上是无意义的。举一个简单的例子:将一堆噪音数据作为机器学习的训练样本集,机器学习也依然能够找到训练样本内拟合程度非常高的模型。基于一堆噪音的训练样本,通过机器学习出来的预测结果也是一堆噪音,这些噪音与结果是没有任何联系的。因此,将机器学习方法应用于量化投资策略的设计过程中需要在投资逻辑的指导下,尽量减低噪音的干扰,合理地发挥机器学习的优势。

9.2 机器学习方法在量化策略设计中的应用

9.2.1 案例:机器学习方法在多因子选股模型中的应用

下面我们以多因子选股模型为例来比较一下传统的方法(比如最小二乘算法)和机器学习算法效果的差异。近年来机器学习法在多因子选股模型中的应用研究也十分丰富,有兴趣的读者可以参考相关文献。[①] 我们选取了 2000/1~2019/4 期间 3 595 只股票的样本,在每个月的月末根据以下 13 个因子预测下一个月的收益,并选择预测收益最大的 10% 的股票构建等权重的多头组合:特质波动率(IV)、换手率(TO)、Amihud 非流动性(ILQ)、反转因子(RR)、基于 20 日、30 日、60 日、120 日、250 日和 500 日价格均线的趋势因子(TRP_{20},TRP_{30},TRP_{60},TRP_{120},TRP_{250},TRP_{500}),以及基于 5 月、10 月和 20 月成交量均线的趋势因子(TRV_5,TRV_{10},TRV_{20})。[②]

特质波动率因子的构造方法如下:对于股票 i,将其在某个月的日收益对 Fama-French 三因素进行回归后得到的残差的标准差就是该股票在该月的特质波动率。这里要求当月该股票的交易日不低于 10 天。具体的回归模型如下。

$$R_{i,t}=\alpha_i+\beta_{i,1}MKT_t+\beta_{i,2}HML_t+\beta_{i,3}SMB_t+\varepsilon_{i,t} \tag{9.1}$$

其中,

MKT_t 为 Wind 全 A 指数的收益率,

HML_t 为申万低市净率指数收益与高市净率指数收益之差,

SMB_t 为申万小盘股指数收益与大盘股指数收益之差。

换手率因子就以股票的月换手率来表示;Amihud 非流动性以当月的收益绝对值与换手率之比来表示;而反转因子就以股票当月的收益率来表示;基于成交量的趋势因子,我们使用了月换手率的均线来构造的。

(1) 线性回归预测模型

首先我们应用最小二乘线性回归方法(OLS)建立以下基于横截面的股票收益预测模型:

$$R_{i,t+1}=\alpha_t+\sum_{j=1}^{13}\beta_{j,t}F_{ij,t}+\varepsilon_{i,t+1} \tag{9.2}$$

---

① Leippold M,Wang Q,Zhou W. 2021,Machine learning in the Chinese stock market,*Journal of Financial Economics*.

Gu S,Kelly B,Xiu D. 2020,Empirical Asset Pricing via Machine Learning,*Review of Financial Studies*(33).

② 趋势因子构造方法参见第四章的相关内容,读者当然可以使用自己的因子,这里使用的因子仅作为参考。

其中，

$F_{ij,t}$ 表示第 i 个股票第 j 个因子在第 t 个月的值。

我们首先在第 t 个月,利用第 $t-1$ 个月 13 个因子的信息 $F_{ij,t-1}$,对股票第 t 个月的收益率进行横截面回归,得到参数 α_t、$\beta_{j,t}$ 的估计值 $\hat{\alpha}_t$、$\hat{\beta}_{j,t}$。然后利用 $\hat{\alpha}_t$、$\hat{\beta}_{j,t}$ 和第 t 个月 13 个因子的信息 $F_{ij,t}$ 对下个月的股票收益 $E[R_{i,t+1}]$ 做出预测：[①]

$$E[R_{i,t+1}]=\hat{\alpha}_t+\sum_{j=1}^{13}\hat{\beta}_{j,t}F_{ij,t} \tag{9.3}$$

因子之间可能存在多重共线性,而主成分回归方法和偏最小二乘回归方法(PLS)常用来解决因这一问题导致的参数估计问题。主成分回归根据自变量方差贡献的大小将多个变量综合为不相关的少数几个变量后,然后进行 OLS 回归的方法。有时候有些变量尽管方差比较小,但很可能对因变量的影响比较大,主成分回归很可能会忽略这些变量的影响,而偏最小二乘回归方法能够考虑到这一因素,融合了主成分回归的思想,同时考虑了自变量方差贡献的大小和与因变量之间的相关性,从而能更好地解决多重共线性带来的参数估计问题。

(2) 机器学习算法预测收益

下面我们应用以下几个常用的机器学习算法对股票的下月收益进行预测：后向传播神经网络(BP)、随机森林(RF)、支持向量机(SVM)、广义回归神经网络(GRNN)和径向基函数神经网络(RBF)。Matlab 本身提供了机器学习的工具箱,这里我们使用台湾大学林智仁教授开发的 libsvm 工具箱来进行 SVM 的应用,安装好 libsvm 工具箱后,将 svmtrain 和 svmpredic 两个后缀为 mex 的文件修改为 my_svmtrain 和 my_svmpredic,以避免与 Matlab 自带的函数冲突。[②] 另外,对于随机森林算法,我们使用科罗拉多大学 Abhishek Jaiantilal 开发的工具箱 randomforest-matlab。[③] 我们对各种学习算法不做详细介绍,对这一内容感兴趣的读者可以阅读相关资料。这里我们直接给出函数 my_regress_predict_on_ml,该函数综合了后向传播神经网络(BP)、随机森林(RF)、支持向量机(SVM)、广义回归神经网络(GRNN)、径向基函数(RBF)算法,以及最小二乘回归(OLS)和偏最小二乘回归方法(PLS)将训练样本训练后得到的模型用来预测测试样本的响应值。只注重应用的读者可以将各种算法看成是一个黑箱,只需要熟悉该函数的输入和输出变量就可以了。当然深入了解算法背后的原理对算法的应用还是十分有帮助的。该函数的内容如下。

```
function y_pred = my_regress_predict_on_ml(X,Y,X_pred,method,para)
%% 应用 BP、RF、PLS、OLS、SVM、GRNN 和 RBF 算法基于回归方法预测测试样本的响应值
% 输入
% X:训练数据矩阵,R*Q,其中:R 表示个体属性变量的个数,Q 表示个体的数量；
% Y:训练数据的响应值,1*Q 矩阵
% X_pred:需要预测的测试样本点的观察值,R*P 矩阵,其中 P 表示测试个体的数量；
% method:方法,包括'bp','rf','pls','ols','svm','grnn','rbf',分别表示
```

[①] 读者可以根据情况,使用第四章介绍过的方法对估计值进行平滑处理。
[②] 具体下载和安装的细节参见:http://www.csie.ntu.edu.tw/~cjlin/libsvm。
[③] 该工具箱的下载和使用参见:https://github.com/ajaiantilal/randomforest-matlab。

```
% BP 神经网络、随机森林、偏最小二乘、普通最小二乘和支持向量机、
%（广义回归）神经网络和 RBF 神经网络算法
% para:算法参数,对于'bp',需要给出隐含层结构,比如[5,5,5];
% 对于'pls'需要给出主成分的个数(小于或等于 R),比如 3;
% 对于'rf'和'ols'须给出[];对于'svm'可以给出,比如[2,0.1,0.2],或者[],
% 采用默认参数;对于'grnn','rbf',可以给出合适的 spread 参数,
% 比如:0.5,0.05 等,也可以给出[],采用默认参数
% 输出
% y_pred:1*P 矩阵,给定测试点的观测值 X_pred,预测其响应值
% 曹志广,2019/7/9
%% 处理含 NAN 的数据
[~,id_col] = find(isnan([X;Y]) == 1);
X(:,id_col) = [];
Y(:,id_col) = [];
y_pred = ones(1,size(X_pred,2)) * nan;
[~,id_col] = find(isnan(X_pred) == 0);
X_pred = X_pred(:,id_col);
%% 预测
switch method
    case 'bp'
        [~,pred] = my_bp(X,Y,X_pred,[],para,0);
    case 'rf'
        model = regRF_train(X',Y', 100);
        pred = regRF_predict(X_pred',model);
    case 'pls'
        [~,~,~,~,~,~,~,pred] = my_plsregress(Y',X',para,X_pred',[],0,0);
    case 'ols'
        b = my_regress(Y',X',1);
        pred = [ones(size(X_pred,2),1),X_pred'] * b;
    case 'svm'
        [~,pred] = my_svm_fit(X,Y,X_pred,[],para,0);
    case 'grnn'
        [~,pred] = my_grnn(X,Y,X_pred,[],para,0);
    case 'rbf'
        [~,pred] = my_rbf(X,Y,X_pred,[],para,0);
end
y_pred(:,id_col) = pred;
```

以上函数中用到的函数 regRF_train 和 regRF_predict 来自 randomforest－matlab 工具箱,其他用到的辅助函数内容分别如下。

```matlab
function [y_hat,y_pred,R_sq_train,R_sq_test,net] = ...
    my_bp(x_train,t_train,x_test,t_test,hidden_layer,fig)
%% 利用BP(Back propagation)神经网络进行拟合和预测
% 输入
% x_train:训练数据矩阵,R*Q,其中,R表示个体属性变量的个数,Q表示个体的数量
% 比如分类:三个学生的身高和体重数据矩阵
% x_train = [180,160,170;80,55,65],矩阵大小为2*3
% 数据的第一列表示学生1的身高和体重分别为180 cm和80 kg
% 第二列表示学生2的身高和体重分别为160 cm和55 kg
% 第三列表示学生3的身高和体重分别为170 cm和65 kg
% t_train:训练数据的期望值矩阵,m*Q,m为输出的向量维数
% 比如 t_train = [1,0,1;0,1,0]
% 矩阵的第一列[1;0]表示男生
% 矩阵的第二列[0;1]表示女生
% 矩阵的第三列[1;0]表示男生
% x_test:测试数据矩阵,R*P,其中P表示测试个体的数量
% hidden_layer:隐含层的结构,比如[2,3,4]表示隐含层有3层
% 其中第一层到第三层的节点数分别为2,3,4
% fig:1表示输出图形,否则不输出图形
% 输出
% y_hat:训练集的拟合值
% y_pred:测试集的预测值
% R_sq_train:训练集的拟合优度
% R_sq_test:预测集的拟合优度
% net:训练出来的神经网络模型
%% 例子1:判断测试样本x_test = [190,150;85,46]中的个体是男生还是女生
% clear
% x_train = [180,160,170;80,55,65];
% t_train = [1,0,1;0,1,0];
% x_test = [190,150;85,46];
% t_test = [1,0;0,1];
% [y_hat,y_pred] = my_bp(x_train,t_train,x_test,t_test,[3,3],1)
%% 例子2:给定输入观测值,预测输出
% clear
% x = -1:0.01:1;
% M = length(x);
% t = -x.^2 + randn(1,M)/50;
% N = 150;
% A = randperm(M);
```

```
% B = A(1:N);
% C = A(N + 1:end);
% x_train = x(B);
% t_train = t(B);
% x_test = x(C);
% t_test = t(C);
% [y_hat,y_pred] = my_bp(x_train,t_train,x_test,t_test,[5,5],1);
% % 例子3
% clear
% load spectra
% x = NIR;
% t = octane;
% M = size(x,1);
% N = round(M * 0.8);
% A = randperm(M);
% B = A(1:N);
% C = A(N + 1:end);
% x_train = x(B,:);
% t_train = t(B,:);
% x_test = x(C,:);
% t_test = t(C,:);
% [y_hat,y_pred,R_sq_train,R_sq_test,net] = my_bp…
% (x_train',t_train',x_test',t_test',[8,8],1);
% Edited by Zhiguang Cao, 2016/12/4
% % 训练数据归一化
[x_train_norm,x_train_inf] = mapminmax(x_train);
[t_train_norm,t_train_inf] = mapminmax(t_train);
% % 测试数据归一化
if ~isempty(x_test)
x_test_norm = mapminmax('apply',x_test,x_train_inf);
end
% % 建立神经网络
net = feedforwardnet(hidden_layer);% 新的版本为newff函数
% % 训练神经网络
net = train(net,x_train_norm,t_train_norm);
% % 基于训练好的神经网络预测
y1 = sim(net,x_train_norm);% 训练样本归一化之后的拟合值
y_hat = mapminmax('reverse',y1,t_train_inf);% 训练样本归一化前的拟合值
R_sq_train = 1-var(y_hat-t_train,1,2)./var(t_train,1,2);% 计算拟合优度
```

```matlab
    if ~isempty(x_test)
        y2 = sim(net,x_test_norm);  % 测试样本归一化之后的拟合值
        y_pred = mapminmax('reverse',y2,t_train_inf);  % 测试样本归一化前的拟合值
    else
        y_pred = nan;
    end
    if ~isempty(t_test)
        R_sq_test = 1-var(y_pred-t_test,1,2)./var(t_test,1,2);  % 计算预测效果
    else
        R_sq_test = nan;
    end
    %% 训练集拟合效果作图
    if fig == 1
        h = figure(1);
        set(h,'color','w');
        plot(x_train(1,:),t_train(1,:),'bo',x_train(1,:),y_hat(1,:),'r*')
        title('对第一个特征输出 Y(1,:)的拟合效果');
        xlabel('第一个特征向量输入 X(1,:)')
        a = legend('训练集数据','拟合数据');
        set(a,'edgecolor','w')
        % 测试集预测效果作图
        if ~isempty(t_test)
            h = figure(2);
            set(h,'color','w');
            plot(x_test(1,:),t_test(1,:),'bo');
            hold on
            plot(x_test(1,:),y_pred(1,:),'r*')
            title('对第一个特征输出 Y(1,:)的预测效果');
            xlabel('第一个特征向量输入 X(1,:)')
            a = legend('测试集数据','预测值');
            set(a,'edgecolor','w')
        end
    end


%%%%%%%%%%%%%%%%%%%%%%%%%%%%
function [beta,y_hat,res,cum_var,r_sq_train,r_sq_test,t_stat,y_pred] = ...
    my_plsregress(y,x,ncomp,nx,ny,dum,fig)
%% 偏最小二乘线性回归(Partial least-squares linear regression)
% 主成分回归的缺点:可能出现某些主成分方差很小,但对因变量的影响很大,
```

```
%PLS 回归较好地解决了这一问题
%输入
%y:N*q 因变量矩阵,N 表示个体数量,q 为描述因变量的特性的数量
%x:N*p 自变量矩阵,q 为描述自变量的特性的数量
%ncomp:主成分数量,比如 2
%nx:需要预测其响应的观测值矩阵,可以设置为[],表示没有需要预测的观测点
%ny:nx 对应的真实值,可以设置为[]
%dum:0,1 变量,用来决定是否计算回归系数的 T 统计量,1 表示计算 T 统计量
%fig:1 表示输出图形,否则不输出图形
%输出
%beta:回归系数
%y_hat:因变量的拟合值
%res:回归的残差矩阵
%cum_var 主成分的累计方差,第一行为 X 的主成分变量的累计方差解释能力,
%第二行为 X 的主成分变量对 Y 的累计方差解释能力
%r_sq_train:训练集回归的拟合优度
%r_sq_test:测试集回归的拟合优度
%t_stat:回归系数的 T 统计量
%y_pred:给定观测点 nx 对应的预测值
%%例:
%clear
%load spectra
%x = NIR;
%t = octane;
%M = size(x,1);
%N = round(M*0.8);
%A = randperm(M);
%B = A(1:N);
%C = A(N+1:end);
%x_train = x(B,:);
%t_train = t(B,:);
%x_test = x(C,:);
%t_test = t(C,:);
%[beta,y_hat,res,cum_var,r_sq_train,r_sq_test,t_stat,y_pred] = …
%my_plsregress(t_train,x_train,5,x_test,t_test,0,1);
%曹志广,2019/4/25
%%标准化数据
a = find(isnan([x,y]) == 1);
x(a,:) = [];
```

```matlab
y(a,:) = [];
Y = zscore(y);
X = zscore(x);
%% 执行偏最小二乘线性回归
[~,~,~,~,beta0,pctvar] = plsregress(X,Y,ncomp);
cum_var = cumsum(pctvar,2);  % 第一行为 X 的主成分变量的累计方差解释能力
% 第二行为 X 的主成分变量对 Y 的累计方差解释能力
%% 还原原始数据对应的参数
n_x = size(x,2);n_y = size(y,2);
mu_x = mean(x);sigma_x = std(x);
mu_y = mean(y);sigma_y = std(y);
beta(1,:) = mu_y + beta0(1,:).*sigma_y - mu_x./sigma_x*beta0(2:end,:).*sigma_y;
% 原始数据回归方程的常数项
beta(2:n_x+1,:) = (1./sigma_x)'*sigma_y.*beta0(2:end,:);
% 原始数据回归方程的变量回归系数
%% 拟合值和残差
y_hat = [ones(size(x,1),1),x]*beta;
res = y-y_hat;
r_sq_train = 1-var(res)./var(y);
%% 预测值
if ~isempty(nx)
    y_pred = [ones(size(nx,1),1),nx]*beta;
    if ~isempty(ny)
        r_sq_test = 1-var(ny-y_pred)./var(ny);
    else
        r_sq_test = nan;
    end
else
    y_pred = nan;
    r_sq_test = nan;
end
%% 自助法得到回归系数的 T 统计量
if dum == 1
J = 500;
data = [Y,X];
[~,id_bt] = bootstrp(J,[],data);
beta_bt = zeros(n_x+1,n_y,J);
for i = 1:J
    [~,~,~,~,Beta] = plsregress(data(id_bt(:,i),n_y+1:n_y+n_x),…
```

```
            data(id_bt(:,i),1:n_y),ncomp);
        beta_bt(1,:,i) = mu_y + Beta(1,:). * sigma_y-…
        mu_x./sigma_x * Beta(2:end,:). * sigma_y;
        beta_bt(2:n_x + 1,:,i) = (1./sigma_x)' * sigma_y. * Beta(2:end,:);
    end
    beta_std = ones(n_x + 1,n_y);
    for i = 1:n_x + 1
        for j = 1:n_y
            beta_std(i,j) = std(squeeze(beta_bt(i,j,:)));
        end
    end
    t_stat = beta./beta_std;
else
    t_stat = nan;
end
%% 训练集拟合效果作图
if fig = = 1
    h = figure(1);
    set(h,'color','w');
    plot(x(:,1),y(:,1),'bo',x(:,1),y_hat(:,1),'r*')
    title('训练集第一个特征输出 Y(:,1)的拟合效果');
    xlabel('第一个特征向量输入 X(:,1)')
    a = legend('训练集数据','拟合数据');
    set(a,'edgecolor','w')
    %% 测试集预测效果作图
    if ~isempty(ny)
        h = figure(2);
        set(h,'color','w');
        plot(nx(:,1),ny(:,1),'bo');
        hold on
        plot(nx(:,1),y_pred(:,1),'r*')
        title('对第一个特征输出 Y(:,1)的预测效果');
        xlabel('第一个特征向量输入 X(:,1)')
        a = legend('测试集数据','预测值');
        set(a,'edgecolor','w')
    end
end
%%%%%%%%%%%%%%%%%%%%%%%%%%
function [y_hat,y_pred,R_sq_train,R_sq_test,net] = …
```

```
my_grnn(x_train,t_train,x_test,t_test,spread,fig)
% %GRNN(广义回归)神经网络预测,适用于有监督分类和函数拟合
% 输入
% x_train:训练数据矩阵,R*Q,其中,R表示个体属性变量的个数,Q表示个体的数量
% t_train:训练数据的期望值矩阵,m*Q,m为输出的向量维数,对于分类问题需要
% 用矩阵表示,比如,[1,0;0,1]表示第一个样本为男
% 第二个样本为女,相关函数为:ind2vec,vec2ind
% x_test:测试数据矩阵,R*P,其中P表示测试个体的数量
% t_test:测试数据的期望值矩阵,R*P,其中P表示测试个体的数量
% spread:GRNN参数,比如0.03
% fig:1表示输出图形,否则不输出图形
% 输出
% y_hat:训练集拟合值
% y_pred:测试集预测值
% R_sq_train:训练集的拟合优度
% R_sq_test:测试集的预测效果
% net:训练好的RBF神经网络
% 注意:若是分类问题,则进一步做如下处理
% y_hat = vec2ind(round(y_hat));
% y_pred = vec2ind(round(y_pred))
% clear
% x = -1:0.01:1;
% M = length(x);
% t = -x.^2 + randn(1,M)/50;
% N = 150;
% A = randperm(M);
% B = A(1:N);
% C = A(N+1:end);
% x_train = x(B);
% t_train = t(B);
% x_test = x(C);
% t_test = t(C);
% spread = 0.03;
% [y_hat,y_pred,R_sq_train,R_sq_test,net] = …
% my_grnn(x_train,t_train,x_test,t_test,spread);
% 曹志广,2019/4/21
% %训练数据归一化
[x_train_norm,x_train_inf] = mapminmax(x_train);
[t_train_norm,t_train_inf] = mapminmax(t_train);
```

```matlab
%% 测试数据归一化
if ~isempty(x_test)
x_test_norm = mapminmax('apply',x_test,x_train_inf);
end
%% 创建和训练 GRNN 神经网络
if isempty(spread)
    net = newgrnn(x_train_norm,t_train_norm);
else
    net = newgrnn(x_train_norm,t_train_norm,spread);
end
%% 拟合和预测
y1 = sim(net,x_train_norm);%训练集拟合
y_hat = mapminmax('reverse',y1,t_train_inf);
R_sq_train = 1 - var(y_hat - t_train,1,2)./var(t_train,1,2);%计算拟合优度
if ~isempty(x_test)
    y2 = sim(net,x_test_norm);%测试集预测
    y_pred = mapminmax('reverse',y2,t_train_inf);
else
    y_pred = nan;
end
if ~isempty(t_test)
R_sq_test = 1-var(y_pred-t_test,1,2)./var(t_test,1,2);% 计算预测效果
else
R_sq_test = nan;
end
%% 训练集拟合效果作图
if fig = = 1
h = figure(1);
set(h,'color','w');
plot(x_train(1,:),t_train(1,:),'bo',x_train(1,:),y_hat(1,:),'r*')
title('对第一个特征输出 Y(1,:)的拟合效果');
xlabel('第一个特征向量输入 X(1,:)')
a = legend('训练集数据','拟合数据');
set(a,'edgecolor','w')
%% 测试集预测效果作图
if ~isempty(t_test)
h = figure(2);
set(h,'color','w');
plot(x_test(1,:),t_test(1,:),'bo');
```

```
hold on
plot(x_test(1,:),y_pred(1,:),'r*')
title('对第一个特征输出 Y(1,:)的预测效果');
xlabel('第一个特征向量输入 X(1,:)')
a = legend('测试集数据','预测值');
set(a,'edgecolor','w')
end
end


%%%%%%%%%%%%%%%%%%%%%%%
function [y_hat,y_pred,R_sq_train,R_sq_test,net] = …
my_rbf(x_train,t_train,x_test,t_test,spread,fig)
%%RBF 神经网络预测,适用于数据拟合
%输入
%x_train:训练数据矩阵,R*Q,其中,R 表示个体属性变量的个数,Q 表示个体的数量
%t_train:训练数据的期望值矩阵,m*Q,m 为输出的向量维数
%x_test:测试数据矩阵,R*P,其中 P 表示测试个体的数量
%t_test:测试数据的期望值矩阵,R*P,其中 P 表示测试个体的数量
%spread:RBF 神经网络参数,比如 0.3
%fig:1 表示输出图形,否则不输出图形
%输出
%y_hat:训练集拟合值
%y_pred:测试集预测值
%R_sq_train:训练集的拟合优度
%R_sq_test:测试集的预测效果
%net:训练好的 RBF 神经网络
%clear
%x = -1:0.01:1;
%M = length(x);
%t = -x.^2 + randn(1,M)/50;
%N = 150;
%A = randperm(M);
%B = A(1:N);
%C = A(N+1:end);
%x_train = x(B);
%t_train = t(B);
%x_test = x(C);
%t_test = t(C);
%spread = 0.5;
```

```
% [y_hat,y_pred,R_sq_train,R_sq_test,net] = …
% my_rbf(x_train,t_train,x_test,t_test,spread,1);
% 曹志广,2019/4/21
%% 训练数据归一化
[x_train_norm,x_train_inf] = mapminmax(x_train);
[t_train_norm,t_train_inf] = mapminmax(t_train);
%% 测试数据归一化
if ~isempty(x_test)
x_test_norm = mapminmax('apply',x_test,x_train_inf);
end
%% 创建和训练 RBF 神经网络
if isempty(spread)
    net = newrbe(x_train_norm,t_train_norm);
else
    net = newrbe(x_train_norm,t_train_norm,spread);
end
%% 拟合和预测
y1 = sim(net,x_train_norm);%训练集拟合
y_hat = mapminmax('reverse',y1,t_train_inf);%训练样本归一化前的拟合值
R_sq_train = 1-var(y_hat-t_train,1,2)./var(t_train,1,2);%计算拟合优度
if ~isempty(x_test)
    y2 = sim(net,x_test_norm);%测试集预测
    y_pred = mapminmax('reverse',y2,t_train_inf);
else
    y_pred = nan;
end
if ~isempty(t_test)
R_sq_test = 1-var(y_pred-t_test,1,2)./var(t_test,1,2);%计算预测效果
else
R_sq_test = nan;
end
%% 训练集拟合效果作图
if fig = = 1
h = figure(1);
set(h,'color','w');
plot(x_train(1,:),t_train(1,:),'bo',x_train(1,:),y_hat(1,:),'r*')
title('对第一个特征输出 Y(1,:)的拟合效果');
xlabel('第一个特征向量输入 X(1,:)')
a = legend('训练集数据','拟合数据');
```

```matlab
set(a,'edgecolor','w')
%% 测试集预测效果作图

if ~isempty(t_test)
h = figure(2);
set(h,'color','w');
plot(x_test(1,:),t_test(1,:),'bo');
hold on
plot(x_test(1,:),y_pred(1,:),'r*')
title('对第一个特征输出 Y(1,:)的预测效果');
xlabel('第一个特征向量输入 X(1,:)')
a = legend('测试集数据','预测值');
set(a,'edgecolor','w')
end
end


%%%%%%%%%%%%%%%%%%%%%%
function [y_hat,y_pred,perf_train,perf_test] = my_svm_fit...
    (x_train,t_train,x_test,t_test,para,fig)
%% SVM,用于拟合问题
% 需要安装第三方 libsvm 工具箱,并将 svmtrain 和 svmpredic 两个 mex 文件名修改为
% my_svmtrain 和 my_svmpredic,以避免与 Matlab 自带函数冲突
% libsvm 工具箱安装参见:http://www.csie.ntu.edu.tw/~cjlin/libsvm
% Y = f(X) + eta
% 输入
% x_train:训练数据矩阵,R*Q,其中,R 表示个体属性变量的个数,Q 表示个体的数量
% t_train:Q 个训练数据的响应值,1*Q
% x_test:测试数据矩阵,R*P,其中 P 表示测试个体的数量
% t_test:测试数据的响应值,1*P
% para0:初始参数向量,用来确定 options 中的参数[g,c,p]
% fig:1 表示输出图形,否则不输出图形
% options:
%-s svm_type:set type of SVM (default 0)
% 0 -- C-SVC (multi-class classification)
% 1 -- nu-SVC (multi-class classification)
% 2 -- one-class SVM
% 3 -- epsilon-SVR (regression)
% 4 -- nu-SVR (regression)
%-t kernel_type:set type of kernel function (default 2)
```

```
% 0 -- linear: u'*v
% 1 -- polynomial: (gamma*u'*v + coef0)'degree
% 2 -- radial basis function: exp(-gamma*|u-v|^2)
% 3 -- sigmoid:tanh(gamma*u'*v + coef0)
% 4 -- precomputed kernel (kernel values in training_set_file)
% -d degree:set degree in kernel function (default 3)
% -g gamma:set gamma in kernel function (default 1/num_features)
% -r coef0:set coef0 in kernel function (default 0)
% -c cost:set the parameter C of C-SVC, epsilon-SVR,
% and nu-SVR (default 1)
% -n nu:set the parameter nu of nu-SVC, one-class SVM,
% and nu-SVR (default 0.5)
% -p epsilon:set the epsilon in loss function of epsilon-SVR (default 0.1)
% -m cachesize:set cache memory size in MB (default 100)
% -e epsilon:set tolerance of termination criterion (default 0.001)
% -h shrinking:whether to use the shrinking heuristics, 0 or 1 (default 1)
% -b probability_estimates:whether to train a SVC or SVR model for
% probability estimates, 0 or 1 (default 0)
% -wi weight:set the parameter C of class i to weight*C,
% for C-SVC (default 1)
% -v n:n-fold cross validation mode
% -q:quiet mode (no outputs)

% 输出
% y_hat:训练集拟合的响应值
% y_pred:测试集拟合的响应值
% perf_train:训练集的拟合表现
% perf_test:测试集的拟合表现
% para:最优的参数向量[g,c,p]
% % 例子1:
% clear
% x = -1:0.01:1;
% M = length(x);
% t = -x.^2 + randn(1,M)/50;
% N = 150;
% A = randperm(M);
% B = A(1:N);
% C = A(N+1:end);
% x_train = x(B);
```

```
% t_train = t(B);
% x_test = x(C);
% t_test = t(C);
% para0 = [2.2,2.8,0.01];
% [y_hat,y_pred,perf_train,perf_test,para] = ...
% my_svm_fit(x_train,t_train,x_test,t_test,para0,1);
%% 例子2：
% clear
% load spectra
% x = NIR;
% t = octane;
% M = size(x,1);
% N = round(M*0.8);
% A = randperm(M);
% B = A(1:N);
% C = A(N+1:end);
% x_train = x(B,:);
% t_train = t(B,:);
% x_test = x(C,:);
% t_test = t(C,:);
% para0 = [2,0.0001,0.0002];
% [y_hat,y_pred,perf_train,perf_test,para] = ...
% my_svm_fit(x_train',t_train',x_test',t_test',para0,1);
% 曹志广,2019/4/22
%% 训练数据归一化
[x_train_norm,x_train_inf] = mapminmax(x_train);
[t_train_norm,t_train_inf] = mapminmax(t_train);
%% 测试数据归一化
if ~isempty(x_test)
    x_test_norm = mapminmax('apply',x_test,x_train_inf);
end
if ~isempty(t_test)
    t_test_norm = mapminmax('apply',t_test,t_train_inf);
end
if isempty(para)
    option = sprintf('-s 3 -t 2 -h 0');
else
    option = sprintf('-s 3 -t 2 -c %.2f -g %.2f -p %.2f -h 0',para);
end
```

```
model = my_svmtrain(t_train_norm',x_train_norm',option);
y_hat = my_svmpredict(t_train_norm',x_train_norm',model);
y_hat = (mapminmax('reverse',y_hat,t_train_inf));
perf_train = 1 - var(y_hat-t_train')/var(t_train);
if ~isempty(x_test)
    if ~isempty(t_test)
        y_pred = my_svmpredict(t_test_norm',x_test_norm',model);
        y_pred = mapminmax('reverse',y_pred,t_train_inf);
        perf_test = 1 - var(y_pred-t_test')/var(t_test);
    else
        y_pred = my_svmpredict(ones(size(x_test,2),1),x_test_norm',model);
        y_pred = mapminmax('reverse',y_pred,t_train_inf);
        perf_test = nan;
    end
else
    y_pred = nan;
    perf_test = nan;
end
%%作图
if fig == 1
h = figure(1);
set(h,'color','w')
plot(x_train(1,:)',t_train,'ro')
hold on
plot(x_train(1,:)',y_hat,'*')
xlabel('第一个特征向量输入 X(1,:)')
a = legend('训练集数据','拟合数据');
set(a,'edgecolor','w')
if ~isempty(t_test)
h = figure(2);
set(h,'color','w');
plot(x_test(1,:)',t_test(1,:)','bo');
hold on
plot(x_test(1,:)',y_pred,'r*')
title('测试集的预测值');
xlabel('第一个特征向量输入 X(1,:)')
a = legend('测试集数据','预测值');
set(a,'edgecolor','w')
end
```

end

以上函数的定义中已经给出了各种算法的详细应用的例子,读者可以参考。在接下来的多因子选股模型的分析过程中,我们将直接使用这些函数。

(3) 应用多因子模型选股

接下来,我们直接给出 Matlab 函数 my_select_stock_on_factors_ml,该函数基于以上介绍的各种算法,对下一个月股票的收益进行预测后,选取收益靠前的股票。其内容如下。

```
function [id_stock,R_sq,r_sq,r_pred] = my_select_stock_on_factors_ml(r,…
factor,prc,method,para,varargin)
%% 根据多因子利用机器学习算法预测收益率,并选择预测收益最高的一组股票
% 同时衡量预测的效果
% 收益预测模型:r_{i,t+1} = f(factor_{i,t}) + eta_{i,t+1}
% 每一期选择预测收益最高的一组股票
% r:T*N 矩阵,股票收益矩阵
% factor:T*N*K 高维矩阵,分别代表 K 个因子中不同股票在不同时刻的值
% prc:预测收益最高的股票数量占所有可得股票数量的百分比,比如 0.1
% method:方法,包括'bp','rf','pls','ols','svm','grnn','rbf',
% 分别表示 BP 神经网络、随机森林、偏最小二乘
% 普通最小二乘和支持向量机、广义回归神经网络和 RBF 神经网络算法
% para:算法参数,对于'bp',需要给出隐含层结构,比如[5,5,5];
% 对于'pls'需要给出主成分的个数(不能超过因子数量),比如 3
% 对于'rf'和'ols'须给出[];对于'svm'可以给出,比如[2,0.1,0.2]或者[]
% 采用默认参数
% 对于'grnn','rbf',可以给出合适的 spread 参数,比如 0.5,0.05 等
% 也可以给出[],采用默认参数
% varargin:可变输入项,如果输入 2,则表示用滞后 1 期和 2 期的因子预测收益
% 如果输入 3,则表示用滞后 1 期、2 期和 3 期的因子预测收益
% 依次类推,没有该项,则表示用滞后 1 期的因子预测收益
% 输出
% id_stock:T*N 矩阵,表示每期选择出来的股票,1 表示持有股票,0 表示不持有股票
% R_sq:预测模型的实际预测效果的决定系数
% r_sq:预测模型的参数估计效果的拟合决定系数
% r_pred:t 时刻对 t+1 预测的收益,T*N
% 曹志广,2019/6/26
%% 根据横截面线性回归模型,利用 t 时刻因子信息预测股票 t+1 时刻的收益
[T,N] = size(r);
id_stock = zeros(T,N);
[~,~,K] = size(factor);
r_pred = zeros(T,N);
```

```
r_sq = zeros(T,1);
if nargin = = 6
    n_lag = max(varargin{1},1);
else
    n_lag = 1;
end
for i = n_lag:T-1
    y = r(i+1,:);
    x = zeros(K * n_lag,N);
    x_pred = zeros(K * n_lag,N);
    for j = 1:K
        for h = 0:n_lag-1
        x(j+h,:) = factor(i-h,:,j);
        % 获取第 j 个因子的滞后项
        x_pred(j+h,:) = factor(i-h+1,:,j);
        % 获取第 j 个因子的下一期数值用于预测下期的收益
        end
    end
    [r_pred(i+1,:),r_sq(i+1)] = my_regress_predict_on_ml(x,y,x_pred,method,…
    para);% 计算预期收益
    a = r_pred(i+1,:);
    a(a< = 0.01) = nan;% 仅考虑预测收益超过 1% 的股票
    [~,id] = sort(-a);% 排序
    number = round(sum(~isnan(a)) * prc);
    % 当期所有可买的股票数量中比例为 prc 的股票数量
    id_stock(i+1,id(1:number)) = 1;% 选择预测收益最高的一组股票(比例为 pre)
end
% % 比较预测值和实际值,评价预测的效果
Y = r(3:T,:);
X = r_pred(2:T-1,:);
R_sq = zeros(T-2,1);
for i = 1:T-2
    [~,stat] = my_regress(Y(i,:)',X(i,:)',1);
    R_sq(i) = stat.R_sq;
end
```

  我们对 2000/1～2019/4 期间 3 595 只股票的样本,在每个月的月末根据前面介绍的 13 个因子进行选股。需要收集的数据包括:样本股票的日收盘复权价格序列、WIND 全 A 指数、申万小盘股和大盘股指数以及申万低市净率指数和高市净率指数的日价格时间序列、样本股票的日换手率时间序列。经过繁琐的数据获取、清洗和大量计算后,我们得到股票的月

收益变量 r，该变量为 $T\times N$ 的矩阵，表示 1 到 T 月，股票序号从 1 到 N 的月收益率矩阵。这里 $N=3\ 595,T=173$，即 173 个月 3 595 只股票的月收益率矩阵(计算趋势因子时需要前面 60 个月的数据，因此剩余 173 个月的观测数据)；滞后一个月的股票收益率 rr，即反转因子；股票的月特质波动率变量 IV，该变量为 $T\times N$ 的矩阵，表示 1 到 T 月，股票序号从 1 到 N 的特质波动率矩阵；股票的月换手率变量 TO，该变量为 $T\times N$ 的矩阵，表示 1 到 T 月，股票序号从 1 到 N 的月换手率矩阵；股票的月 Amihud 非流动性变量 ILQ，该变量为 $T\times N$ 的矩阵，表示 1 到 T 月，股票序号从 1 到 N 的 Amihud 非流动性矩阵；基于价格的趋势因子 $TRP1,TRP2,TRP3,TRP4,TRP5,TRP6$ 分别表示 20 日、30 日、60 日、120 日、250 日和 500 日价格均线的趋势因子，这些变量也都是 $T\times N$ 的矩阵；基于成交量的趋势因子 $TRV1,TRV2,TRV3$ 分别表示 5 月、10 月和 20 月成交量均线的趋势因子。我们将这些数据全部保存为 data.mat 的数据文件中，变量中缺失的数据或因为停牌等原因无法计算的数据均以 NAN 表示。

我们首先使用 OLS 方法预测股票的收益，并选择预测收益前 10% 的股票。在 Matlab 主窗口下输入以下代码得到每个月的选股结果 id_stock 以及预测的收益(自变量)和实际的收益(因变量)进行回归后得到的决定系数 R_sq：

```
clear
load('data')
factor(:,:,1) = IV;
factor(:,:,2) = TO;
factor(:,:,3) = ILQ;
factor(:,:,4) = rr;
factor(:,:,5) = TRP1;
factor(:,:,6) = TRP2;
factor(:,:,7) = TRP3;
factor(:,:,8) = TRP4;
factor(:,:,9) = TRP5;
factor(:,:,10) = TRP6;
factor(:,:,11) = TRV1;
factor(:,:,12) = TRV2;
factor(:,:,13) = TRV3;
[id_stock,R_sq] = my_select_stock_on_factors_ml(r,factor,0.1,'ols',[]);
h = figure;
set(h,'color','w')
stem(R_sq)
```

图 9-1 显示了 OLS 方法利用以上 13 个因子预测股票收益的预测效果，这里使用实际值与预测值回归之后的决定系数 R^2 来衡量预测效果，R^2 越接近于 1，则预测效果越好。OLS 预测方法 R^2 的平均值为 2.2%。图 9-2 显示了每个月月末选择的预测收益最高的 10% 的股票数量。

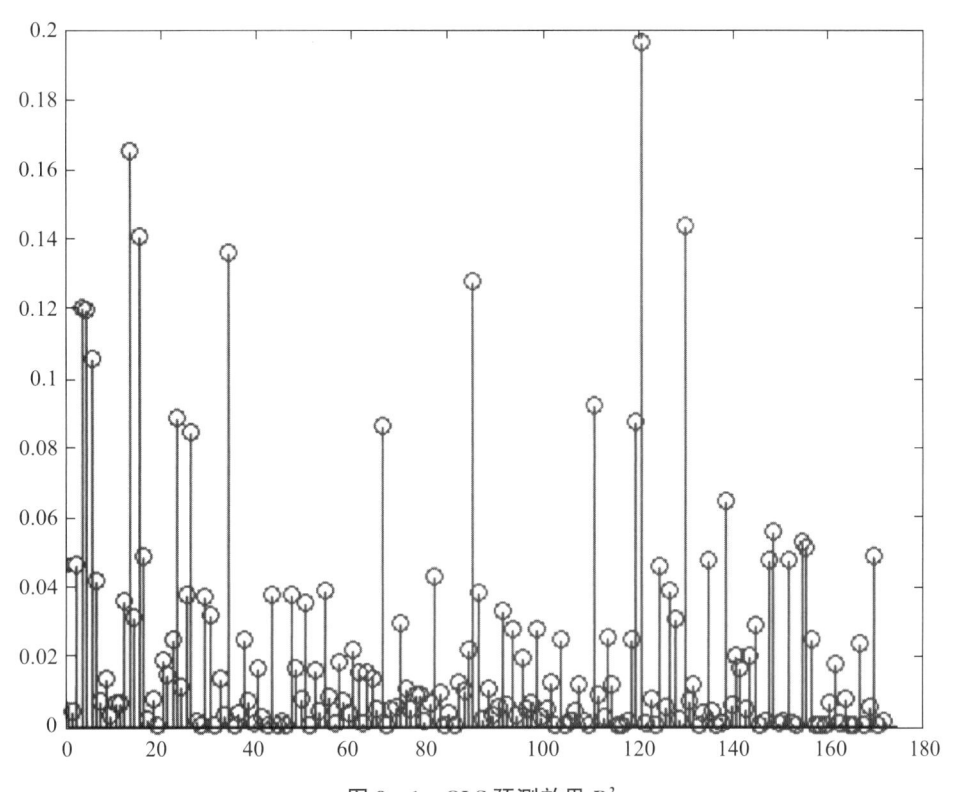

图 9-1 OLS 预测效果 R^2

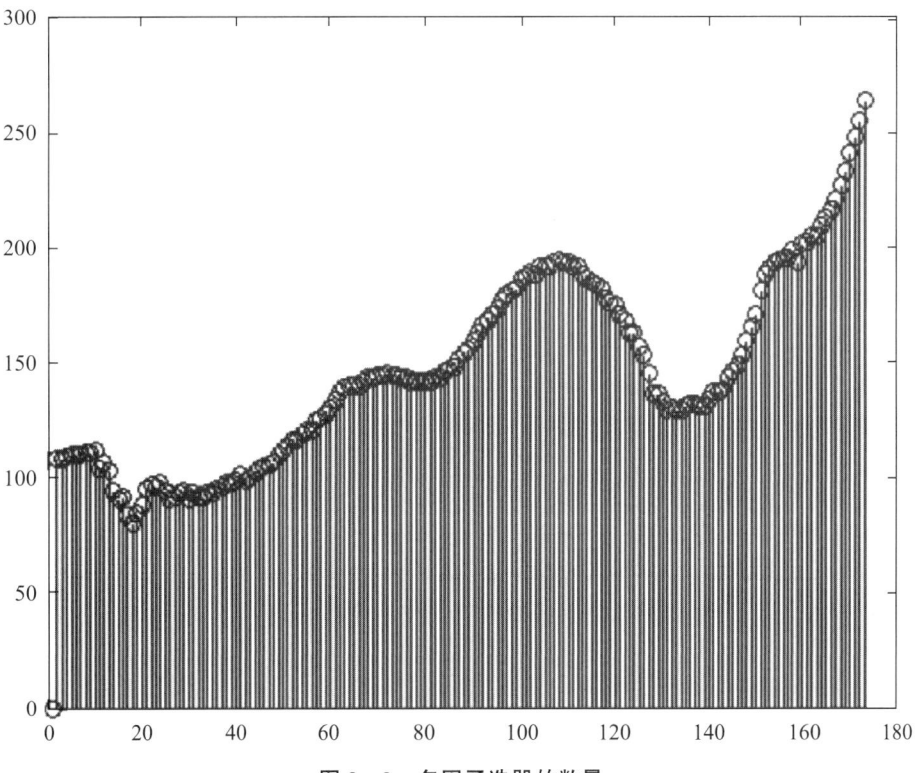

图 9-2 多因子选股的数量

接下来,我们仅比较 OLS 预测方法和 SVM 预测方法的差异,其他方法的差异读者可以自行比较。将以上程序稍作修改,应用 SVM 方法预测股票收益得到的预测效果如图 9-3 所示。具体修改如下。

[id_stock,R_sq] = my_select_stock_on_factors_ml(r,factor,0.1,'svm',[]);

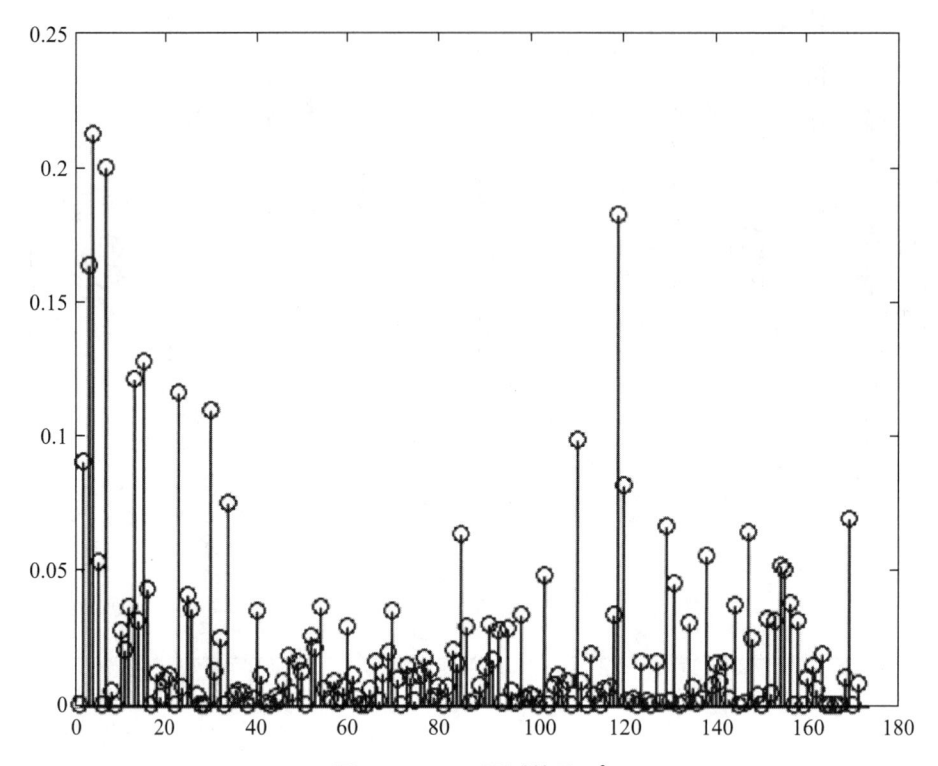

图 9-3　SVM 预测效果 R^2

SVM 方法的 R^2 平均值为 2.2%,与 OLS 方法的预测效果并无差异。[①]

(4) 多因子选股模型的净值表现

接下来我们编写函数 my_return_portfolio,对以上多因子选股模型的等权重多头组合的净值进行回测。回测考虑了以下因素:涨跌停不能交易、停牌不能交易、买入股票和卖出股票的成本、持有现金时获得无风险收益率和股票权重配比。函数内容中对各种细节都有详细的注解,供读者参考。该函数的具体内容如下。

```
function [nav_port,id_realized,nav_ind,cash,cost] = my_return_portfolio…
    (price,id-target,weight,id-suspended,id_up_limit,…
    id_down_limit,buy_cost,sell_cost,r_f)
% 该函数用于多因子选股模型给出的持有目标股票标识后,按照组合权重调整的固定期
% 限,定期(通常一个月,一周等)
% 调整组合权重,并计算选股模型选出的股票+现金组合累计净值和调整权重的交易成
```

---

① 这里没有对 SVM 的参数做优化选择。

% 本、持仓明细等
% 假定初始投入金额为 1 元
% 输入
% price:T*N 股票价格矩阵(通常为月/周收盘价格),T 为时间观测数量,N 为股票数量
% 缺失价格以 nan 表示
% id_target:T*N 需要持有的目标股票矩阵,1 表示持有,0 表示不持有
% weight:T*N 的股票未归一化的权重矩阵
% id_suspended:停牌的股票,1 表示停牌,0 表示正常交易
% id_up_limit:当日涨停而不能买入的股票,T*N 矩阵,1 表示涨停,0 表示正常交易
% id_down_limit:当日跌停而不能卖出的股票,T*N 矩阵,1 表示跌停,0 表示正常交易
% buy_cost:买入股票的百分比成本
% sell_cost:卖出股票的百分比成本
% r_f:每一期持有现金而获得的无风险收益率
% 输出
% nav_port:股票和现金组合的累计净值
% id_realized:各期持有股票的序号
% nav_ind:T*N 矩阵,表示组合中各期各股的持有市值
% cash:现金的持有金额(每一期获得无风险收益为 r_f)
% cost:T*1 矩阵,表示各期的交易成本
% 曹志广,2019/6/25
%% 设置默认参数矩阵
[T,N] = size(price);
if isempty(id_target)
    id_target = ones(T,N);% 组合包含所有股票
end
if isempty(weight)
    weight = ones(T,N);% 等权重组合
end
if isempty(id_suspended)
    id_suspended = zeros(T,N);% 没有停牌的股票
end
if isempty(id_up_limit)
    id_up_limit = zeros(T,N);% 没有涨停的股票
end
if isempty(id_down_limit)
    id_down_limit = zeros(T,N);% 没有跌停的股票
end
if isempty(buy_cost)
    buy_cost = 0;% 买入股票成本为 0

```matlab
        end
        if isempty(sell_cost)
            sell_cost = 0; % 卖出股票成本为 0
        end
        if isempty(r_f)
            r_f = 0; % 单位期间无风险收益为 0
        end
        %%
        nav_ind = zeros(T,N); % 个股的净投资金额
        r = price2ret(price,[],'periodic');
        r = [zeros(1,N);r];
        price(price <= 0) = nan; % 将价格为非正数的更改为 nan 值
        id_suspended(isnan(price)) = 1; % 价格缺失的股票当成不能交易的停牌股票
        id_realized = zeros(T,N);
        nav_port = zeros(T,1);
        cash = zeros(T,1); % 现金持有头寸
        cost = zeros(T,1);
        %%
        for i = 1:T
            if i == 1
                id_hold_try = find(id_target(i,:)>0);
                % 本期需要持有的股票序号(以矩阵 price 中的列序号为股票序号)
                id_can_buy = intersect(find(id_suspended(i,:) == 0),...
                    find(id_up_limit(i,:) == 0)); % 找出所有没有停牌和涨停的股票序号
                id_buy = intersect(id_hold_try,id_can_buy); % 本期可买入的新股票序号
                if isempty(id_buy) % 如果没有可以买入的股票则持有现金
                    cash(i) = 1;
                    nav_port(i) = 1;
                else
                    id_realized(i,id_buy) = 1; % 标记本期可以买入的股票
                    invest_ind = id_realized(i,:).*weight(i,:);
                    % 投资在每只股票上的未归一化的资金量
                    invest_ind = invest_ind/sum(invest_ind);
                    % 投资在每只股票上的归一化后的资金量
                    nav_ind(i,:) = invest_ind/(1 + buy_cost);
                    % 计算个股扣除交易成本后的净投资额
                    nav_port(i) = sum(nav_ind(i,:)); % 计算组合的净值
                    cost(i) = 1-sum(nav_ind(i,:)); % 交易成本
                end
```

```
else
    %% 区分不同类型的股票 id_hold_last = find(id_realized(i-1,:)>0);
    % 找出上期持有的股票(老股票)序号
    id_hold_try = find(id_target(i,:)>0);% 本期需要持有的股票序号
    id_new_buy = setdiff(id_hold_try,id_hold_last);% 本期需要买入的新股票
    id_still_hold = intersect(id_hold_try,id_hold_last);
    % 本期要继续持有上期的老股票序号
    id_still_hold_adjustable = intersect(id_still_hold,…
    find(id_suspended(i,:) == 0|id_up_limit(i,:) == 0|id_down_limit(i,:) == 0));
    % 继续持有的老股票中能够自由交易的股票序号,涨停或跌停均认为不能交易
    % 因而不能按照新的权重调节
    id_still_hold_unadjustable = setdiff(id_still_hold,…
    id_still_hold_adjustable);
    % 继续持有的老股票中不能够自由交易的股票序号
    id_can_buy = intersect(find(id_suspended(i,:) == 0),…
    find(id_up_limit(i,:) == 0));% 找出所有没有停牌和涨停的股票序号
    id_buy = intersect(id_new_buy,id_can_buy);% 本期可买入的新股票序号
    id_sell_try = setdiff(id_hold_last,id_hold_try);
    % 本期需要卖出的股票序号
    id_can_sell = intersect(id_sell_try,find(id_suspended(i,:) == 0…
    &id_down_limit(i,:) == 0));% 本期能够卖出的股票序号
    id_not_sell = setdiff(id_sell_try,id_can_sell);
    % 本期因停牌或跌停而不能卖出从而继续持有的上期的老股票序号
    id_realized(i,[id_not_sell,id_buy,id_still_hold]) = 1;
    % 本期持有的股票序号
    nav_ind_before_adjust = nav_ind(i-1,:).*(1+r(i,:));
    % 未调整前各股的持有市值
    id_hold_unadjustable_not_sell = [id_not_sell,…
    id_still_hold_unadjustable];% 本期继续持有,但不能调节权重的股票序号
    %% 计算买入新股,以及调整老股权重的交易成本等
    nav_ind(i,id_hold_unadjustable_not_sell) = nav_ind_before_adjust…
    (id_hold_unadjustable_not_sell);
    % 本期继续持有,但不能调节权重的股票持有市值
    invest_available_gross = sum(nav_ind_before_adjust([id_can_sell,…
    id_still_hold_adjustable])) + cash(i-1)*(1+r_f);
    % 本期可用来重新分配的资金总额(没有扣除交易成本)
    cost_sell = sum(nav_ind_before_adjust(id_can_sell)*sell_cost);
    % 卖出不在本期名单中且可以卖出的股票的成本
    a = zeros(1,N);
```

```
id_adjust_weight = [id_still_hold_adjustable,id_buy];
a(id_adjust_weight) = 1;
a1 = a.*weight(i,:);%可以调节权重的股票按照给定权重重新调整权重,
%不能调节的则不做重新调整
if sum(a1) = = 0 %如果没有买入的股票以及没有需要调整的老股票的权重
cash(i) = invest_available_gross-cost_sell;
cost(i) = cost_sell;
nav_port(i) = sum(nav_ind(i,:)) + cash(i);
else
a2 = a1/sum(a1)*(invest_available_gross - cost_sell);
nav_ind(i,id_buy) = a2(id_buy)/(1 + buy_cost);%本期新买入股票的投资金额
a3 = zeros(1,N);
a3(id_still_hold_adjustable) = a2(id_still_hold_adjustable) - …
nav_ind_before_adjust(id_still_hold_adjustable);
%计算继续持有且可以调整权重的股票的买入或卖出的金额
nav_ind(i,a3>0) = nav_ind_before_adjust(a3>0) + a3(a3>0)/(1 + buy_cost);
%计算继续持有且可以调整权重的股票追加买入后,持有的金额
%(扣除交易成本)
nav_ind(i,a3<0) = a2(a3<0) + a3(a3<0)*sell_cost;
%计算继续持有且可以调整权重的股票减仓卖出后,
%持有的金额(扣除交易成本)
nav_ind(i,a3 = = 0&a2>0) = a2(a3 = = 0&a2>0);
%继续持有且可以调整权重的股票当前持仓和目标一致时的持有金额
cost(i) = sum(a3(a3>0)/(1 + buy_cost)*buy_cost)-sum(a3(a3<0)* …
sell_cost) + cost_sell + sum(a2(id_buy)/(1 + buy_cost)*buy_cost);
%计算总的交易成本
nav_port(i) = sum(nav_ind(i,:)) + cash(i);%计算组合的净值
end
end
end
```

调用以上函数,我们每个月的月末调整股票的仓位,得到基于 OLS 预测方法的多因子选股模型累计净值和基于 SVM 预测方法的多因子选股模型累计净值,分别如图 9-4 和图 9-5 所示。总体来看基于 SVM 预测方法的多因子选股模型相对于基于传统的 OLS 预测方法的效果差别并不大。当然这与股票市场上的收益预测本来就很难有很大的关系,市场上大量的竞争者很快就能将具有预测能力的因子发掘出来并加以利用,在此过程中也很快地将该因子的预测能力消磨殆尽。

下面我们增加一个市场指数的趋势因子对以上多因子选股模型(基于 OLS 预测方法)进行过滤,即当 Wind 全 A 指数在 21 日均线之上时,我们保持买入或继续保持多因子选股模型选出的股票头寸,否则卖出全部股票后持有现金,获取无风险收益(这里设定为 2% 的

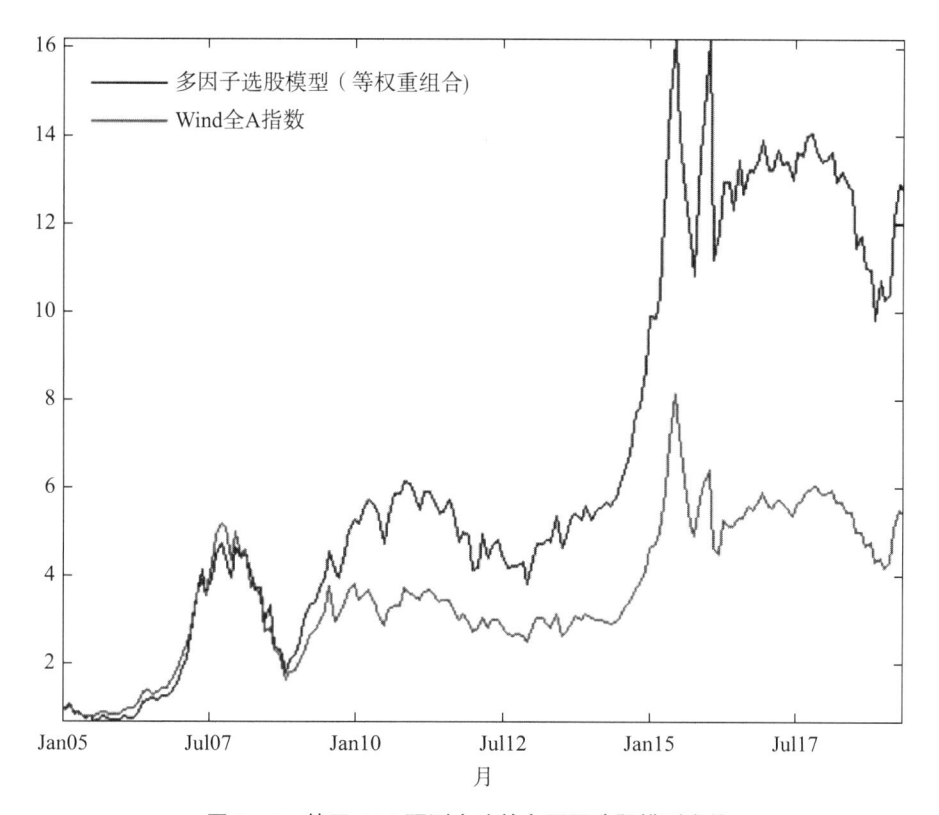

图 9-4 基于 OLS 预测方法的多因子选股模型净值

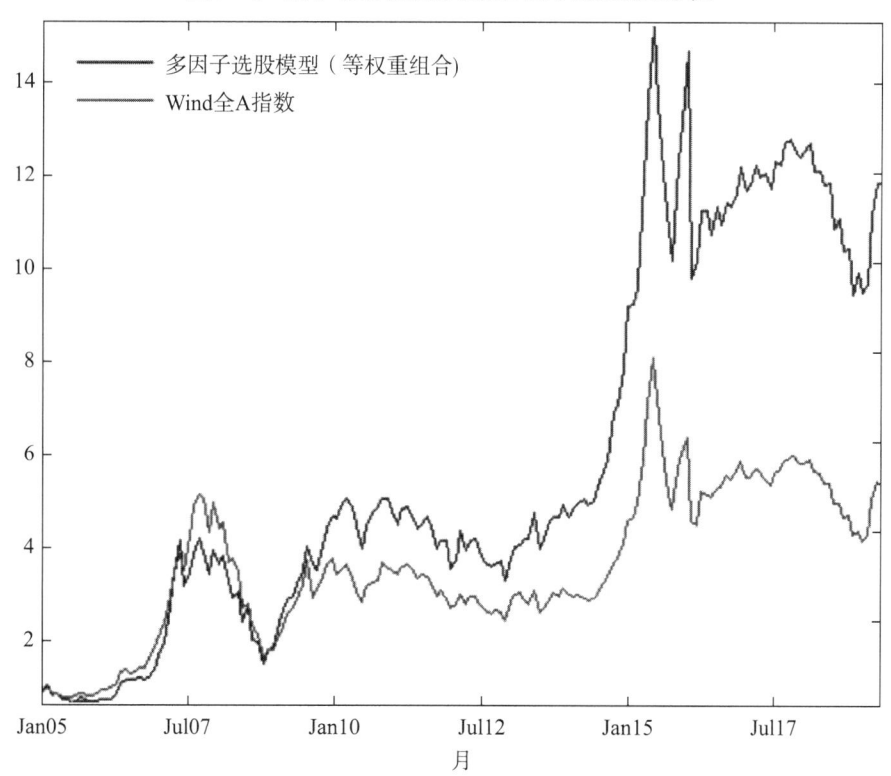

图 9-5 基于 SVM 预测方法的多因子选股模型净值

年化收益率)。① 当然,指数的趋势因子是基于日交易频率的。因此,股票的仓位调节也是需要在日线级别进行,每天对于仓位可调节的股票都重新调整到等权重。另外,对停牌股票的判断进行了简化处理,如果当天收益率为 0,则认为该股票当天停牌而不能进行仓位调整。图 9-6 给出了改进之后的多因子选股模型的累计净值回测。可以看出指数趋势因子的加入显著地改善了多因子选股模型的效果。但 2015 年之后,多因子选股模型的净值出现了非常大的回撤,收益也变得不稳定了。这可能与多因子模型使用者之间的竞争加剧有很大的关系。

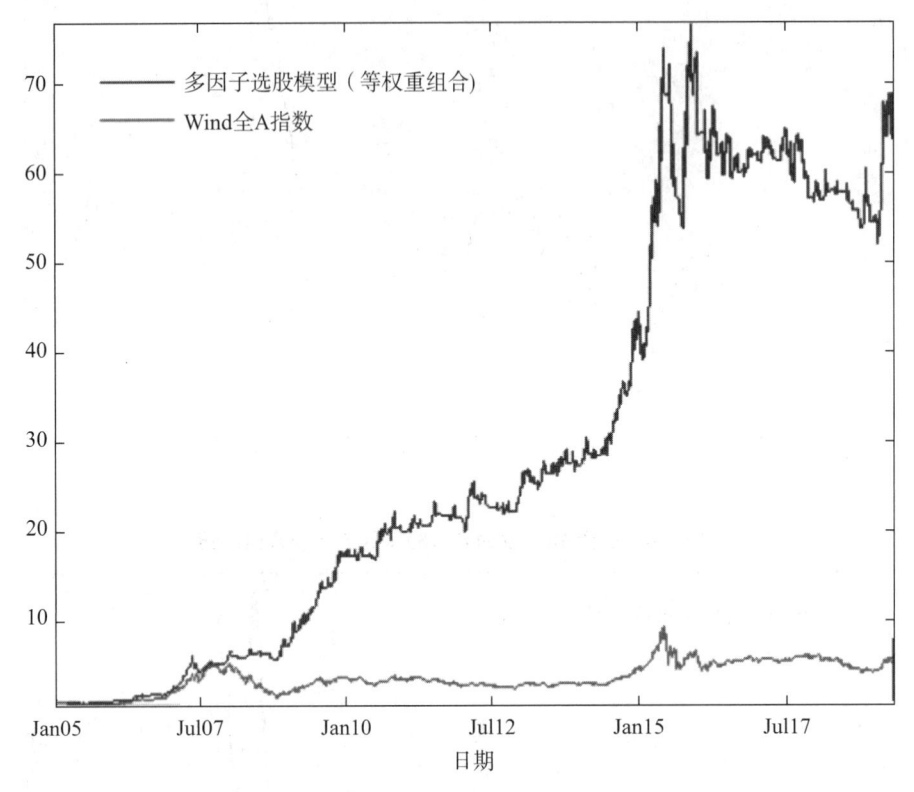

图 9-6　市场趋势过滤后多因子选股模型净值

图 9-7 给出了不同因子 Fama-MacBeth 回归系数的 T 统计量,可以看出:特质波动率、换手率、非流动性、20 日价格趋势、30 日价格趋势、250 日价格趋势、500 日价格趋势和 10 月成交量趋势对下一期的收益存在明显的解释能力;而 1 个月反转等因子解释能力不明显。

(5) 多因素选股模型在沪深 300 成份股中的应用

我们利用前面的多因素选股模型中的因子对沪深 300 指数的成份股进行选股构造等权重组合,并且在每个月的月底对股票组合进行调仓换股。我们使用均线为 5 日、10 日、20 日、30 日、60 日、120 日和 250 日的参数分别构造价格和成交量(这里使用换手率)趋势因子,同时利用 Wind 的机构账户获取最近 5 年的各种数据,最后给出 2019 年 12 月 20 日收盘后进行调仓换股的股票交易明细。② 同时也给出了 2015/12～2019/12 期间选股模型选择预测

---

① 当然,也可以通过股指期货来对冲所持股票对应的风险。这样可以显著降低交易成本。
② 注意,正常我们应该在 12 月 31 日进行调仓换股,写书过程中正好在 21 日,因此并没有在月底进行调仓换股。在每月的月底交易时,可以选择在当月最后一个交易日收盘前三分钟进行调仓换股。

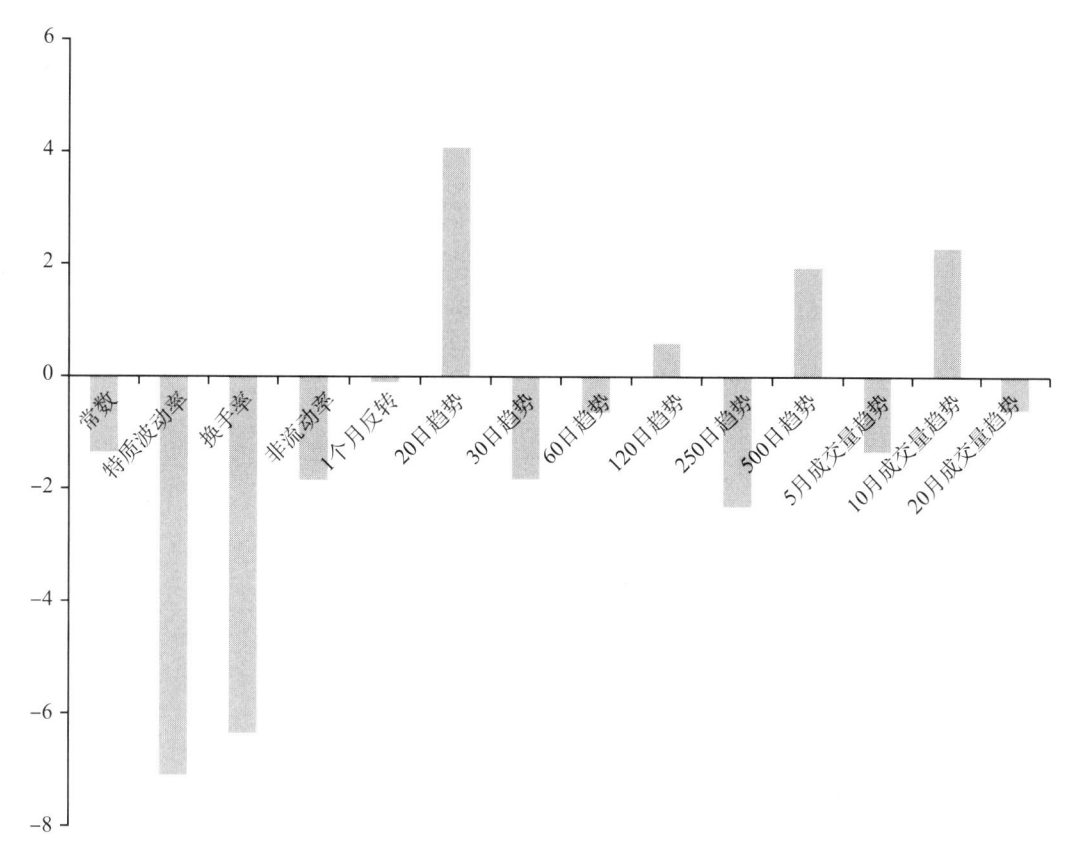

图 9-7 不同因子 Fama-MacBeth 回归系数的 T 统计量

收益前 20% 的股票的等权重组合与等权重买入全部 300 只成份股的净值表现(见图 9-8)。我们也给出了相应的 Matlab 代码,代码中用到的以 my_开头的函数都是前面章节中介绍过的函数,请读者参照前面的函数内容。

```
clear
w = windmatlab;
% 获取最近 5 年的数据
[index_data,~,~,index_times] = w.wsd('801811.SI,801813.SI,801831.SI,…
801833.SI,881001.WI','close',datestr(round(now-5*365)),date);
% 申万大盘,申万小盘,申万高市净率,申万低市净率,万德全 A 指数
% 获取最新沪深 300 成份股
date_code = sprintf('date = %d-%d-%d;windcode = %s.SH',year(now),…
month(now),day(now),'000300');
stock_inf = w.wset('sectorconstituent',date_code);
N = size(stock_inf,1);
stock_data = [];
for i = 1:N
    stock_name = stock_inf{i,2};
```

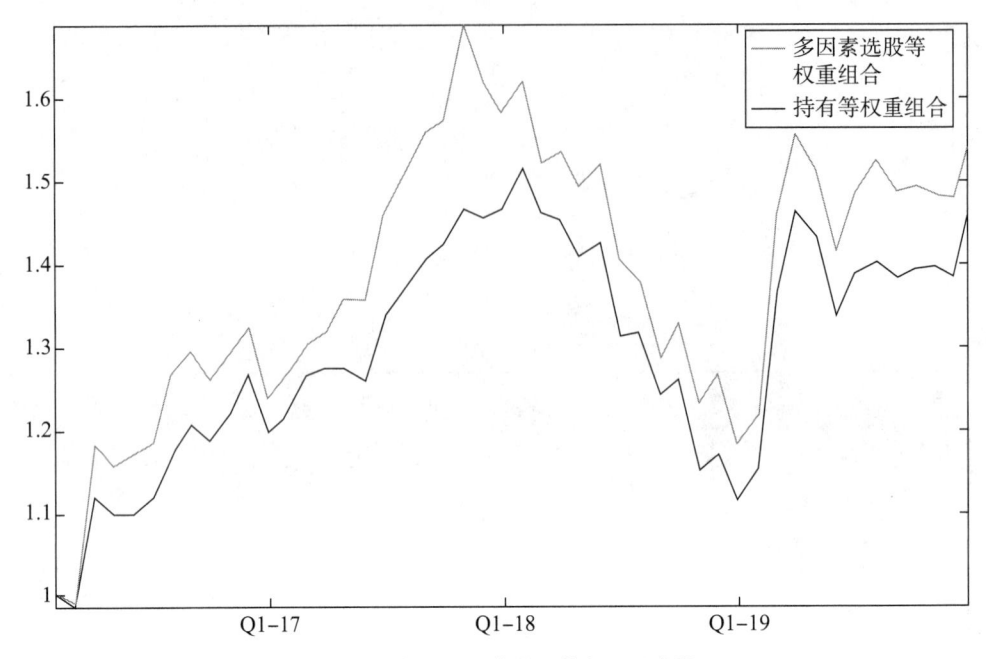

图 9-8　沪深 300 成份股的多因子选股

```
        [b,~,~,T] = w.wsd(stock_name,'close,free_turn_n',…
        datestr(round(now-5*365)),date,'PriceAdj=F');
        %获取前复权收盘价和换手率
        stock_data = [stock_data,b];
end
p = stock_data(:,1:2:end);%收盘价
to = stock_data(:,2:2:end);%换手率
ma = [5;10;20;60;120;250];%设置均线参数
N = length(ma);
[m,n] = size(p);
ma_p = zeros(m,n,N);
ma_v = ma_p;
for i = 1:length(ma)
    [~,ma_p(:,:,i)] = my_ma(p,ma(i))./p;
    [~,a] = my_ma(to,ma(i))./to;
    a(isinf(a)) = nan;
    ma_v(:,:,i) = a;
end
%%算每月的价格和换手率趋势因子
a = my_find_month_day(T);
id_month = a(2:end);
T_month = T(id_month);
```

```
ma_p_month = ma_p(id_month,:,:);
ma_v_month = ma_v(id_month,:,:);
%%计算股票和Fama-French三因子每月的收益率
r_index_month = [zeros(1,5);price2ret(index_data(id_month,:),[],'periodic')];
r_stock_month = [zeros(1,n);price2ret(p(id_month,:),[],'periodic')];
r_ff_factor_week = [r_index_month(:,5),r_index_month(:,2)-…
r_index_month(:,1),r_index_month(:,4)-r_index_month(:,3)];
%%计算每月换手率因子
n_month = length(id_month);
a(1) = 0;
to_month = zeros(n_month,n);
for i = 1:n_month
    to_month(i,:) = nansum(to(a(i)+1:a(i+1),:));
end
%%计算每月的非流动性因子
illiquid_month = r_stock_month./to_month;
%%利用股票最近一月的收益作为反转因子
reversal_month = [zeros(1,n);r_stock_month(1:end-1,:)];
%%利用当月的数据滚动计算每月的特质波动率因子
r_index_day = [zeros(1,5);price2ret(index_data,[],'periodic')];
r_stock_day = [zeros(1,n);price2ret(p,[],'periodic')];
r_ff_factor_day = [r_index_day(:,5),r_index_day(:,2)-r_index_day(:,1),…
r_index_day(:,4)-r_index_day(:,3)];
IV_month = nan*ones(n_month,n);
for i = 1:n_month
    x = r_ff_factor_day(a(i)+1:a(i+1),:);
    for j = 1:n
        y = r_stock_day(a(i)+1:a(i+1),j);
        if sum(~isnan(y)&y~=0)<10
            IV_month(i,j) = nan;
        else
            [~,stat] = my_regress(y,x,1);
            IV_month(i,j) = stat.std_residual;
        end
    end
end
%%剔除均线信息不变的日期,并构造因子变量
id = 1:ceil(max(ma)/22);
price_month = p(id_month,:);
```

```
price_month(id,:,:) = [];
ma_p_month(id,:,:) = [];
ma_v_month(id,:,:) = [];
illiquid_month(id,:) = [];
to_month(id,:)   = [];
IV_month(id,:)   = [];
reversal_month(id,:) = [];
factor(:,:,1:6) = ma_p_month;
factor(:,:,7:12) = ma_v_month;
factor(:,:,13) = illiquid_month;
factor(:,:,14) = to_month;
factor(:,:,15) = IV_month;
factor(:,:,16) = reversal_month;
r_stock_month(id,:)  =  [];
[id_stock,R_sq,r_sq,r_pred] = my_select_stock_on_factors_ml(r_stock_month,…
factor,0.2,'ols',[],1); %选取预测收益靠前的20%的股票
r_daily = [zeros(1,size(p,2));price2ret(p,[],'periodic')];
id_suspended = double(to = = 0|isnan(to) = = 1); %将换手率为0或者缺失的股票默认为停牌
id_suspended = id_suspended(id_month,:);
id_up_limit = double(r_daily> = 0.095); %找出涨停的股票
id_up_limit = id_up_limit(id_month,:);
id_down_limit = double(r_daily< = -0.095); %找出跌停的股票
id_down_limit = id_down_limit(id_month,:);
T_month(id)  =  [];
[nav_port,id_realized,nav_ind,cash,cost] = my_return_portfolio…
(price_month(2:end,:),id_stock(2:end,:),[],id_suspended,id_up_limit,…
id_down_limit,2.5e-4,1.5e-3,0.025/12);
%买入成本万分之2.5,卖出成本千分之1.5,月无风险利率为0.025/12
h = figure;
set(h,'color','w')
plot(T_month(2:end),nav_port)
nav_bench = ret2price(nanmean(price2ret(price_month(2:end,:)),2),1);
hold on
plot(T_month(2:end),nav_bench,'r-')
legend('多因素选股等权重组合','持有等权重组合')
datetick('x',17)
axis tight
id_hold = find(id_realized(end-1,:) = = 1&id_realized(end,:) = = 1);
id_sell = find(id_realized(end-1,:) = = 1&id_realized(end,:) = = 0);
```

```
id_buy = find(id_realized(end-1,:) = = 0&id_realized(end,:) = = 1);
fprintf('--------------\n')
fprintf('打印本期需要调仓的股票明细(%s)\n',datestr(T_month(end)))
fprintf('--------------\n')
fprintf('--------------\n')
fprintf('--------------\n')
fprintf('继续持有的股票代码\t\t继续持有的股票名称\n')
fprintf('--------------\n')
for i = 1:length(id_hold)
    fprintf('%s\t\t\t%s\n',stock_inf{id_hold(i),2},stock_inf{id_hold(i),3})
end
fprintf('--------------\n')
fprintf('--------------\n')
fprintf('--------------\n')
fprintf('需买入的股票代码\t\t需买入的股票名称\n')
fprintf('--------------\n')
for i = 1:length(id_buy)
    fprintf('%s\t\t\t\t%s\n',stock_inf{id_buy(i),2},stock_inf{id_buy(i),3})
end
fprintf('--------------\n')
fprintf('\n')
fprintf('--------------\n')
fprintf('需卖出的股票代码\t\t需卖出的股票名称\n')
fprintf('--------------\n')
for i = 1:length(id_sell)
    fprintf('%s\t\t\t\t%s\n',stock_inf{id_sell(i),2},stock_inf{id_sell(i),3})
end
fprintf('--------------\n')
```

得到2019年12月底选股模型需要的调仓换股的股票明细,在上期11月底买入的股票在12月需要继续保留的股票,以及12月份需要卖出的股票和12月份需要新买入的股票分别如下。

--------------打印本期需要调仓的股票明细
(20-Dec-2019)

继续持有的股票代码	继续持有的股票名称
002230.SZ	科大讯飞
002252.SZ	上海莱士
300017.SZ	网宿科技

300059.SZ	东方财富
300136.SZ	信维通信
300433.SZ	蓝思科技
600100.SH	同方股份
600208.SH	新湖中宝
600271.SH	航天信息
600390.SH	五矿资本
600487.SH	亨通光电
600760.SH	中航沈飞
601360.SH	三六零
601878.SH	浙商证券

需买入的股票代码	需买入的股票名称

000063.SZ	中兴通讯
000723.SZ	美锦能源
000725.SZ	京东方A
000938.SZ	紫光股份
002008.SZ	大族激光
002236.SZ	大华股份
002241.SZ	歌尔股份
002456.SZ	欧菲光
002460.SZ	赣锋锂业
002607.SZ	中公教育
002739.SZ	万达电影
002916.SZ	深南电路
002939.SZ	长城证券
300033.SZ	同花顺
300122.SZ	智飞生物
600183.SH	生益科技
600352.SH	浙江龙盛
600362.SH	江西铜业
600498.SH	烽火通信
600516.SH	方大炭素
600547.SH	山东黄金
600566.SH	济川药业
600570.SH	恒生电子
600588.SH	用友网络

600703.SH	三安光电
600733.SH	北汽蓝谷
600816.SH	安信信托
600848.SH	上海临港
601066.SH	中信建投
601108.SH	财通证券
601138.SH	工业富联
601162.SH	天风证券
601212.SH	白银有色
601319.SH	中国人保
601336.SH	新华保险
601577.SH	长沙银行
601688.SH	华泰证券
601881.SH	中国银河
601933.SH	永辉超市
603019.SH	中科曙光
603259.SH	药明康德
603799.SH	华友钴业
603986.SH	兆易创新

需卖出的股票代码	需卖出的股票名称
000423.SZ	东阿阿胶
000538.SZ	云南白药
000656.SZ	金科股份
000703.SZ	恒逸石化
000768.SZ	中航飞机
000776.SZ	广发证券
000876.SZ	新希望
000895.SZ	双汇发展
000963.SZ	华东医药
002010.SZ	传化智联
002027.SZ	分众传媒
002044.SZ	美年健康
002294.SZ	信立泰
002352.SZ	顺丰控股
002508.SZ	老板电器
002558.SZ	巨人网络
002714.SZ	牧原股份

300070.SZ	碧水源
300142.SZ	沃森生物
300498.SZ	温氏股份
600000.SH	浦发银行
600029.SH	南方航空
600038.SH	中直股份
600050.SH	中国联通
600085.SH	同仁堂
600177.SH	雅戈尔
600233.SH	圆通速递
600346.SH	恒力石化
600372.SH	中航电子
600406.SH	国电南瑞
600436.SH	片仔癀
600535.SH	天士力
600583.SH	海油工程
600837.SH	海通证券
600867.SH	通化东宝
600893.SH	航发动力
600998.SH	九州通
601169.SH	北京银行
601607.SH	上海医药
601628.SH	中国人寿
601808.SH	中海油服
601818.SH	光大银行
601998.SH	中信银行
603833.SH	欧派家居

9.2.2 案例：预测下一交易日股票的上下波幅

股票市场的收益很难预测，但股票市场的波动性却具有一定的可预测性，学术界早就利用 GARCH 模型等来描述波动率的聚集现象，昨日高的波动性经常伴随今日高的波动性。在这里，我们定义以下几种形式的日内波动性。

$$VHO = \frac{H}{O} - 1, VLO = 1 - \frac{L}{O}, VHL = \frac{H-L}{O}$$

其中，

O, H, L 分别表示日开盘价、最高价和最低价。

这样定义波动性有几个好处：波动性是可观测的；高的波动性意味着交易机会。比如

VHO 很高，我们可以开盘买入，然后以高于开盘价一定比例的价格卖出，高的波动性提供了这样的获利机会。由于我国股票市场目前是 T+1 交易，这就需要事先拥有一部分股票或 ETF 底仓，间接进行 T+0 交易。① 再比如 VLO 很高，则可以开盘价卖出，然后以较低的价格买入；如果 VHO 和 VLO 都很高，则可以同时挂出一个卖价较高的订单和买价较低的订单。

下面我们以沪深 300 指数的日数据为例来分析其日内波动性的可预测性。我们先观察 VHO、VLO 和 VHL 的时间序列特征。我们选取 2005/1/4~2019/7/9 沪深 300 指数的日交易数据（包括日期、开、高、低、收、成交手数和成交金额并存储为 hs300.csv 文件），分别计算上述几种波动性指标。这里我们仅给出 VHO，如图 9-9 所示。调用 Matlab 自身提供的时间序列平稳性检验的函数 adftest 和 pptest，对以上 3 种波动性指标分别进行平稳性检验，结果表明均为平稳时间序列。② 再调用 Matlab 自身提供的函数 autocorr 和 parcorr 分别对时间序列的自相关系数和偏自相关系数进行分析，结果表明 3 种波动性指标的自相关系数和偏自相关系数均存在拖尾现象。因此，可以使用传统的 ARMA 模型直接对波动率建模，并对下一个交易日的波动性进行预测。作为比较，我们这里使用 RF、BP 和 SVM 算法对下一个交易日的波动性进行预测。

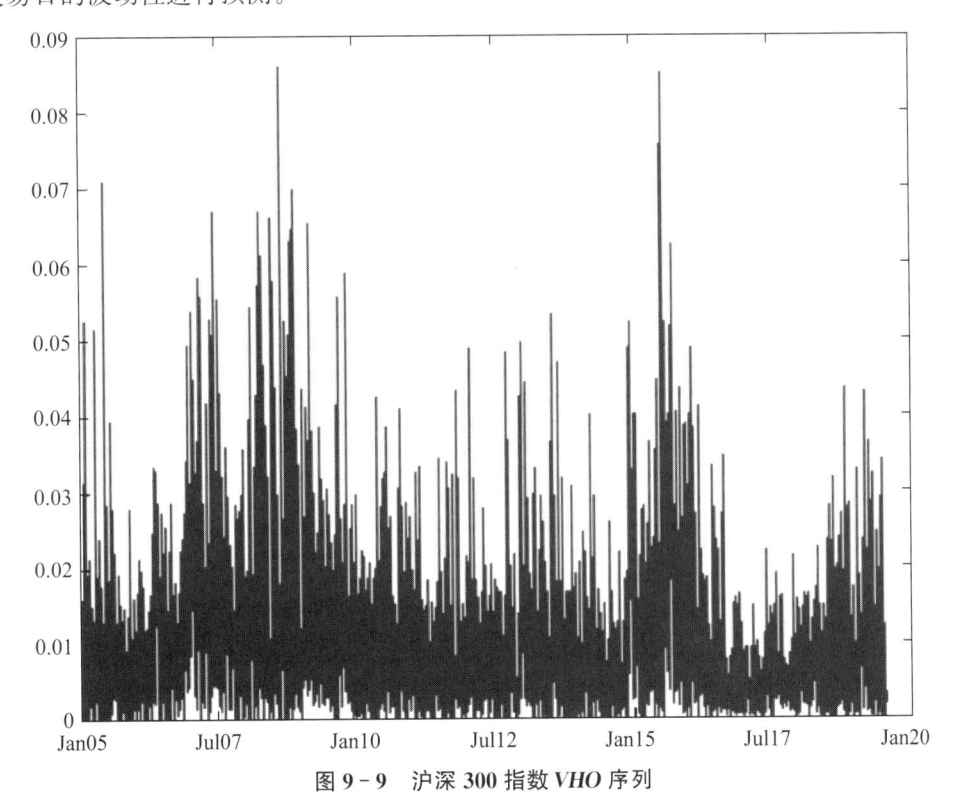

图 9-9 沪深 300 指数 VHO 序列

(1) 应用 ARMA 模型预测日内波动性

我们建立 ARMA 模型预测股票的日内波动性。具体地，我们对波动率指标建立以下

---

① 当然，也可以通过融券交易实现 T+0 交易。
② 检验结果与样本时间序列的长度有关，当样本较少时，检验结果可能会是非平稳序列的结果；当样本很多时，检验结果通常是平稳序列。

模型。

$$VHO_{t+1} = \alpha_t + \beta_1 X_{t+1} + \beta_2 VHO_t + \beta_3 VLO_t + \beta_4 VHL_t + \beta_5 \varepsilon_t + \varepsilon_{t+1} \qquad (9.4)$$

$$VLO_{t+1} = \alpha_t + \beta_1 X_{t+1} + \beta_2 VLO_t + \beta_3 VHO_t + \beta_4 VHL_t + \beta_5 \varepsilon_t + \varepsilon_{t+1} \qquad (9.5)$$

$$VHL_{t+1} = \alpha_t + \beta_1 X_{t+1} + \beta_2 VHL_t + \beta_3 VHO_t + \beta_4 VLO_t + \beta_5 \varepsilon_t + \varepsilon_{t+1} \qquad (9.6)$$

其中，

$X_{t+1} = O_{t+1}/C_t$

C_t 为 t 日的收盘价

注意，这里预测 $t+1$ 日的波动性，我们用了 $t+1$ 日的信息 X_{t+1}，这是因为我们可以在开盘后对当天的波动性进行预测。因此，X_{t+1} 是已知的。我们编写 Matlab 函数 my_pred_intraday_vol 来进行模型的参数估计，并对下一个交易日的波动性进行预测，其内容如下。

```
function [VHO_pred,VLO_pred,VHL_pred] = my_pred_intraday_vol(data,x_pred)
%%
% 预测下一交易日股票的日内波动性,如果在开盘后预测当天的价格波幅,
% 则当天开盘相对于昨天收盘的变化幅度是已知的
% 输入
% data:T*4 矩阵,表示股票的开、高、低、收的价格时间序列
% x_pred:第二天开盘价(O)相对于上一个交易日收盘(C)的波幅,即 O/C
% 输出
% VHO_pred:预测的下一交易日的高点相对于开盘价的波幅
% VLO_pred:预测的下一交易日的低点相对于开盘价的波幅
% VHL_pred:预测的下一交易日的最高价与最低价的差相对于开盘价的波幅
% 曹志广,2019/7/10
O = data(:,1);
H = data(:,2);
L = data(:,3);
C = data(:,4);
VHO = H./O-1;
VLO = 1-L./O;
VHL = (H-L)./O;
X = [1;O(2:end)./C(1:end-1)];% 开盘价相对于上一交易日收盘价的变化率
spec = garchset('R',1,'M',1,'P',0,'Q',0);
spec = garchset(spec,'Display','off');
if isempty(x_pred)
    x_pred = 1;
end
XHO = [X,[0;VLO(1:end-1)],[0;VHL(1:end-1)],];
XLO = [X,[0;VHO(1:end-1)],[0;VHL(1:end-1)],];
XHL = [X,[0;VHO(1:end-1)],[0;VLO(1:end-1)],];
```

```
coeff = garchfit(spec,VHO,XHO);
[~,VHO_pred] = garchpred(coeff,VHO,1,XHO,[x_pred,VLO(end),VHL(end)]);
coeff = garchfit(spec,VLO,XLO);
[~,VLO_pred] = garchpred(coeff,VLO,1,XLO,[x_pred,VHO(end),VHL(end)]);
coeff = garchfit(spec,VHL,XHL);
[~,VHL_pred] = garchpred(coeff,VHL,1,XHL,[x_pred,VHO(end),VLO(end)]);
```

下面我们应用上述模型,对模型的预测效果进行评估。我们滚动窗口,至少利用前面 2 000 个交易日的全部历史数据来估计模型参数,并做下一日的波动性预测。然后将下一天的实际值与预测值进行回归,用回归方程的 R^2 来衡量预测的效果。具体的 Matlab 代码如下。

```
clear
data = csvread('hs300.csv',2,0);
% 沪深 300 指数,[日期,开,高,低,收,成交手数,成交金额]
t = x2mdate(data(:,1)); % 日期
data(:,1) = [];
O = data(:,1);
H = data(:,2);
L = data(:,3);
C = data(:,4);
VHO = H./O - 1;
VLO = 1 - L./O;
VHL = (H - L)./O;

X = [1;O(2:end)./C(1:end - 1)];% 开盘价相对于上一交易日收盘价的变化率
N = 2 000;
NN = size(data,1);
for i = N:NN
[VHO_pred(i),VLO_pred(i),VHL_pred(i)] = my_pred_intraday_vol(data(1:i,:),X(i));
end
[b,stat] = my_regress(VHO(N + 1:NN),VHO_pred(N:NN - 1)',1);
R_sq_VHO = stat.R_sq;
[b,stat] = my_regress(VLO(N + 1:NN),VLO_pred(N:NN - 1)',1);
R_sq_VLO = stat.R_sq;
[b,stat] = my_regress(VHL(N + 1:NN),VHL_pred(N:NN - 1)',1);
R_sq_VHL = stat.R_sq;
[R_sq_VHO,R_sq_VLO,R_sq_VHL]
```

基于以上样本我们得到 VHO、VLO 和 VHL 的预测效果 R^2 分别为 0.228 5、0.209 7 和 0.516 8。预测的样本数量为 1 527,用这 1 527 天的实际波动性与预测的 1 527 天波动性进

行回归后的结果表明:VHL 的可预测性达到了 51.68%,但 VHO 和 VLO 的预测效果就明显下降了,分别为 22.85% 和 20.97%。

(2) 使用机器学习法预测日内波动性

接下来,我们分别使用以下三种常用的机器学习算法:RF、SVM 和 BP 算法,对沪深 300 指数的日内波动性进行预测。然后比较机器学习算法与传统的 ARMA 时间序列模型预测效果的差异。具体地,我们利用三阶滞后的波动率信息、当日开盘相对于昨日收盘价格和基于 5 日、10 日、20 日、30 日和 60 日价格和成交金额均线的信息来对下一日的波动性进行预测(构造方法与前面的趋势因子构造方式一致)。相关的 Matlab 代码如下。

```
clear
data = csvread('hs300.csv',2,0);
    % 沪深 300 指数,[日期,开,高,低,收,成交手数,成交金额]
t = x2mdate(data(:,1));
data(:,1) = [];
O = data(:,1);
H = data(:,2);
L = data(:,3);
C = data(:,4);
V = data(:,6);
VHO = H./O-1;
VLO = 1-L./O;
VHL = (H-L)./O;
X = [1;O(2:end)./C(1:end-1)]; % 开盘价相对于上一交易日收盘价的变化
%% 计算价格均线趋势
[~,map] = my_ma(C,5); % 该函数内容参见第三章
MAP1 = map./C;
[~,map] = my_ma(C,10);
MAP2 = map./C;
[~,map] = my_ma(C,20);
MAP3 = map./C;
[~,map] = my_ma(C,30);
MAP4 = map./C;
[~,map] = my_ma(C,60);
MAP5 = map./C;
%% 计算成交量均线趋势
[~,mav] = my_ma(V,5);
MAV1 = mav./V;
[~,mav] = my_ma(V,10);
MAV2 = mav./V;
[~,mav] = my_ma(V,20);
```

```
MAV3 = mav./V;
[~,mav] = my_ma(V,30);
MAV4 = mav./V;
[~,mav] = my_ma(V,60);
MAV5 = mav./V;
%%剔除指标不足的时间点
VHO(1:60) = [];
VLO(1:60) = [];
VHL(1:60) = [];
MAP1(1:60) = [];
MAV1(1:60) = [];
MAP2(1:60) = [];
MAV2(1:60) = [];
MAP3(1:60) = [];
MAV3(1:60) = [];
MAP4(1:60) = [];
MAV4(1:60) = [];
MAP5(1:60) = [];
MAV5(1:60) = [];
X(1:60) = [];
N = length(X);
K = 3;%设置滞后观测点数量
for i = K + 1:N
    x(:,i-K) = [VHO(i-K:i-1);VLO(i-K:i-1);VHL(i-K:i-1);X(i-K+1:i);…
    MAP1(i-1);MAP2(i-1);MAP3(i-1);MAP4(i-1);MAP5(i-1);…
    MAV1(i-1);MAV2(i-1);MAV3(i-1);MAV4(i-1);MAV5(i-1)];
    y1(i-K) = VHO(i);%VHO实际值
    y2(i-K) = VLO(i);%VLO实际值
    y3(i-K) = VHL(i);%VH L实际值
end
KK = 2 000;%设置训练集样本数量,确保剩余的测试集样本为1 527
%%RF算法预测日内波动性
model1 = regRF_train(x(:,1:KK)',y1(1:KK)', 100);
y_rf1 = regRF_predict(x(:,KK+1:end)',model1);%RF算法下VHO的预测值
model2 = regRF_train(x(:,1:KK)',y2(1:KK)', 100);
y_rf2 = regRF_predict(x(:,KK+1:end)',model2);%RF算法下VLO的预测值
model3 = regRF_train(x(:,1:KK)',y3(1:KK)', 100);
y_rf3 = regRF_predict(x(:,KK+1:end)',model3);%RF算法下VHL的预测值
[~,stat] = my_regress(y1(KK+1:end)',y_rf1,1);
```

```matlab
R_sq_rf_1 = stat.R_sq;  % RF 算法下 VHO 的预测效果评价
[~,stat] = my_regress(y2(KK + 1:end)',y_rf2,1);
R_sq_rf_2 = stat.R_sq;  % RF 算法下 VLO 的预测效果评价
[~,stat] = my_regress(y3(KK + 1:end)',y_rf3,1);
R_sq_rf_3 = stat.R_sq;  % RF 算法下 VHL 的预测效果评价

%% SVM 算法预测日内波动性
[~,y_svm1,~,R_sq_svm_1] = my_svm_fit(x(:,1:KK),y1(1:KK),…
    x(:,KK + 1:end),y1(KK + 1:end),[],0);
% y_svm1:SVM 算法下 VHO 的预测值
% R_sq_svm_1: %SVM 算法下 VHO 的预测效果评价
[~,y_svm2,~,R_sq_svm_2] = my_svm_fit(x(:,1:KK),y2(1:KK),…
    x(:,KK + 1:end),y2(KK + 1:end),[],0);
% y_svm2:SVM 算法下 VLO 的预测值
% R_sq_svm_2: %SVM 算法下 VLO 的预测效果评价
[~,y_svm3,~,R_sq_svm_3] = my_svm_fit(x(:,1:KK),y3(1:KK),…
    x(:,KK + 1:end),y3(KK + 1:end),[],0);
% y_svm3:SVM 算法下 VHL 的预测值
% R_sq_svm_3: %SVM 算法下 VHL 的预测效果评价
%% BP 算法预测日内波动性
[~,y_bp1,~,R_sq_bp_1] = my_bp(x(:,1:KK),y1(1:KK),x(:,KK + 1:end),…
    y1(KK + 1:end),[10,10,10],0);
% y_bp1:BP 算法下 VHO 的预测值
% R_sq_bp_1: BP 算法下 VHO 的预测效果
[~,y_bp2,~,R_sq_bp_2] = my_bp(x(:,1:KK),y2(1:KK),x(:,KK + 1:end),…
    y2(KK + 1:end),[10,10,10],0);
% y_bp2:BP 算法下 VLO 的预测值
% R_sq_bp_2:BP 算法下 VLO 的预测效果
[~,y_bp3,~,R_sq_bp_3] = my_bp(x(:,1:KK),y3(1:KK),x(:,KK + 1:end),…
    y3(KK + 1:end),[10,10,10],0);
% y_bp3:BP 算法下 VHL 的预测值
% R_sq_bp_3:BP 算法下 VHL 的预测效果

%% 等权重综合 RF 和 SVM 预测日内波动性
[b,stat] = my_regress(y1(KK + 1:end)',(y_rf1 + y_svm1)/2,1);
R_sq_1 = stat.R_sq;  % 综合预测方法下 VHO 的预测效果
[b,stat] = my_regress(y2(KK + 1:end)',(y_rf2 + y_svm2)/2,1);
R_sq_2 = stat.R_sq;  % 综合预测方法下 VLO 的预测效果
[b,stat] = my_regress(y3(KK + 1:end)',(y_rf3 + y_svm3)/2,1);
```

```
R_sq_3 = stat.R_sq;%综合预测方法下 VH L 的预测效果

fprintf('------------ c\n')
fprintf('各种算法下的预测效果\n')
fprintf('------------\n')
fprintf('%s\t\t%s\t\t%s\t\t%s\n',' ','VHO','VLO','VHL')
fprintf('------------\n')
fprintf('%s\t\t%.2f%%\t\t%.2f%%\t\t%.2f%%\n','RF',…
R_sq_rf_1 * 100,R_sq_rf_2 * 100,R_sq_rf_3 * 100)
fprintf('%s\t\t%.2f%%\t\t%.2f%%\t\t%.2f%%\n','SVM',…
R_sq_svm_1 * 100,R_sq_svm_2 * 100,R_sq_svm_3 * 100)
fprintf('%s\t\t%.2f%%\t\t%.2f%%\t\t%.2f%%\n','BP',…
R_sq_bp_1 * 100,R_sq_bp_2 * 100,R_sq_bp_3 * 100)
fprintf('%s\t\t%.2f%%\t\t%.2f%%\t\t%.2f%%\n','综合',…
R_sq_1 * 100,R_sq_2 * 100,R_sq_3 * 100)
fprintf('------------\n')
```

实证结果表明:RF 和 SVM 对于 VHO，VHL 的预测效果稍微好于 ARMA 模型的预测效果,但对 VLO 的预测效果而言,ARMA 模型的表现更好些。BP 的预测效果不佳。等权重综合 RF 和 SVM 的预测结果,其预测能力有了一定程度的提高。对 VHO，VHL 的预测效果分别达到了 24.7% 和 54.45%,都好于各自的预测效果,同时对 VLO 的预测效果也有了一定的提升。但总体而言,针对沪深 300 指数日内波动性预测的实证分析结果表明:机器学习算法相较于 ARMA 模型并没有太大的提升。具体结果如表 9-所示。

表 9-1　　　　　　　　　　各种算法下的预测效果

	VHO	VLO	VHL
RF	23.08%	15.91%	52.79%
SVM	22.90%	16.88%	51.51%
BP	13.20%	5.94%	37.06%
综合	24.70	18.39%	54.45%

参考文献

[1] Leippold M，Wang Q，Zhou W. 2021，Machine learning in the Chinese stock market，*Journal of Financial Economics*.

[2] Gu S，Kelly B，Xiu D. 2020，Empirical Asset Pricing via Machine Learning，*Review of Financial Studies*（33）.

第十章 构建量化交易系统

10.1 量化交易策略的分析和决策系统

10.1.1 本地数据库系统

数据是量化分析的核心元素,数据库是量化系统最基础的构成部分。各种证券的历史行情数据、股票财务数据、从各种网页上爬取的信息等经过清洗后都可以存放在数据库系统当中。这里我们推荐从 http://phpstudy.php.cn/下载 phpStudy,并快速建立 MySQL 本地数据库系统。[①] 下载安装后,双击 phpStudy,则出现如图10-1的界面,在界面中鼠标右键点击启动项,选择弹出菜单中的"启动 MySql"。继续左键点击"MySQL 管理器",选择弹出菜单中的"MySQL-Front",在弹出的界面中可以看到主机名为 localhost 的本地数据库,点击"打开"就可以直接进入本地数据库的界面,如图10-2所示。点击"属性"可以看到数据库的默认用户名为:root,默认密码为:root,主机名:localhost,端口为:3306。

在 Matlab 中连接 MySQL 数据库,需要额外安装 MySQL 的驱动包,我们可以到以下网页下载比较常用的 MySQL 的 JDBC 驱动包:https://dev.mysql.com/downloads/connector/j/3.1.html。

界面如图10-3所示,选择"Platform Independent",点击"download"之后在跳出的页面底部点击"No thanks, just start my download."开始下载。这里我下载的是 mysql-connector-java-5.1.47.zip,在解压缩之后的文件夹中找到文件 mysql-connector-java-5.1.47-bin.jar,并将其拷贝到 matlab 安装路径下面的目录。

[①] 需要从微软官网下载并安装与 phpstudy 版本匹配的 VC 运行库。比如,php5.3、5.4 和 apache 都是用 VC9 编译,电脑必须安装 VC9 运行库才能运行;php5.5、5.6 是 vc11 编译;php5.5、5.6 必须安装 VC11 运行库;php7.0、7.1 是 VC14 编译,php7.0、7.1 版本必须安装 VC14 运行库。读者也可从以下博客中下载相关的 VC 运行库:https://blog.csdn.net/jackbon8/article/details/93013372。

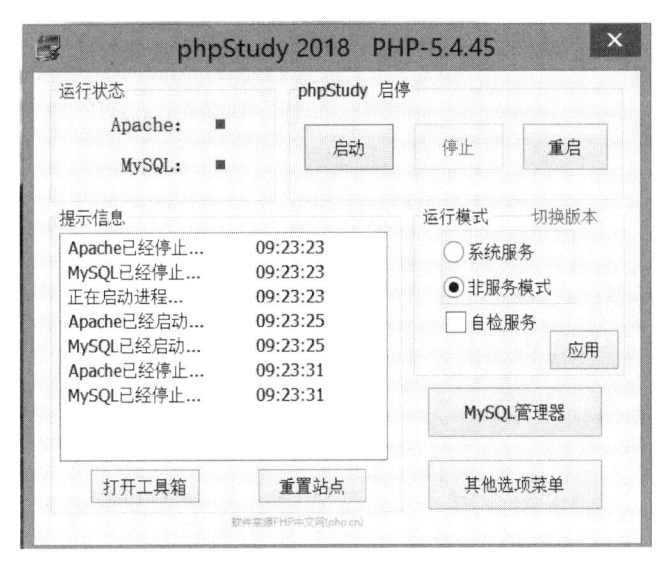

图 10-1　启动 MySQL

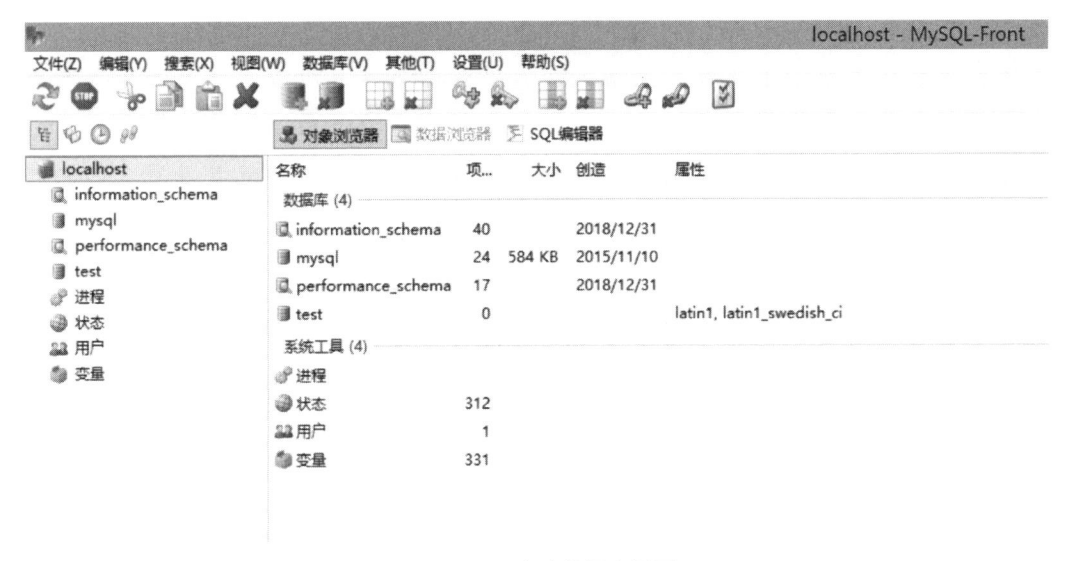

图 10-2　本地数据库界面

\R2012a\java\jar\toolbox

我的 Matlab 安装路径为

C:\Program Files(x86)\Matlab\R2012a\java\jar\toolbox

读者根据自己的安装路径做相应更改,然后在以下目录中找到 classpath.txt 文件:

C:\Program Files(x86)\Matlab\R2012a\toolbox\local

打开并在文档最后添加:

$matlabroot/java/jar/toolbox/mysql-connector-java-5.1.47-bin.jar

用来加载 MySQL 的 JDBC 驱动,然后将文件保存。如果文件不能保存,则打开 classpath.txt 所在的目录,找到 classpath.txt 文件,并鼠标右键点击,选择属性,在安全栏目中修改权限即可。

图 10-3　下载 MySQL 的 JDBC 驱动

启动 phpStudy 后,点击 MySQL 管理器选择 MySQL Front,然后在图 10-2 所示的界面选中 localhost,点击鼠标右键,选择新建数据库,然后在弹出的界面中建立名字为 stock_price 的数据库。类似地,还建立一个名字为 index_price 的数据库。接下来我们调用第二章编写的函数 my_wangyi_hist_data,从网页获取 2016 年到 2018 年的指数 000300 的日行情数据,包括日期(以与 Matlab 对应的整数表示)、开盘价、最高价、收盘价、最低价、成交股数和成交金额。并将数据保存在本地名字为 index_price 的数据库下面,名字为 sh000300 的数据表中(MySQL 是最流行的关系型数据库管理系统,与数据库之间的通讯需要掌握基本的 SQL 语句规则和语法,读者可以通过百度搜索,并参考相应的资料)。对于初次接触 SQL 语句规则和语法的读者可以参考以下网页的相关内容:http://www.runoob.com/sql/sql-intro.html。表格 sh000300 的变量名分别为 date,open,high,close,vol 和 amount。在启动 MySQL 后,我们在 Matlab 主窗口下输入

```
clear
conn = database('index_price', 'root', 'root', 'com.mysql.jdbc.Driver',…
'jdbc:mysql://localhost:3306/index_price')
% 连接本地名字为 index_price 的数据库
% 函数 database 的输入项分别为:数据库名称,数据库用户名,密码,驱动
% 和数据库路径
exec(conn,['create table sh000300','(date integer, open float, …
```

```
high float, close float,low float, vol float,amount float)']);
% 执行 SQL 语句,创建名字为 sh000300 的数据表格,并定义第一列列名为 date(整数型),
% 其余列名 % 分别为 open、high、close、low、vol 和 amount 均为浮点型数据类型
Data1 = my_wangyi_hist_data('000300', 2016, 2018,'index');
n = size(Data1,1);
for j = 1:n
fastinsert(conn, ['sh000300'], {'date','open','high','close','low','vol','amount'},…
{Data1(j,1),Data1(j,2),Data1(j,3),Data1(j,4),Data1(j,5),Data1(j,6),…
Data1(j,7)});
% 在表格 sh000300 中插入数据
end
```

运行以上程序后,在 Matlab 主命令窗口下我们得到以下结果。

```
conn =
      Instance:'index_price'
      UserName:'root'
        Driver:'com.mysql.jdbc.Driver'
           URL:'jdbc:mysql://localhost:3306/index_price'
   Constructor:[1x1 com.mathworks.toolbox.database.databaseConnect]
       Message:[]
        Handle:[1x1 com.mysql.jdbc.JDBC4Connection]
       TimeOut:0
    AutoCommit:'on'
          Type:'Database Object'
```

如果出现 AutoCommit:'on',则表示数据库连接成功。我们在 phpStudy 图 10-2 显示的界面点击左上角的刷新图标,选中 sh000300 表格,并点击数据浏览器,我们就可以看到从网页获取的沪深 300 指数行情已经保存在数据库 index_price 中的 sh000300 表格当中了,如图 10-4 所示。类似地,我们还可以继续在数据库 index_price 中新建上证综合指数的表格 sh000001 等。我们还可以建立新的数据库 stock_price,用来存储个股的行情信息。当然,也可以从新浪网、东方财富网等获取上市公司的财务、分红等数据并存储在本地数据库当中。

接下来我们也给出例子,介绍如何从 MySQL 调用已经存储的数据。沿用前面建立的数据库 index_price 及其相应的 sh000300 表格,在启动 MySQL 后,我们在 Matlab 主窗口下继续输入

```
clear
conn = database('index_price','root','root','com.mysql.jdbc.Driver',…
'jdbc:mysql://localhost:3306/index_price');
cursor = exec(conn,'select * from sh000300');
% 执行 SQL 语句,获取表单 sh000300 中的所有列数据,并返回游标
cursor = fetch(cursor); % 将 SQL 执行结果返回到 Matlab 工作空间
```

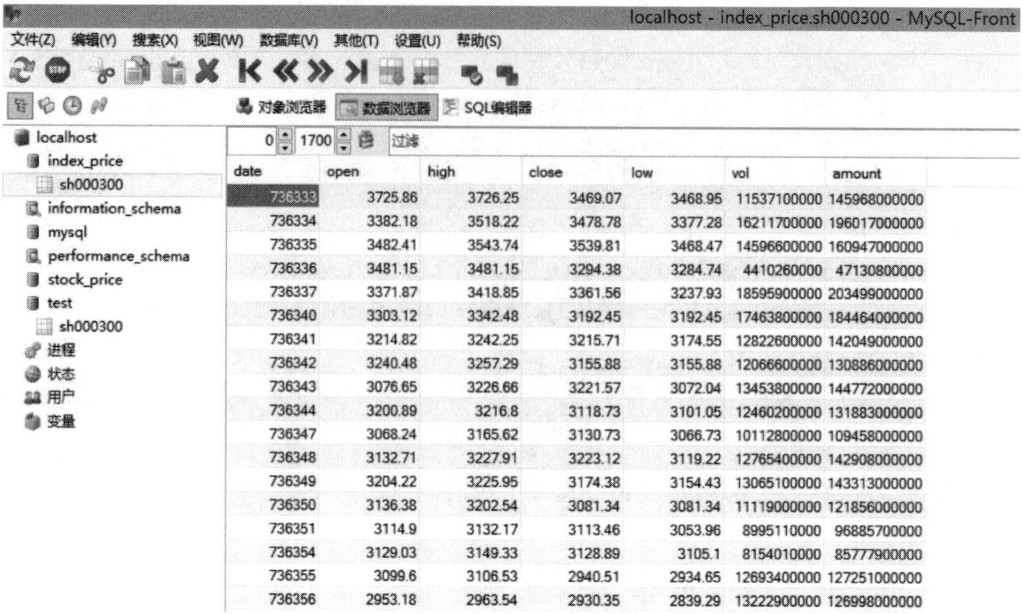

date	open	high	close	low	vol	amount
736333	3725.86	3726.25	3469.07	3468.95	11537100000	145968000000
736334	3382.18	3518.22	3478.78	3377.28	16211700000	196017000000
736335	3482.41	3543.74	3539.81	3468.47	14596600000	160947000000
736336	3481.15	3481.15	3294.38	3284.74	4410260000	47130800000
736337	3371.87	3418.85	3361.56	3237.93	18595900000	203499000000
736340	3303.12	3342.48	3192.45	3192.45	17463800000	184464000000
736341	3214.82	3242.25	3215.71	3174.55	12822600000	142049000000
736342	3240.48	3257.29	3155.88	3155.88	12066600000	130886000000
736343	3076.65	3226.66	3221.57	3072.04	13453800000	144772000000
736344	3200.89	3216.8	3118.73	3101.05	12460200000	131883000000
736347	3068.24	3165.62	3130.73	3066.73	10112800000	109458000000
736348	3132.71	3227.91	3223.12	3119.22	12765400000	142908000000
736349	3204.22	3225.95	3174.38	3154.43	13065100000	143313000000
736350	3136.38	3202.54	3081.34	3081.34	11119000000	121856000000
736351	3114.9	3132.17	3113.46	3053.96	8995110000	96885700000
736354	3129.03	3149.33	3128.89	3105.1	8154010000	85777900000
736355	3099.6	3106.53	2940.51	2934.65	12693400000	127251000000
736356	2953.18	2963.54	2930.35	2839.29	13222900000	126998000000

图 10-4　新建数据库 index_price

```
data = cell2mat(cursor.Data); % 得到数据矩阵
close(cursor); % 关闭游标
```

这样我们从数据库中获取到了 2016 年到 2018 年沪深 300 指数的日行情数据。

如果我们要修改其中某一条数据，比如，我们修改以上数据库中表单 sh000300 中的数据：将 2018/1/5 的沪深 300 指数的收盘价修改为 3 800。则我们继续在 Matlab 主命令窗口下输入

```
sql = sprintf('upgrade sh000300 set close = %f where…
date = %d',3 800,datenum('2018/1/5'));
exec(conn,sql);
close(conn); %关闭数据库连接
```

如果我们要将 2018/1/5 的数据删除，则我们继续在 Matlab 主命令窗口下输入

```
sql = sprintf('delete from sh000300 where…
date = %d',datenum('2018/1/5'));
exec(conn,sql);
close(conn); %关闭数据库连接
```

10.1.2　数据分析系统

数据分析是量化投资系统必不可少的核心组成部分。投资逻辑被应用于各种数学和统计模型，处理和分析数据，最终得出分析结论。许多先进的工具和方法，比如机器学习方法、计算能力和速度更快捷的计算机硬件等，都可能被应用于数据的分析和处理过程。Matlab 本身就是一款数学软件，配有各种强大的数学和统计的分析工具包，足以胜任各种复杂的数

据分析和数学模型的处理,以及参数估计和预测等工作。利用 Matlab 既有的工具包,我们可以根据量化策略设计的需要构建适合自身需要的各种分析系统,比如,可以建立一个小型的行业增长预测评选系统,从京东、淘宝等网站抓取某些品牌产品的销售、客户评价等信息,结合相关上市公司财务数据等,建立合理的数理统计模型,对相关行业发展的增长做出预测,并对不同行业的发展动态做出评价。再比如,我们也可以建立一个技术分析系统,根据股票 K 线的"头肩底""W 底""M 头"等技术形态,以及趋势类指标和量价指标等,识别股票当前的趋势状态,协助对已经进入多因子选股模型的多头和空头股票的买卖时机做出判断。甚至可以为每一个系统设计美观的操作界面。前面章节中介绍的案例都可以扩展成一个小的分析系统。

下面我们给出一个简单例子,如何建立一个分析子系统,具体地,我们建立一个基于沪深 300 指数成份股的分红情况的简单分析系统。完成以上分析系统至少要解决以下几个问题:(1)获取沪深 300 指数的成份股,并将数据导入本地数据库。(2)获取成份股的历史分红情况,并将数据导入本地数据库。(3)对股票分红的历史增长情况、稳定性和当前股息率做出比较和分析。针对以上三个基本问题,我们分别编写二个函数来实现前面的两个功能:my_index_component 从新浪网页获取指数的成份股代码和 my_sina_dividend 从新浪网页获取股票的历史分红情况。对分红数据进行分析和比较,我们在后面直接给出 Matlab 的相关代码。有心的读者可以扩展该分析系统,可以将股票范围扩展成上市超过 5 年的所有股票,并增加基于股息的投资策略和相应的历史回溯测试等功能。

```
function [f,date_join] = my_index_component(indexcode)
% 从新浪网查找当前指数的成份股代码
% 输入
% indexcode:指数代码,比如 '000300'
% 输出
% f:成份股代码
% date_join:加入指数日期
% 例:[f,date_join] = my_index_component('000300');
% 曹志广,2019/1/6
f = [];
date_join = [];
max_page_number = 100;% 设置最大页数
for i = 1:max_page_number
url = sprintf('http://vip.stock.finance.sina.com.cn/corp/…
view/vII_NewestComponent.php? page = % d&indexid = % s',i,indexcode);
html = urlread(url,'get','','GBK');
reg = '<td><div align = "center">(\d\d\d\d\d\d)</div></td>';
[~,b] = regexp(html,reg,'match','tokens');
if isempty(b)
    break
else
```

```matlab
        reg1 = '<td><div align = "center">(\d\d\d\d - \d\d - \d\d)</div></td>';
        % 获取日期
        [~, b1] = regexp(html,reg1,'match','tokens');
    for j = 1:length(b)
        f = [f;b{j}];
        date_join = [date_join;b1{j}];
    end
    end
    pause(1) % 避免因翻网页速度过快,触发网站反爬虫措施
end
function [f,data_adj] = my_sina_dividend(stockcode,conn)
% 从新浪网查询股票的历史分红情况,并将数据存入数据库
% 输入
% stockcode:股票代码,比如'600019'
% conn:数据库
% 输出
% f:矩阵,第一列为日期(数值格式),第二列为送股数量,
% 第三列为转增股数量,第四列为现金分红数量
% data_adj:[年份,每股送转股数,每股未调整红利,调整系数,每股调整红利]
% 曹志广,2019/1/6
url = sprintf('http://vip.stock.finance.sina.com.cn/corp/go.php/…
vISSUE_ShareBonus/stockid/%s.phtml',stockcode);
html = urlread(url,'get','','GBK');
html = regexp(html,'<!--分红 begin-->||<!--分红 end-->','split');
html = html{2};
reg1 = '<td>(\d\d\d\d-\d\d-\d\d||--)</td>'; % 获取日期
[~, b] = regexp(html,reg1,'match','tokens');
if ~isempty(b)
N1 = length(b);
ex_date = zeros(N1/4,1);
for i = 1:N1/4
    ex_date(i) = datenum(b{(i-1)*4+1}); % 获取公告日期
end
reg2 = '<td>(\d*\.?\d*)</td>'; % 获取送股、转增股和现金分红
[~,b2] = regexp(html,reg2,'match','tokens');
N2 = length(b2);
data = zeros(N2/3,3);
for i = 1:N2/3
    data(i,1) = str2double(b2{(i-1)*3+1});
```

```matlab
        data(i,2) = str2double(b2{(i-1)*3+2});
        data(i,3) = str2double(b2{(i-1)*3+3});
    end
    f = [ex_date,data];
else
    f = [];
end
fprintf('正在将股票%s的历史分红数据存入数据库…\n',stockcode)
if str2double(stockcode(1)) = = 6
    tab_name = ['sh',stockcode];
else
    tab_name = ['sz',stockcode];
end
exec(conn,[['create table if not exists ',tab_name],'(date integer,split…
float,dividend float,adj_coef float,adj_div float)']);
if ~isempty(f)
    f(:,2:4) = f(:,2:4)/10;
    data = [year(f(:,1)),f(:,2)+f(:,3),f(:,4)];
    Year = data(:,1);
    Year = unique(Year);
    N = length(Year);
    data_adj = zeros(N,4);
    data_adj(:,4) = 1;
    exec(conn,['delete from ',tab_name,])%删除表格原所有记录
for j = 1:N
    data_adj(j,1:3) = [Year(j),sum(data(data(:,1) = = Year(j),2:3),1)];
end
for k = N:-1:1
    data_adj(1:k,4) = data_adj(1:k,4)/(1+data_adj(k,2));
end
data_adj(:,5) = data_adj(:,4).*data_adj(:,3);
%[年份,每股送转股数,每股未调整红利,调整系数,每股调整红利]
for l = 1:size(data_adj,1)
    fastinsert(conn, tab_name, {'date','split','dividend','adj_coef','adj_div'},…
{data_adj(1,1),data_adj(1,2),data_adj(1,3),data_adj(1,4),data_adj(1,5)});
end
else
    fastinsert(conn, tab_name, {'date','split','dividend','adj_coef',…
'adj_div'},{year(now),0,0,1,0});
```

end

fprintf('股票%s 的历史分红数据成功存入数据库\n',stockcode)

由于 Matlab 自带的函数 urlread 在读取网页源代码时不能识别中文,我们参考"缓步的骆驼的博客"的做法,对函数 urlread 进行了修改。[①] 首先在 Matlab 主窗口下输入

open urlread

然后对 urlread.m 文件做以下修改。

修改 1:

修改第一行的函数定义

function [output,status]=urlread(urlChar,method,params,webencoding)

并在其下面添加一句

if nargin<4; webencoding='UTF-8'; end

修改 2:

将 narginchk(1,3)改为 narginchk(1,4)

修改 3:

将 output=native2unicode(typecast(byteArrayOutputStream.toByteArray','uint8'),'UTF-8');改为

output = native2unicode (typecast (byteArrayOutputStream.toByteArray','uint8'),webencoding);

修改后将其保存。如不能保存,则在 urlread.m 的所在目录,找到 urlread.m 文件,并鼠标右键点击,选择属性,在安全栏目中修改权限即可。

启动 MySQL,并在本地 localhost 下新建数据库 index_component 和 dividend,然后我们将沪深 300 指数的成份股代码和股票的历史分红数据存入数据库。当从新浪网页大量下载数据时,可能会引发网站暂时封闭 IP 地址。因此,下载部分数据后需要暂停一段时间,比如 10 分钟,之后再继续下载数据。这样,我们就将沪深 300 指数成份股的历史分红数据保存在本地数据库 dividend 下面了,具体如图 10-5 所示。每个股票的分红数据用单独表格表示,表的名称就是股票的代码(前面加上了交易所名称:上海证券交易所的简称 sh 或深圳证券交易所的简称 sz)。分红数据的第一列为分红的年份,第二列为每股送股和转增股的总数,第三列为未经调整的每股现金分红金额,第四列为考虑股票数量变化之后的现金分红调整系数,第五列为调整后的每股现金分红数金额。这样调整之后的每股现金分红金额都是基于当前时刻的股票数量而言的。具体地,我们在 Matlab 主窗口下输入

clear

stockcodes = my_index_component('000300');

conn = database('index_component','root','root','com.mysql.jdbc.Driver',…
'jdbc:mysql://localhost:3306/index_component');

exec(conn,['create table sh000300','(stockcode CHAR(6))']);

n = length(stockcodes);

for j = 1:n

[①] http://blog.sina.com.cn/s/blog_9d0b00a401019iwc.html.

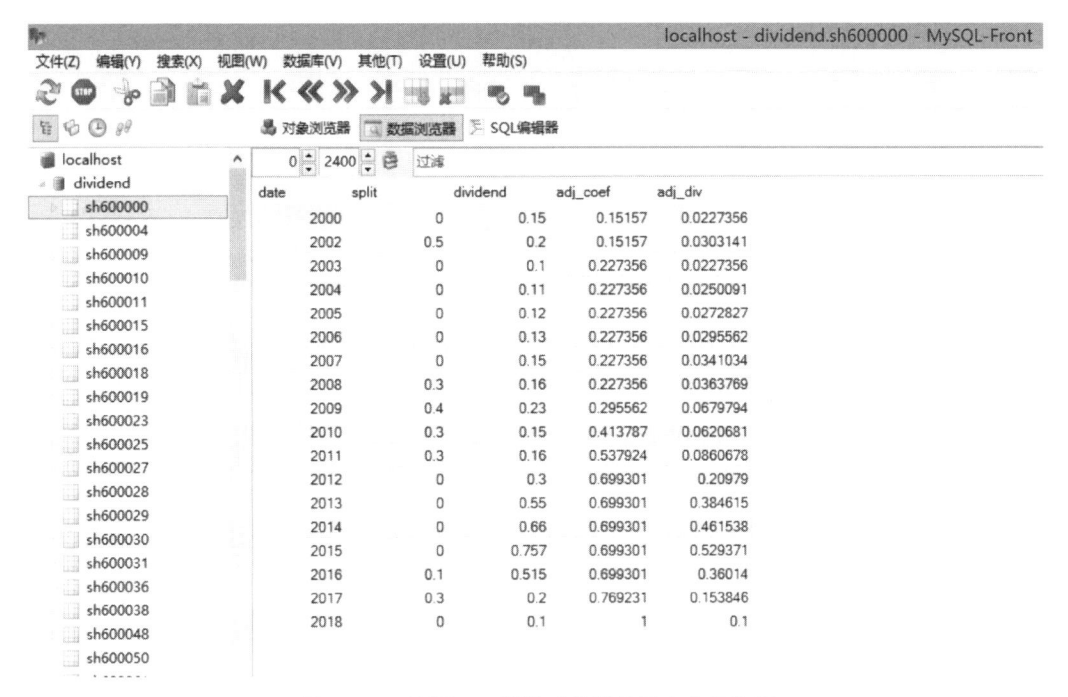

图 10-5　沪深 300 指数成分股的历史分红数据

```
fastinsert(conn,'sh000300',{'stockcode'},{stockcodes(j)});
% 在表格 sh000300 中插入数据
end
conn = database('dividend','root','root','com.mysql.jdbc.Driver',…
'jdbc:mysql://localhost:3 306/dividend');
for i = 1:length(stockcodes)
my_sina_dividend(stockcodes{i},conn);
if mod(i,50) = = 0
    pause(600)
end
end
```

在将数据存储在本地数据库之后，我们就可以对沪深 300 成份股的历史分红情况进行分析了。我们考察上市公司历史分红金额的成长性、稳定性以及股息率。具体地，我们选择历史上至少有 5 年实施分红的股票，并且历史上不分红的年份数低于 2 年。我们将这些股票挑选出来，计算其历史上的平均每股股息、每股股息的标准差、最近 5 次分红的平均值与最新的股价比率（即近 5 年平均的股息率，基于 2019 年 1 月 8 日的股票价格），并存放在本地数据库 dividend 下面的表格 div_slect 中，如图 10-6 所示，总共选出了 150 只符合要求的股票。具体的 Matlab 代码如下。

```
clear
conn = database('index_component','root','root','com.mysql.jdbc.Driver',…
'jdbc:mysql://localhost:3306/index_component');
```

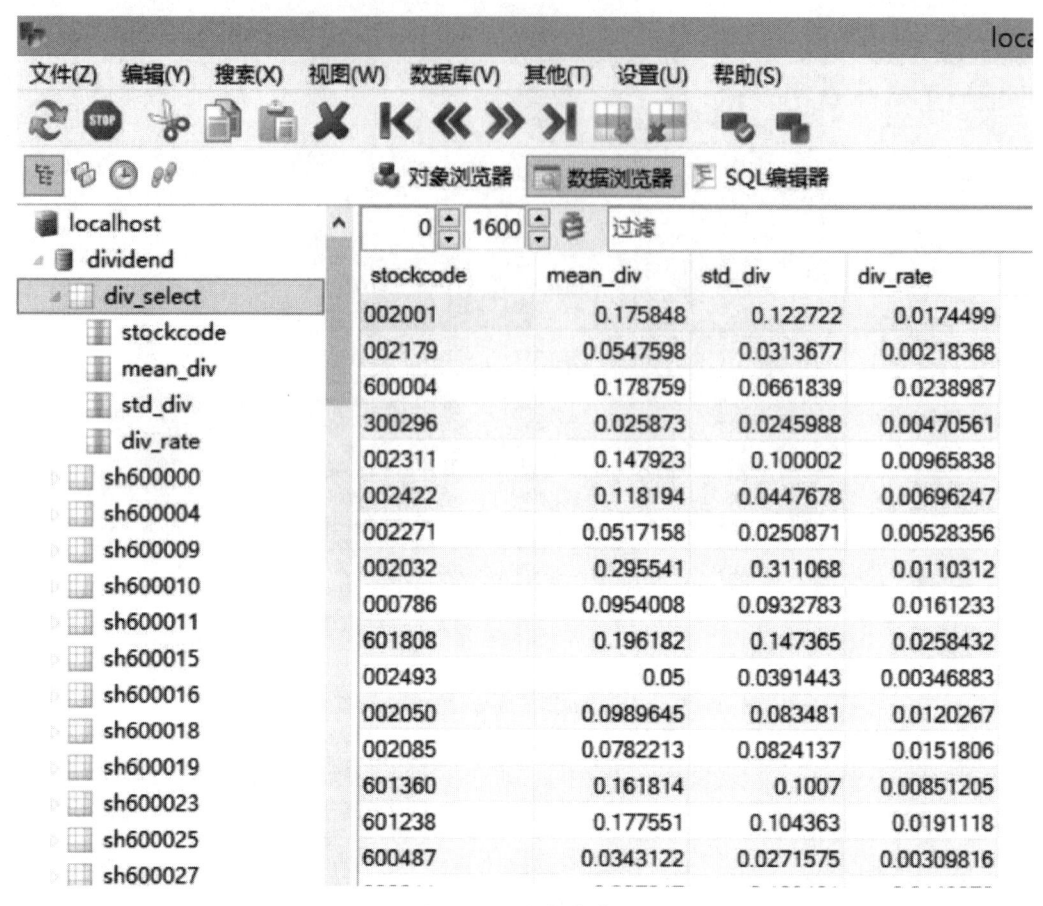

图 10-6 股息率选股

```
cursor = exec(conn,'select * from sh000300');
cursor = fetch(cursor);
data = cell2mat(cursor.Data);
conn = database('dividend','root','root','com.mysql.jdbc.Driver',…
'jdbc:mysql://localhost:3306/dividend');
A = [];
for i = 1:300
    stockcode = data(i,:);
    if str2double(stockcode(1)) = = 6
    tab_name = ['sh',stockcode];
    else
    tab_name = ['sz',stockcode];
    end
    cursor = exec(conn,['select * from',tab_name]);
    cursor = fetch(cursor);
    data_div = cell2mat(cursor.Data);
```

```
            Y = data_div(:,5);
            Y(Y = = 0) = [];
            if length(Y)>5&&length(Y)>length(data_div(:,5))-2
            mean_div = mean(Y);
            std_div = std(Y);
            prt = my_eastmony_real_time_stock (tab_name);
            prt = prt(4);
            div_rate = mean(Y(end-4:end))/prt;
            A = [A;{stockcode,mean_div,std_div,div_rate}];
            end
        end
    exec(conn,['create table div_select','(stockcode char(6),…
    mean_div float,std_div float,div_rate float)']);
    n = size(A,1);
    for j = 1:n
    fastinsert(conn, 'div_select', {'stockcode','mean_div',…
    'std_div','div_rate'},{A{j,1},A{j,2},A{j,3},A{j,4}});
    end
    close(conn);
```

接下来,我们用平均股息除以股息标准差来衡量现金股息的稳定性,我们采取一个简单的基于现金股息的投资策略:选择股息率最高并且稳定性最高的前 10 只股票作为潜在买入对象。开启 MySQL 后,在 Matlab 主命令窗口输入

```
    clear
    conn = database('dividend','root','root','com.mysql.jdbc.Driver',…
    'jdbc:mysql://localhost:3306/dividend');
    cursor = exec(conn,'select stockcode,mean_div/std_div,div_rate from…
    div_select order by div_rate desc,mean_div/std_div desc limit 10');
    %选出股票代码、稳定性(即平均股息除以股息标准差)和股息率,
    %并且首先按照股息率降序排列,再按照稳定性降序的排序后前 10 名的数据
    cursor = fetch(cursor);
    data = cursor.Data;
    fprintf('股票代码\t\t 稳定性\t\t 股息率\n')
    for i = 1:size(data,1)
        fprintf('%s\t\t%.4f\t\t%.2f%%\n',data{i,1},data{i,2},data{i,3}*100)
    end
```

以上代码中,我们并没有先将数据全部从数据库中搬到 Matlab 工作空间,然后再在 Matlab 中进行计算和排序,而是先在数据库中进行计算和排序后,再将我们需要的数据从数据库中搬出。这样做的好处是大大提高了执行效率,建议读者利用数据库的优势,提高程

序运行效率。最后我们得到以上股息策略的选股结果如下。

股票代码	稳定性	股息率
600066	0.821 2	6.50%
000625	0.675 3	5.68%
600177	1.454 8	5.59%
600028	1.477 9	5.39%
601988	3.407 7	5.10%
601006	4.701 0	5.05%
601288	3.573 2	4.95%
000402	1.173 5	4.80%
601398	2.810 9	4.72%
601633	2.436 6	4.69%

从分红率来看,股票600066达到了6.5%,但其稳定性并不高;股票601006的分红率为5.05%,但其稳定性非常高。综合分红率和稳定性,投资601006似乎更加稳妥些。

10.1.3 量化交易决策系统

量化分析最终要落实在投资决策上,决策系统应当是自上而下和着眼于全局视角的。从资产配置策略开始,首先要决定在不同国家、不同证券市场、证券品种和不同交易策略之间的配置比例关系。具体到单个的量化投资策略而言,决策系统要解决以下三个基本问题:买/卖什么?什么时候买/卖?买/卖多少?决策系统的具体设定首先要依赖于投资目标函数,以及投资者面临的各种限制和风险偏好水平等。具体到某一个量化交易策略,买/卖什么?什么时候买/卖?买/卖多少?这三个问题则依赖于量化策略背后的逻辑和风险控制体系。这里我们不再展开讨论。

10.2 量化交易策略的执行系统

10.2.1 量化交易策略执行的重要性

许多个人投资者具有良好的金融专业知识,对市场有一定的理解,同时也有自己的投资逻辑和风险控制方法。但在执行环节总是打折扣,执行不力,结果投资业绩往往与预期的相差甚远。好的策略如果得不到100%的执行,就是一个糟糕的交易系统,其效果往往不如次好的,却能得到完全执行的策略绩效好。这就需要我们认真思考,为什么制定好的策略却难以得到执行?只有想清楚了这个问题,才能有针对性地采取相应的应对方法和措施,从而确保策略得到有效执行。当然,对于投资策略的逻辑和风险控制体系存在明显缺陷的策略而言,还谈不上执行的问题。一般而言,除了策略本身存在比较大的缺陷之外,执行不力通常有以下几个方面的原因:(1)存在各种心理障碍,导致知行难以合二为一。比如,很多投资者分析市场时非常有心得和体会,但实盘操作,尤其是大金额地买入或卖出时却没有"临门一脚"的勇气,很多投资者受到处置效应的影响,不愿意卖出亏损的股票,从而拒绝策略发出的卖出信号;或者在交易时,总想着有更好的成交价格,一等再等,最后错失机会。(2)对策略本身的逻辑理解不够充分,当策略连续表现糟糕时对策略丧失信心,从而主动放弃策略。(3)策略的回撤超出心理承受范围,从而被迫放弃策略。

10.2.2 量化交易策略执行的效率改进

针对以上常见的原因,我们可以做以下几个方面的改进策略执行的效率。

(1) 调节量化策略的风险水平

如果策略的回撤较大,超出了投资者承受风险能力的范围,很容易导致投资者不得不停止策略的执行。针对这种情况,我们可以采用以下几种办法:(1)不要将资金集中投资在少数几个策略上,要从整个投资组合的角度来调节整体风险水平,将资金分散在相关性较低的很多不同的投资策略中。(2)加入债券、货币基金等低风险资产,从而降低整个投资组合的波动性。(3)改进风险控制措施,适度将单个策略的回撤比率下降到适应投资者风险偏好的合理水平上。

(2) 深刻理解量化交易策略

如果投资者对自己要执行的量化交易策略缺乏深刻的理解,就很可能无法正确解读策略运行的实际结果。一旦策略在一段时间里表现不佳,很容易造成投资者放弃执行策略。策略表现糟糕,存在两方面的可能:一种可能是因为策略本身出现了逻辑上的漏洞。比如,忽略了某些重要的因素,而这些因素恰好在特定的时间段又表现出来了。这时候需要停止执行策略,并对策略进行修正。另一种可能是连续的"坏运气"的结果,而并非策略本身存在问题。而对这两种可能性的判断,都应该包含在量化策略的投资逻辑和风险控制体系当中。当投资者对自己要执行的量化交易策略缺乏深刻理解的情形下,对这两种可能性的判断条件就会缺乏合理的逻辑推断,从而导致策略表现糟糕时投资者会放弃策略的执行。这就需要投资者仔细分析投资逻辑和风险控制体系,认清策略表现糟糕的原因是哪种可能性更大些,并将此融入策略的风险控制体系,从而也就增加了投资者对整个策略体系的信心。当连续的"坏运气"来临时,投资者就会理解这就是策略的一部分,当策略本身的投资逻辑受到质疑时,风控系统自然会做出合理的判断,从而自动终止策略的执行。完善的风险控制体系和投资者对策略交易逻辑的深刻理解就能有效增加投资者的信心,从而避免人为地主动终止策略的执行。

(3) 利用程序化交易

如果投资者存在心理障碍而不能执行策略,一个简单的办法是让其他受过训练的交易员来执行策略,或者让电脑程序自动执行交易策略。如果其他人来执行策略,不要将执行人的执行行为与策略带来的投资收益挂钩,以避免引发执行人执行策略时的心理偏差。

(4) 量化交易策略执行在制度层面的设计

对于机构投资者而言,更应该在制度层面设计量化策略的执行,依赖员工的觉悟来执行策略是缺乏长期保障的。策略的研发部门与实际交易部门应当存在"防火墙",还包括合理的组织结构和激励惩罚机制等。这里不展开讨论这些问题。

10.3 股票和期货的实盘交易接口

10.3.1 股票的实盘交易

目前而言,国内股票交易还没有推出像期货交易 CTP 这样的免费程序化交易平台。个人投资者一般可以通过以下几种方式进行股票的程序化实盘交易。

(1) 过付费购买券商提供的程序化交易系统。比如,国信证券提供的 TradeStation 程序化交易系统。券商提供的程序化交易系统通常有特定的编程语言限制,比如,国信证券的 TradeStation 程序化交易系统使用 Easy Language。由于 Pyhton 语言在实际量化应用领域中越来越广泛,国信证券的程序化交易系统也开始向 Pyhton 语言环境转变。相信以后有更多券商会开始建立 Python 语言的程序化交易系统。使用券商提供的程序化交易系统的好处是方便和稳定,能够同时覆盖股票、期货和期权的交易;缺点主要在于付费,还要受到编程语言的限制。另外,券商的系统通常只提供历史行情和实时行情数据,缺乏量化策略所依赖的其他更加多维数据的支撑。

(2) 如果个人投资者资金量比较大,则可以与券商沟通,采用某种合规的方式从而获得程序化交易接口,但通常需要将系统部署在券商的机房。

(3) 借助于第三方机构提供的程序化交易平台,通常也需要付费。比如,我们在第二章中介绍的 Wind 量化接口。由于目前受制于监管层对股票程序化交易的限制,这些第三方机构还不允许为客户提供股票的程序化实盘交易,但程序化交易是大势所趋,股票程序化交易的松绑是迟早的事情。从技术层面而言,这些第三方的机构完全可以提供满足投资者各种程序化交易需求的金融服务。并且像 Wind 这样的数据提供商,本身就能提供多维的海量数据信息,基于 Wind 的量化交易接口可以节省大量的数据收集和整理工作。当然对于个人投资者而言,购买 Wind 的服务还是比较昂贵的。类似地,同花顺等也提供类似的量化交易接口,并且也提供了量化接口插件详细的使用说明。另外,还有一些量化交易平台或金融服务中介,比如,聚宽、优矿、米筐、云宽客、Quicklib 等大多使用 Python 作为量化策略的开发工具,其中一些平台也开始提供股票的实盘交易接口。也有许多小公司提供价格低廉的股票程序化服务,不过这类服务的质量和安全性很难得到保证。

(4) 使用模拟登录网页的办法,实现一些交易比较简单,并且对交易速度要求较低的交易。券商一般都会提供网页版的交易服务,投资者可以使用 Python 的 Selenium 模块模拟登陆实现一些简单的自动化交易。有兴趣的读者可以查找相关资料,通过模拟登录网页进行股票的实盘交易。而对于需要登录券商交易软件进行交易的情形,则可以使用 Python 的 PyUserInput 模块模拟鼠标和键盘操作的方法进行自动化交易。[①]当然,使用模拟登陆方式

---

① 在 CMD 窗口下,使用 pip install pyuserinput 安装 PyUserInput 模块需要先安装 pywin32 和 pyHook 模块,直接使用 pip install pyhook 通常会出错。读者可以先到以下网址下载与 Python 版本匹配的后缀名为 .whl 的 pyhook 的文件:https://www.lfd.uci.edu/~gohlke/pythonlibs/。
文件下载后,将它复制到 Python 安装目录 pip 文件所在的文件夹,通常为 .\Scripts 文件夹,然后在 CMD 窗口 Scripts 目录下输入:pip install 文件名.whl。另外,有些券商的行情交易软件可能会禁止鼠标和键盘的模拟操作。

进行程序化交易对交易速度就不要有太高的期望了,同时交易的稳定性也难以保证。另外,如果要交易的股票品种比较多,这种办法就显得过于笨拙了。即便这样,对于相对简单的交易而言,它也比手动交易要快捷得多,同时在相当程度上保证了策略执行的纪律性。对于使用 Python 进行模拟登录网页或模拟鼠标和键盘进行程序化交易的读者,可以从 https://mirrors.tuna.tsinghua.edu.cn/anaconda/archive/下载 Anaconda3,这里推荐使用 Python3 的最新版本,不建议使用 Python2 版本。Anaconda 自带 Spyder 开发环境,Spyder 的界面与 Matlab 非常相像,熟悉 Matlab 的读者很容易喜欢上 Spyder 的开发环境。

(5) 利用手机接收买卖信号,通过手机端的交易应用程序进行手工下单操作。这种方式比较简单、易行,但仅适合简单的量化交易策略,如果信号接受者忙于其他事务时,可能会错过交易指令的执行。

下面我们给出一个 Matlab 函数,将量化策略的交易信息通过 Email 形式发送给交易者,交易者可以通过手机端接收 Email 信息,然后手动进入手机端的交易软件,进行手动交易。这样,量化策略可以在服务器或电脑端 Matlab 环境下运行,实盘的交易则通过发送 Email 到指定手机端,然后手动交易执行。我们以发件人的信箱为 QQ 邮箱来说明函数的编写。首先需要登录 QQ 邮箱,进入设置栏目,开通 POP3/SMTP 服务,并设置独立密码(可以与邮箱密码相同,也可以不同)。发送 Email 的函数 my_send_email_qq 如下。

```
function my_send_email_qq(content,subject,towhom,attachments)
% 通过 QQ 邮箱发送邮件
% input:
% content:邮件内容,比如,content = ['buy' 10 'sell' 10 'buy and sell'];
% 用 10 来强制分行
% subject:邮件主题,比如,'交易信号提示'
% towhom:收件人邮箱地址,比如,'caozhiguang***@qq.com'
% attachments:附件,比如,'D:\caozhiguang\my_test_001.jpg';
% Edited by Cao Zhiguang,2015/11/16
fromwho = '******@qq.com';% 发件人邮箱地址
password = '******';% 输入发件人邮箱的独立密码
smtp_server = 'smtp.qq.com';
setpref('Internet','SMTP_Server',smtp_server);
setpref('Internet','E_mail',fromwho);
setpref('Internet','SMTP_Username',fromwho);
setpref('Internet','SMTP_Password',password);
props = java.lang.System.getProperties;
props.setProperty('mail.smtp.auth','true');
content = [content 10 datestr(now)];
sendmail(towhom,subject,content,attachments);
```

以上函数 my_send_email_qq 中隐去了发件人的邮箱和密码。读者如果使用 163 信箱,只需要做一些简单修改。当然,首先也要先开启 POP3/SMTP 服务。比如,我们向

caozhiguang＊＊＊@qq.com 发出邮件:以当前价格买入代码为 600016 股票 2 000 股,以当前价格卖出代码为 600019 股票 3 000 股。在 Matlab 主窗口下输入

```
content = sprintf('当前价买入 %s,%d 股\n 当前价卖出 %s,%d 股…
\n','600016',2 000,'600019',3 000)
subject = '交易信号';
my_send_email_qq(content,subject,'caozhiguang＊＊＊@qq.com',[ ]);
```

10.3.2 期货的实盘交易

上海期货交易所专门开发的综合交易平台(Comprehensive Transaction Platf-orm,CTP)支持国内商品期货和股指期货的程序化交易,并且是免费的交易接口。投资者只要开通了期货交易的 CTP 账户,就可以使用 CTP 交易接口。但 CTP 是基于 C++语言开发的综合交易平台,C++的学习难度要远超 Python、Matlab 和 R。因此,许多量化交易策略的开发者并不使用 C++作为开发语言。这就造成不熟悉 C++的开发人员无法便捷地直接使用该平台。目前许多第三方公司提供了各种简洁版的期货程序化交易软件,比如,文华财经、交易开拓者等,使用简单和容易上手的编程语言为投资者提供有偿服务,比如投资者支付年费,或者通过提高交易佣金,根据交易金额来收取费用等。前面提到的一些量化交易平台聚宽、优矿、米筐、云宽客等,其中一些平台也能提供期货的程序化实盘交易服务。还有一些量化投资的爱好者/第三方也在网上发布了一些基于 Python 封装的期货交易接口,比如,vn.py 就是一个基于 Python 的开源和免费的交易平台开发框架。[1] 另外,信易科技推出的 TqSdk 也是一个不错的免费开源的 python 库,支持用户使用很少的代码量构建各种类型的量化交易策略程序,并提供包含历史数据、实时数据、开发调试、策略回测、模拟交易、实盘交易、运行监控和风险管理的全套解决方案。[2] 但这些爱好者/第三方发布的接口大多数缺乏详细的使用说明,需要使用者花费大量的力气摸索,或者加入相关的社区讨论或 QQ 讨论群学习。

10.4 案例:构建适合自己的量化交易系统

接下来,我们给出一个简单的案例,基于单个交易策略而设计的量化交易系统。读者可以借鉴其中的做法,设计更加复杂的适用于多策略的量化交易系统。沿用第七章中基于羊群行为的沪深 300ETF 趋势交易策略,设计一个简单的量化策略系统用于模拟交易或实盘交易。如果进行实盘交易,我们通过 Email 发送交易指令给特定的交易员来实现。策略使用沪深 300 指数的交易信号来交易 510300 沪深 300ETF。与第七章的例子不同,我们这里加入了止盈止损规则(当买入后,以 1 分钟的收盘价计,亏损的幅度超过 1%,则卖出止损;买入后最大收益超过 4%,且回落超过 50%就止盈),交易的对象也变成了 510300ETF。使用沪深 300 指数而不是沪深 300ETF 来生成交易信号的原因在于指数信号更加稳定,不容易

---

[1] http://www.vnpy.org/.

[2] https://doc.shinnytech.com/tqsdk/latest/intro.html.

受到暂时的大单冲击的影响。该系统需要完成以下几个方面的功能：获取沪深 300 指数的历史行情（日收盘价格和成交金额数据）和实时价格以及成交金额；生成实时交易信号，并通过 Email 将指令发送到特定邮箱；执行止盈止损策略；收盘时检查资金余额和 510300ETF 的持有数量，并绘制历史净值表现、打印历史交易记录、策略的业绩表现和保存相关数据。对于模拟交易，我们设定交易成本买卖均为 0.05%，这比许多投资者交易 ETF 的实际费用要高出 1 倍，成交价格就以当时的成交价为准。实盘交易的成交价格可能与指令发出时的价格有所偏离。

10.4.1 量化交易系统的基本构架

（1）获取和保存数据

首先从本地数据库 index_price 下面的表格 sh000300 中获取截至上一个交易日沪深 300 指数的历史行情数据（前面已经介绍过如何创建数据库 index_price 以及如何从网页上获取数据并存储在表格 sh000300 中，至少存放最近 200 个交易日以上的历史数据），以及从网页获取当前时刻沪深 300 指数的价格和成交金额，还有当前时刻 510300ETF 的价格。另外，还需要当前账户里的资金余额和 510300ETF 的持股数量。收盘前将沪深 300 指数当天的开、高、收、低、成交数量和成交金额的数据存入数据库 index_price 下面的表格 sh000300 中，并且存储交易记录和账户里的资金余额、ETF 数量和整个账户的市值等信息。由于加入了止盈和止损规则，以平滑净值曲线。因此，我们还需要获取沪深 300 指数的 1 分钟开、高、低、收历史数据，用来追踪开仓后以指数价格计的最大收益和是否触发止损价格。在前面第二章中我们也介绍了如何从网页获取并合成 1 分钟的 K 线数据，当然也可以使用个人版免费的 Wind 量化接口获取实时数据并合成 1 分钟的 K 线数据，详细的方法也在第二章中讨论过了。这里与第二章稍微不同的是，我们将 1 分钟的沪深 300K 线数据保存在本地数据库 index_price 下面的表格 sh000300_1_min 当中，而不是当前文件夹中。首先我们要获取沪深 300 指数的 1 分钟历史 K 线数据，比如，从大智慧交易软件中下载沪深 300 指数最近 50 天的历史 1 分钟 K 线数据，以 hist_000300_1_min.mat 格式保存在 Matlab 搜索路径下，然后在 Matlab 主窗口下创建本地数据库 index_price 下面的表格 sh000300_1_min，并将 1 分钟 K 线的历史数据存储在该表格，如图 10-7 所示。

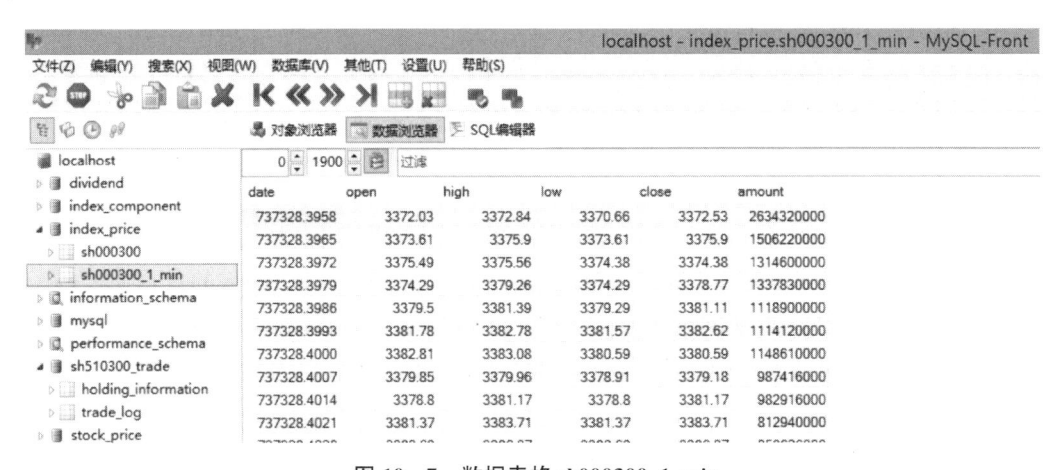

图 10-7 数据表格 sh000300_1_min

```
clear
conn = database('index_price','root','root','com.mysql.jdbc.Driver',…
'jdbc:mysql://localhost:3306/index_price');
exec(conn,['create table sh000300_1_min','(date decimal(10,4),…
open float,high float,low float,close float,amount float)']);
load('hist_000300_1_min');
% 载入已经存放在的沪深300指数历史数据[时间,开,高,低,收,成交金额]
n = size(hist_000300_1_min,1);
for j = 1:n
fastinsert(conn, 'sh000300_1_min',{'date','open','high','low','close',…
'amount'},{hist_000300_1_min(j,1),hist_000300_1_min(j,2),…
hist_000300_1_min(j,3),hist_000300_1_min(j,4),hist_000300_1_min(j,5),…
hist_000300_1_min(j,6)});
end
```

(2) 生成交易信号

基于投资者的羊群行为,根据价格和成交量均线生成交易信号,我们直接使用第七章介绍的函数 my_p_v_signal,价格均线和成交量均线选择的参数与第七章的分析一致,分别选择19和119。该策略是基于收盘价成交的策略,由于收盘时,实盘是不可能买入或卖出的。我们做一些变更:基于成交量和价格均线的交易信号在每个交易日收盘前生成,这里我们设置在14:57,即收盘前3分钟。这样交易信号通过发送 Email 到交易员手机,交易员再根据交易指令手动操作进行交易的时间还剩下不到3分钟。正常情况下,交易员应该都能完成交易。如果在收盘前没有交易信号,但账户持有现金,则系统通过 Email 给交易员发出国债逆回购的指令。①

(3) 止盈止损

买入510300ETF后,可能触发止盈止损系统。因此,交易系统还要融入止盈止损交易信号。止损信号根据买入ETF时沪深300指数的价格与当前1分钟K线收盘价相比,如果亏损超过1%,则止损卖出ETF。止盈信号根据买入ETF时沪深300指数的价格与买入ETF后到达过的最高指数价格相比,最高收益超过4%,并且以当前1分钟K线的收盘价为基准,回撤比例超过50%,则卖出ETF止盈。基于价格和成交量均线的交易信号虽然只可能发生在收盘前,但止盈止损的交易信号可能发生在交易日盘中的任何时候,交易员可能在交易日盘中任何时候都可能收到交易指令。

(4) 记录和结算

每个交易日开盘前,我们启动交易系统,首先要查询账户当前持有的可用现金金额和ETF的持仓数量。为此,我们需要在本地先建立名字为 sh510300_trade 的数据库,并在该数据库下面建立一个名字为 holding_information,用来记录收盘后日期、现金金额、204001国债逆回购的金额和利率、131810国债逆回购的金额和利率、510300ETF持有的数量、

---

① 读者也可以生成交易指令文档,通过 Python 读入交易指令,然后通过鼠标和键盘模拟操作进行程序化交易。后面的程序中仅生成了ETF的交易指令文档,供读者参考。

510300ETF 收盘的价格、ETF 持仓的市值和账户总市值,变量名分别为 date、cash、amout_204001、amount_131810、rate_204001、rate_131810、share_ETF、price_ETF、value_ETF 和 total_value。在收盘前可以将现金用于一天期的国债逆回购(对于 10 万整数倍的资金,可以卖出代码为 204001 的国债;对于 1 000 的整数倍的资金,可以卖出代码为 131810 的国债),在扣除国债逆回购的交易费用后,计算现金持有的金额,并存储在表格 holding_information 中。① 国债逆回购的利息在下一个交易日计入可用现金的总额。我们还需要在数据库 sh510300_trade 下面建立表格 trade_log 用来记录 ETF 的交易情况:买入时间、卖出时间、买入价格、卖出价格、数量和收益率(未扣除交易成本),变量名分别为 time_buy、time_sell、buy_price、sell_price、quantity 和 profit,初始的记录为空。收盘完成记录事项后,还需要将当天沪深 300 指数的数据存入本地数据库 index_price 下面的表格 sh000300 中,变量名分别为 date、open、high、close、vol 和 amount,以及将当天的 1 分钟 K 线数据存入本地数据库 index_price 下面的表格 sh000300_1_min 中,变量名分别为 date_time、open、high、low、close 和 amount。最后,收盘后系统显示策略运行以来所有的历史交易记录和每次交易的收益率、净值曲线、买入持有 510300ETF 的被动策略的净值曲线、趋势择时策略和买入持有策略的最大回撤、夏普比率等评价指标。创建本地数据库 sh510300_trade 下面的表格 trade_log 的 Matlab 代码如下。

```
clear
conn = database('sh510300_trade','root','root','com.mysql.jdbc.Driver',…
    'jdbc:mysql://localhost:3306/sh510300_trade');
exec(conn,['create table trade_log','(time_buy decimal(10,4),time_sell…
    decimal(10,4),buy_price decimal(5,3),sell_price decimal(5,3),quantity…
    integer,ret decimal(5,2))']);
```

(5) 系统运行界面

作为一个简单的系统,这里我们仅在 Matlab 的主命令窗口每隔 1 分钟显示系统运行时的如下实时信息:价格和成交量均线的图形输出、实时的 510300ETF 价格、ETF 持仓状况等。如果当前时刻持仓 ETF,还需要显示开仓时间和开仓价格、开仓后到达过的最大收益率、当前的回撤比率和开仓后到达过的最低收益率等信息。这样我们只需要设置一个间隔为 1 分钟的定时器,每隔 1 分钟就执行一次特定的函数,该函数执行以上基本框架中的所有任务。当然,读者可以自行设计一个友好的 GUI 图形界面来显示程序实时运行的情况。

10.4.2 相关的 Matlab 函数

有了上面设计的基本框架,接下来我们先在 Matlab 的搜索路径之下建立一个文件夹 trade_ETF,比如,'C:\caozhiguang\matlab_work\trade_ETF' 用来存放所有用于该策略的自编的函数和指令执行文件。在该目录下包含以下 .m 文件。

my_trade_ETF,my_p_v_signal,my_eastmoney_real_time_fund,my_eastmoney_real_time_index,my_send_email,my_vol_adj 和 my_read_data_1_min

---

① 对于 1 天期的国债逆回购(204001/131810),交易费用均为成交金额的 0.001%。

模拟交易初始的资金设为 100 万元,初始日期为 2019/1/11。即在本地数据库 sh510300_trade 下面的表格 holding_information 中的第一条数据为 737 436,1 000 000,0, 0,0,0,0,3.156,0,1 000 000,其中,737 436 为日期 2019/1/11 在 Matlab 中的数值表示。这一任务可以先在 MySQL 中建立本地数据库 sh510300_trade,然后在 Matlab 主窗口下输入以下代码完成:

```
clear
conn = database('sh510300_trade','root','root','com.mysql.jdbc.Driver',…
'jdbc:mysql://localhost:3306/sh510300_trade');
exec(conn,['create table holding_information','(date integer,cash float,…
amount_204001 float,amount_131810 float,rate_204001 float,…
rate_131810 float,share_ETF integer,price_ETF float,…
value_ETF float,total_value float)']);
fastinsert(conn,'holding_information',{'date','cash','amount_204001',…
'amount_131810','rate_204001','rate_131810','share_ETF','price_ETF',…
'value_ETF','total_value'},{datenum('2019/1/11'),1e6,0,0,0,0,0,3.156,0,1e6});
```

在相关历史数据、交易记录和持仓信息等都已经存储在本地数据库的前提下,先启动 MySQL,然后就可以在 Matlab 主窗口下输入 start_trade_ETF,即可启动沪深 300ETF 的趋势交易策略。策略的启动代码存放在名字为 start_trade_ETF 的 m 文件中,该文件以及相关的辅助函数分别如下所示。

```
% 启动沪深 300ETF 交易之前请开启 MySQL
% 9:30 之前启动
% 曹志广,2019/1/11
% start_trade_ETF
clear
close all
clear functions
disp('%%%%%%%%%%%%%%%%%%%%')
disp('启动沪深 300 趋势交易策略…')
disp('%%%%%%%%%%%%%%%%%%%%')
cd('C:\caozhiguang\matlab_work\trade_ETF');% 切换到策略目录
towhom = {'******@qq.com'};% 这里隐藏了指令接受人的邮箱
stockcode = 'sh000300';% 沪深 300 指数代码
%%%%%%%%%%%%%%%%%%%%
disp('')
disp('%%%%%%%%%%%%%%%%%%%%')
disp('从本地数据库载入当前账户持仓信息…')
conn = database('sh510300_trade','root','root','com.mysql.jdbc.Driver',…
'jdbc:mysql://localhost:3306/sh510300_trade');
```

```
cursor = exec(conn,'select * from holding_information order by date…
desc limit 1');
%选取表格 holding_information 中按 date 降序排列后的第一条记录
cursor = fetch(cursor);
holding_data = cell2mat(cursor.Data);
fund_available = holding_data(2)+holding_data(3)*(1+(datenum(date)-…
holding_data(1))/36000*holding_data(5))+holding_data(4)*…
(1+(datenum(date)-holding_data(1))/36000*holding_data(6));
%以上计算逆回购的利息与实际情况会有所出入,比如,周四的回购利息是计息三天
%的,周六和周日得到的利息是基于周四的回购利率而不是周五的回购利率
holding_ETF = holding_data(7);
fprintf('可用资金(元):%.2f\n',fund_available)
fprintf('可用 ETF(股):%d\n',holding_ETF)
fprintf('ETF 前收盘价格:%.3f\n',holding_data(8))
if holding_ETF>0
%注意:如果发生 ETF 分红除权,则在除息日开盘需要对 ETF 最近一笔除权前的
%买入价格在数据库中手工做相应调整,以避免除息因素导致的收益计算错误
cursor = exec(conn,'select * from trade_log order by time_buy desc limit 1');
cursor = fetch(cursor);
trade_data = cell2mat(cursor.Data);
time_buy_0 = trade_data(1);
buy_price_0 = trade_data(3);
fprintf('ETF 买入时间:%s\n',datestr(time_buy))
fprintf('ETF 买入价格:%s\n',buy_price)
else
time_buy_0 = nan;
buy_price_0 = nan;
end
disp('%%%%%%%%%%%%%%%%%%%%%%%%%%%%%%')

disp('')
disp('%%%%%%%%%%%%%%%%%%%%%%%%%%%%%%')
disp('从本地数据库载入沪深 300 指数截至上个交易日收盘的最近 200 日的历史…
日行情数据,包括收盘价格和成交金额)
conn = database('index_price','root','root','com.mysql.jdbc.Driver',…
'jdbc:mysql://localhost:3306/index_price');
cursor = exec(conn,'select date,close,amount from sh000300 order…
by date desc limit 200');
cursor = fetch(cursor);
```

```matlab
hist_000300_daily = flipud(cell2mat(cursor.Data)); % 日期从前到后排序
fprintf('沪深300指数历史数据截取期间:%s--%s\n',datestr(hist_000300_daily(1,1)),...
    datestr(hist_000300_daily(end,1)))
disp('%%%%%%%%%%%%%%%%%%%%%%%%%%%%')
%%%%%%%%%%%%%%%%%%%%%%%%%%
disp('')
disp('%%%%%%%%%%%%%%%%%%%%%%%%%%%%')
disp('从本地数据库载入沪深300指数截至上个交易日收盘的最近50日的历史...
1分钟行情数据,包括时间、开、高、低、收、金额...')
conn = database('index_price','root','root','com.mysql.jdbc.Driver',...
    'jdbc:mysql://localhost:3306/index_price');
cursor = exec(conn,'select * from sh000300_1_min 
    order by date desc limit 12000');
cursor = fetch(cursor);
hist_000300_min = flipud(cell2mat(cursor.Data)); % 日期从前到后排序
fprintf('沪深300指数1分钟历史数据截取期间:%s--%s\n',datestr(hist_000300_ ...
    min(1,1)),...
    datestr(hist_000300_min(end,1)))
disp('%%%%%%%%%%%%%%%%%%%%%%%%%%%%')
%%%%%%%%%%%%%%%%%%%%%%%%%%
disp('')
disp('%%%%%%%%%%%%%%%%%%')
disp('历史数据检查...')
disp('%%%%%%%%%%%%%%%%%%')
if hist_000300_daily(end,1)~ = floor(hist_000300_min(end,1))
    error('沪深300指数日数据和分钟数据最后日期不匹配,请更新数据库')
else
    disp('')
    disp('%%%%%%%%%%%%%%%%%%%%%%%%%%')
    disp('历史分钟数据和历史日数据最后交易日期匹配');
    disp('%%%%%%%%%%%%%%%%%%%%%%%%%%')

end
%%%%%%%%%%%%%%%%%%%%%%%%%%
disp('')
disp('%%%%%%%%%%%%%%%%%%%%%%%%%%')
disp('启动从网页获取当天沪深300指数1分钟K线数据的定时器...')
timer1 = timer('TimerFcn',{@my_read_data_1_min,stockcode},'period',...
    1,'ExecutionMode','fixeddelay','ErrorFcn',{@my_read_data_1_min,stockcode});
```

```
A = num2str(hour(now));
B = num2str(minute(now) + 1);
if size(B,2) = = 1
B = ['0',B];
end
if size(A,2) = = 1
A = ['0',A];
end
C = [' ',A,':',B,':','01'];
start_time1 = datenum([date,C]);
disp('正在等待整数分钟时间开始启动沪深 300 指数 1 分钟 K 线数据收集…')
%%%%%%%%%%%%%%%%%%%%%%%
while now<start_time1
end
start(timer1) % 启动定时器
disp('')
disp('%%%%%%%%%%%%%%%%%%%%%')
disp(['1 分钟 K 线数据收集系统 ',datestr(now),' 已经启动'])
disp('%%%%%%%%%%%%%%%%%%%%%')

disp('')
disp('%%%%%%%%%%%%%%%%%%%%%')
disp(' 启动交易 510300ETF 的定时器…')
timer2 = timer('TimerFcn',{@my_trade_ETF,hist_000300_daily,hist_000300_min,…
towhom,fund_available,holding_ETF,time_buy_0,buy_price_0},'period',60,…
'ExecutionMode','fixeddelay','ErrorFcn',{@my_trade_ETF,hist_000300_daily,…
hist_000300_min,towhom,fund_available,holding_ETF,time_buy_0,buy_price_0});
A = num2str(hour(now));
B = num2str(minute(now) + 1);
if size(B,2) = = 1
B = ['0',B];
end
if size(A,2) = = 1
A = ['0',A];
end
C = [' ',A,':',B,':','05'];
start_time2 = datenum([date,C]);
disp(' 正在等待整数分钟时间开始启动 510300ETF 交易策略…')
disp('%%%%%%%%%%%%%%%%%%%%%')
```

```
while now<start_time2
end
start(timer2)%启动定时器
disp('')
disp('%%%%%%%%%%%%%%%%%%%%%%%%%')
disp(['510300ETF 趋势交易系统:',datestr(now),'已经启动'])
disp('%%%%%%%%%%%%%%%%%%%%%%%%%')
```

上述的程序中用到了两个函数：my_read_data_1_min 和 my_trade_ETF，my_read_data_1_min 在第二章中已经介绍过了，其内容参见第二章的相关部分，该函数将当前的 1 分钟 K 线数据以当前日期为文件名，保存在当前工作目录下。在 MATALB 命令窗口下输入 load(date)，就可以得到当天的沪深 300 指数的 1 分钟 K 线数据，其在工作空间的变量名为 today_1_min，包含了时间、开、高、低、收和当天累计成交量。函数 my_trade_ETF 的内容如下：

```
function my_trade_ETF(object,event,hist_000300_daily,hist_000300_min,…
    towhom,fund_available,holding_ETF,time_buy_0,buy_price_0)
%510300 趋势模拟盘/实盘交易
%曹志广,2019/1/11
persistent D_holding_ETF D_order cash amount_204001 rate_204001…
    amount_131810 rate_131810 time_buy buy_price D_win D_loss
%%%%设置参数
N = 60;%均线图形观测点数量
cost = 5e-4;%ETF 交易成本
win_prc = 0.04;%设置启动盈利保护的最低百分比
drawdown_prc = 0.5;%设置超过盈利保护点后回落的百分比,执行止盈
loss_prc = -0.01;%设置止损点
D_display = 1;%文字输出控制,1 输出图形,0 不输出
out_figure = 1;%图形控制变量,1 输出图形,0 不输出
%%%%%%%%%%%%%%%
if isempty(D_holding_ETF)
    D_holding_ETF = holding_ETF;
end
if isempty(cash)
    cash = fund_available;
end
if isempty(amount_204001)
    amount_204001 = 0;
    rate_204001 = 0;
end
end
```

```
if isempty(amount_131810)
    amount_131810 = 0;
    rate_131810 = 0;
end
if isempty(time_buy)
    time_buy = time_buy_0;
end
if isempty(buy_price)
    buy_price = buy_price_0;
end
％％％％设置定时器运行时间的范围
if weekday(date) = = 7||weekday(date) = = 1
disp('休息日,交易所不交易')
else
if now<datenum([date,'09:35:00'])％避开开盘5分钟的交易
elseif now>datenum([date,'11:31:00'])&&now<datenum([date,'13:00:00'])
elseif now>datenum([date,'15:03:00'])
elseif now>datenum([date,'15:02:00'])
％％％％％％％％％％％％％％％％％％％％％％％％％处理收盘后事项开始
％％％％将当天沪深300指数日和分钟数据,以及账户持仓信息等保存到本地数据库

％％％％保存当天沪深300指数日线,[日期,开,高,收,低,成交股数,成交金额]
[price,volume] = my_eastmoney_real_time_index('sh000300');％当天日线数据
amount = volume(2);％单位:元
vol = volume(1);％单位:股
conn = database('index_price','root','root','com.mysql.jdbc.Driver',…
'jdbc:mysql://localhost:3306/index_price');
cursor = exec(conn,'select date from sh000300 order by date desc limit 1');
cursor = fetch(cursor);
data = cell2mat(cursor.Data);
close(cursor);
if floor(now)>data
fastinsert(conn, 'sh000300', {'date','open','high','close','low','vol','amount'},…
{datenum(date),price(1),price(2),price(4),price(3),vol,amount});
fprintf('保存当天日K线数据\n')
end
％％％％％％％％％％％％％％％％％％％％％％％％％

％％％％保存当天沪深300指数1分钟K线数据,[日期,开,高,低,收,成交金额]
```

```matlab
try
load(date)
today_1_min(:,6) = [today_1_min(1,6);diff(today_1_min(:,6))];
%将累计成交金额调整为分钟成交金额
today_1_min(:,6) = today_1_min(:,6) * 1e8;
%将成交金额单位调整为元
n = size(today_1_min,1);
cursor = exec(conn,'select date from sh000300_1_min order by date…
desc limit 1');
cursor = fetch(cursor);
data = cell2mat(cursor.Data);
if today_1_min(1,1)>data
for j = 1:n
fastinsert(conn, 'sh000300_1_min', {'date','open','high','low','close',…
'amount'},{today_1_min(j,1),today_1_min(j,2),today_1_min(j,3),…
today_1_min(j,4),today_1_min(j,5),today_1_min(j,6)});
end
end
fprintf('保存当天1分钟K线数据\n')
end
%%%%%%%%%%%%%%%%%%%%%%%%%%%%%%%%

%%%%保存账户持仓信息
price = my_eastmoney_real_time_fund('sh510300');
prt = price(4);%510300ETF的实时价格
conn = database('sh510300_trade', 'root', 'root', 'com.mysql.jdbc.Driver',…
'jdbc:mysql://localhost:3306/sh510300_trade');
cursor = exec(conn,'select * from holding_information order by date…
desc limit 1');
cursor = fetch(cursor);
data = cell2mat(cursor.Data);
if floor(now)>data
value_ETF = D_holding_ETF * prt;
total_value = value_ETF + cash + amount_204001 + amount_131810;
fastinsert(conn, 'holding_information',{'date','cash','amount_204001',…
'amount_131810','rate_204001','rate_131810','share_ETF','price_ETF',…
'value_ETF','total_value'},{datenum(date),cash,amount_204001,…
amount_131810,rate_204001,rate_131810,D_holding_ETF,prt,…
value_ETF,total_value});
```

```
fprintf('保存当天持仓数据\n')
end
close(cursor)
close(conn)
%%%%%%%%%%%%%%%%%%%%

%%%%显示历史交易记录和净值曲线
conn = database('sh510300_trade','root','root','com.mysql.jdbc.Driver',…
'jdbc:mysql://localhost:3306/sh510300_trade');
cursor = exec(conn,'select * from trade_log order by time_buy');
cursor = fetch(cursor);
trade_data = cell2mat(cursor.Data);
close(cursor)
close(conn)
if strcmpi(trade_data,'No Data') = = 1
fprintf('没有交易记录\n')
else
n = size(trade_data);
sprintf('买入时间\t卖出时间\t买入价格\t卖出价格\t数量\t收益率\n')
for i = 1:n
sprintf('%s\t%s\t%.3f\t%.3f\t%d\t%.2f%%',datestr(trade_data(i,1)),…
datestr(trade_data(i,2)),trade_data(i,3),trade_data(i,4),…
trade_data(i,5),trade_data(i,6)*100);
end
end
cursor = exec(conn,'select * from holding_information order by date');
cursor = fetch(cursor);
holding_data = cell2mat(cursor.Data);
close(cursor)
close(conn)
close all %关闭所有图形窗口
h = figure;
set(h,'color','w')
plot(holding_data(:,1),holding_data(:,10)/holding_data(1,10))
hold on
plot(holding_data(:,1),holding_data(:,8)/holding_data(1,8),'r-')
legend('择时策略净值','买入持有净值')
%图形显示模拟交易以来的净值曲线
datetick('x',23) %将X轴日期改为月/日/年格式
```

```matlab
%%%%%%%%%%%%%%%%%%%%%%%

%%%%%%%%%%%%%%%%%%%%%%%%处理收盘后事项结束

%%%%%进入盘中监控
else
%%%%拼接日线和1分钟历史数据和当天数据
[price,vol] = my_eastmoney_real_time_index('sh000300');
p = price(4);
vol = vol(2);
vol = my_vol_adj(vol);%将成交金额调整到估计的全天成交量
if floor(now)>hist_000300_daily(end,1)
hist_real_daily = [hist_000300_daily(:,2:3);[p,vol]];%拼接日线数据
else
hist_real_daily = hist_000300_daily(:,2:3);
end
try
load(date);
today_1_min(:,6) = [today_1_min(1,6);diff(today_1_min(:,6))];
today_1_min(:,6) = today_1_min(:,6)*1e8;
if today_1_min(1,1)>hist_000300_min(end,1)
hist_real_min = [hist_000300_min;today_1_min];%拼接分钟数据
else
hist_real_min = hist_000300_min;
end
catch
hist_real_min = hist_000300_min;
end
%%%%%%%%%%%%%%%%%%%%%%%

%%%%%生成价格和成交量均线以及交易信号
[S,p,v,ma_p,ma_v] = my_p_v_signal(hist_real_daily,19,119);
%%%%%%%%%%%%%%%%%%%%%%%

%%%%%图形绘制的数据选择
S = S(end-N:end);% 近N+1天信号
p = p(end-N:end);%近N+1天沪深300指数价格
v = v(end-N:end);%近N+1天沪深300指数成交金额
ma_p = ma_p(end-N:end);%近N+1天沪深300指数价格均线
```

第十章　构建量化交易系统

ma_v = ma_v(end-N:end);%近 N + 1 天沪深 300 指数成交量均线
%%%%%%%%%%%%%%

content = '等待实时指令…';
price = my_eastmony_real_time_fund('sh510300');
prt = price(4);%510300ETF 的实时价格

%%%%%%%%%%%%%%14:57:00 开始的趋势分析和下达趋势交易指令
if now> = datenum([date,'14:57:00'])&&isempty(D_order)
if S(end-1) = = 0&&S(end) = = 1
　　if D_holding_ETF = = 0 % 买入 ETF
　　D_holding_ETF = floor(fund_available * (1 - cost)/prt/100) * 100;
　　%计算买入的 ETF 股数
　　cash = fund_available-D_holding_ETF * prt * (1 + cost);
　　%计算剩余现金
　　content = sprintf('现在买入 510300ETF:价格 %.3f,数量 %d 股…
　　\n',prt,D_holding_ETF);
　　%生成交易指令
　　%%%%保存交易记录到本地数据库
　　conn = database('sh510300_trade','root','root','com.mysql.jdbc.Driver',…
　　'jdbc:mysql://localhost:3306/sh510300_trade');
　　fastinsert(conn,'trade_log',{'time_buy','buy_price',…
　　'quantity'},{now,prt,D_holding_ETF});
　　close(conn)
　　buy_price = prt;
　　time_buy = now;
　　csvwrite('c:\caozhiguang\trade_data001.csv',[1,prt]);
　　%将指令保存在指定文件夹,以便 Python 调用于实盘交易
　　%其中 1 表示买入,-1 表示卖出,0 表示不交易
　　else
　　content = sprintf('保持现有 ETF 仓位、n');
　　csvwrite('c:\caozhiguang\trade_data001.csv',[0,prt]);
　　end
elseif S(end - 1) = = 1&&S(end) = = 0
　　if D_holding_ETF>0 % 卖出 ETF
　　cash = fund_available + D_holding_ETF * prt * (1 - cost);

　　%%%%保存交易记录到本地数据库
　　conn = database('sh510300_trade', 'root', 'root', 'com.mysql.jdbc.Driver',…

```
'jdbc:mysql://localhost:3306/sh510300_trade');
cursor = exec(conn,'select * from trade_log order by…
time_buy desc limit 1');
cursor = fetch(cursor);
trade_data = cell2mat(cursor.Data);
ret = prt/trade_data(3)-1;
time_buy = trade_data(1);
exec(conn,['update trade_log set sell_price =',num2str(prt),',time_sell ='…
'num2str(now),',ret =',num2str(ret),' where time_buy =',num2str(time_buy)]);
close(cursor)
close(conn)
%更新最近一笔买入交易记录
%%%%%%%%%%%%%%%%%%%%%%%%%

content = sprintf('现在卖出510300ETF:价格%.3f,数量%d股\n',…
prt,D_holding_ETF);
%ETF交易指令
D_holding_ETF = 0;%ETF持仓归0
csvwrite('c:\caozhiguang\trade_data001.csv',[-1,prt]);%写入交易指令
        else
content = sprintf('继续保持空仓\n');
csvwrite('c:\caozhiguang\trade_data001.csv',[0,prt]);%写入交易指令
        end
    elseif S(end-1) = =1&&S(end) = =1
        if D_holding_ETF>0
content = sprintf('继续保持当前ETF持仓、n');
csvwrite('c:\caozhiguang\trade_data001.csv',[0,prt]);%写入交易指令
        else
content = sprintf('继续保持空仓\n');
csvwrite('c:\caozhiguang\trade_data001.csv',[0,prt]);%写入交易指令
        end
    elseif S(end-1) = =0&&S(end) = =0
content = sprintf('继续保持空仓\n');
csvwrite('c:\caozhiguang\trade_data001.csv',[0,prt]);%写入交易指令
end
D_order = 1;
amount_204001 = floor(cash*(1-0.000 001)/100 000)*100 000;
amount_131810 = floor((cash-amount_204001*1.000 01)*(1-0.000 001)/1 000)*1 000;
cash = cash-(amount_204001+amount_131810)*1.000 01;
```

```
rate_204001 = my_eastmoney_real_time_fund('sh204001');
rate_204001 = rate_204001(4);
rate_131810 = my_eastmoney_real_time_fund('sz131810');
rate_131810 = rate_131810(4);
if isempty(D_win+D_loss)
treasury_trade = sprintf('卖出 204001:价格%.2f,数量%d 元\n…
卖出 131810:价格%.2f,数量%d 元\n',rate_204001,amount_204001,…
rate_131810,amount_131810);%国债逆回购交易指令
content = [content,treasury_trade];
end
my_send_email_qq(content,'信号',towhom,[]);%发送交易指令
end
%%%%%%%%%%%%%%%%%%%%14:57:00 开始的趋势分析和下达趋势交易
%指令结束


%%%%%%%%%%%%%%%%%%%%如果持仓,止盈止损监控(开始)
if D_holding_ETF>0


%%%%计算持仓后的回撤和盈亏状况
T_min = hist_real_min(:,1);
index_now = my_eastmoney_real_time_index('sh000300');
index_now = index_now(4);%沪深 300 指数的实时价格
try
A = hist_real_min(T_min>=time_buy,:);
buy_index = A(1,5);%买入 ETF 时对应的指数价格
low_index = min(A(:,4));%买入 ETF 后到达过的最低指数
high_index = max(A(:,3));%买入 ETF 后到达过的最高指数
ret_now = index_now/buy_index-1;%当前以指数计算的收益率
ret_max = high_index/buy_index-1;%买入 ETF 后到达过的最高指数收益率
ret_min = low_index/buy_index-1;%买入 ETF 后到达过的最低指数收益率
drawdown = (high_index-index_now)/(high_index-buy_index);%当前回撤比率
catch
ret_now = 0;%当前以指数计算的收益率
ret_max = 0;%买入 ETF 后到达过的最高指数收益率
ret_min = 0;%买入 ETF 后到达过的最低指数收益率
drawdown = 0;%当前回撤比率
end
%%%%%%%%%%%%%%%%%%%%%%%%%%
```

```matlab
    if ret_now<loss_prc %止损卖出
        cash=cash+D_holding_ETF*prt*(1-cost);
        %%%%记录止损卖出信息
        conn=database('sh510300_trade','root','root','com.mysql.jdbc.Driver',...
            'jdbc:mysql://localhost:3306/sh510300_trade');
        cursor=exec(conn,'select * from trade_log order by time_buy desc ...
            limit 1');
        cursor=fetch(cursor);
        trade_data=cell2mat(cursor.Data);
        ret=prt/trade_data(3)-1;
        time_buy=trade_data(1);
        exec(conn,['update trade_log set sell_price=',num2str(prt),...
            ',time_sell=',num2str(now),',ret=',num2str(ret),...
            ' where time_buy=',num2str(time_buy)]);
        %更新最近一笔买入交易记录
        close(cursor)
        close(conn)
        
        %%%%%%%%%%%%%%%
        
        %%%%生成ETF和国债逆回购交易指令
        content=sprintf('现在止损卖出510300ETF:价格%.3f,...
            数量%d股\n',prt,D_holding_ETF);
        amount_204001_add=floor(cash*(1-0.000001)/100000)*100000;
        amount_131810_add=floor((cash-amount_204001_add*1.00001)*...
            (1-0.000001)/1000)*1000;
        cash=cash-(amount_204001_add+amount_131810_add)*1.00001;
        amount_204001=amount_204001+amount_204001_add;
        amount_131810=amount_131810+amount_131810_add;
        rate_204001=my_eastmoney_real_time_fund('sh204001');
        rate_204001=rate_204001(4);
        rate_131810=my_eastmoney_real_time_fund('sz131810');
        rate_131810=rate_131810(4);
        treasury_trade=sprintf('紧接着卖出204001:价格%.2f,数量%d元\n...
            卖出131810:价格%.2f,数量%d元、n',rate_204001,amount_204001,...
            rate_131810,amount_131810);%国债逆回购交易指令
        content=[content,treasury_trade];
        %%%%%%%%%%%%%%%%%%%%%%%
        csvwrite('c:\caozhiguang\trade_data001.csv',[-1,prt]);
```

```
        my_send_email_qq(content,'信号',towhom,[]);%发送交易指令
        D_holding_ETF = 0;
        D_loss = 1;
elseif ret_max>= win_prc&&drawdown>= drawdown_prc %止盈卖出
        cash = cash + D_holding_ETF * prt * (1 - cost);
        
        %%%%记录止盈卖出的记录
        conn = database('sh510300_trade','root','root','com.mysql.jdbc.Driver',…
        'jdbc:mysql://localhost:3306/sh510300_trade');
        cursor = exec(conn,'select * from trade_log order by time…
        _buy desc limit 1');
        cursor = fetch(cursor);
        trade_data = cell2mat(cursor.Data);
        ret = prt/trade_data(3) - 1;
        time_buy = trade_data(1);
        exec(conn,['update trade_log set sell_price = ',num2str(prt),',time_sell = '…
        'num2str(now),',ret = ',num2str(ret),' where time_buy = ',num2str(time_buy)]);
        %更新最近一笔买入的交易记录
        close(cursor)
        close(conn)
        %%%%%%%%%%%%%%%%%%%%
        
        %%%%生成ETF和国债逆回购交易指令
        content = sprintf('现在止盈卖出510300ETF:价格%.3f,数量%d股\n',…
        prt,D_holding_ETF);
        amount_204001_add = floor(cash * (1 - 0.000 001)/100 000) * 100 000;
        amount_131810_add = floor((cash - amount_204001_add * 1.000 01) *…
        (1 - 0.000 001)/1 000) * 1 000;
        cash = cash - (amount_204001_add + amount_131810_add) * 1.000 01;
        amount_204001 = amount_204001 + amount_204001_add;
        amount_131810 = amount_131810 + amount_131810_add;
        rate_204001 = my_eastmoney_real_time_fund('sh204001');
        rate_204001 = rate_204001(4);
        rate_131810 = my_eastmoney_real_time_fund('sz131810');
        rate_131810 = rate_131810(4);
        treasury_trade = sprintf('紧接着卖出204001:价格%.2f,数量%d元\n…
        卖出131810:价格%.2f,数量%d元\n',rate_204001,amount_204001,…
        rate_131810,amount_131810);%国债逆回购交易指令
        content = [content,treasury_trade];
```

```matlab
            %%%%%%%%%%%%%%%%%%
            csvwrite('c:\caozhiguang\trade_data001.csv',[-1,prt]);
            my_send_email_qq(content,'信号',towhom,[]);%发送交易指令
            D_holding_ETF = 0;
            D_win = 1;
        end
    end
    %%%%%%%%%%%%%%%%%%%%%%%%%如果持仓,止盈止损监控(结束)

    %%%%%%%%%%%%%%%%%%%%%%%%%屏幕显示相关信息
    if D_display = = 1
        disp('%%%%%%%%%%%%%%%%%')
        disp('510300ETF 趋势交易')
        disp(datestr(now))
        fprintf('最新ETF价格:%1.3f\n',prt);
        disp('------------------')
        fprintf('当前指令:%s\n',content);
        disp('------------------')
        fprintf('当前持仓:%d\n',D_holding_ETF);
        fprintf('当前21/119日线趋势:%1.0f\n',S(end));
        if D_holding_ETF>0
            fprintf('开仓价格:%1.3f\n',buy_price);
            fprintf('开仓时间:%s\n',datestr(time_buy));
            fprintf('止盈点:%1.2f%%\n',win_prc*100);
            fprintf('止盈回落比例:%1.2f%%\n',drawdown_prc*100);
            fprintf('当前百分比收益率:%1.2f%%\n',(prt/buy_price-1)*100);
            fprintf('止损点:%1.2f%%\n',loss_prc*100);
            fprintf('到达过的最大百分比收益率:%1.2f%%\n',ret_max*100);
            fprintf('到达过的最小百分比收益率:%1.2f%%\n',ret_min*100);
            fprintf('当前回撤百分比:%1.2f%%\n',drawdown*100);
        end
        disp('%%%%%%%%%%%%%%%%%')
    end
    %%%%%输出图形
    if out_figure = = 1
        close all
        h = figure;
        set(h,'color','w')
        subplot(2,1,1)
```

```
    plot(p)
    hold on
    plot(ma_p,'m-')
    p_long = p;
    p_long(S = = 0) = nan;
    p_short = p;
    p_short(S = = 1) = nan;
    plot(p_long,'ro')
    plot(p_short,'g*')
    title('价格及价格均线')
    grid on
    subplot(2,1,2)
    plot(v)
    hold on
    plot(ma_v,'m-')
    v_long = v;
    v_long(S = = 0) = nan;
    v_short = v;
    v_short(S = = 1) = nan;
    plot(v_long,'ro')
    plot(v_short,'g*')
    title('成交金额及成交金额均线')
    grid on
    end
    %%%%%%%%%%%%%%%%%%%%% 输出图形(结束)
end
end
```

上述函数 my_trade_ETF 中包含了第七章中介绍过的函数 my_p_v_signal、第二章中介绍过的函数 my_eastmoney_real_time_fund、my_eastmoney_real_time_index，还有函数 my_vol_adj，该函数将当天的实时成交量转化为全天的成交金额的估计量。其内容如下。

```
function f = my_vol_adj(vol)
% 根据当前成交金额估计全天的成交金额
if weekday(date) = = 1||weekday(date) = = 7
    f = vol;
elseif now< = datenum([date,'11:30:00'])&&now> = datenum([date,'09:30:00'])
    vol_adj = (now-datenum([date,'09:30:00']))/4*24;
    f = vol/vol_adj;
elseif now> = datenum([date,'13:00:00'])&&now< = datenum([date,'15:00:00'])
```

```
            vol_adj = 0.5 + (now-datenum([date,'13:00:00']))/4 * 24;
            f = vol/vol_adj;
    elseif now>datenum([date ,'11:30:00'])&&now<datenum([date ,'13:00:00'])
            f = 2 * vol;
    elseif now> = datenum([date,'14:55:00'])&&now< = datenum([date,'15:00:00'])
            vol_adj = 0.02 * ((datenum([date,'15:00:00']) - now)/(5/60/24));
            f = (1 + vol_adj) * vol;
    else
            f = vol;
    end
```

在 Matlab 主窗口下输入 start_trade_ETF 启动策略后,在主窗口下会出现以下显示信息。

```
%%%%%%%%%%%%%%%%%%%%%%%
启动沪深 300 趋势交易策略…
%%%%%%%%%%%%%%%%%%%%%%%


%%%%%%%%%%%%%%%%%%%%%%%%%%
从本地数据库载入当前账户持仓信息…
可用资金(元):1 000 000.00
可用 ETF(股):0
ETF 前收盘价格(元):3.156
%%%%%%%%%%%%%%%%%%%%%%%%%%


%%%%%%%%%%%%%%%%%%%%%%%%%%
从本地数据库载入沪深 300 指数截至上个交易日收盘的最近 200 日的历史日行情…
数据,包括收盘价格和成交金额
沪深 300 指数历史数据截取期间:13 - Apr - 2016—11 - Jan - 2019
沪深 300 指数 1 分钟历史数据截取期间:08 - Oct - 2018 09:30:00—11 - Jan - 2019 14:59:57
%%%%%%%%%%%%%%%%%%%%%%%%%%


%%%%%%%%%%%%%%%%%%%
历史数据检查…
%%%%%%%%%%%%%%%%%%%


%%%%%%%%%%%%%%%%%%%%%%%%%%
历史分钟数据和历史日数据最后交易日期匹配
%%%%%%%%%%%%%%%%%%%%%%%%%%
```

％％％％％％％％％％％％％％％％％％％％％％

启动从网页获取当天沪深300指数1分钟K线数据的定时器…

正在等待整数分钟时间开始启动沪深300指数1分钟K线数据收集…

％％％％％％％％％％％％％％％％％％％％％％

％％％％％％％％％％％％％％％％％％％％％％

1分钟K线数据收集系统14‐Jan‐2019 9:29:01已经启动

％％％％％％％％％％％％％％％％％％％％％％

％％％％％％％％％％％％％％％％％％％％％％

启动交易510300ETF的定时器…

正在等待整数分钟时间开始启动510300ETF交易策略…

％％％％％％％％％％％％％％％％％％％％％％

510300ETF趋势交易系统:14‐Jan‐2019 9:30:05已经启动

％％％％％％％％％％％％％％％％％％％％％％

在9:35之后,每间隔1分钟,在Matlab主窗口下会出现以下显示信息(程序在2019/1/14运行的结果)。

％％％％％％％％％％％％％％％％

510300ETF趋势交易

14‐Jan‐2019 11:30:05

最新ETF价格(元):3.127

当前指令:等待实时指令

当前持仓:0;

当前21/119日线趋势:0

％％％％％％％％％％％％％％％％

图10-8给出了实时的均线信息,其中,圆圈表示多头状态,星号表示空仓状态。

10.4.3 程序错误的检查

前面案例的量化交易系统实际上是比较简单的一个系统,如果有多个策略,系统就要复杂得多,系统的代码也就会非常长和复杂。因此,在编写代码的过程中一定要做详细的注释,程序用间隔合理隔开,以方便接下来的程序漏洞或错误的检查。即便是自己编写的代码,时间长了再看,可能都很难想起某段代码的意图。所以代码的详细注释是很有必要的。

图 10-8 均线信息

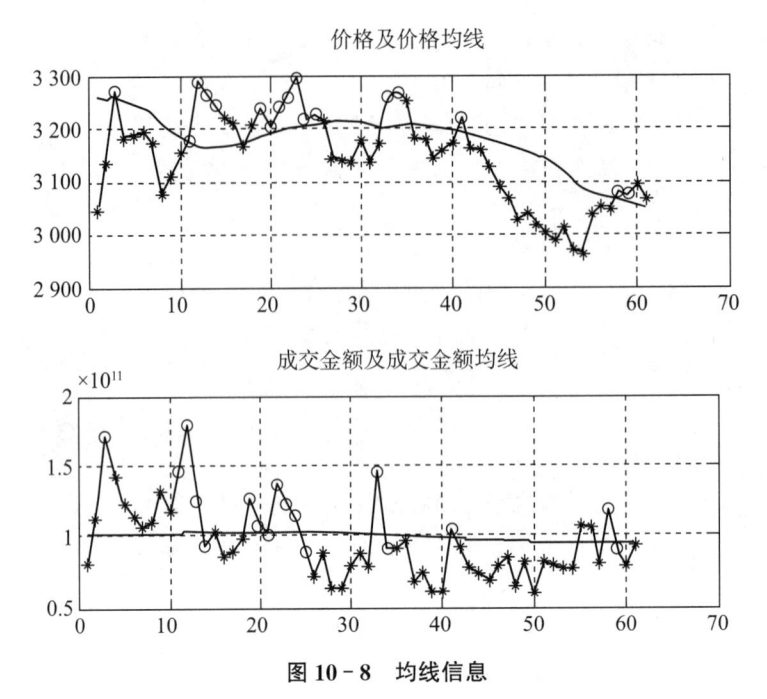

一个复杂的系统可能需要运行比较长的时间来暴露其中的错误或漏洞,有时候程序员自己也很难检查出自己代码中的问题。这时候让其他程序员来检查的效果会更好些。

10.4.4 量化交易系统的维护与安全

有时候可能出于系统安全和保密的角度,需要对相关代码进行加密。这时候可以使用 Matlab 提供的 pcode 函数,同时可以考虑设置一个系统启动的验证密码。比如,在前面的案例中,我们对在启动策略的 start_trade_ETF 文件代码的首行下面加入以下代码。

```
% 向特定邮箱发送启动密码,如果输入错误密码策略无法启动
rand(floor(now) + minute(now) + ceil(second(now)) + ceil(second(now) * 100),1);
a = round(mean(rand(33,1)) * 1000000) + 81293;  % 生成随机密码
content = num2str(a);
my_send_email_qq(content,'密码','**********@qq.com',[]);
% 将密码发送至指定邮箱,收件人收取邮件后可以获取密码
b = input('输入程序启动密码:');
if b~ = a
error('密码输入错误,程序无法运行!')
end
clear a b content
```

然后调用 Matlab 的内部函数 pcode,将 start_trade_ETF.m 文件转化为.p 文件后,再从当前文件夹移走或删除 start_trade_ETF.m 文件即可。这样在 Matlab 中输入 start_trade_ETF,调用 start_trade_ETF.p 时,就需要从指定的人员那里获取密码才能启动程序。